Hui Huang
Das Rechtssystem des Banküberweisungsverkehrs
in der VR China

Schriften zum Europäischen
und Internationalen Privat-, Bank-
und Wirtschaftsrecht

EIW Band 3

Schriften zum Europäischen und Internationalen Privat-, Bank- und Wirtschaftsrecht

EIW Band 3

W DE G RECHT

De Gruyter Recht · Berlin

Hui Huang

Das Rechtssystem des Banküberweisungsverkehrs in der VR China

De Gruyter Recht · Berlin

Dr. Hui Huang, Humboldt-Universität zu Berlin

∞ Gedruckt auf säurefreiem Papier,
das die US-ANSI-Norm über Haltbarkeit erfüllt.

ISBN 3-89949-264-1

Bibliografische Information Der Deutschen Bibliothek

Die Deutsche Bibliothek verzeichnet diese Publikation in der Deutschen Nationalbibliografie; detaillierte bibliografische Daten sind im Internet über http://dnb.ddb.de abrufbar.

Printed in Germany
Umschlaggestaltung: Christopher Schneider, Berlin
Datenkonvertierung/Satz: WERKSATZ Schmidt & Schulz GmbH, Gräfenhainichen
Druck: Druckerei Gerike GmbH, Berlin
Bindung: Lüderitz & Bauer Classic GmbH, Berlin

Geleitwort der Herausgeber

Europäisierung und Internationalisierung fordern die Rechtswissenschaft in besonderem Maße heraus. Die Einteilung in Fachgebiete und das Verhältnis zu anderen Sozialwissenschaften bedürfen der kritischen Neubewertung angesichts vielfacher Wechselwirkungen. Querbezüge zwischen wirtschaftsrechtlicher Regulierung und privatautonomer Gestaltung zeigen diese Entwicklung in aller Deutlichkeit. Eine sich über Deutschland hinaus öffnende Rechtswissenschaft muß sich solchen Herausforderungen stellen. Dafür steht exemplarisch das Recht der Finanzdienstleistungen als Querschnittsmaterie von Privatrecht und (öffentlichem) Wirtschaftsrecht. Dem will die vorliegende Reihe inhaltlich und methodisch Rechnung tragen. Neben dem Bank-, Kapitalmarkt- und Finanzrecht als Schwerpunkt zeigen Gesellschaftsrecht, Wettbewerbs- und Kartellrecht, Immaterialgüterrecht, Insolvenzrecht und auch Arbeitsrecht ähnliche Überlagerungen. Die intensive, international orientierte Bearbeitung der Überschneidungen von klassischem Privatrecht, insbesondere Vertragsrecht, und Wirtschaftsrecht verspricht reichen Ertrag, gerade auch auf europäischer Ebene unter dem zusammenfassenden Aspekt des Unternehmensrechts.

In der Reihe soll die herausragende Monographie ebenso ihren Platz finden wie der Tagungsband, Werke auf Deutsch ebenso wie gelegentlich auf Englisch. Ökonomisch ausgerichtete Arbeiten sollen neben die juristischen treten, die den Schwerpunkt bilden. In der Reihe sollen Werke zu Europäisierung und Internationalisierung zusammen kommen, die das Wirtschaftsrecht und das wirtschaftlich gedachte Privatrecht in hervorragender Weise befördern.

Im September 2004

Horst Eidenmüller, Stefan Grundmann, Susanne Kalss, Wolfgang Kerber, Karl Riesenhuber, Heike Schweitzer, Hans-Peter Schwintowski, Reinhard Singer, Christine Windbichler

Vorwort

Die vorliegende Arbeit lag der rechtwissenschaftlichen Fakultät der Humboldt-Universität zu Berlin im Sommer 2005 als Dissertation vor.

Mein herzlicher Dank gilt Herrn Prof. Hans-Peter Schwintowski, der mich auf die Kodifizierung des deutschen Überweisungsrechts aufmerksam gemacht und damit den Anstoß zu diesem Vergleich gegeben hatte. Ganz besonders möchte ich Herrn Prof. Schwintowski für seine fordernde aber wohlwollende und geduldige Betreuung und sein Vertrauen danken. Für die rasche Erstellung des Zweitgutachten bin ich Herrn Prof. Stefan Grundmann zu großen Dank verpflichtet.

Für die Unterstützung bei der Veröffentlichung möchte ich dem Institut für Bank- & Kapitalmarktrecht und dem LLM-Programm der rechtswissenschaftlichen Fakultät der Humboldt- Universität zu Berlin, dem Katholischen Akademischen Ausländer-Dienst (KAAD) danken.

Dank auch an alle Korrektoren: Steffi Birkholz, Claudia Carl, Ralf Hamester, Olaf Schäfer, Dr. Ulli Tiel, und insbesondere Nina Hüfken und Thomas Fahrnholz, ohne deren Hilfe die Abfassung der deutschen Reinschrift nicht möglich gewesen wäre.

Das Buch ist meiner Familie und meinen Freunden, Carola Tiedke und Huijuan Huang-Tiel, gewidmet.

Inhaltsübersicht

Inhaltsverzeichnis

Abkürzungsverzeichnis

Hinsichtlich der übrigen Abkürzungen s. Hildebert Kirchner, Abkürzungsverzeichnis der Rechtssprache, 4. Aufl. Berlin/New York 1993.

AGB	Allgemeine Geschäftsbedingungen
Abs.	Absatz
AGZ	Allgemeine Grundsätze des Zivilrechts (民法通则) Verabschiedet vom Nationalen Volkskongress am 12.12.1986, in Kraft seit 01.01.1987.
Aufl.	Auflage
BBR	Buchhaltungs- und Berechnungsrichtlinien der Zahlungsverrechnung (支付结算会计核算手续) Verabschiedet von der Volksbank am 19.09.1987, in Kraft seit 01.04.1989.
BGB	Bürgerliches Gesetzbuch (Deutschland)
BVM	Bankverrechnungsmethode (银行结算办法) Verabschiedet von der Volksbank am 19.12.1988, in Kraft am 01.04.1989 und seit 1997 ersetzt durch ZVM.
CNAP	Das Chinesische Moderne Zahlungssystem (中国现代化支付系统)
CNY	Offizielle Abkürzung für die chinesische Währung „Renminbi“
CNYKontoM	Verwaltungsmethode der *Renminbi*-Verrechnungskonten (人民币银行结算帐户管理办法) Verabschiedet und verkündigt von der Volksbank am 01.09.2003, in Kraft seit der Verkündigung.
DKV	Verwaltungsbestimmungen über die Devisenkonten innerhalb der Landesgrenze (境内外汇账户管理规定) Verabschiedet von der Volksbank am 10.07.1997, in Kraft seit 15.07.1987.
EIS	Nationales Elektronisches Zahlungssystem der Volksbank (人民银行电子联行支付系统)
EZK	Elektronisches Überweisungssystem der Kommerzbanken (商业银行电子汇兑系统)
GGG	Gesetzgebungsgesetz der VR China (中华人民共和国立法法) Verabschiedet vom Nationalen Kongress am 15.03.2000, in Kraft seit 01.06.2000.
GZM	Geschäftshandlungsmethode über das Großzahlungssystem (zur Erprobung) (大额支付系统业务处理办法(试行))
KBG	Kommerzbankgesetz der VR China (中华人民共和国商业银行法) Verabschiedet vom Ständigen Ausschuss des Nationalen Volkskongresses am 10.05.1995, in Kraft seit 01.07.1995.
KontoM	Verwaltungsmethode der Bankkonten (银行账户管理办法) Verabschiedet und verkündigt von der Volksbank am 01.11.1994, in Kraft seit der Verkündigung und ersetzt durch CNYKontoM seit 2003.
LCH	local change hous (同城清算所)
LCHS	local change house system (同城清算系统)
LKG	Chinesische Landwirtschaftliche Kreditgenossenschaften (农村信用合作社)

NMZ	Nationales Manuelles Zahlungssystem der Volksbank (人民银行手工联行支付系统)
SAFE	State Administration of Foreign Exchange
SKG	Chinesische Städtische Kreditgenossenschaften (城市信用合作社)
SparVV	Verwaltungsverordnung der Spareinlagen (存款管理条例) Verabschiedet vom Staatsrat am 11.12.1992, in Kraft seit 01.03.1993
SparVV-AusF	Regelungen zur Durchführung der SparVV (关于执行《储蓄管理条例》的若干规定) Verabschiedet von der Volksbank am 12. Januar 1993
UCC	Uniform Commercial Code
UNCITRAL	United Nations Commission on International Trade Law
VBG	Volksbankgesetz der VR China (中华人民共和国人民银行法) Verabschiedet vom Nationalen Volkskongress am 18.03.1995 und in Kraft seit der Verkündung
VG	Vertragsgesetz der VR China (中华人民共和国合同法) Verabschiedet vom Nationalen Volkskongress am 15.03.1999, in Kraft seit 01.10.1999.
V.z.D.	Vertrag zugunsten Dritter
WSG	Wechsel- und Scheckgesetz der VR China (中华人民共和国票据法) Verabschiedet vom Ständigen Ausschuss des Nationalen Volkskongresses am 10.05.1995, in Kraft seit 01.01.1996.
WVG	Wirtschaftsvertragsgesetz der VR China (中华人民共和国经济合同法) Verabschiedet vom Ständigen Ausschuss des Nationalen Volkskongresses am 13.12.1981, in Kraft seit 01.07.1982; ersetzt durch Einführung des VG im Jahr 1999.
WVG-Antwort	Antwort des Obersten Volksgericht zu Fragen der Anwendung des WVG bei der Verhandlung von Streitfällen über Wirtschaftsverträge (关于在审理经济合同纠纷案件中具体适用《经济合同法》的若干问题的解答) Von 1987
ZVM	Zahlungsverrechnungsmethode (支付结算办法) Verabschiedet von der Volksbank am 19.09.1997, in Kraft seit 01.12.1997.

Einleitung

Diese Arbeit behandelt einen Teil des bargeldlosen Zahlungsverkehrs in der VR China, das chinesische Recht im Rahmen der durch die Banken ausgeführten Überweisung (Banküberweisung). Unter der Banküberweisung versteht man den bankgeschäftlichen Vorgang, bei dem der Schuldner seiner Bank den Auftrag erteilt, zu Lasten seines Kontos eine bestimmte Summe auf das Konto des Begünstigten zu transferieren.

Der **Anlass** dieser Arbeit ist einerseits die Diskussion über den Einlagevertrag und den Girovertrag anlässlich des Entwurfs des chinesischen Vertragsgesetzes, das am 15. März 1999 vom Chinesischen Nationalen Volkskongress verabschiedet wurde – in Bezug auf den Einlage- und Girovertrag aber wegen der rechtlich unausgereiften Vorbereitung nicht in Kraft getretenen ist, andererseits das kürzlich verabschiedete deutsche Überweisungsgesetz vom 14. August 1999, welches neue gesetzliche Regelungen in Bezug auf Überweisungen (§§ 675a–g BGB) enthält. Diese unterschiedlichen Ergebnisse der Gesetzgebung in beiden Staaten regten die Verfasserin zunächst dazu an, unter rechtsvergleichender Einbeziehung des deutschen Überweisungsrechts die rechtliche Problematik des chinesischen Überweisungsrechts zu untersuchen. Im Laufe der Arbeit wurde jedoch deutlich, dass eine umfangreiche Untersuchung der chinesischen Rechtslage sinnvoller ist als ein Vergleich, in dessen Rahmen einige wichtige Problematiken zwangsläufig nur verkürzt hätten dargestellt werden können.

In der Arbeit wird das **Ziel** verfolgt, sowohl zivil- und bankrechtliche Unklarheiten als auch die Schwierigkeiten bezüglich der systematischen und dogmatischen Einordnung der rechtlichen Praxis in der VR China dazulegen, um davon ausgehend die rechtlichen Rahmenbedingungen des chinesischen Überweisungsverkehrs zu analysieren. Da das chinesische Überweisungsrecht in Deutschland bislang noch nicht untersucht worden ist, soll die Arbeit auch die Bedürfnisse des deutschen Rechtsanwenders, deren Arbeitsgebiet sich aus wirtschaftlichen oder rechtswissenschaftlichen Gründen auf den chinesischen Überweisungsverkehr ausdehnt, bedienen.

Eine **Beschränkung** der Thematik der Arbeit erfolgt zunächst dadurch, dass die Arbeit den Überweisungsverkehr nur im Rahmen des Zivilrechts untersucht. Desgleichen beschränkt sich die Darstellung auf das chinesische Recht im engeren Sinn, nämlich das Recht, dessen Anwendungsgebiet sich nur auf das so genannte „Festland von China" bezieht. Ausgeschlossen werden daher das Überweisungsrecht in Hongkong und Macau sowie internationale Überweisungen. Betrachtet werden weiter nur die Rechtsverhältnisse zwischen den an der Überweisung unmittelbar teilnehmenden Parteien, nämlich der Bank und dem Kunden, bzw. der Banken untereinander. Darüber hinausgehende Beziehungen etwa zwischen den Banken zu Dritten wie z. B. dem Anbieter der Zahlungstechnik, dem Überweisenden und dem Begünstigten aus ihrem Grundschuldverhältnis, sollen von der Untersuchung ausgenommen und nur diskutiert werden, wenn es im Zusammenhang sinnvoll erscheint. Betrachtet wird weiter nur die Banküberweisung, aber nicht die Postüberweisung.

Die **Darstellung** der Arbeit gliedert sich hauptsächlich in zwei Teile. Der **Teil 1** umfasst vier Kapitel. Zunächst wird in **Kapitel 1** ein Überblick über die Entstehung und die historische Entwicklung des modernen Rechtssystems des Bankwesens und Bankzahlungsverkehrs unter besonderer Berücksichtigung des Überweisungsverkehrs gegeben. Das Kapitel endet mit einem Überblick über die aktuellen Rechtsquellen.

In **Kapitel 2** wird eine genaue Untersuchung der wichtigsten Grundbegriffe des Überweisungsverkehrs wie der Überweisung, des Überweisungsauftrags, der jeweiligen beteiligten Parteien und der Banken- bzw. Kreditinstitute vorgenommen. Da es immer schwierig ist, in anderen Sprachen eine stimmige Übersetzung für einen Begriff zu finden, werden hier in erster Linie der Hintergrund und die Unterschiede der betreffenden Begriffe in Gesetz und Praxis behandelt.

Anschließend werden in **Kapitel 3** zunächst das komplizierte Verrechnungskontosystem sowie auch die Voraussetzungen der Eröffnung der verschiedenen Kontoarten dargestellt. Dann folgt die Beschreibung der technischen Abwicklung der Überweisung in der Praxis, aus der man entnehmen kann, wie in der Bankpraxis das gesamte System funktioniert, wenn der Überweisende einen Geldbetrag mittels Überleitung einer bzw. mehrerer Banken an einen anderen überweisen will.

Kapitel 4 behandelt die rechtsdogmatischen Grundlagen der Überweisung. So wird zunächst das Rechtsverhältnis zwischen der Bank und ihren Kunden hinsichtlich der Unterhaltung eines Verrechnungskontos dargestellt. Dabei werden der Rechtscharakter des Kontoguthabens und die Unterschiede des Guthabens aus einer Gutschrift zu dem per Bareinzahlung analysiert. Anschließend wird der Rechtscharakter des Überweisungsauftrags untersucht und zu dem Ergebnis gekommen, dass durch diesen Auftrag ein selbständiger Überweisungsvertrag zwischen dem Überweisenden und der beauftragten Bank zustande kommt. Ein weiterer Aspekt ist der Vergleich der Überweisung als bargeldlose Zahlungsform mit der Barzahlung im Hinblick auf ihre Erfüllungsfunktion der Schuld aus dem Grundverhältnis. Dabei werden vor allem die Problematik von Unsicherheiten für die Parteien, die diese Form des Geldtransfers wählen thematisiert.

Der **zweite Teil** beschäftigt sich mit den Leistungsstörungen im Überweisungsverkehr und der damit verbundenen zivilrechtliche Haftung. In **Kapitel 5** werden zunächst die wichtigsten Haftungsregelungen des Überweisungsverkehrs, nämlich die §§ 241 ff. in der 1997 von der Volksbank erlassenen **„Zahlungsverrechnungsmethode“** unter Berücksichtigung der entsprechenden Regelungen in den höherrangigen Gesetzen, dem **„Kommerzbankgesetz der VR China“** von 1995, dem

„Vertragsgesetz der VR China“ von 1999 und der **„Allgemeinen Grundsätzen des Zivilrechts“** von 1986, kritisch bewertet. Dabei geht es im Wesentlichen um die Fragen der Vorraussetzungen, Tragungsarten bzw. der Umfang der Haftung und die Bedingungen für eine Haftungsfreiung bzw. -beschränkung.

Kapitel 6 behandelt die Rechtsstellung des Überweisenden. Ausgehend von einer Darstellung der Rechte und Pflichten des Überweisenden bei einer störungsfreien Überweisung werden die Hauptfallgruppen der Leistungsstörungen aus Sicht des Überweisenden und die dadurch entstanden typischen Schäden des Überweisenden dargestellt. Dann wird untersucht, gegen wen bzw. unter welchen Bedingungen der Überweisende einen Schadenersatz verlangen kann. Angesichts der Tatsache, dass die wirkliche Unsicherheit des Überweisenden bei der Rechtsgeltendmachung in der Beurteilung des Verschuldens der Bank bzw. des eigenen Verschuldens liegt, wird im letzten Teil dieses Kapitels durch Analyse der typisierten Einzelfällen untersucht, in welchen Situationen der Überweisenden mit dem Vorliegen eines Bankverschulden bzw. der Anrechnung eines eigenen Verschuldens rechnen muss. Ein besonderes Augenmerk legt die Arbeit auf die verschiedenen Risikoverteilungsgrundsätze der Auftragsfälschung und die Ausführungsunterlassung der Bank aufgrund mangelnder Deckung.

Kapitel 7 wendet sich der Rechtsstellung der an der Überweisungskette beteiligten Banken zu. Hier wird ebenfalls zunächst ein Abriss der Rechte und Pflichten der beteiligten Bank gegeben. Anschließend werden basierend auf den gewonnen Ergebnissen in Kapitel 6 die Leistungsstörungen aus Sicht der Bank kurz dargestellt, um schwerpunktmäßig zu untersuchen, wie die Bank die bei einer fehlgeschlagenen Überweisung erlittenen Schäden auf die anderen Parteien zum Teil oder ganz verlagen kann. Am Ende des Kapitels wird das in der chinesischen Bankzahlungspraxis immer wieder auftauchende Problem behandelt, ob und wie eine Bank an dem Transferbetrag ein eigenes Aufrechnungsrecht dem Überweisenden oder dem den Begünstigten gegenüber ausüben kann.

In **Kapitel 8** geht es schließlich um die Rechtslage des Überweisungsbegünstigten. Ausgehend von einer Darstellung des Erfüllungsanspruches gegen den Überweisenden aus dem Grundverhältnis wird untersucht, zum welchen Zeitpunkt die Überweisung als Erfüllung der Geldschuld erfolgt und welche Ansprüche der Begünstigte nach dem Fehlschlagen der Überweisung hat. Dann wird der Anspruch gegen die Banken auf Übertragung des Transfergeldes untersucht. Als Sonderproblem wird schließlich die Problematik der Rückgabe des aufgrund einer fehlerhaften Überweisung erlangten Betrags behandelt.

Die Arbeit schließt im **Fazit** mit einer Zusammenfassung der wichtigsten Ergebnisse in Form von Thesen ab.

Teil 1 Die Rechtsgrundlage des Banküberweisungsverkehrs in der VR China

Kapitel 1 Die rechtliche Entwicklung des Bankwesens und des Zahlungs- bzw. Überweisungsverkehrs

Aus historischen Gründen ist die moderne chinesische Gesetzgebung in Bezug auf das Bankwesen und den Zahlungsverkehr in vieler Hinsicht anders als in weiter entwickelten Ländern wie Deutschland und den Vereinigten Staaten. Deshalb wird hier in einem groben Abriss die gegenwärtige Situation sowie deren Entwicklungshintergrund dargestellt.

A. Die Entstehung und Entwicklung des Rechtssystems des Bankwesens und des Zahlungsverkehrs vor der Gründung der VR China

I. In der Kaiserzeit (vor 1911)

1. Die Entstehung des modernen Bankwesens und des Zahlungsverkehrs

Das heutige Bankwesen ist das Ergebnis der kapitalistisch wirtschaftlichen Entwicklung Chinas in der Neuzeit.[1] Die Geschichte der modernen chinesischen Bankbranche geht bis in die Kaiserzeit der Qing-Dynastie zurück auf die *Li-Lu-Bank*, die 1845 mit britischem Kapital errichtet wurde und als die erste moderne Bank Chinas gilt. Davor herrschten die so genannten „Silberbüros" (*yin hao*) und „Geldinstitute" (*qian zhuang*), die allerdings eher Wuchergeschäfte betrieben.[2] 1879 nahm die *Tong-Shang-Bank*, die erste von Chinesen betriebene moderne Bank, ihre Geschäfte auf. 1904 wurde die gemischt staatlich-privat betriebene *Daqing-Hubu-Bank* (Hubu-Bank des Großen Qing-Reiches) in Form einer Gesellschaft mit beschränkter Haftung gegründet, die als erste chinesische Zentralbank anzusehen ist. 1908 wandelte sich diese Bank zur *„Daqing-Bank"* (Bank des Großen Qing-Reiches). Seitdem wurden zahlreiche sowohl staatliche als auch private Banken in ganz China gegründet.[3]

---

1 Zum gesellschaftlichen Bruch am Ende des 19. Jahrhunderts s. vor allem XIN Chunying, S. 5 ff.

2 YE Shichang, S. 487 ff.

3 JIA Konghui, in: *Fujian luntan (sozialwissenschaftlicher Teil)*, Nr. 6/1999, S. 44 ff.; ZHOU Baoluan, S. 11 f.; XIE Zhenmin, S. 853 ff.

Das traditionelle Hauptgeschäft der Banken bildeten die so genannten *„cun“* (Depositgeschäfte), *„dai“* (Kreditgeschäfte) und der *„hui“* (Geldtransfer), welcher die Bankzahlung meint.[4]

2. Die Entstehung des modernen Rechtssystems hinsichtlich des Bankwesens und des Zahlungsverkehrs

Die Entstehung und Entwicklung des Bankrechtssystems müssen im Zusammenhang mit der Entstehung und Entwicklung des modernen Zivil- und Handelsrechts in China seit Ende des 19. Jahrhunderts betrachtet werden. Den Hintergrund dafür bilden drei Faktoren:[5] Zum einen erlebte das Qing-Reich mit dem Eindringen ausländischer Mächte und der Entstehung und Entwicklung des nationalen Industrie- und Handelswesens eine dramatische gesellschaftliche und wirtschaftliche Veränderung. Entsprechend entstand das Bedürfnis, die Gesetzgebung in den neuen Wirtschaftsgebieten wie der Bergbauindustrie, dem Straßenbau, den Handelsgeschäften, dem Finanzwesen usw. weiter zu entwickeln. Zum anderen wollte die Qing-Regierung durch die neue Gesetzgebung die fortschreitende Expansion der ausländischen Wirtschaftsmächte eindämmen, um Chancengleichheit zwischen den chinesischen und den ausländischen Unternehmen herzustellen. Schließlich wollte die neu entstandene nationale Bourgeoisie (*minzhu zibenjia*) im Innenverhältnis die gesetzliche Anerkennung ihrer gesellschaftlichen Stellung und ihrer Rechte sicherstellen und sich im Außenverhältnis bei Geschäftskonflikten auf „eigene Gesetze“ statt auf die „internationalen Gepflogenheiten“, auf die die ausländischen Konkurrenten zurückgriffen, berufen.

Im Jahr 1902 schuf Kaiser *Guangxu* der Qing-Dynastie das Institut zur Gesetzesrevision (*xiuding falü guan*), und 1903 errichtete er das Handels-ministerium (*shang bu*). Es wurde damit begonnen, europäische und amerikanische Gesetze zu übersetzen und einzuführen und insgesamt das Zivil-, Handels-, Straf- und Prozessrecht in neuer Form zu entwerfen. 1903 wurden die **„Allgemeinen Regelungen der Kaufleute“** (*Shangren tongli*) und das **„Gesellschaftsgesetz“** (*Gongsi lü*) als die ersten Gesetze neuer Form erlassen. Auf dieser Basis wurden eine Reihe von Gesetzen erlassen, wozu unter anderem das 1906 verkündete **„Konkursgesetz“** (*Pochan lü*) gehört. Im Jahr 1907 wurde mit Unterstützung japanischer Juristen nach den Vorbildern des japanischen Zivilgesetzbuchs, des schweizerischen Obligationenrechts und des deutschen Bürgerlichen Gesetzbuchs der **„Entwurf des Zivilrechts des Großen Qing-Reiches“** (*Daqing minlü cao'an*) ausgearbeitet. Dieser wird als das erste Bürgerliche Gesetzbuch in der chinesischen Rechtsgeschichte bezeichnet. 1910 erarbeitete die kaiserliche Regierung den **„Entwurf des Handelsrechts des Großen Qing-**

---

4 YE Shichang, S. 487 ff., 494 ff., 545 ff., 578 ff.

5 JIA Konghui, in: *Fujian luntan (sozialwissenschaft Teil)*, Nr. 6/1999, S. 44ff.; ZHU Shoupeng, S. 4388, 4803.

Reiches" (*Daqing shanglü cao'an*). Beide Entwürfe sind wegen des Sturzes der Qing-Dynastie im Jahr 1911 nicht mehr als Gesetze erlassen worden.[6]

Das erste Gesetzeswerk im Bankrecht waren die im Jahr 1904 von der Qing-Regierung verabschiedeten **„Satzungen der versuchten Bankerrichtung"** (*Shiban yinhang zhangcheng*), auf deren Grundlage die erste chinesischen Zentralbank, die Hubu-Bank des Großen Qing-Reiches, errichtet wurde. Vier Jahre später wurde 1908 als erstes allgemeingültiges chinesisches Bankgesetz die **„Allgemeine Regelung der Bank"** (*Yinhang tongxing zeli*), verabschiedet. Diese enthielt 15 Paragraphen und sah vor allem vor, dass alle damaligen privaten oder staatlichen „Wechselbüros" (*piao hao*), „Geldinstitute" (*qian zhuang*) oder ähnliche Institute fortan in normale Handelsbanken umzuwandeln seien und sich innerhalb von drei Jahren beim Innenministerium (*neiwu bu*) eintragen lassen mussten. Seitdem beinhaltet das chinesische Rechtssystem die Regelung des Bankwesens.[7]

Die Qing-Regierung wachte streng über die Emission von Papiergeld und verabschiedete im Februar 1909 als erstes diesen Vorgang betreffendes Gesetz, die **„Satzungen der Allgemeingültigkeit des Bankpapiergeldes"** (*Tongyong yinqianpiao zanxing zhangcheng*). Die **„Regelung des Währungssystems durch Thronbericht"** (*Qingding bizhi zeli*) vom April 1910 war ein weiterer wichtiger gesetzgeberischer Akt der Qing-Regierung, durch den der Silberdollar (*yin yuan*), der bis in die Anfangszeiten der VR China noch in Gebrauch war, zur einzigen Währung erklärt wurde. Dagegen erließ die Qing-Regierung kein spezielles Gesetz für den Bankzahlungsverkehr, obwohl der Geldtransfer durch Banken sich schnell weiterentwickelte.[8]

II. In der Republik China (Guomingdang-Regierung) (1912–1949)

1. Die Entwicklung des Bankwesens und des Zahlungsverkehrs

Nach der Gründung der Republik China im Jahr 1912 begann eine Blütenphase des chinesischen Finanz- und Bankwesens. Von 1928 bis 1936 wurden 128 neue staatliche, private oder gemischt staatlich-private Banken errichtet.[9] In der Stadt Shanghai, die als das Finanzzentrum des fernen Ostens bezeichnet wurde, wurde im Juni 1932 die *„Zhongguo zhengxin suo"* (Chinesische Kreditankaufsstelle) und im März 1936 das *„Shanghai yinhang piaoju chengdui suo"* (Shanghaier Einlösestelle für Bankwechsel) errichtet. Außerdem befand sich dort der Metall-, Devisen- und Börsenmarkt.[10]

---

6 ZHANG Jinfan, S. 332; HU Xusheng, in: *Bijiaofa yanjiu* Nr. 3/1988, S. 29; Harro von SENGER, S. 11 ff.

7 JIA Konghui, in: *Fujian luntan (sozialwissenschaft Teil)*, Nr. 6/1999, S. 44 ff.

8 Ebd., S. 44 f.

9 In der Tat bestanden allerdings nur 105 Banken fort, denn 23 Banken wurden bereits nach kurzer Zeit wieder geschlossen, s. XIE Zhenmin, S. 853 ff.

10 XIE Zhenmin, S. 853 ff., 637 ff.

Mit der Zeit gelang es der Guomindang-Regierung, ein bürokratisch-kapitalistisches Finanzsystem mit den so genannten „vier Banken, zwei Ämtern und einer Kasse“ (*Sihang liangju yiku*) aufzubauen. Die vier Banken waren die 1927 errichteten „*Zhongyang yinhang*“ (Zentralbank), „*Zhongguo yinhang*“ (Bank-of-China) und „*Jiaotong yinhang*“ (Verkehrsbank) sowie die 1935 errichtete „*Zhongguo nongmin yinhang*“ (Chinesische Bauernbank). Die beiden Ämter waren das 1935 errichtete „*Zhongyyang xintuo ju* (Zentraltreuhandsamt) und das 1930 errichtete „*Youzheng chuxin huiye ju*“ (Sparpostamt), und die Kasse war die 1935 errichtete „*Hezuo jinku*“ (Genossenschaftskasse). Die privaten Banken und die traditionellen Geldinstitute befanden sich weitgehend unter der Kontrolle der Regierung, wobei die Letzteren allmählich an Bedeutung verloren.[11]

Die aufgezeichnete Entwicklung des Finanzwesens wurde durch den Ausbruch des so genannten „Widerstandskrieges gegen die japanische Aggression“ (*Kangri zhanzheng*) (1937–1945) unterbrochen. Mit der Verabschiedung der **„Regelung der Finanzsicherheit in ungewöhnlichen Zeiten“** (*Feichang shiqi anquan jinrong banfa*) vom 15. August 1937 führte die Guomindang-Regierung eine Finanzkontrollpolitik ein. Im Juli 1937 wurden die oben genannten „vier Banken“ in die „Vereinigte Betriebsstelle der vier Banken“ (*sihang lian hebanshi zongchu*) umgewandelt, und im Oktober desselben Jahres wurden auch die „zwei Ämter“ darin einbezogen. Dadurch gelang es der Regierung allmählich, das chinesische Finanzwesen zu kontrollieren. Nach dem Krieg wurde die Dominanz der bürokratisch-kapitalistischen Macht durch die Übernahme der japanischen Banken weiter gestärkt. Parallel dazu wurden die ausländischen Banken, insbesondere die amerikanischen Banken, wieder im chinesischen Finanzmarkt aktiv.[12]

Mit dem Ausbruch des Bürgerkrieges (1945–1949) verringerte sich die Macht der Guomingdang-Regierung sowohl politisch als auch wirtschaftlich in erheblichem Maße. Auch der Finanzmarkt war davon stark betroffen und kam Anfang 1949 nahezu vollständig zum Erliegen.[13]

2. Die Entwicklung des Rechtssystems hinsichtlich des Bankwesens und des Zahlungsverkehrs

Von der Guomingdang-Regierung wurden mehrere Vorschriften über die einzelnen Banken erlassen. Auf der Grundlage der im Oktober 1927 erlassenen **„Vorschriften der Zentralbank“** (*Zhongyang yinhang tiaoli*) und der im Oktober 1928 erlassenen **„Satzung der Zentralbank“** (*Zhongyang yinhang zhangcheng*) wurde am 1. November 1928 in Shanghai die Zentralbank der Republik errichtet. Ein allgemeines Bankgesetz samt Ausführungsregelungen befand sich zwar 1936 in Vorbereitung, kam aber letztlich nicht zustande. 1946 wurde erstmalig in der chinesischen Geschichte

11 Ebd., S. 853 ff.
12 Ebd.
13 Ebd., S. 853 ff., 900 ff.

ein Gesetz verkündet, welches den Zahlungsverkehr betraf, das **„Inländische Postüberweisungsgesetz“** (*Youzheng guonei huidui fa*).[14]

In Bezug auf die den Bankzahlungsverkehr betreffende Gesetzgebung der Guomingdang-Zeit ist zudem zu betonen, dass die von der Qing-Dynastie begonnene Arbeit an einer modernen zivil- und handelsrechtlichen Gesetzgebung fortgesetzt wurde. Im Jahr 1914 hatte das Ministerium für Landwirtschaft und Handel der Republik China das deutsche Handelsgesetzbuch überarbeitet und auf der Basis des **„Entwurfs des Zivilrechts des Großen Qing-Reiches“** und des vorhin schon erwähnten **„Entwurfs des Handelsrechts des Großen Qing-Reiches“** die **„Gesellschaftsverordnungen“** (*Gongsi tiaoli*) und die **„Allgemeinen Prinzipien für Kaufleute“** (*Shangren tongze*) erlassen. Nach der Bildung der Guomindang-Regierung im Jahr 1927 in Nanjing erließ die Nationalregierung 1930 das Zivilgesetzbuch, dessen Inhalt und Gliederung auf dem japanischen Zivilgesetzbuch basierte. Letztes wiederum war mitteleuropäischen Zivilgesetzen nachgebildet, u.a. dem ersten Entwurf des deutschen BGB. Das Zivilgesetzbuch der Republik gilt im Grundsatz heute noch in Taiwan weiter.[15]

B. Der Aufbau und die Entwicklung des Rechtssystems des Bankwesens und des Zahlungsverkehrs nach der Gründung der VR China in 1949

Am 1. Oktober 1949 wurde die Volksrepublik (im Folgenden: VR) gegründet. Die rechtliche, gesellschaftliche und wirtschaftliche Entwicklung der VR China lässt sich im Wesentlichen in zwei Phasen unterteilen. Die Trennungslinie zwischen beiden Phasen liegt im Jahr 1978, als die Reform und Entwicklung zur sozialistischen Marktwirtschaft begann.

Die erste Phase kann wiederum in zwei verschiedene Abschnitte unterteilt werden: die Zeit von der Gründung der VR China im Jahr 1949 bis 1952, die so genannte Zeit des „Wiederaufbaus der Volkswirtschaft“ (*guomin jingji huifu shiqi*), einerseits und die so genannte „Zeit der Planwirtschaft“ (*jihua jingji shiqi*)“ von 1953 bis zum Öffnungsbeschluss auf dem XI. Parteitag der Kommunistischen Partei Chinas (im Folgenden: KPCh) im Jahr 1978 andererseits.

Die zweite Phase, die so genannte „Neue Ära der Reform und Öffnung“ (*gaige kaifang xin shiqi*), begann im Jahr 1978 und dauert bis heute an. Diese Phase lässt sich weiter in drei Abschnitte unterteilen: erstens die Zeit von 1979 bis 1984, die so genannte „Startphase bzw. Probephase der Reform und Öffnung“ (*gaige kaifang de chushi jieduan huo shiyan jieduan*), zweitens die Zeit von 1984 bis zum XII. Parteitag der KPCh im Jahr 1992, die so genannte „Konsolidierung der sozialistischen Marktwirt-

14 Ebd., S. 860 f.

15 Ulrich MANTHE, in: Jahresbuch für Ostrecht Nr. 28/1987, S. 11 ff.; XIAO Yongqing, S. 299; Harro von SENGER, S. 12 f.

schaft“, und drittens den Abschnitt der „weitergehenden Vertiefung und Ausbau“, welcher 1992 begann.

Im Folgenden werden diese Entwicklungsphasen zu der allgemeinen wirtschafts- und gesellschaftspolitischen Entwicklung der letzten Jahrzehnte in Bezug gesetzt.

I. Vor der Reform und Öffnung (1949–1978)

1. Der Aufbau des sozialplanwirtschaftlichen Bankwesens

Der Aufbau des neuen Bank- bzw. Finanzwesens der VR China gehörte zu den wichtigsten Aufgaben der Periode des Wiederaufbaus der Volkswirtschaft. Zwei Aspekte waren wichtig: Auf der einen Seite war der Aufbau der vorhandenen Chinesischen Volksbank (*zhongguo renmin yinhang*) (im Folgenden: Volksbank) und auf der anderen Seite war die neue Orientierung des bestehenden Finanzwesens.

Im Februar 1949 zog die 1948 in der Stadt *Shijiazhuang* gegründete Volksbank nach Peking um. Sie wurde sehr schnell gem. der Vier-Stufen-Struktur in den „Befreiten Gebieten“ (*jiefan qu*) ausgebaut, indem im Dezember 1949 schon vier Zweigstellen auf der Stufe des „Befreiten Gebietes“ (*jiefangqu quhang*), 40 Zweigstellen auf der Stufe der Provinz/Stadt (*shengshi fenhang*) und über 1200 Zweigstellen auf der Stufe der County/Stadt (*xian/shi zhihang*) errichtet hatte. Am 21. November 1950 erließ der Politikstaatsrat (*zhengwu yuan*) die erste umfassende Verwaltungsvorschrift über die Volksbank, die **„Provisorische Verordnung der Struktur der Chinesischen Volksbank“** (*Zhongguo renmin yinhang shixing zuzhi tiaoli*). Am Ende der Periode des Wiederaufbaus der Volksbank war ein gewisser Erfolg der Bemühungen festzustellen, indem sich die derzeitige Zahl der Zweigstellen und die Struktur der Volksbank von der Heutigen nicht sehr unterschieden.[16]

In Bezug auf den Umbau des Bankwesens wurde im April 1949 damit begonnen, die derzeit vorhandenen Banken zu „übernehmen“ (*jieguan*). Danach wurde das Bankwesen durch „Aufhören des Geschäfts“ (*ting ye*), „Umstrukturierung zur Spezialbanken“ (*gaizu wie zhuanye yinhang*) oder „Umstrukturierung zu staatlich-und-privat kooperativen Banken“ (*gaizu wie gongsi heying yinhang*) schrittweise im Rahmen eines administrativen Finanzsystems auf- bzw. umgebaut.[17]

Ab 1953 trat China in die 26 Jahre lange Periode der Planwirtschaften. Mit dem Schicksal Chinas hat das chinesische Bankwesen auch eine harte Zeit erlebt. Konkret zum Banksystem lässt sich folgendes sagen: Allmählich wurden die vielfältigen Kreditinstitute durch die oberste kommandierende Bank (Policy-Bank), die Chinesische Volksbank (*Zhongguo renmin yinhang*), sowie drei koordinierende staatliche Spezial-

---

16 Zur Gründung der Volksbank der VR China s. vor allem YANG Xitian (Hrsg.), S. 15 ff.; auch WANG Xin (Hrsg.), S. 40 ff.; vgl. I. A. TOKLEY/Tina RAVN, S. 9 ff.

17 YANG Xitian (Hrsg.), S. 15 ff.

banken (*guoyou zhuanye yinhang*), die Bank-of-China (*zhongguo yinhang*), die Aufbaubank des Chinesischen Volks (*zhongguo renmin jianshe yinhang*) und die Chinesische Landwirtschaftsbank (*zhongguo nongye yinhang*) ersetzt. Obwohl die Spezialbanken mehrmals abgeschafft und wiederhergestellt wurden, blieb diese Bankenstruktur in den nächsten 30 Jahren (1949–1978) fast unverändert, weil fast ausschließlich die Volksbank aktiv tätig war, und zwar sowohl als Zentral- wie auch als Handelsbank.[18]

2. Die Entstehung und Entwicklung des Bankzahlungs- bzw. Banküberweisungssystems

a. *Der Aufbau des sozialplanwirtschaftlichen Bankzahlungssystems*

Anfangs wurden in der VR China in Bezug auf den Bankzahlungsverkehr die meisten Vorgehensweisen der Banken beibehalten. Es waren 200 bis 300 Zahlungsformen vorhanden, die von verschiedenen Banken in verschiedenen Gebieten entwickelt worden waren. Zugleich fing man in China aber an, das Zahlung- und Verrechnungssystem der damaligen Sowjetunion umfassend zu studieren, um ein der Planwirtschaft entsprechendes Zahlungssystem einzuführen.[19]

Im März 1953 entschloss sich die Volksbank, die „acht Zahlungsformen" der damaligen Sowjetunion zu übernehmen und sie landesweit umzusetzen. Die acht Zahlungsformen waren: *„tuoshou chengfu"* (genehmigter Zahlungseinzug), *„dian, xinhui"* (Überweisung per Brief oder Telegraph), *„tezhong zhanghu zhifu"* (Zahlung durch Sonderkonto), *„xinyongzheng zhifu"* (Zahlung per Akkreditiv), *„zhipiao zhi"* (Zahlung per Scheck), *„baofu jiesuan"* (garantierte Zahlungsverrechnung), *„tuoshou wu chengfu"* (nicht genehmigter Zahlungseinzug), *„jihua jiesuan"* (planmäßige Zahlungsverrechnung). Im Laufe der darauf folgenden Tests wurden die „Acht Zahlungsformen" teilweise geändert bzw. ergänzt.[20]

Hinsichtlich der Überweisung wurde damals die Ansicht vertreten, dass diese traditionelle Zahlungsform trotz ihres einfachen und leicht zu handhabenden Charakters nicht für Warengeschäfte geeignet sei, da der Staat dadurch die Kontrolle darüber verlieren würde, ob der Geldtransfer entsprechend dem Warentransfer erfolge. Daher wurde die Überweisung für Warengeschäfte ausgeklammert.[21]

Im Oktober 1954 berief die Zentralstelle der Volksbank mit ihren Zweigstellen in 16 Provinzen und Städten ein Symposium zur Stärkung bzw. Verbesserung des Bankzahlungsverrechnungssystems ein. Als Beschluss erließ die Volksbank aufgrund der Erfahrungen aus der Erprobung der „Acht Zahlungsformen" die „Vorläufige Methode der bargeldlosen Zahlungsverrechnung der Staatsunternehmen, Ein- und Verkaufsgenossenschaft, Staatsorgane, Armee-Einheiten und Organisationen untereinander" (*Guoying qiye, gongxiao hezuoshe, guojia jiguan, budui, tuanti jian fei*

18 Ebd., S. 82 ff., S. 113 ff., 145 ff.
19 YANG Xitian (Hrsg.), S. 160; Vgl. PAN Song, S. 4.
20 YANG Xitian (Hrsg.), S. 160 ff.
21 Ebd.

xianjin jiesuan zanxing banfa), welche ab September 1955 landesweit durchgeführt wurde. Diese Methode wurde als „Blaubuch" (*lanpi shu*) bezeichnet, da sie mit einer blauen Titelseite veröffentlicht wurde.[22]

In dem „Blaubuch" wurden insgesamt neun Zahlungsformen vorgeschrieben, wobei zwischen innerörtlicher Zahlung (*tongcheng jiesuan*) und überörtlicher Zahlung (*yidi jiesuan*) unterschieden wurde. Für innerörtliche Zahlungen gab es fünf Formen: „*tongcheng tuoshou chengfu*" (innerörtlicher genehmigter Zahlungseinzug), „*weituo fukuan*" (Zahlung durch Auftrag), „*jihua jiesuan*" (planmäßige Zahlungsverrechnung), „*zhipiao fukuan*" (Zahlung per Scheck) und „*xian'e zhipiao*" (Zahlung per Scheck mit Limit). Für überörtliche Zahlungen waren vier Formen vorgesehen: „*yidi tuoshou chengfu*" (überörtlicher genehmigter Zahlungseinzug), „*xinyongzheng zhifu*" (Zahlung per Akkreditiv), „*tezhong zhanghu zhifu*" (Zahlung durch Sonderkonto) und „*hui dui*" (Überweisung).[23]

Das „Blaubuch" zeichnet sich durch zwei Punkte aus. Zum einen war für jede Verrechnungsart hinsichtlich ihrer Beteiligten und des Zahlungsgrundes eine bestimmte Zahlungsform vorgesehen, zum anderen wurde betont, dass der Geldtransfer der tatsächlichen Produktion und dem tatsächlichen Warentransfer entsprechen müsse, weshalb ein Handelskredit (*shangye xinyong*) streng untersagt war. Darüber hinaus wurden die Zahlungen und deren Kontrollmaßnahmen an eine strikte Formalität gebunden. Die Bankzahlungsverrechnung diente daher in erster Linie als Verwaltungsmaßnahme.

b. Schwierige Entwicklung von 1958 bis 1977

Von der Einführung der Bewegung des „Großen Sprungs nach vorn" (*da yuejin*) im Jahre 1958 an bis zum Ende der 1966 begonnen „Kulturrevolution" (*wenhua dageming*) im Jahr 1977, durchlief das chinesische Bankwesen eine schwerfällige Entwicklung. Das Bankzahlungssystem wurde davon schwer getroffen. Das gerade aufgebaute Bankzahlungssystem wurde so gut wie völlig zerstört, indem es aufgrund seines „zuweitgehenden Dogma-Charakters" und des „Mangels an Servicegeist gegenüber der Volksmasse" willkürlich weggestrichen wurde und die Zahlungsformalitäten ohne Grund vereinfacht wurden.[24]

Die Regierung versuchte das darauf folgende Chaos einigermaßen unter Kontrolle zu bringen. So erließ die Volksbank im Mai 1959 die **„Vorläufige Methode der bargeldlosen Zahlungsverrechnung"** (*Feixianjin jiesuan zanxing banfa*), die ab 1. September 1959 landesweit durchgeführt werden sollte, was aber wegen wiederholter „revolutionären Bewegungen" (*geming yundong*) und wegen des mangelnden Rechtsbewusstsein des Volkes nicht verwirklicht wurde. Am 10. März 1962 erließen

---

22 Ebd.; auch in: Chronik wichtiger Ereignisse des Finanzwesens der VR China (*Zhonghua renmin gongheguo jinrong dashiji*), Beijing, 1993, S. 115.

23 Zur innerörtlichen und überörtlichen Zahlung näher s. Kapitel 2 A I.

24 Zum Bankzahlungsverkehr vom 1953 bis 1978 in China s. vor allem YANG Xitian (Hrsg.), S. 160 ff.

der Staatsrat und die Zentrale der KPCh gemeinsam die **„Sechs Punkte der Bankarbeit“** (*Yinhang gongzuo liutiao*), um vor allem das Problem fauler Kredite zwischen Unternehmen zu lösen. Die Durchsetzung erfolgte jedoch von Anfang an sehr schleppend und wurde seit Beginn der „Kulturrevolution“ im Jahr 1966 ganz unterlassen. Das Bankzahlungswesen geriet in eine anarchistische Situation.[25]

c. Der Erlass der BVM von 1972, 1977 und der KontoM 1977

1972, mitten in der Kulturrevolution, gab es eine positive Wendung für das Bankwesen, als die Volksbank auf Anweisung des Staatsrats, die **„Bankverrechnungsmethode“** (*Jiesuan banfa*) (im Folgenden: **BVM**) erließ, um das Rechtssystem im Hinblick auf das Bankwesen und schwerpunktmäßig den Bankzahlungsverkehr möglichst schnell auszubauen und zu vervollständigen. In dieser am 1. Januar 1973 in Kraft getretenen Methode wurden bezüglich der Bankzahlung drei für die Banken geltende Prinzipien aufgestellt: „Zahlung gegen Warenübergabe“ (*qianhuo liangqing*), „Wahrung der rechtmäßigen Rechte und Interessen der Zahlungsbeteiligten“ (*weihu shoufufang de zhengdang quanyi*), und „Keine Auslage von Geld durch die Bank“ (*yinhang bu dianqian*).

Nach dem Ende der Kulturrevolution und kurz vor der Öffnung und der Reform Chinas berief die Volksbank eine auf die Buchhaltung und Zahlungsverrechnung der Banken gerichtete Fachkonferenz ein. Nach dem Konferenzabschluss erließ die Volksbank 1977 die revidierte **BVM**.[26] Diese 15-Paragraphen-Methode hat die Differenzierung zwischen überörtlicher (*yidi*) und innerörtlicher Zahlung (*tongcheng*) noch mal festgelegt; wobei mit dem Ersteren die Zahlung zwischen Provinzen, Städten, Autonomen Gebieten und Kreisgemeinden (*xian*) (§ 6 **BVM**) gemeint ist und mit dem Zweiten die Zahlung innerhalb einer Stadt bzw. Kreisgemeinde. Für die überörtliche Zahlung sind drei Zahlungsformen, nämlich die „*tuoshou chengfu*“ (genehmigter Zahlungseinzug), „*xinyongzheng zhifu*“ (Zahlung per Akkreditiv), und „*hui dui*“ (Überweisung) vorgeschrieben (§§ 7–10 **BVM**), während für die innerörtliche Zahlung mehrere Zahlungsarten in Betracht kommen, die nicht strengt vorgegeben sind. Stattdessen forderte der Gesetzgeber in § 11 Abs. 1 **BVM**, dass die lokalen Stellen der Volksbanken geeignete Zahlungsformen vorgeben sollten.

Neben der **BVM** verabschiedete die Volksbank im selben Jahr die **„Verwaltungsmethode der Bankkonten“** (*Yinhang zhanghu guanli banfa*, im Folgenden: **KontoM**) die später durch eine Verordnung mit demselben Titel von 1994 ersetzt wurde.[27]

---

25 Ebd.

26 Die **BVM** von 1977 wurde von der Volksbank am 6. November 1977 erlassen und trat am 1. Januar 1978 in Kraft. Sie wurde 1988 von der Volksbank noch einmal revidiert und 1997 schließlich durch die **„Zahlungsverrechnungsmethode“** von 1997 ersetzt; dazu s. u. B II 2 c.

27 Die **KontoM** von 1977 wurde von der Volksbank am 28. Oktober 1977 verabschiedet und trat am selben Tag in Kraft; zur **KontoM** von 1994 s. u. Fn. 67.

II. Nach der Reform und Öffnung (1978 bis heute)

Im Dezember 1978 fand in Peking das Dritte Plenum des XI. Parteitages der KPCh statt. Auf diesem Plenum wurde die so genannte Öffnungs- und Reformpolitik (*Kaifang gaige zhengce*) als die neue Politik des Staates und der Kommunistischen Partei Chinas festgelegt. Damit begann die Phase der Wirtschaftsreform in China.[28]

1. Der Aus- und Umbau des Bankwesens und der Träger des Zahlungsverkehrs

Nach 1978 wurden eine Reihe wichtiger Reformen im chinesischen Finanzwesen durchgeführt. Einer der wichtigsten Schritte dieser Reformen war der Aus- und Umbau des Banksystems, in dem unter der Steuerung und Überwachung der Zentralbank, die Volksbank und die vier staatlichen Spezialbanken, die 1994 in staatliche kommerzielle Banken umgestaltet wurden, die Hauptrolle spielten, wobei sich die politikorientierten Banken und die kommerziellen Aktienbanken die Arbeit teilten, und die verschiedenen Finanzinstitute miteinander kooperierten.

Die gesamte Entwicklung des Bankwesens ist sehr kompliziert. Im Folgenden wird deshalb nur der Teil dargestellt, der in unmittelbarem Zusammenhang mit der bargeldlosen Zahlung steht.

a. Der Umbau der Chinesischen Volksbank zur Zentralbank

Einer der ersten Schritte in Bezug auf den Aufbau des Bankwesens war die Befreiung der Chinesischen Volksbank von der Tätigkeit als Handelsbank und deren Umstrukturierung zur Zentralbank.[29]

Am 17. September 1983 verkündete der Staatsrat die „Entscheidung über die exklusive Ausübung der Funktion als Zentralbank durch die Chinesischen Volksbank" (*Guanyu zhongguo renmin yinhang zhuanmen xingshi zhongyang yinhang de jueding*), in der ausdrücklich festgelegt wurde, dass die Volksbank zukünftig als wirkliche Zentralbank tätig sein sollte. Aufgrund dieser Entscheidung wurde die Volksbank zu einem dem Staatsrat direkt unterstehendem Verwaltungsorgan. Sie ist seitdem verantwortlich für die Globalsteuerung und Überwachung des Finanzwesens im ganzen Land.

Erstmals gesetzlich fixiert wurde diese Rechtsstellung der Volksbank jedoch erst in der vom Staatsrat am 17. Januar 1986 verkündeten **„Vorläufigen Verwaltungsverordnung des Bankwesens der VR China"** (*Zhonghua renmin gongheguo yinhang guanli zanxing tiaoli*). „Hochoffiziell" geregelt wurde sie jedoch noch später, und zwar

---

28 S. Volkstagszeitung (*ren min ribao*) vom 24. Dezember 1978.

29 Vor allem s. YANG Xitian (Hrsg.), S. 216ff.; aber auch WANG Xin (Hrsg.), S. 40ff.; WU Zhipan, Abriss, S. 1ff.

erst in § 2 des 1995 in Kraft getretenen **„Volksbankgesetzes der VR China"** (*Zhonghua renmin gongheguo zhongguo renmin yinhang fa*) (im Folgenden: **VBG**).[30]

In Bezug auf den Bankzahlungsverkehr ist die Volksbank als Verwaltungsorgan berechtigt bzw. verpflichtet, die Politik hinsichtlich der Entwicklung des Bankensystems festzulegen und durchzuführen sowie die entsprechenden Vorschriften einschließlich derer des Bankzahlungssystems zu erlassen (§ 4 Nr. 5 und Nr. 8 **VBG**).

b. Die Kommerzbanken als Hauptträger des Zahlungsverkehrs

Der bargeldlose Geldtransfer erfolgt in China überwiegend durch die kommerziellen Banken.[31] Dies ergibt sich aus dem 1995 verabschiedeten **„Kommerzbankgesetzes der VR China"** (*Zhonghua renmin gongheguo shangye yinhang fa*) (im Folgenden: **KBG**),[32] in dem eine Kommerzbank als eine juristische Person mit den Aufgaben der Einlageaufnahme, der Kreditvergabe und der Zahlungsabrechnung definiert ist (§ 2 **KBG**). Die gegenwärtigen kommerziellen Banken werden in vier Gruppen eingeteilt:

(1) Die staatlichen Kommerzbanken

Von 1978 bis 1985 wurden in China vier große staatliche Spezialbanken (*Zhuanye yinhang*) wiederhergestellt bzw. neu errichtet: die Chinesische Landwirtschaftsbank (*zhongguo nongye yinhang*), die Bank-of-China (*zhongguo yinhang*), die Chinesische Aufbaubank (*zhongguo jianse yinhang*) sowie die Chinesische Industrie- und Handelsbank (*zhongguo gongshang yinhang*). Als Staatsverwaltungsorgane (*guojia xingzheng jiguan*) haben sie jeweils Zentralinstitute in Peking und zahlreiche Filialen im ganzen Land eingerichtet.[33]

---

30 Das **VBG** wurde vom Nationalen Volkskongress am 18. März 1995 erlassen und trat mit seiner Verkündung in Kraft; es wurde am 27. Dezember 2003 vom Ständigen Ausschuss des Nationalen Kongresses revidiert, und die neue Fassung trat am 1. Februar 2004 in Kraft; hierzu vgl. WANG Xin (Hrsg.), 23, 40 ff.

31 XIE Zhenmin, S. 637 ff., S. 853 f.; WANG Xin (Hrsg.), S. 18 ff.; zum Begriff „Bank" vgl. Kapitel 2 D.

32 Das **KBG** wurde vom Ständigen Ausschuss des Nationalen Volkskongresses am 10. Mai 1995 verabschiedet und trat am 1. Juli 1995 in Kraft.

33 1979 wurde die Chinesische Landwirtschaftsbank (*Zhongguo nongye yinhang*) wiederhergestellt, um das Darlehengeschäft auf dem Gebiet der Landwirtschaft, für das bis dahin die Chinesische Volksbank zuständig war, zu übernehmen. Ähnlich war es bei den anderen beiden staatlichen Spezialbanken, die Bank-of-China übernahm nach ihrer Wiederherstellung im März 1979 von der Volksbank die Dienstleistung im Bereich der internationalen Zahlungsverrechnung, und die Chinesische Aufbaubank übernahm nach ihrer Wiederherstellung im April 1983 die Dienstleistung auf dem Gebiet der Infrastruktur. Als neue Spezialbank wurde 1984 die Chinesische Industrie- und Handelsbank errichtet. Sie sollte für die Geschäftsgegenstände und Kundenquellen in den Städten zuständig sein. Sie alle sind aufgrund verwaltungsrechtlicher Vorschriften fünfstufig organisiert, und zwar jeweils mit einer Zentrale, der die Einrichtungen auf Provinzebene (*sheng fenhang*), auf Stadt-/Regionsebene (*dishi fenhang*), auf Kreisebene (*xian zhihang*) und schließlich zahlreiche Filialen in Wohnsiedlungen nachgeordnet sind. Dazu. s. vor allem YANG Xitian (Hrsg.), S. 223 ff.; WANG Xin (Hrsg.), S. 50 ff.; WU Zhipan, Abriss, S. 16 ff.

Die Spezialbanken wurden gleichzeitig damit betraut, „politische" (*zhengce daikuan*) und „kommerzielle Kredite" (*shangye daikuan*) zu vergeben. Da sich die Vergabe der beiden Kreditformen in der Praxis nur schwer voneinander unterscheiden lässt, verkündete der Staatsrat am 25. Dezember 1993 die **„Entscheidung über die Reform des Finanzsystems"** (*Guanyu jinrong tizhi gaige de jueding*), nach der drei Politikbanken (*zheng ce yinhang*), nämlich die Chinesische Landwirtschaftliche Entwicklungsbank (*zhongguo nongye fazhan yinhang*), die Chinesische Im- und Export-Bank (*zhongguo jinchukou yinhang*) und die Chinesische Nationale Erschließungsbank (*guojia kaifa yinhang*) errichtet wurden, um die Aufgabe der Vergabe von Politikkrediten zu übernehmen. Offiziell wurden die drei Politikbanken im Februar, März und November 1994 errichtet. Nach der Errichtung der drei Politikbanken wurden die vier staatlichen Spezialbanken vom Staatsrat aufgefordert, sich in staatliche kommerzielle Banken, die nach einem modernen Bankbetriebssystem arbeiten, umzuwandeln. Der Umwandlungsprozess wurde Ende 1994 in Gang gesetzt und Ende 1996 vollkommen beendet.[34]

(2) Die kommerziellen Aktienbanken

Um der Umstrukturierung von der Planwirtschaft zur Marktwirtschaft zu entsprechen, wuchs in China die Bereitschaft, auch im Finanzwesen die Form der AG zuzulassen. Juli 1986 wurde gemäß der vom Staatsrat verkündeten **„Mitteilung zur Wiederherstellung der Verkehrsbank"** (*guanyu chongxin zujian jiaotong yinhang de tongzhi*) die Verkehrsbank (*jiaotong yinhang*) als erste reine Handelsbank errichtet, und zwar mit einer Zentrale in Shanghai. Das Kapital stammte zu 50 % aus der Volksbank, zu 40 % aus den örtlichen Unternehmen und zu 10 % von Privaten. Ihre Geschäftsgegenstände und Kundenquellen sind unbeschränkt.[35]

Seitdem und insbesondere seit der Verabschiedung der oben bereits erwähnten **„Entscheidung über die Reform des Finanzsystems"** durch den Staatsrat Ende 1993, die einen entsprechenden Ausbau des Bankwesens vorsah, nahm die Zahl der Aktienbanken stark zu. Ende 2003 waren bereits 120 Aktienbanken (wie z. B. die *Chinesische Zhongxin Bank, die Chinesische Guangda Bank* und *die Chinesische Minsheng Bank*) sowie kleinere regionale Banken (wie z. B. die *Chinesische Xingye Bank* in der Provinz Fujian, die *Guandong Bank*, die *Shenzhen Fazhan Bank* (Shenzhen Entwicklungsbank), *Shanghai Pudong Fazhan Bank* (Shanghai-Pudong Entwicklungsbank)) in China aktiv. In ihrer Organisationsgröße sind die regionalen sowie überregionalen Aktienbanken nicht so gewichtig wie die vier bekannten staatlichen Kommerzbanken und werden deshalb üblicherweise als kleine bzw. mittelgroße Kommerz-

---

34 Zur Errichtung und Aufgabe der Politikbanken und die Umwandlung der Spezialbanken zum Kommerzbanken s. vor allem YANG Xitian, S.227 ff.; WANG Xin (Hrsg.), S. 86 ff.

35 YANG Xitian (Hrsg.), S. 231 ff.

banken[36] bezeichnet. Sie sind inzwischen zu einem unentbehrlichen Bestandteil des chinesischen Bankwesens geworden.[37]

(3) Die Kreditgenossenschaften und die Stadt- (*chengshi yinhang*) bzw. Landbanken (*nongcun shangye yinhang*)

Neben den staatlichen Spezialbanken gab es in China noch zwei Arten bankmäßiger Genossenschaftskreditinstitute, nämlich die Chinesischen Landwirtschaftlichen Kreditgenossenschaften (*Zhongguo nongcun hezuo xinyongshe*) (im Folgenden: LKG) und die Chinesischen Städtischen Kreditgenossenschaften (*Zhongguo chengshi xinyongshe*) (im Folgenden: SKG).[38]

Die LKG waren ursprünglich der Chinesischen Landwirtschaftsbank untergeordnete Institute, die quasi wie Außenstellen die Aufgaben der Landswirtschaftsbank in abgelegenen Gebieten erfüllten. Ab 1985 fingen die LKG auf Anweisung des Staatsrats an, sich von der Landwirtschaftsbank abzulösen und zu selbständigen, der Volksbank direkt unterstehenden Kreditinstituten umzuwandeln. Der Großteil der Zahlungstransaktionen in ländlichen Gebieten erfolgte nun durch die LKG.[39] Im Jahr 2001 wandelten sich die LKG in den Städten *Changshu, Zhangjia Gang* und *Jianyin* unter Mitwirkung bzw. mit Genehmigung der Volksbank und des Staatsrats zu Landbanken (*nongcun yinhang*) um. Ob diese Umwandlung im ganzen Land erfolgen wird, steht noch nicht fest.

Die erste SKG wurde 1979 in Kreis *Luohe* der Provinz *Henan* errichtet. Bis 1986 gab es im ganzen Land ca. 1000 SKG. Die SKG waren anfangs wie die LKG verschiedenen Spezialbanken untergeordnete Institute, die ihr Serviceangebot auf kleine kollektive und einzelkaufmännische Unternehmen in den Städten ausgerichtet hatten. Aufgrund der am 16. August 1988 von der Volksbank erlassenen **„Verwaltungsvorschriften der städtischen Kreditgenossenschaften"** (*Chenshi xinyong hezuoshe guanli guiding*) wandelten sich die SKG in als juristische Personen qualifizierte Kreditinstitute um. Seit 1994 wandelten sich die SKG gem. der im Dezember 1993 vom Staatsrat erlassenen **„Mitteilung über den Aufbau der Städtischen Genossenschaftsbanken"** (*Guanyu jianshe chengshi heyuo yinhang de tongzhi*) allmählich in Chinesische Städtische Genossenschafsbanken (*chengshi hezuo yinhang*) um. Bis Ende 2004 entstanden bereits über 110 Stadtbanken, während sie daneben zum Teil aufgelöst[41] wurden bzw. werden.[40] Die gegenwärtige Rechtsgrundlage für die Städtische Genossenschaftsbank ist die **„Verwaltungsmethode der städtischen Genos-**

---

36 S. den Artikel „Eine eingehende Darstellung der Funktionen der kleinen und mittelgroßen Kommerzbanken" (*Jinyibu fahui xianyou zhongxiao shangye yinhang de zuoyong*) auf der Webseite von der Volksbank: http//: www.pbc.gov.cn/xinwen (Version: 04.09.2002) (Zugriff: 23.11.2003).

37 YANG Xitian (Hrsg.), S. 231 ff.

38 Zu dem Entstehungshintergrund der beiden Genossenschaften sowie deren Entwicklung s. vor allem YANG Xitian (Hrsg.), S. 237 ff.

39 YANG Xitian (Hrsg.), S. 242 ff.

40 S. hierzu vor allem http//: www.pbc.gov.cn/xinwen (Version: 20.02.2004) (Zugriff: 23.11.2004); http//: www.china.org.cn/chinese/zhuanti/qkjc/794616.htm (Zugriff: 22.06.2005)

senschaftsbanken" (*Chengshi hezuo yinhang guanli guiding*), die von der Volksbank am 20. Juni 1997 verabschiedet wurde und am selben Tag in Kraft trat.

Gemäß § 89 **KBG** sind diese beiden Arten von Kreditgenossenschaften zwar keine Kommerzbanken, werden aber bei Geldtransaktionen rechtlich wie Kommerzbanken behandelt.

(4) Die kommerziellen Banken mit ausländischen Elementen

Im Verlauf der vergangenen etwa zwanzig Jahre öffnete sich Chinas Finanzwesen schrittweise nach außen. In den Wirtschaftssonderzonen und in einigen geöffneten Küstenstädten sowie in wichtigen Binnenstädten wurden Banken mit ausschließlich ausländischem Kapital (*waizi yinhang*) und solche mit chinesischem und ausländischem Kapital (*zhongwai hezi yinhang*) sowie Zweigstellen ausländischer Banken (*waiguo yinhang fenhang*) errichtet.[41] Bis Ende 2003 entstanden in 24 Städten Chinas insgesamt 182 Bankfilialen mit ausländischem Kapital, darunter 156 Niederlassungen ausländischer Banken und 26 Banken bzw. Filialen mit ausschließlich oder teilweise ausländischem Kapital, wobei die Ersteren als ausländische und die Letzteren (unabhängig von der Höhe der ausländischen Beteiligung) als chinesische juristische Personen qualifiziert werden.[42]

In Bezug auf den Zahlungsverkehr ist allerdings zu beachten, dass die ausländischen Banken den chinesischen Banken nicht gleichgestellt sind. So ist insbesondere nicht jeder ausländischen Bank das CNY-Geschäft[43] gestattet. Es ist allerdings mit der Aufgabe der Beschränkungen für ausländische Banken zu rechnen. Eine derartige Tendenz zeigte sich bereits vor dem Beitritt Chinas zur WTO, der mit der Verpflichtung verbunden war, ausländischen Banken zwei Jahre nach dem Beitritt CNY-Geschäfte mit heimischen Unternehmen und nach drei weiteren Jahren auch mit chinesischen Einzelkunden zu gestatten.[44] Anlässlich des Beitritts am 11. Dezember 2001 wurden die ausländischen Banken in *Shanghai*, *Shenzhen*, *Tianjin* und *Dalian* zum CNY-Geschäft zugelassen. Seit dem 1. Dezember 2002 können Finanzinstitute mit ausländischem Kapital in fünf weiteren Städten (*Guangzhou*, *Zhuhai*,

---

41 Am 25. Februar 1994 wurde vom Staatsrat die **„Verwaltungsverordnung über Finanzinstitute mit ausländischem Kapital"** (*Waizi jinrong jigou guanli tiaoli*) mit Wirkung zum 1. April 1994 erlassen, um die entsprechenden unterschiedlichen lokalen Verordnungen zu vereinheitlichen. Zu dem Errichtungsverfahren der Banken mit ausländischem Kapital s. YANG Xitian (Hrsg.), S. 245 ff.; WU Zhipan, Abriss, S. 57 ff.

42 Zu der Entwicklung und dem aktuellen Zustand der Banken mit ausländischen Elementen s. vor allem http//: www.pbc.gov.cn/xinwen; YANG Xitian (Hrsg.), S. 245 ff., und LI Jinze, Rechtsprobleme, S. 66 ff.

43 „CNY" ist die lateinische Abkürzung der chinesische Währung „*Renminbi*".

44 Aufgrund der im Jahr 1997 von der Volksbank erlassenen **„Vorläufigen Verwaltungsmethode über das versuchsweise CNY-Geschäft der Finanzinstitute mit ausländischem Kapital im Bezirk-Pudong in Shanghai"** (*Shanghai Pudong waizi jinrong jigou renminbi yewu shidian zanxing guanli banfa*) wurden Banken mit ausländischem Kapital erstmals zum CNY-Geschäft zugelassen.

Qingdao, Nanjing und *Wuhan*) bei der Volksbank beantragen, das CNY-Geschäft betreiben zu dürfen.[45]

c. *Die Post*

Obwohl die Überweisung per Post dem Thema der vorliegenden Arbeit nicht unterfällt, ist an dieser Stelle darauf hinzuweisen, dass auch die Post ein wichtiger Träger des Überweisungsverkehrs ist. In der Praxis wickelt die Post bedingt durch ihr landesweites Servicenetz überwiegend den Geldtransfer von Privatleuten ab. Hierzu gehören vor allem Überweisungen zwischen Privatleuten aber auch zwischen Privatpersonen und unternehmerischen Einheiten, wie z. B. die Überweisung von Lohn, Rente, Dienstreisekosten, Zuschüssen usw.[46]

In der Regel vollzieht sich die Abwicklung nach folgendem Schema: Der Überweisende zahlt bei einer Postfiliale den zu überweisenden Betrag in bar ein und füllt dabei ein entsprechendes Formular aus. Die dem Wohnsitz des Empfängers nächstgelegene Postfiliale wird dann durch das Kommunikationssystem der Post darüber informiert und fordert den Empfänger auf, das Geld bei der Post abzuholen. Eine Kontoeröffnung ist also zurzeit weder erforderlich noch üblich.[47] Zu beachten ist, dass bei der Postüberweisung der Maximalbetrag von CNY 10.000 pro Transaktion nicht überschritten werden darf und dementsprechend höhere Summen in Teilbeträgen zu überweisen sind.[48]

Die Hauptrechtsgrundlagen für die Zahlung per Post finden sich in der im Jahr 1996 vom Ministerium für Post- und Fernmeldewesen (*youdian bu*) erlassenen „Regelung der Handhabung der inländischen Überweisung durch das Postwesen" (*Guonei youzheng huidui chuli guize*) sowie in der „Regelung der Handhabung der ausländischen Überweisung durch das Postwesen" (*Guoji youzheng huidui chuli guize*).

2. Die Entwicklung des Bankzahlungssystems und seine rechtlichen Grundlagen

a. *Zu erörternde Probleme des chinesischen Bankzahlungsverkehrs*

Mit der Umwandlung von der Planwirtschaft zur (sozialistischen) Marktwirtschaft war China gezwungen, auf dem Gebiet des Bankwesens weitgehende Reformen zu

---

45 Http//: www.pbc.gov.cn/xinwen (Version: 20.11.2002): Ankündigung (*gong gao*) der Volksbank, *Renhang* Nr. 26/2002 (Zugriff: 23.09.2003).

46 S. vor allem die Webseite des Nationalen Postamtes (*Guojia youzheng ju*) (Zugriff: 04.12.2004): http//: www. cpsrb.com/main.htm; http//: www.cpsrb.com/Info/yewu3/index.htm.

47 Inzwischen bietet die Post allerdings auch einen Kontoservice an, bei dem der Geldtransfer wie bei der Banküberweisung über Konten abgewickelt wird; hierzu http//: www.pbc.gov.cn/zhifujiesuan (Version: 2000-3-31): Der gegenwärtige Zustand des Aufbaus und der Entwicklung des chinesischen Zahlungssystems (*Zhongguo xiandaihua zhifu xitong jianshe xianzhuang jiqi fazhang*) (Zugriff: 23.09.2003).

48 Http//: www.202.97.143.100/2000/business/huikuanyewu.html (Zugriff: 23.09.2003).

ergreifen. Dabei traten vor allem folgende Probleme auf, deren Bewältigung sich teilweise bis heute schwierig gestaltet:[49]

Erstens waren die Zahlungsformen zu zahlreich und es fehlte an Flexibilität.[50]

Zweitens übernahmen die Banken teilweise die Rolle administrativer Finanzorgane, indem sie sich verpflichteten, nicht nur Dienstleistungen des Zahlungsverkehrs anzubieten, sondern auch die Zahlungen bzw. Abrechnung der Unternehmen zu organisieren und zu überwachen. So hatte die Bank z.B. bei der Einzugsermächtigung zu prüfen, ob zwischen dem Zahlenden und dem Begünstigten wirklich ein Geschäft stattgefunden hatte oder ob eine Zahlungsverweigerung des Zahlungsverpflichteten rechtlich zulässig war. Gegebenfalls konnte sie auch Sanktionsmaßnahmen zur Beseitigung von Störungen des Zahlungsverkehrs einsetzen, wenn der Inkassoauftrag des Gläubigers oder die Zahlungsverweigerung des Schuldners nicht begründet waren. Folglich mussten die Banken häufig das der Bankzahlung zugrunde liegenden Rechtsverhältnis überprüfen, in dessen Abwicklung sie sich nicht selten einmischten. Wegen ihres quasi-behördlichen Status unterlagen die Banken auch den meist willkürlichen Anweisungen der Regierung bzw. deren untergeordneten Behörden, sodass ihre administrativen Pflichten ständig erweitert werden konnten. Die Banken waren damit aber völlig überfordert und verloren das Interesse daran, das Zahlungssystem aus eigenem Antrieb zu verbessern. Stattdessen ging es ihnen vor allem darum, zu verhindern, wegen der Vernachlässigung ihrer Kontrollpflicht mit gesetzlich vorgesehen Sanktionen belegt zu werden.[51]

Drittens musste eine Zahlung mehrere Zahlungsebenen durchlaufen. Die vier staatlichen Kommerzbanken und ihre Filialstellen wurden der administrativen Struktur entsprechend gegliedert, d.h. nach der Drei-Stufen-Struktur von (1) Nation (*quan guo*), (2) Provinz (*sheng*), autonomes Gebiet (*zizhiqu*) bzw. regierungsunmittelbare Stadt (*zhixiashi*) und (3) Kreis (*xian*) bzw. Gemeinde (*tongcheng*). Die Verwaltung und Verrechnung durch die Filialen einer Bank erfolgte in senkrechter Linie, indem z. B. eine Überweisung, die von der Bankfiliale 1 im Kreis A an die Bankfiliale 2 im Kreis B übermittelt werden sollte, über die der Bankfiliale 1 übergeordnete Zentralfiliale der Provinz A, die Zentralfiliale auf nationaler Ebene und die der Bankfiliale 2 übergeordnete Zentralfiliale der Provinz B erfolgen musste. Gehörten die Bankfiliale des Zahlenden und die Bankfiliale des Begünstigten zu verschiedenen Banken, kamen die lokale Stelle der Volksbank und auf dem Land eventuell die LKG hinzu.[52]

Außerdem führten die geringe Effektivität des rückständigen Zahlungssystems und das relativ schwache Management zu Problemen. Berücksichtigt man die wenig entwickelten Transportmethoden der Zahlungsinformationen und die teilweise sehr großen Entfernungen, so verwundert es nicht, dass eine Zahlung, die von

49 Vor allem s. YANG Xitian (Hrsg.), S. 345 ff.; WANG Xin (Hrsg.), S. 260 ff.; PANG Song, S. 4 ff.
50 Vgl. o. B I 2.
51 YANG Xitian (Hrsg.), S. 346.
52 Ebd.; aber auch ZHU Dezhong/SUN Baoqin, in: *Zhongguo chengshi jinrong* Nr. 12/1998 12 ff.

technischen wie auch menschlichen Fehler frei war, länger als 5 Tage, manchmal sogar 15 Tage dauerte.[53]

Die heutigen Probleme wurzeln nicht zuletzt in dem Umstand, dass sich das Rechtswesen hinsichtlich der Bankzahlungen noch in der Aufbauphase befindet, wobei die Regelungsstruktur sehr lückenhaft ist, und die vorhandenen Regelungen in der Rechtspraxis eher im administrativen Rahmen funktionierten.[54]

b. Das Referat zur Bankzahlungsreform und die Revision der BVM im Jahr 1988

Am 27. Juli 1988 reichte die Volksbank beim Staatsrat das **„Referat über die Reform der Bankzahlungen“** (*Guanyu gaige yinhang jiesuan de baogao*) ein, in welchem die Richtlinien der Reform vorgestellt wurden. Die Bankzahlungsverrechnung sollte nach den folgenden, sinngemäß übersetzten Prinzipien reformiert werden: „Erhöhung der Bequemlichkeit, Gebräuchlichkeit, Geschwindigkeit und Sicherheit“ (*fangbian, tongyong, xunshu, anquan*), „Vertrauenswürdigkeit wahren, Zahlungen durchführen“ (*keshou xinyong, lüyue fukuan*), „wem das Geld gehört, auf dessen Konto kommt es an bzw. an den wird es ausgezahlt“ (*sheide qian jin sheide zhang, you shei zhipei*) und „Keine Auslage von Geld durch die Bank“ (*yinhang bu dianqian*). Konkrete Vorschläge waren die Erleichterung der Kontoeröffnung und der Zahlungsformalitäten, der Aus- und Umbau der Kreditzahlungsinstrumente (*xinyong zhifu gongju*), die probeweise Einführung der Bank- bzw. Kreditkarte, die Errichtung des Zahlungsverrechnungszentrums und der Erlass eines Gesetzes über Zahlungen per Scheck oder Wechsel. Ein nicht zu unterschätzender Fortschritt hinsichtlich der rechtlichen Entwicklung lag darin, dass es ausdrücklich vorgesehen war, im Bankzahlungsverkehr alle Bankkunden zivilrechtlich gleichzustellen.[55]

Die Volksbank bekam das Referat am 22. August 1988, also knapp einen Monat später, mit einem positiven Aktenvermerk (*pi zhuan*) des Staatsrats zurück und berief im November desselben Jahres die Nationale Konferenz der Reform des Bankzah-

---

53 GAO Xiaoqiong/JIANG Xingbao/WU Haosheng, in: *Jingrong yu jingji* 1994/11 27ff.; PAN Song, S. 4 ff.

54 Als Beispiel lässt sich hier die am 30. Dezember 1981 von der Chinesischen Volksbank erlassene **„Probeweise Methode der Überweisung der Privatpersonen“** (*Geren huidui yewu shixing banfa*) nennen. Diese erste und einzige für die Banküberweisung von Privatpersonen geltende Regelung besteht aus sechs Punkten: (1) man kann durch Sparstellen (*chuxu suo*) in dem Gebiet, in dem die Zweigstellen der Volksbank errichtet wurden, überweisen; (2) den Privatpersonen steht nur die Briefüberweisung zur Verfügung; (3) die Überweisungsgebühr beträgt zwischen CNY 0,1 bis 1% des Überweisungsbetrags und ist vom Überweisende zu zahlen; (4) der Überweisende kann die Überweisung zurückziehen, wenn die Überweisungsbank festgestellt hat, dass der Betrag von der Empfängerbank noch nicht ausgezahlt wurde, (5) die Bank hat den Auftrag anzunehmen, wenn der Empfänger der Überweisende selbst ist, oder der Betrag auf seinem Sparkonto gutgeschrieben wird, (6) für die Überweisung von Privatpersonen wird eine besondere Regelung erlassen, bis zu ihrem Erlass ist die Regelung über Überweisungen von Einheiten anzuwenden. Berücksichtigt man, dass die Allgemeinen Grundsätze des Zivilrechts (**AGZ**), die ersten chinesischen zivilrechtlichen Grundsätze, erst 1986 in Kraft getreten sind, lässt sich unschwer der Schluss zu ziehen, dass man mit einer so grob gefassten Regelung in der Praxis nichts anfangen konnte.

55 YANG Xitian (Hrsg.), S. 347 ff.

lungsverrechnungssystems (*quanguo yinhang jiesuan gaige huiyi*) in der Stadt *Wuxi*, Provinz *Jiangsu*, ein. Nach dem Konferenzbeschluss wurden noch im selben Jahr die revidierte **„Bankverrechnungsmethode"** (**BVM**) von der Volksbank erlassen.[56] Der Anwendungsbereich dieser **Methode** ist die Verrechnung von CNY-Zahlungen im Gebiet der VR China (§ 2 **BVM**).[57]

In der **BVM** wurden die Zahlungsformen auf sechs Arten reduziert. Diese sind *„yinhang huipiao zhifu"* (Zahlung per Bankwechsel), *„shangye huipiao zhifu"* (Zahlung per Handelswechsel), *„yinhang benpiao zhifu"* (Zahlung per eigenem Bankwechsel), *„Zhipiao zhifu"* (Zahlung per Scheck), *„hui dui"* (Überweisung) und *„weituo shoukuan"* (Zahlung durch Inkassoauftrag (§§ 13–18 **BVM**). Die Überweisung bleibt nach wie vor eine der überörtlichen Zahlungen.

Erwähnenswert ist, dass in § 9 **BVM** die drei oben bereits genannten „goldenen" Grundsätze[58] für die Bankzahlung, nämlich „Vertrauenswürdigkeit wahren, Zahlungen durchführen", „wem das Geld gehört, auf dessen Konto kommt es an bzw. an den wird es ausgezahlt" und „kein Auslegen des (Zahlungs)Betrags durch die Bank" ihren Niederschlag fanden.

c. *Der Erlass des WSG im Jahr 1995 und der ZVM im Jahr 1997*

Nach dem im „Referat über die Reform der Bankzahlung" festgelegten Reformplan fingen die chinesischen Banken an, die Zahlung per Wechsel und Scheck schrittweise und probeweise im ganzen Land populär zu machen. Im Jahr 1995 wurde das **„Wechsel- und Scheckgesetz der VR China"** (*Zhonghua renmin gongheguo piaoju fa*) (im Folgenden: **WSG**)[59] erlassen

Zu beachten ist, dass der Anwendungsbereich des **WSG** nur Wechsel (*huipiao*), eigene Wechsel (*benpiao*) und Schecks (*zhipiao*) (§ 2 Abs. 2 **WSG**) umfasst, und das **WSG** daher auf die Überweisung nicht unmittelbar anwendbar ist. Zahlreiche Vorschriften, beispielsweise zur Pflichtverletzung und Haftung der Bank und zu Ausführungsfristen, werden jedoch ebenso wie die hierzu ergangene Rechtsprechung

---

56 Diese **BVM**, die später durch die **„Zahlungsverrechnungsmethode"** von 1997 ersetzt wurde, wurde von der Volksbank am 19. Dezember 1988 verabschiedet und trat am 1. April 1989 in Kraft. Zur gleichen Zeit hat die Volksbank die **„Buchhaltungs- und Berechnungsrichtlinien der Bankzahlungsverrechnung"** (*Yin-hang jiesuan kuaiji hesuan shouxu*; im Folgenden: **BBR**) verabschiedet, die sehr detaillierte Regelungen über die betreffende technische Handhabung der Bank enthält.

57 Aus dem Kontext lässt sich erkennen, dass die **BVM** von 1988 eigentlich nur die Zahlungen von „Einheiten" (vgl. u. Fn. 63) zum Gegenstand hatte, obwohl dies nicht ausdrücklich vorgeschrieben worden war. Für die Zahlungen von Privatpersonen, die zu der Zeit nur in Form der Überweisung erfolgte, war noch die am 30. Dezember 1981 von der Volksbank erlassene **„Probeweise Methode der Überweisung der Privatpersonen"** anzuwenden.

58 Über die Auslegung dieser drei Prinzipien s. HAN Junmei/LÜ Deyong, S. 202 f.

59 Das **WSG** wurde am 10. Mai 1995 vom Ständigen Ausschuss des Nationalen Volkskongresses verabschiedet und trat am 1. Januar 1996 in Kraft. Der Verbreitungsprozess bezüglich der Zahlung per Wechsel und Scheck ist sehr schwerfällig und mühsam; dazu s. vor allem YANG Xitian (Hrsg.), S. 351 ff.; XIE Huaishi, S. 26 ff.; WANG Xiaoneng (Hrsg.), S. 3 ff., 8 ff.

analog auf die Überweisung angewendet. Das gleiche gilt für die von der Volksbank in demselben Jahr verkündete **„Ausführungsmethode der Verwaltung von Wechseln und Schecks“**.

Um das **WSG** anzupassen, ersetzte die Volksbank im Jahr 1997 die **BVM** von 1988 durch die **„Zahlungsverrechnungsmethode“** (*Zhifu jiesuan banfa*) (**ZVM**).[60] Die Änderungen betreffen größtenteils die Vorschriften über Zahlungen per Wechsel und Scheck aber auch die Überweisung. Das zeigt sich vor allem darin, dass die **BVM** von 1988 die Überweisung mit sieben Punkten, aber in nur einem Paragraph, nämlich § 17, geregelt hat, die **ZVM** dagegen 13 Paragraphen (§§ 168–180 **ZVM**) dazu enthält. Bis jetzt gilt die **ZVM** als die wichtigste Rechtsquelle für den Überweisungsverkehr in China.[61]

Betrachtet man diese beiden Regelungen zur Überweisung näher, so stellt man fest, dass durch die **ZVM** inhaltlich nicht viel hinzugefügt wurde. Es geht eher um die Ergänzung von einzelnen in der **BVM** von 1988 schon angesprochenen Punkten. Die wesentliche Änderung liegt in der Definition: Die Überweisung wird in § 168 **ZVM** als eine Zahlungsform definiert, bei der der Überweisende die Bank beauftragt, einen Betrag an den Überweisungsempfänger zu übermitteln; dagegen erkannte die **BVM** von 1988 nur die Zahlungsform als Überweisung an, bei der der Überweisende die Bank beauftragt, einen Betrag an den sich an einem anderen Ort befindenden Empfänger zu übermitteln (§ 17).[62]

d. Die Entwicklung des Kontosystems und die entsprechenden Rechtserlasse

Die Banküberweisung beruht im Wesentlichen auf dem Bankkontosystem, das in China sehr kompliziert und schwer zu durchschauen ist. Um es besser zu verstehen, muss man sich vor Augen halten, dass das chinesische Kontosystem einerseits zwischen dem Konto von *„dan wei“* (Einheit)[63] und dem Konto der Privatperson (Privatkonto), und andererseits zwischen dem CNY-Konto und dem Fremdwährungs-Konto unterscheidet.[64] Auf das Fremdwährungs-Kontosystem wird im Folgenden wegen der Themenbegrenzung nicht näher eingegangen.

Längere Zeit wurde das Konto, dessen Inhaber eine Privatperson war, als „Sparkonto“ (*Chuxu zhanghu*) bezeichnet. Anders ausgedrückt, es standen einer Privatperson nur „Sparkonten“ zur Verfügung. Die ersten Rechtserlasse dazu waren die

---

60 Die **ZVM** wurde von der Volksbank am 19. September 1997 erlassen und trat am 1. Dezember 1997 in Kraft.

61 Vgl. u. C I 3 a.

62 Vgl. Kapitel 2 A I.

63 *„dan wei“* (Einheit) ist ein sehr sozialistischer Begriff, für den keine entsprechende Übersetzung besteht. In den Zeiten der Planwirtschaft war diese Unterscheidung klar umrissen, weil der Bankkunde entweder eine Einzelperson (*geren*) war, die das gesparte Geld zur Zinsenziehung bei der Bank hinterlegte, oder eine „Einheit“, die aus mehreren Einzelpersonen besteht und deren Bezeichnung bzw. Existenz behördlich angemeldet war. Allerdings ist der Begriff der Einheit mit der Wandlung zur Marktwirtschaft allmählich unpräzise geworden, beispielsweise sind nun Wirtschaftseinheiten einer natürlichen Person möglich, die früher unzulässig waren.

64 Vgl. Kapitel 2 A II 4 u. 5.

am 28. Mai 1980 von der Volksbank verkündeten **„Regelungen der Spareinlagen"** (*Chuxu cunkuan guizhang*). Ihr Anwendungsbereich bezog sich auf die Privatkunden, die ihr Geld zum Sparen bei der Bank einzahlten, und die Sparinstitute (*Chuxu jigou*). Diese Regelung wurde von der Ende 1992 von der Volksbank erlassenen **„Verwaltungsverordnung der Spareinlagen"** (*Chuxu guanli tiaoli*) (im Folgenden: **SparVV**), ersetzt. Gemäß § 39 **SparVV** erließ die Volksbank ihre Durchführungsregelung, **„die Regelungen über die Durchführung der Verwaltungsverordnung der Spareinlagen"** (*Guanyu zhixing <chunxu guanli tiaoli> de ruogan guiding*) (im Folgenden: **SparVV-AusF**).[65]

Im Gegensatz zu den Privatkonten verwenden Einheiten in erster Linie *„jiesuan zhanghu"* (Verrechnungskonten).[66] Die 1994 von der Volksbank revidierte **„Verwaltungsmethode der Bankkonten" (KontoM)**[67] hat in § 3 vier verschiedene Konten für Zahlungen in der chinesischen Währung Renminbi (CNY) vorgegeben, nämlich das „Basiskonto" (*jiben zhanghu*), das „Normalkonto" (*yiban zhanghu*), das „Spezialkonto" (*zhuanyong zhanghu*) und das „Vorläufige Konto" (*linshi zhanghu*).[68]

Allmählich entspricht jedoch die Kontostruktur „Sparkonto für Privatpersonen und Verrechnungskonto für Einheiten" nicht mehr der Praxis. Es besteht in der Bank- und Rechtspraxis Bedarf, das Kontosystem zu optimieren und die entsprechenden rechtlichen Regelungen zu revidieren. Anfang 2003 erließ die Volksbank die **„Verwaltungsmethode der CNY-Bankzahlungskonten** (*Renminbi yinhang jiesuan zhanhu guanli banfa*) (im Folgenden: **CNYKontoM**),[69] um die **KontoM 1994** zu ersetzen.

Hier sind zwei Punkte hervorzuheben. Zum einen ist damit im chinesischen Bankrecht eine klare Struktur des Bankkontos geschaffen worden: Im Hinblick auf ein Bankkonto wird in erster Linie zwischen dem Sparkonto und dem Verrechnungskonto unterschieden; das Letztere gilt als Oberbegriff für die vier oben genannten Konten von Einheiten wie auch für andere Konten, die zur Zahlung dienen (§ 2 **CNYKontoM**), und das Erstere dient dem Sparen und ist nur für die Ein- und Auszahlung von Bargeld geeignet (§ 43 **CNYKontoM**). Zum anderen wird das „Bankverrechnungskonto der Privatperson" (*geren yinhang jiesuan zhanghu*) erstmals etabliert und geregelt, so dass das Missverständnis, dass eine Privatperson nur über

---

65 Die **SparVV** wurde am 11. Dezember 1992 vom Staatsrat verabschiedet wurde und trat am 1. März 1993 in Kraft; Die **SparVV-AusF** wurde von der Volksbank am 12. Januar 1993 verabschiedet und trat am selben Tag in Kraft.

66 Zum Begriff *„jesuan zhanghu"* s. Kapitel 3 A III.

67 Die **KontoM** von 1994 wurde von der Volksbank am 1. November erlassen und trat selben Tag in Kraft, während die alte **KontoM** von 1977 außer Kraft trat; hierzu s. o. Fn. 27.

68 Hier ist darauf hinzuweisen, dass gem. dieser Methode auch eine Privatperson ein Basiskonto eröffnet kann (§ 2 und § 13 Nr. 10), während dies in der Bankpraxis kaum geschah. Außerdem hat die **KontoM** von 1994 die Bezeichnung *„jiesuan zhanghu"* (Verrechnungskonten) weder im Titel noch im Text erwähnt, während sie in der Bankpraxis gebräuchlich ist.

69 Die **CNYKontoM** wurde am 1. September 2003 von der Volksbank verkündet und trat am selben Tag in Kraft.

Sparkonten verfügen könne, beseitigt wird.[70] Gemäß § 15 Abs.2 CNYKontoM kann eine Privatperson ein neues Verrechnungskonto eröffnen, oder ein schon vorhandenes Sparkonto in ein Verrechnungskonto umwandeln lassen.

C. Die aktuellen Rechtsquellen des Überweisungsverkehrs

Die möglichen Zivilrechtsquellen bestehen aus *„chengwen fa"* bzw. *„zhiding fa"* (Gesetzesrecht; geschriebenes Recht; Rechtserlasse), *„pan li"* (Rechtsprechung) und *„fa li"* (Rechtstheorie).[71] Da sich China dem kontinentaleuropäischen Rechtssystem zurechnet, bilden die gesetzlichen Regelungen das Kernstück der Zivilrechtsquellen und zugleich die Grundlage für die Rechtstheorie (*xue li*) und Rechtsprechung (*pan li*). Dagegen gehören die Rechtsprechung und Rechtstheorie nach herrschender Meinung nicht zu den bindenden Rechtsquellen, obwohl ihre Funktion in der Rechtpraxis nicht zu unterschätzen ist.

I. Wichtige gesetzliche Normen des Überweisungsverkehrs

1. Das gesetzliche Recht und dessen Rangordnung

Unter „gesetzlichen Regelungen" versteht man die verschiedenen Rechtstexte, die von den verschiedenen zur Gesetzgebung berechtigten Staatsorganen erlassen wurden.[72] Das chinesische Gesetzesrecht besteht aus folgenden Elemente, deren Rangfolge im **„Gesetzgebungsgesetz der VR China"** (*Zhonghua renmin gongheguo lifafa*) (im Folgenden: **GGG**)[73] wie folgt festgelegt worden ist:[74]

„xian fa" (Verfassungsrecht),

„fa lü" (Gesetze), die vom Nationalen Volkskongress (*quanguo renmin daibiao dahui*) oder dessen Ständigem Ausschuss (*changwu weiyuanghui*) verkündet worden sind (§§ 7 ff. **GGG**),

„xingzheng fagui" (Verwaltungsrechtsvorschriften), die vom Staatsrat (*guowu yuan*) oder mit dessen Genehmigung erlassen worden sind (§§ 56 ff. **GGG**),

„difangxing fagui" (Territoriale Vorschriften), die von den Volkskongressen der Provinzen, autonomen Regionen (*zizhi qu*) und regierungsunmittelbaren Städten (*zhixia shi*) oder deren Ständigen Ausschüssen erlassen worden sind (§§ 63 ff. **GGG**),

---

70 Volksbank (Hrsg.), Handbuch zum Studien der Verwaltungsmethode der CNY-Bankzahlungskonten, S. 87.

71 WEI Zhenying (Hrsg.), S. 13 ff.; WANG Liming (Hrsg.), Zivilrecht, S. 21 ff.

72 WANG Liming (Hrsg.), Zivilrecht, S. 21.

73 Das **GGG** wurde am 15. März 2000 vom Nationalen Volkskongress verabschiedet und trag am 1. Juni desselben Jahres in Kraft.

74 Vgl. Andreas DIEM, S. 17 ff.

„bumen guizhang" (Verordnungen der Ministeriumsabteilungen), die von den Ministerien und Kommissionen auf der Ebene der Zentralregierung erlassen worden sind (§§ 71 ff. GGG),

„difaxing guizhang" (Territoriale Verordnungen), die von der lokalen Regierung bzw. deren Fachbehörden erlassen worden sind (§§ 73 ff. GGG).

Diese Rangfolge der gesetzlichen Regelungen bestimmt sich nach der Gesetzgebungskompetenz (*lifa quanxian*) der erlassenden Stelle. Theoretisch ist ein Gesetzgebungsorgan nur berechtigt, die Angelegenheiten zu regeln, die ihm rechtlich zugeordnet sind oder von Amts wegen zu seinem Aufgabenbereich gehören und von den ihm übergeordneten Gesetzgebungsorganen noch nicht oder nur lückenhaft geregelt wurden.[75]

Allgemein ist festzustellen, dass die chinesischen Gesetzestexte nur generelle Regelungen enthalten. Oft wird nach der Verkündung eines Gesetzes eine „Durchführungssregel" oder „Durchführungserklärung" von dem nachrangigen Rechtsgebungsorgan erlassen. Nicht selten erlässt das Oberste Volksgericht eine *„sifa jieshi"* (Anwendungserklärung). Obwohl die Rechtswissenschaftler diese Reglementierungsmaßnahme einheitlich für notwendig halten, äußern sie sich nicht ausdrücklich zu ihrem Rechtscharakter. Fraglich bleibt daher, ob sie zum Gesetzesrecht gehören oder eher als Rechtsprechung anzusehen sind.[76]

2. Die Anwendungsregeln des Gesetzesrechts

Entsprechend der oben dargestellten Rangfolge gehen die Rechtnomen eines höherrangigen Gesetzgebungsorgans denen eines niederrangigen Normgebers vor, falls widersprüchliche Regelungen vorhanden sind (§§ 79 ff. GGG). Wenn nachrangiges Recht gegen Bestimmungen höherrangigen Rechts verstößt, wird es von dem betreffenden höherrangigen Organ geändert oder aufgehoben (§ 87 i. V. m. § 88 GGG). Sofern keine Widersprüche bestehen, gehen die Sonderregelungen (*teshu fa*) den Allgemeinregelungen (*putong fa*) vor. Der Normgeber einer Sonderregelung steht im Rang meist unter dem Normgeber einer Allgemeinregelung.[77]

Ergänzend gilt das Ordnungsprinzip, nach dem neuere Vorschriften älteren Regelungen vorgehen, in einer besonderen Ausprägung: Hier kann jüngeres Recht das ältere selbst dann brechen, wenn Letzteres auf einer höheren Stufe der Normenhierarchie steht und zwar auch dann, wenn das ältere Recht nicht ausdrücklich aufgehoben wird, sofern es als nicht (mehr) sachgerecht erachtet wird. Der Grund dieser Ausprägung des Ordnungsprinzips liegt darin, dass die Gesellschaft sich sehr schnell entwickelt, und eine ständige Anpassung der Rechtsregelungen erforderlich ist. Je höher aber der Normenrang ist, desto geringer ist die Anpassungsfähigkeit

---

75 Vgl. Harro von SENGER, S. 13 ff.; vgl. Andreas DIEM, S. 18 ff.; Lutz-Christian WOLFF, S. 17.
76 Vgl. Adreas DIEM, S. 17 ff.
77 Ebd.

der entsprechenden Gesetzgebungsorgane. Deshalb gewinnen die niederrangigen Normen an Bedeutung, die durch neue Regelungen die lückenhaften bzw. den neuen Entwicklungen unangemessenen, aber vorrangigen Vorschriften ergänzen bzw. ersetzen. Trotz großer gebietsmäßiger Unterschiede in China nehmen die lokalen Normgeber die ihnen hierdurch eingeräumte Kompetenz, abweichende Regelungen zu schaffen, jedoch nicht immer wahr, so dass in diesem Fall eine Abweichung von der Normenhierarchie durch Richter und Behörden im Hinblick auf die regionalen Unterschiede gerechtfertigt erscheint.[78]

3. Wichtige Normativbestimmungen für den Überweisungsverkehr

a. *Die Rechtserlasse der Volksbank als Sonderrecht*

Die Volksbank ist ein dem Staatsrat unmittelbar unterstelltes Verwaltungsorgan und ist gemäß § 4 Nr. 5 des **VBG** berechtigt und verpflichtet, die Vorschriften und Regelungen in Bezug auf die Finanzüberwachung bzw. -verwaltung und die Finanzgeschäfte zu erlassen. Gemäß § 71 **GGG** werden die Rechtserlasse der Volksbank als *„bumen guizhang“* (Regeln/Verordnung der Ministeriumsabteilung) eingeordnet, die einen relativ niedrigen Normrang besitzen, da ihnen die Gesetze, die Verwaltungsrechtsnormen und die territorialen Rechtsnormen vorgehen.[79] Für die Banküberweisung wirkt die Volksbank als „Hauptnormgeber“, da bis jetzt noch keine unmittelbaren Vorschriften von höheren Gesetzgebungsorganen erlassen wurden.

Die im Jahr 1997 von der Volksbank erlassene **ZVM** ist bis heute die wichtigste und zentrale Rechtsvorgabe für den Banküberweisungsverkehr. Im zweiten Abschnitt des vierten Kapitels (§§ 168–180) der **ZVM** findet sich eine Zusammenfassung der die Überweisung betreffenden Regelungen, die sich – statt das einschlägige Rechtsverhältnis dogmatisch einzuordnen und entsprechend auszugestalten – auf die Vorgabe rein praktischer Punkte beschränkt und hierdurch (lediglich) für die Bankpraxis problematische Einzelfragen klärt. Wichtige Vorschriften sind insofern: Die Definition der Überweisung in § 168 **ZVM**, die Voraussetzungen und Formalitäten zur Überweisung hinsichtlich der Barzahlung und Kontoeröffnung (§§ 8–13, 171 **ZVM**), die Definition der Fälschung und die Verteilung des Fälschungsrisikos (§§ 14, 17 **ZVM**), die Pflichten der beteiligten Banken hinsichtlich der Ausführung des Überweisungsauftrags sowie die Informationspflichten der Empfängerbank (§§ 167–168, 174 **ZVM**), der Widerruf des Überweisungsauftrags (§§ 177–179 **ZVM**), die Zurückweisung der Überweisung (§ 180 **ZVM**), die Haftung der Bank für Verzögerungen und Fehler (§§ 241–242 **ZVM**).

---

78 Dadurch werden, wie besonders „westliche“ Juristen häufig beklagen, unklare Hierarchieverhältnisse geschaffen, die zudem auch von chinesischen Behörden, Gerichten und Geschäftspartnern nicht immer streng beachtet werden. Dazu s. vor allem Andreas DIEM, S. 17.

79 YANG Xitian (Hrsg.), S. 222 f.; s. o. C I 1.

Eine weitere wichtige Vorschrift ist die oben bereits dargestellte **CNYKontoM**. Sie ist in erster Linie eine Rechtsnorm des öffentlichen Rechts, die ausführlich die Voraussetzungen und Formalitäten der Eröffnung von Verrechnungskonten, die Anwendungsbereiche der Verrechnungskonten verschiedener Art und die verwaltungsrechtlichen Konsequenzen für die Banken bei Nichtbeachtung der Vorschriften regelt. Sie behandelt aber auch den Inhalt des zivilrechtlichen Bankverhältnisses. Zur Veranschaulichung soll das folgende einfache Beispiel dienen. Gemäß §§ 40–42 **CNYKontoM** unterliegt die Bank beim Geldtransfer vom Konto einer Einheit an eine Privatperson (*gongkuan sicun*), insbesondere wenn es um einen größeren Betrag geht, einer strengen Legitimationsprüfungspflicht, um eine mögliche Geldunterschlagung zu verhindern. Verletzt sie diese Prüfungspflicht, kann sie Schadensersatzforderungen ausgesetzt sein.[80]

Darüber hinaus sind die 1999 verabschiedete **„Verwaltungsmethode der Bankkartengeschäfte"** (*Yinhangka yewu guanli banfa*) und die 2001 verabschiedete **„Provisorische Verwaltungsmethode für Bankgeschäfte durch das Internet"** (*Wangshang yinhang yewu guanli zanxing banfa*) zu nennen.[81] Die Erstere beseitigt teilweise das Problem des Regelungsmangels hinsichtlich der beleglosen sowie auch elektronischen Bankzahlung, und die Letztere regelt hauptsächlich die Voraussetzungen und Pflichten der Banken, die ihre Geschäfte über das Internet (*wangshang yinhang yewu*) betreiben.

Die Volksbank erlasst zudem in unregelmäßigen Abständen einfach verfasste Rechtsvorgaben in Form der „Mitteilungen" (*tongzhi*) zu Einzelpunkten der Bankzahlung wie Bankgeschäftsgebühren, Bankgeheimnis, Bankmaßnahmen gegen Fälschung usw., die auch die Überweisung betreffen. Sie zählen dann auch zu den wichtigen Rechtsquellen.[82]

b. Das KBG 1995 und das WSG 1995

Die im Jahr 1995 vom Ständigen Ausschuss des Nationalen Volkskongresses verkündeten Gesetze **„Kommerzbankgesetz" (KBG)** und **„Wechsel- und Scheckgesetz" (WSG)**, die als hochrangige Rechtsnormen *„fa lü"* (Gesetze) i.S.d. §§ 7 ff **GGG** einzustufen sind, beinhalten Bestimmungen über die Bankzahlung.

Das oben als grundlegend für das zivilrechtliche Verständnis des Bankrechts erwähnte **KBG** enthält die folgenden Vorschriften, die unmittelbar für den Überwei-

80 Volk, Handbuch, S. 136 f.

81 Die **„Verwaltungsmethode der Bankkartengeschäfte"** wurde von der Volksbank am 27. Januar 1999 erlassen und trat am 1. März 1999 in Kraft; die **„Provisorische Verwaltungsmethode für Bankgeschäfte durch das Internet"** wurde von der Volksbank am 9. Juli 2001 verkündet und trat am selben Tag in Kraft.

82 Solche Rechtsvorgaben sind z. B. die am 24. März 1999 erlassene **„Mitteilung zur Verstärkung der Sicherheitsverwaltung der Geldmittel der Banken und Kunden im Bankzahlungsverkehr"** (*Guanyu jiaqiang zhifu jiesuan guanli baozhang yinhang he kehu zijin anquan de tongzhi*), und die am 27. November 2001 erlassene **„Mitteilung zur Standardisierung der Gebühren bei elektronischer Zahlung"** (*Guanyu guifan dianzi huihua shoufei biaozhun de tongzhi*).

sungsverkehr gelten: Schutzprinzip der Rechte des Geldeinlegers (*cunkuan ren*) (§§ 6, 29–30 **KBG**), Hauptpflichten der Kommerzbanken bei der Ausführung des Zahlungsauftrags (§ 44 i.V.m. § 33 **KBG**) sowie die betreffenden Nebenpflichten der Kommerzbanken (§ 29 **KBG**), eine Auflistung der rechtsverletzenden Handlungen der Kommerzbanken und die entsprechende zivilrechtliche Haftungen (§ 73 i.V.m. § 4 Abs. 3 **KBG**); die rechtliche Qualifizierung der Kommerzbank und deren Zweigstellen bzw. Filialen (§ 22 Abs. 2 **KBG**).

Dagegen ist das **WSG** auf die Überweisung nicht unmittelbar anwendbar, sein Geltungsbereich umfasst nur Wechsel, eigene Wechsel und Schecks (§ 2 Abs. 2 **WSG**). Zahlreiche seiner Vorschriften werden jedoch ebenso wie die hierzu ergangene Rechtsprechung analog auf die Überweisung angewandt.[83]

c. Die allgemeinen zivilrechtlichen Rechtsnormen

Wie oben dargestellt, sind die Banküberweisung und andere bargeldlose Bankzahlungsvorgänge nur fragmentarisch durch die vorstehend genannten Vorschriften spezialgesetzlich geregelt. Daher muss für eine vollständige Darstellung der gesetzlichen Vorgaben, die das Bankverhältnis betreffen, weitgehend auf das allgemeine Zivil- und Handelsrecht zurückgegriffen werden.

Zunächst sind die 1987 verkündete **„Allgemeinen Grundsätze des Zivilrechts der VR China“** (*Zhonghua renmin gongheguo minfa tongze*) (im Folgenden: **AGZ**) (9 Kapitel, 156 Artikel) zu nennen. Dies ist die erste allgemeine zivilrechtliche Kodifikation seit der Gründung der VR China und gilt immer noch als das wichtigste zivilrechtliche Gesetz der VR China.[84]

In Bezug auf den Überweisungsverkehr sind folgende Vorschriften einschlägig:[85] die zivilrechtlichte Rechts- und Handlungsfähigkeit (§§ 9 ff., 36 ff. **AGZ**), die Rechtsgeschäfthandlungen und Stellvertretung (§§ 54ff., 63ff. **AGZ**), Regelungen zum (vertraglichen Verhältnis) Vertragsrecht (§§ 84 ff. **AGZ**), die ungerechtfertigte Bereicherung (§ 92 **AGZ**), die zivilrechtliche (außervertragliche und vertragliche) Haftung (§§ 106 ff. **AGZ**).

Mit viel Aufwand und begleitet von heftigen rechtstheoretischen Auseinandersetzungen hat der Nationale Volkskongress das **„Vertragsgesetz der VR China“**

---

83 S. o. B II 2 c.

84 Verglichen mit dem deutschen Zivilrecht entsprechen die **AGZ** im Wesentlichen dem Allgemeinen Teil des deutschen **BGB**, schließen allerdings teilweise auch Inhalte des Allgemeinen Schuldrechts ein. Der Gesetzgeber der **AGZ** strebte ursprünglich die Schaffung eines umfassenden Zivilgesetzbuches an, dessen äußerlicher Aufbau sich der Struktur des deutschen **BGB** annähern sollte; sowohl aus historischen als auch aus technischen Gründen sind dann jedoch lediglich Teile als Einzelgesetze (also nicht als Teil des **AGZ**) erlassen worden, zu denen vor allem das im Jahr 1980 revidierte **„Ehegesetz der VR China“** (1950 erstmal erlassen), das **„Erbgesetz der VR China“** von 1985 und das **„Vertragsgesetz der VR China“** von 1999 zählen. S. dazu vor allem LIANG Huixing, Zivilgesetzbuch, in: Civil and Commercial Law Review, Nr. 3/2002, S. 207, 210 ff.

85 Vgl. Harro von SENGER, S. 130.

(*Zhonghua renmin gongheguo hetong fa*) (Im Folgenden: **VG**)[86] verabschiedet. Für das Thema der vorliegenden Arbeit sind insbesondere folgende Vorschriften des **VG** zu berücksichtigen: die im Allgemeinen Teil (*zong ze*) geregelten Zivilrechtsprinzipien von Vertragsfreiheit, Gerechtigkeit, Treu und Glauben und guten Sitten (§§ 4–6 **VG**), Vertragschluss durch Angebot und Annahme (§§ 13–31 **VG**), Formvorschriften (§§ 11, 35–36 **VG**), Haupt- und Nebenpflichten aus Vertrag (§ 59 **VG**), Leistungsort der Geldschuld (§ 62 Nr. 3 **VG**), Recht der allgemeinen Geschäftsbedingungen (§§ 39–41 **VG**), culpa in contrahendo (§ 42 **VG**), Geheimhaltungspflicht (§ 43 **VG**), Recht der Kündigung bzw. Auflösung des Vertrags (§§ 94 ff. **VG**), Vertragsauslegung (§§ 61–62, 125 **VG**), Vertrag zugunsten Dritter und zu Lasten Dritter (§§ 64–65 **VG**), Aufrechnung (§§ 99–100 **VG**).

Dogmatisch wird der „Überweisungsvertrag“[87] zwischen dem Überweisenden und der überweisende Bank in der Literatur vorwiegend als „Auftragsvertrag“ (*weituo hetong*) angesehen, daher sind die umfassenden Regelungen des „Auftragsvertrags“ in §§ 396–413 **VG** hier von großer Bedeutung. Weiterhin sind die Vorschriften des „Aufbewahrungsvertrags“ (*baoguan hetong*) (§§ 365–395 **VG**) und des „Darlehensvertrags“ (*jiekuan hetong*) (§§ 196–211 **VG**) zu beachten, die bei der Qualifizierung des allgemeinen Verhältnisses zwischen der Bank und dem Kunden maßgeblich sind.

II. Rechtsprechung

Da China kein „Caselaw-Staat“ ist, hat die Rechtsprechung formal gesehen keinen rechtsverbindlichen Charakter. Nicht zu verkennen ist jedoch, dass die Rechtssprechung des Obersten Volksgerichts[88] gegenüber dem untergeordneten Volksgericht ein „Weisungsrecht“ besitzt.[89]

In Bezug auf den Überweisungsverkehr sind nur wenige Urteile vorhanden. Dies liegt sicherlich daran, dass die Überweisung längere Zeit für den „Warentransfer“ von „Einheiten“ nicht gestattet war.[90] Die vorhandene Rechtsprechung beschäftigt sich vorwiegend mit dem Fälschungsproblem, dem Widerrufsrecht des Bankkunden sowie dem Aufrechnungsrecht der Bank. Diese Gesichtspunkte werden unten noch im Einzelnen dargestellt.

---

86 Das **VG** wurde vom Nationalen Kongress am 15. März 1999 verabschiedet und trat am 1. Oktober 1999 in Kraft.

87 Vgl. Kapitel 4 B II.

88 Das **„Gerichtsorganisationsgesetz der VR China“** (*Fayuan zuzhi fa*) von 1979 sieht zum Aufbau des Gerichtssystems vier Instanzen vor: (1) die Unteren Volksgerichte (*chuji renmin fayuan*) auf der Ebene der Kreise, Autonomen Kreise, Städte und der stadtunmittelbaren Bezirke; (2) die Mittleren Volksgerichte (*zhongji renmin fayuan*) auf der Ebene der Provinzbezirke, der den Provinzen bzw. Autonomen Gebieten unmittelbar unterstehenden Städte, der Autonomen Bezirke usw.; (3) die Oberen Volksgerichte (*gaoji renmin fayuan*) auf der Stufe der Provinzen, Autonomen Gebieten und Regierungsunmittelbaren Städte; (4) das Oberste Volksgericht, das an der Spitze steht.

89 WEI Zhenying, S. 15; ZHENG Shunyian, Pfändungsrecht, in: *Jinrong fayuan* Nr. 2/2000 30 ff.

90 S. o. B I 2 a.

Bei näherer Betrachtung der Rechtsprechung ist zu erkennen, dass vergleichbare Sachverhalte von verschiedenen Gerichten an verschiedenen Orten Chinas unterschiedlich entschieden werden, und zwar nicht nur – wie es jedem Rechtssystem innewohnt – aufgrund einer unterschiedlichen Subsumtion der Rechtsanwender, sondern auch wegen der oben geschilderten Diversifikation der Rechtsquellen und einem spezifischen Verständnis der Normenhierarchie. Als das einzige Milliardenvolk der Welt mit enormer Größe des Staatsgebietes und teilweise schwacher Infrastruktur, ist die VR China im Hinblick auf die Rechtsordnung und Gesellschaftspolitik mit Problemen konfrontiert, wie sie in dieser Größenordnung und Mannigfaltigkeit kaum ein anderes Land zu bewältigen hat. Wie oben bereits dargestellt, gehen infolge der schwer überschaubaren Dimensionen in China grundsätzlich differenzierte, den besonderen regionalen Verhältnissen angepasste Regelungen den landesweit geltenden Normen vor, obwohl ihre Legitimation zum Teil längst als problematisch erkannt wird. Hinzu kommt das häufig ungeklärte Verhältnis abweichender lokaler Rechtserlasse untereinander, das sich insbesondere bei Geschäftskontakten ergibt, die regionale Grenzen überschreiten (quasi-interlokales Privatrecht Chinas).

Das Problem zeigt sich entsprechend in der Rechtssprechung, deren Vereinheitlichung zusätzlich entscheidend dadurch erschwert wird, dass – sogar höchstrichterliche – Referenzentscheidungen schwer zugänglich sind. Es gibt nämlich keine systematisierte amtlichen Entscheidungssammlungen.[91] Im Hinblick auf die insbesondere wegen des fragmentarischen Charakters des Gesetzesrechts gewichtige Rolle der Rechtsprechung für die Dogmatik ist dies fatal.

In jüngster Zeit ist das Problem zumindest teilweise durch die Veröffentlichung von höchstrichterlichen Leitentscheidungen oder auch durch Webseiten gemildert worden, die sich der rechtswissenschaftlichen Forschung oder der Rechtspraxis widmen. Gerade die Webseiten stellen umstrittene Entscheidungen häufig verbunden mit juristischer Analyse dar.[92]

---

91 Seit Mai 1985 gibt das Oberste Gericht die Magazine „Bulletin des Obersten Volksgerichts" (*Zuigao renmin fayuan gongbao*) heraus und veröffentlicht seither in der Kolumne *„an li"* (Fälle) oder *„dianxing anli"* (typische Fälle) einen ausgewählten Teil der von dem Obersten Volksgericht entschiedenen Fälle. Statt Veröffentlichung der vollständigen Urteile wird dabei zumeist nur eine verkürzte Darstellung der Sachverhalte mit einem ebenfalls verkürztzten Ergebnis wiedergegeben. 2000 verkündete das Oberste Gericht die **„Verwaltungsmethode der Veröffentlichung der Rechtsentscheidungen"** (*Caipan wenshu gongbu guanli banfa*) und veröffentlicht seither in der „Volkstagszeitung" (*Renmin ribao*), „Justiztagszeitung" (*Fazhi ribao*) und „Volksgerichtszeitung" (*renmin fayuan bao*) die einige Fälle mit vollständigen Urteilen. Die veröffentliche Fälle sind allerdings auch nur eine geringe Auswahl der von dem Obersten Volksgericht getroffene Rechtsentscheidungen.

92 Hier sind die wichtigen Webseite zu nennen: www.chinacourt.org; www.lawyee.com; www.civilaw.com; www.lawbase.com.cn; www.chinacase.cn; www.chinalawinfo.com.

III. Rechtstheorie und Literatur

Seit langem versucht die Rechtswissenschaft, das aufgrund der Bankdienstleistungsgeschäfte entstehende Rechtsverhältnis zwischen dem Kreditinstitut und dem Kunden im Rahmen des Schuldrechts einzuordnen. Der Umstand, dass das VG entgegen der ursprünglichen Planung keine spezielle Regelung des Giro-/Verrechnungsvertrages enthält, ist nicht einer unausgereiften Dogmatik zuzuschreiben. Das Giroverhältnis war nämlich rechtstheoretisch bei der Entwurfsarbeit zum VG gut durchdrungen.[93]

Dagegen fehlt in der Literatur noch eine gründliche, rechtsdogmatische Analyse der Überweisung, obwohl einzelne Probleme wie der Widerruf des Auftrags, die Sorgfaltspflichten der Bank, der Anspruch des Geschädigten gegenüber einem Nicht-Vertragspartner usw. in Aufsätzen oder Anmerkungen zur Rechtsprechung behandelt wurden. Die rechtliche Forschung zum Zahlungsverkehr in China hat sich bisher aber vornehmlich auf die Zahlung durch Wechsel, Scheck und Akkreditiv konzentriert, während die anderen traditionellen Zahlungsinstrumente wie die Überweisung, Lastschrift und das „Beauftragte Inkasso" trotz ihrer zentralen praktischen Relevanz bislang kaum untersucht worden sind. Möglicherweise galt den zuerst genannten Zahlungsmethoden besonderes Interesse, da sie in China neu geschaffen worden waren und wegen der unbekannten Begrifflichkeit und im Hinblick auf die praktische Abwicklung besondere Schwierigkeiten aufwarfen. So stehen auch eher diese praktischen Fragen als eine dogmatische Analyse ihrer Rechtsnatur im Mittelpunkt der Arbeiten.

Die Rechtssprechung hat zwar das Schrifttum als Referenz genutzt und manchmal sogar eine „Expertengruppe" aus Professoren und Dozenten juristischer Fakultäten mit Prozessgutachten beauftragt, selten wird jedoch dieser Entscheidungshintergrund oder die im Rahmen der Gutachten vertretenen verschiedenen Ansichten in dem entsprechenden Urteil dargestellt.

D. Zusammenfassung des Kapitels

Nach einem langen und schwierigen Entwicklungsprozess wurde in der VR China ein modernes Bankwesen und Bankzahlungssystem aufgebaut. Die Geschichte geht bis in die Kaiserzeit der Qing-Dynastie im Ende des 19. Jahrhunderts zurück. Die Öffnung und Reform von 1978 stellt den Ausgangspunkt für eine umfangreiche Modernisierung dar. Dies betrifft besonders den Bankzahlungsverkehr.

Die Hauptträger des Bankzahlungsverkehrs sind vor allem die vier großen staatlichen Kommerzbanken, zahlreiche kommerziellen Aktienbanken und zwei Kreditgenossenschaften. Als Zentralbank trägt die Volksbank die Aufgabe der Steuerung und Überwachung und der Gesetzgebung.

---

93 DONG Ansheng, S. 73 ff.; vgl. Kapitel 4 A I.

Die in der Arbeit zu untersuchende Banküberweisung ist eine der traditionellen Bankzahlungsformen. Eine Grundlage an gesetzlichen Bestimmungen ist vorhanden. Als gegenwärtige wichtigste Rechtsgrundlagen dienen die von der Volksbank erlassenen **„Zahlungsverrechnungsmethode"** von 1997, die **„Verwaltungsmethode der CNY-Bankzahlungskonten"** von 2003, mehrere in einer nichtnormativen Form gefassten Regelungen, und das vom Ständigen Ausschuss des Nationalen Kongresses erlassene **„Kommerzbankgesetz"** von 1995. Allerdings sind diese Regelungen größtenteils sehr praxisorientiert hinsichtlich einzelner Probleme, so dass eine umfassende dogmatische Grundlage fehlt. Für eine vollständige Darstellung der Rechtsgrundlage muss somit weitgehend auf das allgemeine Zivilrecht, vor allem die vom Nationalen Kongress erlassenen **„Allgemeinen Grundsätze des Zivilrechts"** von 1986 und das **„Vertragsgesetz"** von 1999, zurückgegriffen werden. Die Normenhierarchie regelt das **„Gesetzgebungsgesetz"** von 2000.

Das den Zahlungsverkehr betreffende Rechtsprechung- und Rechtswissenschaftssystem befindet sich zwar noch im Aufbau, gewinnt aber immer mehr an Bedeutung.

Kapitel 2 Die Grundbegriffe

Die Rechtsterminologie sowie der allgemeine Sprachgebrauch im Bankgeschäft divergieren erheblich. Hinzu kommt, dass die vorliegende Arbeit zwar eine bargeldlose Zahlungsform im Rahmen des chinesischen Rechts behandelt, jedoch in deutscher Sprache verfasst ist. Deshalb sollen zunächst die Begriffe umrissen werden.

A. Die Überweisung

I. Die Definition und gebräuchliche Bezeichnungen

Im Rahmen des modernen Zahlungsverkehrs bieten die chinesischen Kreditinstitute – wie auch die Post – eine breite Palette von Dienstleistungen an. Darunter fällt die zu untersuchende Zahlungsform, die mit einem Zahlungsauftrag des Auftraggebers an seine Bank beginnt und das Ziel hat, dem Begünstigten durch Vermittlung der eingeschalteten Banken Geldmittel zur Verfügung zu stellen.

Diesen Vorgang bezeichnet man in China als *„hui dui“*, also mit einem Begriff, der in der Bankpraxis seit langem gebräuchlich und in mehreren Erlassen[94] definiert und geregelt ist. Die als zentrale gesetzliche Rechtsquelle für die *„hui dui“* angesehene **ZVM** von 1997 definiert in § 168: *„hui dui ist die Form der Verrechung, bei der der Überweisende die Bank beauftragt, den zu überweisenden Betrag an den Zahlungsempfänger zu zahlen“*.

Hervorzuheben ist, dass sowohl in der chinesischen Bankpraxis als auch im Rechtssystem des Zahlungsverkehrs die Differenzierung zwischen „innerörtlicher Zahlung“ (*tongcheng jiesuan*) und „überörtlicher Zahlung“ (*yidi jiesuan*) entwickelt wurde. Die bargeldlose Zahlungsform der *„hui dui“* war in dem Vorläufererlass der **ZVM**, der **BVM** von 1988, aber auch in den Fassungen von 1977 und 1973, nur für den Fall vorgesehen war, dass der Zahlende und der Zahlungsbegünstigte sich an verschiedenen Orten befinden (§ 17 **BVM 1988**). In anderen Worten, die *„hui dui“* war nur für die überörtliche Zahlung zulässig.[95]

Die Beschränkung auf den überörtlichen Zahlungsverkehr ist später in der **ZVM** entfallen, jedoch gilt die *„hui dui“* in der Bankpraxis und im Schrifttum häufig

---

94 Vor allem sind die **ZVM** von 1997 und ihre Vorläufererlasse die **BVM** von 1988, 1977 und 1973 zu nennen; näher s. Kapitel 1 B I u. II 2 b–c.
95 Zur „innerörtlichen“ und „überörtlichen Zahlung“ s. auch Kapitel 1 B I 2 a.

immer noch als eine überörtliche Zahlungsform.[96] Für die „innerörtliche Überweisung“ wird meist eine andere Bezeichnung gewählt. So ist z. B. die Bezeichnung als *„dai ji“* (Habenbuchungszahlung) in Shanghai[97] oder *„weituo fukuan“* (Zahlung durch Auftrag) in anderen Orten üblich.[98]

Darüber hinaus wird unter *„hui dui“* eher die „inländische Überweisung“ verstanden, während die internationale Überweisung als *„shun hui“* (Zahlung derselben Richtung)[99] bezeichnet wird. Daneben sind sowohl für die inländische als auch für die Auslandszahlung die Begriffe *„hui kuan“* bzw. *„hui fu“* gebräuchlich, was wörtlich „Geld bzw. Haben transferieren“ bedeutet.[100] Bei *„hui kuan“* und *„hui fu“* muss weiter beachtet werden, dass sie häufig auch als Oberbegriff für die *„hui dui“* (Überweisung) und die Inkassozahlung per Scheck bzw. Wechsel (*piao hui*) benutzt werden, und daher in etwa dem Begriff „Bankzahlung“ gleichkommen.[101]

Im Schrifttum werden statt *„hui dui“* allmählich neue Bezeichnungen gebräuchlich, nämlich *„zijin zhuanyi“* bzw. *„zijin huabo“* (Fonds transferieren), oder *„daiji huabo“* (Habenbuchungstransfer).[102] Hier lagen offensichtlich die amerikanischen bargeldlosen Zahlungsformen des „fund transfer“ bzw. des „credit transfer“[103] und des „debit transfer“ der Begriffsbildung zugrunde.[104] Bedauerlicherweise bleibt dabei das Verhältnis dieser neuen Begriffe zu dem ausgereiften Begriff der *„hui dui“* unklar, und es entsteht der Eindruck, als ob diese andere Bankzahlungsformen seien

---

96 DENG Shimin (Hrsg.), S. 59 ff.; HAN Junmei/LÜ Deyong, S. 235 f.; QIANG Li, S. 264; vgl. auch WANG Xiaoneng (Hrsg.), S. 17 ff.

97 Dies zeigt sich deutlich in den **„Vorläufigen Bestimmungen über die Verwendung der Schecks und der Eigenen Bankwechsel von Privatpersonen in Shanghai“** (*Shanghai shi geren shiyong zhipiao, yinhang benpiao zanxing guiding*), in denen in § 3 Abs. 3 S. 1 *daiji* und *huidui* als verschiedene Zahlungsmethoden nebeneinander aufgelistet sind, während § 3 Abs. 1 S.1 der **„Methode der Habensbuchungszahlung in Shanghai“** (*Shanghaishi daiji banfa*) lautet: unter der *daiji* ist die Zahlungsmethode zu verstehen, bei der der Zahlende die Kontoführende Bank, „Kontobank“ (*kaihu yihang,*) beauftragt, den zu zahlenden Betrag an den Geldempfänger zu zahlen. Die beiden lokalen Rechtsregelungen wurden von der Shanghaier Zweigniederlassung der Volksbank am 1. Dezember 1997 erlassen und traten am selben Tag in Kraft.

98 Vor allem DENG Shimin, S. 61 ff.; PAN Song, S. 4.

99 WANG Xin (Hrsg.), S. 122; SU Zongxiang, S. 59; XÜ Lu/BAI Liwei/HAN Wenxia, S. 48; ZENG Xi, S. 13.

100 YUE Caishen, S. 190 f.; WANG Xin (Hrsg.), S. 268; Bank-of-China (Hrsg.), Ausführungsrichtlinien, S. 127 f., S. 166 f., S. 211f., S. 225; SU Zongxiang, S. 60 ff.; LIANG Qi, S. 125; XÜ Lu/BAI Liwei/HAN Wenxia, S. 48 f.; ZHANG Dongxiang, S. 15.

101 SHI Yuchuan/XU Jinliang/LI Yuan, S. 14 ff.; WANG Xin (Hrsg.), S. 269; HAN Junmei/LÜ Deyong, S. 330 f.; YUE Caishen, S. 190, S. 60 ff.; XÜ Lu/BAI Liwei/HAN Wenxia, S. 48 ff.

102 SHEN Daming, Amerikanisch, S. 129; LIU Ying, Untersuchung, S. 142 ff.; CHEN Fengqi, S. 284 ff.; WANG Xin (Hrsg.), S. 279 ff.; QI Aimin/XU Liang, S. 151 ff.; WEN Yinling/MA Hairong, in: *Dangdai faxue* Nr. 5/2002, S. 80 ff.; YUE Caishen, S. 208 ff.

103 Zu Credit Transfer und Debit Transfer s. vor allem Oliver WULFF, S. 28 ff., und Ulf SCHWOLOW, S. 16.

104 Der Einfluss des amerikanischen Zahlungsrechts zeigt sich auch deshalb besonders deutlich, weil in der jüngsten chinesischen Literatur fast einheitlich dargestellt wird, dass der elektronische Geldtransfer zwischen *„da'e zijin huabo“* (Geldtransfer mit großem Volumen) und *„xiao'e zijin huabo“* (Geldtransfer mit kleinem Volumen) unterscheidet, und Ersterer debit transfer sowie auch credit transfer sein könnte, aber Letzterer nur credit transfer sei, und daher das fund transfer dem „Geldtransfer mit großem Volumen“ gleichen solle. Dies gibt nur die Situation in den USA als die Überweisung (*hui dui*).[105] Unabhängig davon sind für die chinesischen Bankrechtswissenschaftler die Einführung und Untersuchung der Begriffe des „credit transfer" und des „debit transfer" von aktueller Bedeutung, denn die Überweisung bzw. der „credit transfer" wird von dem Zahlenden ohne Mitwirkung des Überweisungsbegünstigten veranlasst, so dass die Rechtsverbindung zwischen den an der Bankzahlungskette beteiligten Parteien dogmatisch anders eingeordnet werden muss, als beim „debit transfer", dessen Ablauf von dem Zahlungsbegünstigten in Gang gesetzt wird. Die Forschung zum Bankzahlungsrecht in China hat erst mit dieser definitorischen Arbeit auch den rechtsdogmatischen Weg beschritten. Für die zwangläufige Divergenz hinsichtlich der rechtsdogmatischen Einordnung der beiden Zahlungsarten fehlt in der chinesischen Rechtslehre bis jetzt jedoch noch eine klare Durchdringung.

In dieser Arbeit wird im Folgenden statt *„hui dui"* der deutsche Begriff „Überweisung" verwendet, um dem deutschsprachigen Leser die Lektüre zu erleichtern. Dies ist auch deshalb zulässig und geeignet, weil die Überweisung ihrer Legaldefinition in § 676a **BGB** nach inhaltlich mit der *„hui dui"* in § 168 **ZVM** übereinstimmt. Vergleicht man diese Legaldefinitionen der *„hui dui"* in § 168 **ZVM** und der Überweisung in § 676a **BGB**, ist allerdings zu erkennen, dass der chinesische Gesetzgeber die Unterhaltung von Konten durch den Absender nicht erwähnt bzw. durch den Zahlungsbegünstigten betont, während bei der deutschen Überweisung die Abwicklung über Konten als Regelfall und die Bareinzahlung des Überweisungsbetrages durch den Absender als Ausnahmefall gesetzlich fixiert worden sind. Trotz allem lässt sich feststellen, dass der Begriff der *„hui dui"* sich mit dem deutschen Begriff der „Überweisung" und dem anglo-amerikanischen Begriff des „credit transfer" weitestgehend deckt.[106]

II. Arten der Überweisung

Die Überweisung wird durch verschiedene Unterbegriffe gegliedert, die sich zwar teilweise überschneiden, aber über verschiedene rechtliche Besonderheiten verfügen. Neben der oben erwähnten Unterscheidung zwischen der innerörtlichen und überörtlichen Zahlung sind die folgenden Klassifikationen zu nennen.

1. *„xin hui"* (Briefliche Überweisung) und *„dian hui"* (Telegraphische bzw. Elektronische Überweisung)

Sowohl die **ZVM** als auch die vorangegangene **BVM** von 1988 sehen vor, dass bei der Überweisung zwischen *„xin hui"* (Briefüberweisung) und *„dian hui"* (Telegraphische

---

wieder. S dazu. vor allem LIU Ying, Untersuchung, S. 126 ff.; WEN Yinling/MA Hairong,, in: *Dangdai faxue* Nr. 5/2002, S. 80.

105 LIU Ying, Untersuchung, S. 63 ff., S. 126 ff.; WANG Xin (Hrsg.), 277 f.

106 Zur deutschen Literatur über die Überweisung s. vor allem Palandt-Komm.: zu. § 676a, S. 837 ff.; Hans-Peter SCHWINTOWSKI/Frank A. SCHÄFER, S. 220 ff.

bzw. Elektronische Überweisung) zu unterscheiden ist, und der Überweisende entscheidet, welche der beiden Formen verwendet werden soll (§ 170 **ZVM**; § 17 Abs. 3 und 4 **BVM**). Die Entscheidung soll in der Anfangsphase des Überweisungsvorgangs getroffen werden, indem der Überweisende auf dem Auftrag die Angabe *„xin hui"* bzw. *„dian hui"* vorgibt, bzw. ein entsprechende Formular ausfüllt.[107]

Diese Klassifikation der Überweisung bezieht sich auf die unterschiedliche Übertragung der Überweisungsinformationen zwischen den an der Überweisungskette beteiligten Banken. Bei der Briefüberweisung wird der Überweisungsauftrag mit den übrigen notwendigen Informationen von der beauftragten Bank per Post an die Empfängerbank übermittelt, bei der *„dian hui"* hingegen per Telegramm oder Telephotogramm und inzwischen auch durch die datenverarbeitenden elektronischen Zahlungssysteme (*dianzi zhifu xitong*).[108]

Traditionell wird angenommen, dass die Briefüberweisung finanziell günstiger sei, aber mehr Zeit in Anspruch nehme als die telegraphische Überweisung.[109] Diese Annahme trifft inzwischen nur noch zum Teil zu, weil die Übermittlung per Telegramm oder Telephotogramm allmählich durch elektronische Zahlungssysteme ersetzt wird, welche zum einen günstiger und zum anderen schneller und sicherer werden als die herkömmliche telegrafische Übermittlung.[110]

Mit der Entwicklung des elektronischen Zahlungssystems ist der finanzielle Vorteil der Briefüberweisung mithin entfallen. Dagegen wird von immer mehr Überweisenden die Dauer, die eine Briefüberweisung in Anspruch nimmt, als inakzeptabel empfunden. Dementsprechend wird für die internationalen Handelsgeschäfte die Briefüberweisung kaum mehr verwendet. Auch bei inländischen Zahlungen geschieht dies immer seltener, abgesehen von einigen nicht handelsgeschäftlichen Zahlungen kleiner Beträge.[111] Es ist absehbar, dass die Briefüberweisung im chinesischen Zahlungsverkehr allmählich verschwindet. Die meisten Handelsbanken und insbesondere ihre Filialen in den Großstädten und mittelgroßen Städten nehmen den Auftrag für eine Briefüberweisung nicht mehr an.

2. *„lianhang huidui"* (Innerbetriebliche Überweisung) und *„kuahang huidui"* (Außerbetriebliche Überweisung)

Es lässt sich ferner zwischen „innerbetrieblichen" und „außerbetrieblichen" Überweisungen unterscheiden. Bei der innerbetrieblichen Banküberweisung unterhalten der Überweisende und der Begünstigte bei demselben Bankinstitut ein

---

107 Zu den betreffenden unterschiedlichen technischen Abwicklungsformen s. Kapitel 3 B.
108 *„dian hui"* bedeutet wörtlich „Zahlung mit Elektrizität"; für mehr Informationen über die inhaltliche Bedeutung vgl. SU Zongxiang, S. 60 ff.; LIU Ying, Untersuchung, 137 f.
109 QIANG Li, S. 264; SU Zongxiang, S. 60 ff.; TANG Yan Chun, S. 98 ff.; XÜ Lu/BAI Liwei/ HAN Wenxia, S. 48 ff.; LIANG Qj, S. 129 f.
110 LIANG Qj, S. 129 ff.
111 LIANG Qj, S. 129 f.

(Verrechnungs)konto.[112] Dabei lässt sich weiter zwischen der „Hausüberweisung", bei der der Überweisungsempfänger sein Konto bei derselben Filiale unterhält wie der Überweisende, und der „Filialüberweisung" differenzieren, bei der der Überweisende ein Konto bei einer Zweigniederlassung der Bank und der Begünstigte bei dem Hauptsitz oder einer anderen Zweigniederlassung desselben Bankinstituts unterhält.[113] Die Filialüberweisung ist also gleichwohl eine innerbetriebliche Banküberweisung, denn in China sind Zweigniederlassungen unselbständige Kontostellen derselben Bank. Sie haben keine eigene Rechtspersönlichkeit.[114]

Unter einer außerbetrieblichen Überweisung hingegen versteht man eine Überweisung, bei der der Überweisende und der Empfänger das Konto bei verschiedenen Bankinstituten führen. Die Überweisungsbank muss den Überweisungsauftrag also entweder direkt an die Bank des Überweisungsempfängers weiterleiten oder eine bzw. mehrere Zwischenbanken einschalten.

In China werden die verschiedenen Filialen einer Bank als *„lian hang"* (verbundene Banken), und der Geldtransfer zwischen ihnen als *„lianhang wanglai"* (Hin-und-Her der verbundenen Banken) bzw. *„lianhang zhifu"* (Zahlung der verbundenen Banken) bezeichnet.[115] Dagegen werden die an einem Zahlungsvorgang beteiligten Banken, die zu unterschiedlichen Bankinstituten gehören, als *„tong ye"*[116] (Betreibende gleicher Geschäfte), oder *„daili hang"* (vertretende Bank) bezeichnet. Entsprechend nennt man die zwischen ihnen erfolgenden Zahlungen *„tongye zhifu"* (Zahlung der Betreibenden gleicher Geschäfte) oder *„daili hang zhifu"* (Zahlung der vertretenden Banken); wobei Ersteres grundsätzlich den Fall der Inlandszahlung meint, und Letzteres eher für den Fall der Auslandszahlung gebraucht wird. Als Oberbegriff für die außerbetriebliche Zahlung spricht man vom *„kuahang zhifu"* (bankübergreifender Zahlung) oder *„jinrong jigou wanglai"* (Zahlung zwischen Finanzinstituten).[117]

In Bezug auf die Überweisung wird dementsprechend als *„lianhang huidui"* die innerbetriebliche Überweisung, und als *„kuahang huidui"* (bankübergreifende Über-

---

112 Zum Verrechnungskontosystem Chinas s. Kapitel 3 A.

113 Zu den deutschen Begriffen der „Hausüberweisung", „Filialüberweisung" und „außer- oder zwischenbetrieblicher Überweisung" s. vor allem CANARIS, S. 204; zu den entsprechenden englischen Begriffen des „inter-bank transfer" und „intra-bank transfer" s. vor allem: Mads ANDENAS, in: Das Recht der grenzüberschreitenden Überweisung, S. 11 ff.

114 Ist bankseitig mehr als eine juristische Person an der Überweisung beteiligt, auch innerhalb desselben Bankkonzerns, wird die Überweisung aus rechtlicher Sicht als eine außerbetriebliche Überweisung qualifiziert; vgl. TANG Yanchun (Hrsg.), S. 281.

115 HAN Junmei/LÜ Deyong, S. 147; ZHANG Dongxiang, S. 15 ff. Zu bemerken ist allerdings, dass die von der Volksbank eingeführten elektronischen Zahlungssysteme mit *„dianzi lianhang wanglai xitong"* (Zahlungssystem der elektronisch verbundenen Banken) bezeichnet werden, wobei der Begriff der „elektronisch verbundenen Banken" neu ist und alle dem Zahlungssystem angeschlossenen Banken bzw. Bankfilialen umfasst sowie auch die anderen „nichtbanklichen" Finanzinstitute; dazu s. vor allem TANG Yanchun (Hrsg.), S. 221, 226 ff.

116 Selten werden Filialen derselben Bank doch als *„tong ye"* bezeichnet, wenn sie als selbständige Verrechnungseinheit an einem Zahlungssystem teilnehmen; dazu vgl. HAN Junmei/LÜ Deyong, S. 356 ff.

117 TANG Yanchun (Hrsg.), S. 281; HAN Junmei/LÜ Deyong, S. 355 ff.

weisung) bzw. *„tongye huidui"* (Überweisung der Betreibenden gleicher Geschäfte) oder *„daili hang huidui"* (Überweisung der vertretenden Banken) die außerbetriebliche Überweisung bezeichnet.[118]

Im Schrifttum finden sich auch die Begriffe *„xitong nei zhifu"* (Zahlung innerhalb eines Systems) und *„kuaxitong zhifu"* (Systemübergreifende Zahlung). Unter „System" wird hier zwar zumeist eine große Bank verstanden, es kann aber auch ein Zahlungssystem zwischen verschiedenen Banken wie beispielsweise ein örtliches Gironetz, das mehrere Banken verbindet, gemeint sein.

Die Unterscheidung zwischen inner- und außerbetrieblicher Überweisung ist von rechtlicher Bedeutung. Dies geht auf den Umstand zurück, dass die Zweigniederlassung der Bank trotz ihrer Prozessfähigkeit keine selbständige juristische Person ist, und daher der Pflichtinhalt bzw. die Haftung der beteiligten Banken bei einer fehlgeschlagener Überweisung rechtsdogmatisch je nachdem unterschiedlich behandelt werden, ob Niederlassungen desselben Bankinstitutes oder aber verschiedener Institute betroffen sind.[119]

3. *„guonei huidui"* (Inlandsüberweisung) und *„guoji huidui"* (Auslandsüberweisung)

Die Unterscheidung zwischen *„guonei jiesuan"* (Inlandszahlung) und *„guoji jiesuan"* (Auslandszahlung) ist in der Bankpraxis und dem Bankrecht Chinas sehr wichtig. In den Lehrbüchern werden diese beiden Überweisungsformen stets getrennt dargestellt,[120] so dass sich auch begrifflich die Trennung von Inlands- und Auslandsüberweisung durchgesetzt hat. Der Grund für diese Unterscheidung liegt darin, dass die Ausführung bzw. die buchhalterische Abwicklung dieser beiden Transaktionsformen von den ggf. betroffenen verschiedenen Rechtsordnungen unterschiedlich geregelt werden. Dabei werden manchmal für den gleichen Zahlungsvorgang verschiedene Bezeichnungen verwendet, wobei aber die Auslandsüberweisung, wie oben erwähnt, meistens als *„hui fu"* bezeichnet wird.

Eine Legaldefinition des Begriffes des „Auslands- oder internationalen Zahlungs- bzw. Überweisungsverkehr" existiert im chinesischen Recht nicht. Man findet jedoch vereinzelt Definitionsansätze in der Literatur. Dabei wird bei der Auslandszahlung vor allem daran angeknüpft, dass entweder die Absenderbank oder die Empfängerbank ihren Sitz außerhalb Chinas haben.[121] Dagegen wird als Inlandszahlung nur eine Zahlung bezeichnet, deren vollständige Abwicklung in China erfolgt.

---

118 PENG Bing, Vertreten, in: *Jinrong fayuan* Nr. 11/2000, 109 ff.
119 YANG Minggang, S. 324, 329 ff.
120 WANG Xin (Hrsg.), S. 260 ff., S. 268 ff.; TANG Yanchun (Hrsg.), S. 200 ff.; HAN Junmei/LÜ Deyong, S. 280 ff.; Bank-of-China (Hrsg.), Ausführungsrichtlinien, S. 113 ff.
121 XÜ Lu/BAI Liwei/HAN Wenxia, S. 58; SU Zongxiang, S. 60 ff.; YUE Caishen, S. 190 f.; vgl. WANG Xin (Hrsg.), S. 268.

Die Bedeutung dieser Kategorisierung liegt vor allem darin, dass die Relevanz der spezifischen Rechtsordnung für die Auslandüberweisung, insbesondere hinsichtlich der Devisenkontrolle, hervorgehoben wird.

4. „*danwei huidui*" (Überweisungen der Einheiten) und „*geren huidui*" (Überweisungen von Privatpersonen)

Eine der ersten Schritte der neuen Regierung der VR China das Bankwesen betreffend war die Einführung der Bargeldkontrolle.[122] 1950 wurde die „Entscheidung über die Einführung der Bargeldverwaltung der Staatlichen Organe" (*Guanyu shixing guojia jiguan xianjin guanli de jueding*) im Namen des Verwaltungsrats (*Zhengwu yuan*) der Zentralregierung und der Volksbank verkündet. Danach waren alle staatlichen Unternehmen, Regierungsorgane, Militäreinheiten und Kreditgenossenschaften verpflichtet, das gesamte Bargeld bis auf eine geringe zulässige Summe bei der Volksbank zu deponieren. Folglich müssen die zwischen den Unternehmenseinheiten (*qiye danwei*) erfolgenden Zahlungen (bis auf die Leistung geringer Summen) seither gänzlich durch Banken erfolgen. Dagegen unterliegen die Zahlungen von Privatpersonen nicht der Bargeldkontrolle.[123]

Bei den Maßnahmen der Bargeldkontrolle wurden also die Bankkunden in „*ge ren*" (Privatpersonen) einerseits und „*dan wei*" (Einheiten)[124] andererseits unterschieden. Dementsprechend existieren in der Bankpraxis Chinas noch heute zwei verschiedene Verwaltungssysteme, in denen diese beiden Kundenkreise von zwei verschiedenen Abteilungen bearbeitet werden, und auch die Schalter in den Geschäftsräumen der Banken sind in Schalter für Privatpersonen und für Einheiten getrennt.[125] Diese Differenzierung wird wie bei der Unterscheidung zwischen Inlands- und Auslandszahlung durch eine stets getrennte Darstellung der Literatur[126] bestätigt.

In Bezug auf den Überweisungsverkehr wird die Unterscheidung auch dadurch deutlich, dass die von der Bank vorgegebenen Überweisungsformulare für Einheiten und für Privatpersonen sich durch Form und Farbe unterscheiden. Zudem schlägt sich diese in der Praxis seit langem existierende Differenzierung auch weiterhin in der Gesetzgebung nieder. Als jüngstes Beispiel ist insofern die **CNY-KontoM** zu nennen, in der hinsichtlich der Bankverrechnungskonten (*yinhang jiesuan zhanghu*) zwischen denen von Einheiten und denen von Privatperson unter-

---

122 Unter der Bargeldkontrolle ist im engeren Sinn nur die Verrechnung mit Bargeld zu verstehen, im weiteren Sinn gehören dazu auch der Umtausch des defekten Geldscheins, Lohn- und Gehaltsfonds und die Aus- und Einführung des Bargelds; dazu s. vor allem, PENG Bing, Bargeld, in: *Jinrong fauan* Nr. 5/1999, S. 32 ff.

123 PENG Bing, Bargeld, in: *Jinrong fauan* Nr. 5/1999 32 f.

124 Zum Begriff „*dan wei*" s. o. Fn. 63.

125 PENG Bing/WU Hao, in: *Jinrong fayuan* Nr. 7/1997, S. 31 f.

126 HAN Junmei/LÜ Deyong, S. 45 ff.; WANG Xin (Hrsg.), S. 248 f.; TANG Yanchun (Hrsg.), S. 51 ff.

schieden wird (§ 3 Abs. 1 S. 1 der **CNYKontoM**). Entsprechend wird die Überweisung, die durch ein Verrechnungskonto einer Einheit erfolgt, als Überweisung der Einheit bezeichnet, die Überweisung einer Privatperson erfolgt hingegen durch das Verrechnungskonto der Privatpersonen.[127]

5. *„renminbi huidui"* (CNY-Überweisung) und *„waihui huidui"* (Devisenüberweisung)

Neben der Bargeldkontrolle besteht im chinesischen Bankwesen eine strenge Devisenkontrolle, welche insbesondere dem Ziel dient, die Deviseneinnahmen und -ausgaben in China auszugleichen und so den Devisenmarkt Chinas stabilisieren zu können.[128] Dies führt zur Differenzierung zwischen Überweisungen in der Landeswährung *Renminbi* (CNY) und in Devisen. Die Devisenüberweisung unterscheidet sich von der CNY-Überweisung vor allem in folgender Hinsicht:

Erstens müssen Landeswährung und Fremdwährung getrennt, also auf einem CNY- oder Devisenkonto deponiert werden. Die Devisenüberweisung kann daher nur über ein Devisenkonto abgewickelt werden.

Zweitens sind Zahlungen innerhalb Chinas nur in Landeswährung gestattet. Ausnahmen bilden insofern lediglich Transfers auf eigene Konten, die Bezahlung von Speditionsrechnungen, Versicherungsprämien sowie Zahlungen an eine Freihandelszone.

Drittens können die Devisenüberweisung sowie andere Devisenzahlungen gem. der **„Vorläufigen Verwaltungsmethode über Devisenzahlungen und -verkäufe bei den zu Devisengeschäften zugelassenen Banken"** (*Waihui zhiding yinhang banli jiehui, shouhui yewu guanli zanxing banfa*)[129] nur bei den von der Volksbank für dieses Geschäftsfeld zugelassenen Banken erfolgen.

Als Viertes ist darauf hinzuweisen, dass Devisenüberweisungen bzw. -zahlungen in China einer strengen Verwaltungskontrolle unterliegen. Sie werden von der State Administration of Foreign Exchange (*waihui guanli ju*; im Folgenden: SAFE) überwacht und müssen teilweise von dieser Behörde genehmigt werden. Ihre Genehmigung ist prinzipiell auch für den Devisenumtausch erforderlich. Lediglich für Zahlungen ins Ausland im Rahmen des laufenden Geschäfts ist der Umtausch von CNY in Fremdwährung im Regelfall problemlos möglich, unterliegt aber einer strengen

---

127 Vgl. Kapitel 3 A.

128 Zur Entstehung und Entwicklung der Devisenkontrolle bzw. den betreffenden Regularien in China s. vor allem WU Zhipan, Abriss, 165 ff.; auch CHEN Weiheng, in: *Jinrong fayuan*, Nr. 6/1998, S. 28 ff.

129 Diese Methode wurde von der Volksbank am 27. November 2002 erlassen wurde und trat am 1. Dezember 2002 in Kraft.

Melde- und Nachweispflicht beispielsweise hinsichtlich des Vorliegens eines wirksamen In- bzw. Exportgeschäfts.[130]

6. *„zhiju huidui“* (Belegbegleitete Überweisung) und *„wu zhiju huidui“* (Beleglose Überweisung)

Durch die Bezeichnung als belegbegleitete bzw. beleglose Überweisung wird deutlich, ob die Zahlungsinformationen in Papierform oder elektronisch übermittelt werden. In China erfolgt die Überweisung überwiegend mit Belegen, und zwar unter Verwendung des vorgegebenen Überweisungsformulars.[131]

Allerdings entwickelt sich das elektronische Überweisungs- bzw. Zahlungssystem sowohl durch Bankautomaten als auch durch Telefon oder den privaten PC, also das so genannte Home-Banking, schnell.[132] Dabei wird das Überweisungsformular zunehmend obsolet und der Kunde in den Stand gesetzt, unter Verwendung eines von der Bank vorgegebenen Geheimcodes selbst den Überweisungsvorgang auszulösen. Dies ändert den weiteren Ablauf grundsätzlich nicht, könnte aber in gewissen Punkten die Risikoverteilung zwischen der Bank und dem Kunden bei einer fehlgeschlagenen Überweisung verlagern.[133] Die spezifischen Rechtsfragen hinsichtlich der beleglosen Bankzahlung in China sind allerdings noch weitgehend unbearbeitet.[134]

B. Der Überweisungsauftrag

Den Überweisungsauftrag bezeichnet man in China als *„huidui weituo“* (Überweisungsauftrag), verkürzt als *„wei tuo“* (benutzt sowohl als Substantiv „Auftrag“ wie auch als Verb „beauftragen“).[135] Statt von einem Auftrag spricht man auch von einer Überweisungsanweisung, *„fukuan zhiling“*, *„huikuan zhishi“*, *„huikuan tongzhishu“* oder *„zhifu mingling“*, wobei diese Begriffe wörtlich mit „Zahlungsweisung bzw. -befehl“ zu übersetzen sind,[136] wenn der Überweisende vorher einen Girovertrag

---

130 So müssen z.B. die Devisenkredite bei der Devisenbehörde registriert werden. Ohne diese Registrierung ist es nicht möglich, die notwendige Genehmigung für die Zinszahlungen und die Rückzahlung des Kredites zu erhalten. S. dazu LBBW (Hrsg.): Die wichtigen Finanzregularien und ausgewählte Investitionsvorschriften in der Volksrepublik China, in: http//: www.germancentre.org.cn/Finazregularien%20und%20 Invetitionsvorschriften.pdf (Zugriff: 24.11.2004)

131 Vgl. Kapitel 3 B I 1.

132 DAI Xianglong, in: *Zhongguo jinrong* Nr. 4/2001, S. 4 f.; LIU Ying, Untersuchung, S. 63 ff.; WAN Yilan, S. 126 ff.; LU Bin, in: *Yinhang falü luncong* 2000, S. 314 ff.; CHEN Fengqi, S. 284 ff.; ZHU Mianmao, Entwicklung, in: *Jinrong dianzihua* Nr. 3/1998, S. 45, 47 ff.

133 Vgl. WANG Xin (Hrsg.), S. 277 ff.; WU Zhipan, Abriss, S. 212 ff.

134 Zur Zeit finden sich im Schrifttum zahlreiche Beiträge zur beleglosen Überweisung, insbesondere zum Zustandekommen des Vertrages, der Gefahr der Fälschung und der betreffenden Beweislast, dazu s. vor allem LI Jinze, Internetbanking, in: *Zhongguo jinrong*, Nr. 1/2001, S. 44 f.; LÜ Guomin, in: *Jinan xuebao* (Sozialwissenschaftsteil) Nr. 2/2002, S. 97 ff.

135 Bank-of-China (Hrsg.), Ausführungsrichtlinien, S. 216; XÜ Lu/BAI Liwei/HAN Wenxia, S. 4.

136 SHEN Daming, Amerikanisch, S. 130; LIU Ying, Untersuchung, S. 149 ff.; LIANG Qi, S. 122 ff.; XÜ Lu/BAI Liwei/HAN Wenxia, S. 48 ff.

mit der Bank geschlossen hat, und daher die beauftragte Bank ihrem Kunden bereits vor der Erteilung des Auftrags weisungsunterworfen ist.

Für den Überweisungsauftrag muss man die von den Banken vorbereiteten Formulare verwenden. Das Formular hat für die elektronische Überweisung drei und für die Briefüberweisung vier Durchschläge, was in den **„Buchhaltungs- und Berechnungsrichtlinien der Zahlungsverrechnung"** (*Zhiifu jiesuan kuaiji hesuan shouxu*) (im Folgenden: **BBR**) vorgegeben ist.[137] Die Durchschläge werden für die Buchhaltung der Banken verwendet und in den Rechtsvorgaben sowie in der Bankpraxis als *„huidui pingzheng"* (Überweisungsbeleg) bezeichnet.[138] Daneben ist auch der Begriff *„huikuan shenqingshu"* (Überweisungsantrag) gebräuchlich, und zwar vornehmlich in den Fällen, in denen Kreditinstitute die Annahme des Auftrages auf dem Überweisungsformular vermerken.[139]

C. Die an der Überweisungskette Beteiligten

I. Der Überweisende und der Überweisungsbegünstigte

Im Chinesischen bezeichnet man denjenigen, der eine Bank mit der Überweisung eines bestimmten Betrags beauftragt, zumeist mit *„fukuan ren"* (zahlender Mensch) oder *„huidui ren/huikuan ren"* (überweisender Mensch).[140] Ein neuer Begriff ist der *„fadong ren"* bzw. *„faduan fang"*, der seinen Ursprung in dem englischen Wort „Originator" hat.[141] Da der „zahlende Mensch" mit seinem Auftrag den Überweisungsvorgang in Gang setzt, wird er auch *„huidui weituo ren"* (Überweisungsauftraggeber) genannt.

Im Gegensatz zum „zahlenden Menschen" steht der Überweisungsbegünstigte am Ende der Überweisungskette, er ist *„shoukuan ren"*,[142] der Geld empfangende Mensch, der auch als *„shouyi ren"* (Nutzen empfangender Mensch) bezeichnet wird, was wörtlich von „beneficiary"[143] übersetzt worden, in der Praxis aber kaum gebräuchlich ist.

---

137 S. Teil 6 Kapitel 1 und 2 der **BBR**; die **BBR** wurde von der Volksbank am 19. September 1987 erlassen wurde und trat am 1. April 1989 in Kraft und wurde im Jahr 1997 revidiert.

138 Vgl. § 171 **ZVM** und Teil 6 Kapitel 1 und 2 der **BBR**; vgl. auch HAN Junmei/LÜ Deyong, S. 236 ff.; WANG Xin (Hrsg.), S. 265.

139 ZENG Xi, S. 13 ff.; Bank-of-China (Hrsg.), Ausführungsrichtlinien, S. 216; SU Zongxiang, S. 60.

140 SHEN Caiyue, S. 191; XÜ Lu/BAI Liwei/HAN Wenxia, S. 48 ff.; SU Zongxiang, S. 60; WANG Xin (Hrsg.), S. 265 f.; HAN Junmei/LÜ Deyong, S. 236; ZENG Xi, S. 13 ff.; TANG Yanchun (Hrsg.), S. 98 ff.

141 LIU Ying, Untersuchung, S. 152 ff.; SHEN Daming, Amerikanisch, S. 130; WEN Yinling/MA Hairong, in: *Dangdai faxue* Nr. 5/2002, S. 82 ff.

142 YUE Caishen, S. 191; SU Zongxiang, S. 60; (Hrsg.), S. 265 f.; HAN Junmei/LÜ Deyong, S. 236; ZENG Xi, S. 13 ff.; TANG Yanchun (Hrsg.), S. 98 ff.

143 LIU Ying, Untersuchung, S. 152 ff.; SHEN Daming, Amerikanisch, S. 130; WEN Yinling/MA Hairong, in: *Dangdai faxue* Nr. 5/2002, S. 82 ff.; YUE Caishen, S. 208 ff.; WANG Xin (Hrsg.), S. 280 ff.

Der Überweisende und der Überweisungsbegünstigte können auch jeweils *„ke hu"* (Kunde) genannt werden, sofern sie ein Konto bei der betreffenden Bank unterhalten. In Bezug auf das Schuldverhältnis, das der Überweisung zugrunde liegt und im deutschen Recht als Valutaverhältnis bezeichnet wird, werden sie *„zhaiwu ren"* (Schuldner) und *„zhaiquan ren"* (Gläubiger) genannt.

In der vorliegenden Arbeit sollen grundsätzlich die Begriffe„ Überweisender" bzw. „Absender" und „Begünstigter" bzw. „Empfänger" verwendet, und andere Begriffe nur dort gewählt werden, wo es aus spezifischem Anlass geboten ist, wo also beispielsweise von einem „Kunden" gesprochen wird, um die Besonderheit der Rechte und Pflichten aus einer dauernden Geschäftbeziehung mit der Bank zu betonen. Soll hingegen das Valutaverhältnis untersucht werden, so wird dementsprechend das Begriffspaar „Schuldner" und „Gläubiger" zu verwenden sein.

II. Die Überweisungs-, Zwischen-, und Empfängerbank

Die von dem Überweisenden direkt beauftragte Bank, die in dieser Arbeit grundsätzlich als „Überweisungsbank" bezeichnet wird, wird im Chinesischen *„huichu yinhang "* oder verkürzend *„huichu hang"* (auszahlende Bank) genannt.[144] Seltener spricht man auch von *„faduanfang yinhang"* (Bank des Auslösenden/Originators).[145]

Die letzte an der Überweisungskette beteiligte Bank, die den Überweisungsbetrag dem Konto des Begünstigten gutschreibt oder an den Begünstigten in bar auszahlt, wird im Chinesischen mit *„huiru yinhang"* oder verkürzend *„huiru hang"* (erhaltende Bank) bezeichnet, während sie in dieser Arbeit zumeist als „Empfängerbank" oder „Bank des (Überweisungs)Begünstigten" bezeichnet wird. Entsprechend der „Bank des Auslösenden/Originators" spricht man von der Empfängerbank auch als *„shouyifang yinhang"* (Bank des Begünstigten).[146]

Es ist häufig notwendig, zwischen der Überweisungsbank und der Empfängerbank eine oder sogar mehrere Banken einzuschalten. Sie werden dann als „eingeschaltete" Banken oder einfach Zwischenbanken bezeichnet, chinesisch *„zhongje yinhang"* (vermittelnde Bank) oder *„zhongjian yinhang"* (in der Mitte stehende Bank).[147]

---

144 HAN Junmei/LÜ Deyong, S. 236; YUE Caishen, S. 191; XÜ Lu/BAI Liwei/HAN Wenxia, S. 48 ff.; LIANG Qi, S. 123 ff., S. 264 ff.; SU Zongxiang, S. 60; PAN Song, S. 15; WANG Xin (Hrsg.), S. 265 f.
145 LIU Ying, Untersuchung, S. 152 ff.; SHEN Daming, Amerikanisch, S. 130; WEN Yinling/MA Hairong, in: *Dangdai faxue* Nr. 5/2002, S. 82 ff.; YUE Caishen, 208 ff.; WANG Xin (Hrsg.), S. 280 ff.
146 HAN Junmei/LÜ Deyong, S. 236; LIANG Qi, S. 123 ff.; QIANG Li, S. 264 ff.; PAN Song, S. 15; LIU Ying, Untersuchung, S. 152 ff.; SHEN Daming, Amerikanisch, S. 130; WEN Yinling/MA Hairong, in: *Dangdai faxue* Nr. 5/2002, S. 82; SHEN Caiyue, S. 208 ff.; WANG Xin (Hrsg.), S. 280 ff.
147 LIU Ying, Untersuchung, S. 152; SHEN Daming, Amerikanisch, S. 130; WEN Yinling/MA Hairong, in: *Dangdai faxue* Nr. 5/2002, S. 82; WANG Xin (Hrsg.), S. 280.

D. Bank und Finanzinstitut

Unter einer Banküberweisung ist die Überweisung, die durch eine Bank ausgeführt wird, zu verstehen. Gem. § 11 Abs. 2 des **KBG** bedarf die Führung der Bezeichnung „Bank" einer Erlaubnis der Volksbank.

Allerdings soll unter „Bank" (*yin hang*) in dieser Arbeit nicht nur ein Bankinstitut im engeren Sinne, also ein Unternehmen, dass sich als „Bank" bezeichnen darf, verstanden werden. Vielmehr sind von diesem Begriff vorliegend bis auf die Post[148] auch alle Unternehmen umfasst, die gesetzlich befugt sind, das Bankgeschäft der Zahlungsverrechnung zu betreiben. So sind hier vor allem die Stadtkreditgenossenschaften (*chen shi xinyong hezuoshe*) und die Landwirtschaftskreditgenossenschaften (*nongcun jingji xinyong hezuoshe*) inbegriffen, die zwar nicht den Namen „Bank" tragen, bei Geldtransaktionen jedoch rechtlich wie Banken behandelt werden (§ 89 **KBG**).

Bewusst soll in der Arbeit nicht die Bezeichnung „Kreditinstitut" bzw. „Finanzinstitut" (*jinrong jigou*) als Oberbegriff, der Banken wie auch Genossenschaften umfasst, gewählt werden. In China fasst man unter dem Oberbegriff des Finanzinstituts (*jinrong jigou*) viele andere Finanz- und Kreditinstitute, wie Sicherungsinstitute, Effektenunternehmen, Treuhandgesellschaften usw. zusammen,[149] die nicht zur Zahlungsverrechnung zugelassen sind, was vorliegend zu Unschärfen führen würde.

Für die hier zu untersuchende Überweisung hingegen ergeben sich keinerlei Unterschiede zwischen Banken im engeren Sinne und anderer zur Zahlungsverrechnung zugelassener Institute. Unter „Banküberweisung" sollen also sowohl die Banküberweisung als auch die Überweisung durch diese Institute verstanden werden.

E. Zusammenfassung des Kapitels

§ 168 **ZVM** definiert die in der Arbeit zu untersuchende Banküberweisung, die auf Chinesisch als „*huidui*" bezeichnet wird, als ein Zahlungsvorgang, bei dem der Zahlende die Bank beauftragt, den zu überweisen Betrag an den Zahlungsempfänger zu zahlen. Dieser Begriff stimmt daher mit dem deutschen Begriff „Überweisung" und dem englischen Begriff „credit transfer" im Groben überein.

Eine Besonderheit stellt jedoch die Untergliederung in sehr viele Überweisungskategorien dar. Die sind die „*xin hui*" (Briefliche Überweisung) und „*dian hui*" (Telegraphische bzw. Elektronische Überweisung), „*lianhang huidui*" (Innerbetriebliche Überweisung) und „*kuahang huidui*" (Außerbetriebliche Überweisung), „*guonei huidui*" (Inlandsüberweisung) und „*guoji huidui*" (Auslandsüberweisung), „*danwei*

148 Hinsichtlich der Ähnlichkeit der Postüberweisung und der Banküberweisung ist die Postüberweisung an verschiedenen Stellen der Arbeit einbezogen, jedoch ist die Post immer noch ein Organ des öffentlichen Rechts und unterscheidet sich daher von der Kommerzbank.
149 WANG Xin (Hrsg.), S. 96.

huidui" (Überweisungen der Einheiten) und *„genren huidui*" (Überweisungen von Privatpersonen), *„renminbi huidui*" (CNY-Überweisung) und *„waihui huidui*" (Devisenüberweisung), *„zhiju huidui*" (Belegbegleitete Überweisung) und *„wu zhiju huidui*" (Beleglose Überweisung) .

Dabei spielen die Unterscheidung zwischen der Überweisung der „Einheit" und der von Privatpersonen und die Unterscheidung zwischen der CNY-Überweisung und der Devisenüberweisung im chinesischen Zahlungsverkehr eine außerordentlich wichtige Rolle. Dies geht auf die Politik der Bargeld- und Devisenkontrolle zurück.

Kapitel 3 Die rechtliche Praxis der Überweisung

In diesem Kapitel wird die technische Anwicklung einer Überweisung dargestellt, ohne eine entsprechende rechtliche Untersuchung zu liefern. Angesichts der Komplexität des chinesischen Kontosystems wird zunächst in Punkt A das vorhandene Verrechnungskontosystem sowie auch die Vorraussetzungen der Eröffnung der verschiedenen Kontoarten dargestellt. Im Punkt B wird der gesamte technische Vorgang beschrieben, aus dem man entnehmen kann, wie in der Bankpraxis das gesamte System funktioniert, wenn der Überweisende einen Geldbetrag mittels Überleitung durch eine bzw. mehrere Banken an einen anderen überweisen will.

A. Die Eröffnung des Verrechnungskontos

I. Definition und Klassifikation des Verrechnungskontos

Die Banküberweisung setzt gewöhnlich voraus, dass der Überweisende sowie der Überweisungsbegünstigte ein Bankkonto unterhalten, obwohl der Überweisende den Überweisungsbetrag auch in bar decken bzw. der Überweisungsbegünstigte den Betrag in bar erhalten darf. Ein derartiges Konto, das zur Zahlungsverrechnung dient, wird im chinesischen Schrifttum als *„jiesuan zhanghu"* bzw. *„qingsuan zhang hu"* (Verrechnungskonto), *„wanglai zhanghu"* (Hin-und-Her-Konto),[150] *„huoqi cunkuan zhanghu"* (unbefristetes Konto)[151] bezeichnet. Mit der Einführung der 2003 von der Volksbank erlassenen **CNYKontoM** wird die Bezeichnung *„jiesuan zhanghu"*, für welche in dieser Untersuchung das „Verrechnungskonto" als entsprechende Übersetzung bevorzugt wird, erstmals in einer Normativbestimmung normiert und damit etabliert. Im Gegensatz zum Verrechnungskonto steht das *„chuxu zhanghu"* (Sparkonto); mit dem Sparkonto darf das Einlagegeschäft betrieben werden, indem man nur das Bargeld ein- oder auszahlen darf (§ 43 **CNYKontoM**).[152]

Unter einem Verrechnungskonto ist ein unbefristetes Einlagekonto, durch das der Kontoinhaber Geldmittel empfängt sowie auszahlt, zu verstehen (vgl. § 2 Abs. 4 **CNYKontoM**). Dabei lässt sich vor allem zwischen den Verrechnungskonten von Einheiten und denen von Privatleuten unterscheiden (§ 3 **CNYKontoM**). Wegen der Devisenkontrolle ist daneben zwischen Verrechnungskonten in chinesischer Wäh-

150 LIANG Qi, S. 123; PENG Bing, Bankkonto II, in: *Jinrong fayuan* Nr. 11/1998, S. 33, 35; JIN Shou/PENG Bing, in: *Jinrong fayuan* Nr. 5/2001, S. 101 ff.; CHENG Daojü, in: *Zhongguo shenji xinxi yu fangfa* Nr. 3/2003, S. 40 f.

151 TANG Yanchun (Hrsg.), S. 55 ff.; HAN Junmei/LÜ Deyong, S. 46 ff.

152 Vgl. Kapitel 1 B II 2 d.

rung (CNY-Verrechnungskonto) und Verrechnungskonten in Devisen (Devisenverrechnungskonto) zu differenzieren.[153]

II. Eröffnung der Verrechnungskonten von Einheiten

1. Die CNY-Verrechnungskonten der Einheiten

Durch die Einführung der **CNYKontoM** von 2003 wurde für das System des CNY-Verrechnungskonten der Einheiten eine klare Rechtsgrundlage geschaffen. Als Besonderheit des chinesischen Kontosystems stehen der Einheit statt eines einheitlichen Verrechnungskontos vier Arten von CNY-Verrechnungskonten, nämlich das Basis- (*jiben zhanghu*), das Normal- (*yiban zhanghu*), das Spezialkonto (*tebie zhanghu*) oder das Vorläufige Konto (*linshi zhanghu*) zur Verfügung (§ 3 Abs. 1 **CNYKontoM**), und für jede Kontoart sind detaillierte Eröffnungsbedingungen bzw. Funktionen vorgeschrieben.[154]

a. *„jiben jiesuan zhanghu" (Basiskonto; Basic Account).*

Eine Einheit kann bzw. muss ein *„jiben jiesuan zhanghu"* (Basiskonto; Basic Account) eröffnen (§ 4 **CNYKontoM**). Sie ist in der Wahl der basiskontoführenden Bank (Hausbank) frei (§§ 5, 7 **CNYKontoM**). Nachdem die Bank von der Einheit den Antrag und alle in § 17 **CNYKontoM** aufgelisteten notwendigen Unterlagen zur Basiskontoeröffnung erhalten und geprüft hat, wird sie bei der zuständigen lokalen Außenstelle der Volksbank die Genehmigung zur Kontoeröffnung einholen und anschließend der Einheit ein Kontoeröffnungsregisterzertifikat (*kaihu dengji zheng*) ausstellen, das zur Eröffnung von CNY-Konten anderen Typs benötigt wird (§§ 16 ff. **CNYKontoM**).[155] Möchte eine Einheit an einem Geschäftsort, der von dem vorhandenen Registerort abweicht, ein Basiskonto eröffnen, muss sie durch die lokale Filiale der Volksbank nachweisen, dass sie am Registerort noch kein Basiskonto eröffnet hat (§ 23 Abs. 1 Nr. 1 **CNYKontoM**).

Das Basiskonto ist das Hauptkonto einer Einheit. Von ihm aus können bzw. sollen die alltäglichen betrieblichen Aus- und Einzahlungen und die Gehalts- bzw. Prämienzahlungen an Mitarbeiter abgewickelt werden (§ 33 **CNYKontoM**). Das

---

153 WANG Xin (Hrsg.), S.262; s. auch Kaptitels 2 A II 3 und 4.

154 Dies dient hauptsächlich zur Verstärkung der Verwaltungs- und Überwachungsfunktion der Banken hinsichtlich der Bargeldkontrolle und dem Schutz von einer rechtswidrigen Benutzung bzw. Verbergung des Einheitskapitals, was im Zahlungsverkehr zu großem Schaden führen könnte. S. dazu Volksbank, Buchhaltung, S. 79 ff., 95 ff.; WANG Xin (Hrsg.), S. 262. Vgl. auch Kapitel 1 B II 2 d.

155 Nach § 29 **CNYKontoM** muss die Prüfung und die Mitteilung des Ergebnisses der Volksbank innerhalb von zwei Tagen nach Erhalt des über die Hausbank eingereichten Kontoeröffnungsantrags samt Unterlagen erfolgen. Falls der Antrag abgelehnt wird, was in der Bankpraxis aufgrund der Vorprüfung der Hausbank äußerst selten geschieht, muss die Volksbank den mit der Ablehnungsbegründung vermerkten Antrag samt den zugehörigen Unterlagen an die Hausbank zurückweisen.

Basiskonto wird ausschließlich auf Guthabenbasis geführt und erlaubt in begrenztem Maße Barauszahlungen.

b. „yiban cunkuan zhanghu" (Normalkonto; Current Account)

Neben dem Basiskonto kann eine Einheit bei Bedarf ein oder mehrere *„yiban jiesuan zhanghu"* (Normalkonto; Current Account) bei einer anderen Bank bzw. Bankfiliale eröffnen (§ 12 **CNYKontoM**). Das Normalkonto wird ebenso wie das Basiskonto für laufende Zahlungen im Rahmen der normalen Geschäftstätigkeit von Einheiten benutzt. Während auf dem Basiskonto das Bargeld ein- und ausgezahlt werden darf, ist die Auszahlung von Bargeld vom Normalkonto – im Interesse der politisch angestrebten Bargeldkontrolle – nicht möglich (§ 34 **CNYKontoM**). Die Einzahlung von Bargeld ist jedoch zulässig.

Das Normalkonto wird häufig anlässlich der Kreditvergabe durch eine andere Bank als die Hausbank eröffnet, denn diese fordert üblicherweise, dass das Kreditkonto von ihrem Unternehmen geführt wird. Im Übrigen ist es untersagt, dass eine Einheit bei derselben Bankstelle neben dem Basiskonto noch ein Normalkonto unterhält (vgl. § 12 **CNYKontoM**). Einheiten können mehrere Normalkonten bei mehreren Banken haben, allerdings können diese nur eröffnet werden, wenn bereits ein Basiskonto besteht und dies durch ein Registerzertifikat nachgewiesen ist. Notwendig sind zudem die in § 17 **CNYKontoM** für die Basiskontoeröffnung aufgelisteten Unterlagen sowie der Darlehnvertrag oder andere Unterlagen, die zum Nachweis der Notwendigkeit der Eröffnung eines Normalkontos geeignet sind (§ 18 **CNYKontoM**).

c. „zhuanmen cunkuan zhanghu" (Spezialkonto; Special Project Account)

Das *„zhuanmen cunkuan zhanghu"* (Spezialkonto; Special Project Account) kann bzw. muss eröffnet werden, um die Zahlungsströme für bestimmte Projekte von dem laufenden Basis- und Normalkonto abzugrenzen (§§ 13, 24 **CNYKontoM**). So wird beispielsweise ein Konto, das die Einheit zur Nutzung eine Bankkarte beantragt (Bankkartenkonto), als Spezialkonto angesehen (§ 13 Ab. 1 Nr. 10 und § 35 Abs. 2 **CNYKontoM**).

Die notwendigen Unterlagen ähneln denen zur Normalkontoeröffnung. Es sind die in § 17 **CNYKontoM** für die Basiskontoeröffnung aufgelisteten Unterlagen, das Registerzertifikat des Basiskontos sowie die Nachweise des entsprechenden Projekts (§ 19 i.V.m. § 17 **CNYKontoM**). Anders als bei einem Normalkonto ist die Barauszahlung von einem Spezialkonto nicht untersagt, da für ein bestimmtes Projekt nach den Bargeldkontrollnormen Bargeld ausgezahlt werden darf (§ 35 Abs. 5–7 **CNYKontoM**).[156]

---

156 Die Eröffnungsanforderungen für Spezialkonten sind normalerweise ausgesprochen komplex und sollten individuell angefragt werden; s. dazu LBBW (Hrsg.), S. 10.

d. „linshi cunkuan zhanghu" (Vorläufiges Konto; Temporary Account).

Das *„linshi cunkuan zhanghu"* (Vorläufiges Konto; Temporary Account) wird üblicherweise für einen bestimmten Zweck innerhalb eines begrenzten Zeitraums genutzt. Gem. § 14 **CNYKontoM** darf man in den folgenden drei Fällen die Eröffnung eines Vorläufigen Kontos beantragen: die Errichtung einer zeitlich befristeten Organisation, die vorübergehende Verlagerung des Geschäfts einer Einheit an einen anderen Ort und die Prüfung des Stammkapitals.[157] Im zuletzt genannten Fall wird das zu prüfende Stammkapital zuerst auf ein vorläufiges Konto eingezahlt und darf dann bis zur Löschung des Kontos nicht ausgezahlt werden (§§ 14 Nr. 3, 37 **CNYKontoM**).

Der Nutzungszeitraum des vorläufigen Kontos, der zwei Jahre nicht überschreiten darf, muss schon im Kontoeröffnungsantrag festgelegt werden; innerhalb von zwei Jahren ist eine Verlängerung des Kontos möglich (§ 36 Abs. 1 und 2 **CNYKontoM**). Barauszahlungen sind möglich, sofern sie nicht rechtswidrig sind (§ 36 Abs. 3 **CNYKontoM**).

2. Die Devisenverrechnungskonten der Einheiten

Die Einheiten, die im Rahmen ihrer Tätigkeit mit Fremdwährungen arbeiten – also vor allem Unternehmen mit ausländischer Kapitalbeteiligung – benötigen Devisenkonten. Die gegenwärtige Hauptrechtsgrundlage für Devisenkonten innerhalb China sind die 1997 von der Volksbank verkündeten **„Verwaltungsbestimmungen über die Devisenkonten innerhalb der Landesgrenze"** (*Jingnei waihui zhanghu guanli guiding*; im Folgenden: **DKV**).[158] Danach unterliegen Devisenkonten der strengen Aufsicht der Nationalen Devisenkontrollbehörde (*Guojia waihui guanliju*; im Folgenden: SAFE[159]) und deren untergeordneten Verwaltungsstellen (§§ 2, 10 ff., 36 ff. **DKV**).

Die **DKV** unterscheidet hinsichtlich der Devisenkonten der Einheit hauptsächlich zwischen dem *„jingchang xiangmu waihui zhanghu"* (§§ 6 ff. **DKV**) und dem *„ziben xiangmu waihi zhanghu"* (§§ 20ff. **DKV**). Das Ersteres lässt sich sinngemäß im Deutschen mit „Normalem Verrechnungsdevisenkonto" (verkürzt: Normaldevisenkonto) und im Englischen mit „Foreign Currency Currecnt Account" übersetzen. Dieses Konto dient der Verbuchung von Zahlungen in Fremdwährungen, die im Rahmen des Außenhandels eines Unternehmens anfallen (§ 6 **DKV**).

---

157 Das Vorläufige Konto i.S.d. § 14 **CNYKontoM** ist zu unterscheiden von dem Vorläufigen Konto, das die Überweisungsempfängerbank für den Überweisungsbegünstigten bis zur Abholung des Betrags von diesem eröffnet; dazu s. Kapitel 6 c 4 b.

158 Diese Regelung wurde von der Volksbank am 10. Juli 1997 verkündet und trat am 15. Juli 2004 in Kraft.

159 Diese Abkürzung leitet sich aus der offiziellen englischen Übersetzung „State Administration for Foreign Exchange" ab.

Für die Eröffnung und Benutzung des Nomaldevisenkontos ist ein Gebrauchszertifikat des Devisenkontos (*waihui zhanghu shiyongzheng*; Foreign Exchange Account Management Card) sowie eine Registerkarte über die Devisenschulden (*waihui dengjizheng*; Foreign Exchange Debit Registration Certificate) bzw. eine Registerkarte über die Devisenforderung (*waihui daikuan dengjizheng*; Foreign Exchange Credit Registration Certificate) notwendig, die jeweils jährlich neu bei der SAFE beantragt werden müssen (§§ 11 ff. **DKV**).[160] Im Normalfall darf ein Unternehmen nur ein Normaldevisenkonto unterhalten, kann aber bei der SAFE die Eröffnung weiterer Konten beantragen. Für verschiedene Währungen werden entsprechende Unterkonten eröffnet.

In Gegensatz zum Normaldevisenkonto der Einheit steht das *„ziben xiangmu waihi zhanghu"* (§§ 20 ff. **DKV**), das sinngemäß mit „Kapitaldevisenkonto" zu übersetzen ist. Zur Eröffnung und Benutzung des Kontos müssen die in § 20 **DKV** dargestellten Vorraussetzungen erfüllt sein. Der **DKV** lässt sich entnehmen, dass für verschiedene Kapitalprojekte möglichst entsprechende Unterkonten wie *„Zibenjin zhanghu"* (Kapitalmitteldevisenkonto),[161] *„waihui daikuan zhanghu"* (Kreditdevisenkonto),[162] *„huandai zhanghu"* (Devisenzahlung für Kreditrückzahlung)[163] usw., eröffnet werden sollen. Das Kapitaldevisenkonto dient im Vergleich mit dem Normaldevisenkonto eher als ein Sonderkonto.

III. Das Verrechnungskonto der Privatpersonen

Im Gegensatz zu Einheiten sind Privatpersonen rechtlich nicht gezwungen, Zahlungen über ein Bankkonto abzuwickeln. Ursprünglich unterhielten Privatpersonen auch tatsächlich nur Sparkonten (*chuxu zhanghu*). Mit der gesellschaftlichen und wirtschaftlichen Entwicklung nehmen die Geldtransaktionen per Bankkonto durch Privatpersonen ständig zu. Entsprechend bieten die Banken für Geldtransaktionen von Privatleuten schon seit einiger Zeit verschiedene neue Kontenservice an, die faktisch dem Sparkonto die Verrechnungsfunktion verleihen. Wie in dieser Arbeit bereits weiter oben dargestellt wurde, entstand der Begriff des (Bank)Verrechnungs-

---

160 Ausführlich s. HAN Junmei/LÜ Deyong, S. 103 ff.

161 Das *„Zibenjin waihui zhanghu"* (Kapitalmitteldevisenkonto), das leicht mit seinem Übergriff *„Ziben xiangmu waihui zhanghu"* (Kapitaldevisenkonto) zu verwechseln ist, dient der Einzahlung des registrierten Eigenkapitals. Es sind möglicherweise verschiedene Unterkonten in verschiedenen Währungen zu eröffnen, wenn das Eigenkapital in mehreren Währungen eingezahlt wird. Ist das Kapital vollständig aufgebraucht, wird das Konto aufgelöst (§§ 24, 20 Abs. 4 **DKV**).

162 Das *„waihui daikuan zhanghu"* (Kreditdevisenkonto) wird für Fremdwährungskredite von Banken und entsprechende Gesellschafterdarlehen der Muttergesellschaft eingerichtet. Für jeden Kredit wird ein eigenes Foreign Debt Account eröffnet. Bargeldverfügungen über diese Konten sind nicht gestattet und ein Umtausch der Devisen in CNY ist genehmigungspflichtig (§§ 21, 20 Abs. 1 **DKV**).

163 Für die Zins- und Tilgungszahlungen für Fremdwährungskredite pro Darlehen wird ein eigener *„huandai zhanghu"* (Devisenzahlung für Kreditrückzahlung) eröffnet. Hier können entsprechende Beträge bis maximal 3 Monate vor Zahlungstermin hinterlegt werden (§§ 22, 11 und 20 Abs. 2 **DKV**).

kontos der Privatpersonen (*geren yinhang jiesuan zhanghu*) jedoch erst durch den Erlass der **CNYKontoM** von 2003.[164]

Unter dem CNY-Verrechnungskonto der Privatpersonen ist das Verrechnungskonto zu verstehen, das Privatpersonen einschließlich Einzelgeschäftsleute (*geti hu*) im Namen einer natürlichen Person für Investitionen, Konsum oder Verrechnung eröffnen. Statt ein neues Verrechnungskonto zu eröffnen, kann man auch eines der vorhandenen Sparkonten umschreiben lassen(§ 3 Abs.2 Nr. 2 i.V.m. § 15 **CNYKontoM**).

Gem. § 22 **CNYKontoM** ist bei der Eröffnung eines Verrechnungskontos durch eine Privatperson ein Identitäts-Nachweis bei der Bank vorzulegen. Als Identitätsnachweis dienen vor allem der Personalausweis (*jumin shenfenzheng*) bzw. der vorläufige Personalausweis (*linshi shenfenzheng*), der Soldaten-Personalausweis (*junren shenfenzheng*), der Personalausweis der „Bewaffneten-Volkspolizei" (*wujin shenfenzheng*), der Binnenland-Einreise-Ausweis für Einwohner von Hongkong oder Macao (*gang'ao jumin wanglai neidi tongxingzheng*), der Festland-Einreise-Ausweis für die auf Taiwan lebenden Chinesen (*taiwan jumin wanglai dalu tongxingzheng*) und der Reisepass von Ausländern. Auf Verlangen sind das „Einwohnerbuch" (*hukou bu*), die „Fahrerlaubnis" (*jiashi zhizhao*) oder der Reisepass vorzulegen (§ 22 **CNYKontoM**).

Obwohl das Verrechnungskonto der Privatpersonen in der **CNYKontoM** nicht wie das von Einheiten in Untertypen untergliedert wird, haben sich faktisch verschiedene Kontoformen entwickelt, denn die Banken bieten verschiedene Kontoformen an, die jeweils nur einen Teil der Funktionen des deutschen Girokontos erfüllen, z. B. das Scheckkonto, über das man nur per Scheck verfügen oder von dem man sich Barbeträge auszahlen lassen darf, oder das Kartenkonto, mit dem der Kartenbenutzer Bargeld vom Automaten abheben bzw. bei bestimmten Geschäftspartnern (Restaurants, Modegeschäfte etc.) bargeldlos zahlen kann. Das *„sandai zhanghu"* (Drei-Vollmacht-Konto),[165] wird nur für bestimmte Zahlungen verwendet, nämlich die Zahlung der Gas-, Strom- und Telefonrechnung, die Gehaltszahlung und die Zahlung für den An- bzw. Verkauf von Aktien.

Nicht anders als die Einheiten müssen Privatpersonen für Devisenzahlungen ein Devisenkonto eröffnen. Die Kontoeröffnung ist weniger komplex als die Eröffnung eines Devisenkontos durch eine Einheit, unterliegt aber auch der Anzeigepflicht, insbesondere hinsichtlich der Herkunft der Devisen (§ 6 Abs. 13 **DKV**).

---

164 Vgl. Kapitel 2 B II 2 d.
165 HAN Junmei/LÜ Deyong, S. 61 f.

B. Die technische Abwicklung der Überweisung

I. Die Erteilung und die Annahme des Überweisungsauftrags

1. Die Erteilungsform und das Auftragsformular

Die Überweisung wird durch den Überweisungsauftrag in Gang gesetzt. Dieser wird von dem Überweisenden in der Regel auf einem besonderen, von der Bank gestellten Formular erteilt. Gem. § 9 ZVM sind Abweichungen nicht zulässig, insbesondere ist es den Kunden ausdrücklich untersagt, selbst formulierte Aufträge zu benutzen (vgl. § 9 ZVM). Gem. § 256 ZVM müssen die Kreditinstitute die Formulare für die Überweisung und die anderen Zahlungsformen nach dem von der Zentralvolksbank vorgesehenen Muster herstellen und sie bei den von der Zentralvolksbank benannten Druckereien drucken lassen.

In China gibt der Überweisende den Auftrag in der Regel am Schalter der Bank ab.[166] Der Sinn liegt darin, dass auf diese Weise noch im Beisein des Kunden geprüft werden kann, ob das Konto ein hinreichendes Guthaben aufweist bzw. ob ihm eine hinreichende Kreditlinie zusteht und das Formular richtig ausgefüllt wurde. Er wird also gleich informiert, ob der Überweisungsauftrag von der Bank angenommen oder wegen fehlender Deckung abgelehnt wird. Inzwischen nehmen manche Banken wie z. B. die vier bekannten staatlichen Kommerzbanken auch telefonische oder elektronische Aufträge entgegen.[167]

2. Der Inhalt des Auftrags

Die erforderlichen Inhalte der Überweisungsformulare sind gesetzlich vorgegeben. Gemäß § 171 ZVM sind neun Angaben auf dem Überweisungsauftrag zwingend.[168] Fehlt eine der nachstehenden Angaben, so darf die Bank das Formular nicht annehmen (§§ 9 Abs. 2, 171 Abs. 2 ZVM).

Diese neun Angaben sind:

(1) Die Wahl der *„xi hui"* (brieflichen Überweisung) oder *„dian hui"* (telegraphischen Überweisung).

(2) Die Erklärung, dass es sich um eine *„wu tiaojian zhifu"* (bedingungslose Überweisung) handelt.

---

166 Im Gegensatz zu deutschen Banken sind in chinesischen Banken Kästen für die Zahlungsaufträge in der Lobby der Geschäftshalle oder an der Außenwand der Bank kaum zu sehen.

167 Http//: www.zgiri.com/wsyh/20040420-1.htm (Zugriff: 03.02.2005).

168 Hierbei ist anzumerken, dass die Kontonummer des Überweisenden und des Empfängers hier nicht vorgesehen wurden, obwohl dies notwendig ist, weshalb die Banken dies auf den entsprechenden Formularen aufgenommen haben.

(3) Die Bestimmung der Geldsumme. Ist dem Empfänger der Betrag in bar auszuzahlen, muss vor der Geldsumme das Zeichen *„xian jin“* (Bargeld) angegeben werden.

(4) Die Bezeichnung des Überweisungsempfängers, wobei Privatpersonen oder Unternehmen in Betracht kommen. Soll im Fall der Barauszahlung der Betrag von einem bestimmten Angehörigen des Unternehmens abgeholt werden, muss sein Name neben der Bezeichnung des Unternehmens angegeben werden.

(5) Der Name des Überweisenden.

(6) Der Ort der Überweisungsbank bzw. der Ort, an dem das zu belastende Konto geführt oder der Auftrag erteilt wird und die Bezeichnung der Überweisungsbank.

(7) Der Ort der Auszahlung und die Bezeichnung der Empfängerbank. Wird kein Konto des Empfängers angegeben, muss stattdessen das Zeichen *„liuhang daiqu“* (wörtlich: bei der Bank bleiben, um abgeholt zu werden) verwendet werden.

(8) Das Auftragsdatum, also der Tag, an dem der Auftrag erteilt wird.

(9) Die Unterschrift und/oder der Stempel des Überweisenden.

Eine fehlerhafte Ausfüllung des Überweisungsformulars kann zu Nachteilen für den Überweisenden führen, die vom Verzug bis hin zur unterbleibenden Ausführung des Auftrags reichen.[169]

3. Die Deckung der Überweisung und deren Gebühren

Der Überweisende muss die Deckung bei allen Zahlungsgeschäften gewährleisten, indem er ein ausreichendes Guthaben auf seinem Konto hat oder den Überweisungsbetrag in bar überreicht (§§ 8, 16 **ZVM**). Reicht er einen Überweisungsauftrag ein oder stellt einen Scheck aus, fehlt es aber an einer hinreichenden Deckung auf dem zu belastenden Konto, muss er an die Bank für die „Störung des normalen Bankverkehrs“ Strafzinsen zahlen.[170] Die Liquidierung von Strafzinsen wurde als (verwaltungsrechtliche) Pflicht der Bank in verschiedenen Rechtsquellen (vor allem in § 208 **ZVM**) normiert, wird heute jedoch mit Rücksicht auf den Kunden nicht mehr konsequent praktiziert.[171]

Gem. § 50 **KBG** darf die Bank die von der Volksbank festgelegten Leistungsgebühren (*shouxu fei*) vom Kunden verlangen. Für die Überweisung gilt jetzt die Gebührentabelle, die von der Volksbank als Anhang der **ZVM** verkündet wurde. Demnach kann die Überweisungsbank von dem Überweisenden pro Zahlung nur 0.50 CNY exklusive der Post- bzw. Telegraphenkosten verlangen, sofern dieser bei ihr ein (Verrechnungs)Konto unterhält. Unterhält der Überweisende kein Konto,

---

169 Vgl. Kapitel 7 II 2.
170 Vgl. WANG Xiaoneng (Hrsg.), S. 363 f.; XIE Huaishi, Allgemein, S. 265 f.
171 PENG Bing/LIU Hao, in: *Jinrong fayuan* Nr. 7/1999 31 ff.

darf die Bank Gebühren in Höhe von 1 % des Überweisungsbetrags erheben, wenn der Betrag geringer ist als 5 000 CNY. Ab einem Betrag von 5 000 CNY betragen die Gebühren 50 CNY für je 5 000 CNY der Überweisungssumme.

Für die elektronische Überweisung haben die Volksbank und die Nationalen Planungskomitees (*Guojia jihua weiyuanhui*) zusammen am Mai 2001 die **„Mitteilung zur Festlegung der Leistungsgebühren beim elektronischen Geldtransfer"** (*Guanyu zhiding dianzi huihua shoufei de tongzhi*) erlassen. Demnach betragen die Leistungsgebühren 5 CNY bei einer Zahlung unter 10.000 CNY, 10 CNY bei der Zahlung über einem Betrag von 10.000 CNY bis 100.000 CNY, 15 CNY bei der Zahlung über einem Betrag von 10.000 CNY bis 500.000 CNY, und 20 CNY bei der Zahlung über einen Betrag von 500.00 CNY bis 1 Million CNY. Beträgt die Transfersumme mehr als 1 Million CNY, kann die Bank 0,002 % von der Transfersumme als Gebühren beziehen, aber nicht mehr als 200 CNY.

Kurz nach dieser Mitteilung verkündete die Volksbank im November 2001 eine neue Mitteilung, die **„Mitteilung zur Standardisierung der Leistungsgebühren beim elektronischen Geldtransfer"** (*Guanyu guifan dianzi huihua shoufei biaozhun de tongzhi*), wonach die Gebühren bei Zahlungen unter 5000 CNY 1 % vom Zahlungsbetrag betragen und 50 CNY bei Zahlungen von mehr als 5 000 CNY, sofern die Überweisende eine Privatperson ist und kein Konto bei der Überweisungsbank unterhält.[172]

Aus der Bankbranche sowie auch dem Rechtswissenschaftskreis hört man oft die Meinung, dass das gegenwärtige Gebührensystem der Bankdienstleistungen schon mehr als veraltet sei und dringend der Überarbeitung bedürfe, denn der von der Volksbank festgelegte Gebührenstandard sei im Vergleich zu den faktischen Kosten der leistenden Bank viel zu niedrig. Darüber hinaus gilt es als wünschswert, die Angelegenheit der Gebührenerhebung der betroffenen Bank zu überlassen.[173] Diesem Wunsch entgegen hat die 2003 erlassene **„Provisorische Verwaltungsmethode zur Leistungsgebühren der Kommerzbanken"** (*Shangye yinhang fuwu jiage guanli zanxing banfa*)[174] in § 7 den grundlegenden Zahlungsservice inkl. Überweisung als eine Dienstleistungen eingestuft, deren Gebührenerhebung unter der Regierungsweisung steht.

---

172 Mehrmals hat die Volksbank „Mitteilungen" zur „Einhaltung der Gebührenbestimmungen" verkündet, woraus sich ergibt, dass auch hier die Banken in der Praxis von den rechtlichen Vorgaben abweichen. Zu den Gebühren der Bankzahlung s. TANG Yanchun (Hrsg.), S. 168 ff.; LIU Hao/LI Wenxue, in: *Jingji yu fa* Nr. 9/2002 S. 38 f.

173 LIN Houchun, in: *Sifa yanjiu* Nr. 5/2002, S. 28 ff.

174 Diese **Methode** wurde von dem Chinesischen Aufsichtskomitee des Bankwesens (*zhongguo yinhangye jiandu guanli weiyuanhui*) und dem Nationalen Entwicklungs- und Reformkomitee (*guojia fazhan he gaihe weiyuanhui*) zusammen am 26. Juni 2003 erlassen und trat am 1. Oktober 2003 in Kraft.

4. Die Annahme des Überweisungsauftrags

Erhält die Überweisungsbank den vom Überweisenden ausgestellten und unterschriebenen Überweisungsauftrag, muss sie zunächst prüfen, ob das Überweisungsformular richtig und vollständig ausgefüllt wurde. Daneben unterliegt die Überweisungsbank der Pflicht zur Ermittlung der Legitimation des Überweisenden, indem sie vor allem prüft, ob der Stempel des Überweisenden mit dem Stempelmuster oder der Geheimzahl, welches bzw. welche der Kontoinhaber bei der Kontoeröffnung bei der Bank hinterlegt hat, übereinstimmt (vgl. § 174 ZVM).[175] Befindet sich die Zeichnung „Bargeld" auf dem Überweisungsbeleg, soll also der Überweisungsbetrag an den Begünstigten in Bargeld ausgezahlt werden, hat die Bank zu prüfen, ob die Voraussetzungen der Vorschriften zur Bargeldkontrolle erfüllt sind. Bei der von einem Konto ausgehenden Überweisung ist die Prüfung der Deckung unentbehrlich (§§ 173, 176 Abs. 2 ZVM). Falls sich ergibt, dass das Konto keine ausreichende Deckung aufweist, muss die Bank den Überweisungsbetrag in bar fordern (§ 8 ZVM).[176]

Wenn der Auftrag ordnungsgemäß erteilt wurde, muss die Überweisungsbank unverzüglich der Empfängerbank den Betrag überweisen, und dem Überweisenden die Ausfertigung der Überweisung (*huikuan huidan*), die als Quittung dient, ausstellen (§ 174 Abs. 1 ZVM).[177]

II. Die Zahlungssysteme zwischen den Banken (Bankzahlungssystem)

Hat die Überweisungsbank den Überweisungsauftrag akzeptiert, muss sie die Überweisung unverzüglich ausführen. Bei Hausüberweisungen ist dies ohne Zwischenschaltung weiterer Stellen möglich. Bei mehrgliedrigen Überweisungen,[178] also sowohl der außerbetrieblichen Überweisung als auch der Filialüberweisung, muss ein Weg zur Weiterleitung der Überweisung an die Empfängerbank gefunden werden, auf dem die betreffenden Informationen und die Deckung bzw. die Zusage der Deckung an die Empfängerbank übermittelt werden.

Bei einer mehrgliedrigen Überweisung setzt dies im Hinblick auf den Transfer der Geldmittel und der entsprechenden Informationen einen die an der Zahlung beteiligten Banken bindenden Verrechnungsvorgang voraus. In China wird die Verbindung zwischen den Banken zumeist über ein Zahlungsverkehrssystem hergestellt. Zurzeit existieren mehrere Zahlungssysteme,[179] die sich zum Teil in ihrer Funktion überschneiden. Im Folgenden werden die wichtigsten Zahlungssysteme näher er-

---

175 Vgl. Kapitel 6 C I, Kapitel 7 A II.
176 Vgl. Kapitel 6 C II 1 a.
177 Vgl. Kapitel 7 A III.
178 S. Kapitel 2 A II.
179 Volksbank, Zahlungssysteme, Punkt 2.1.3; Gegenwärtig, Punkt 2.3; PAN Song, S. 1; ZHU Mianmao, Umriss, in: *Jongrong fayuan* Nr. 1/1998 S. 41 ff.

läutert, um die Grundlagen des Zahlungsvorgangs zwischen den Banken zu schildern.

1. Die Rolle der Volksbank und der Überblick über die Entwicklung des chinesischen Bankzahlungssystems

Seit ihrer Gründung am 1. Dezember 1948 gehört es zu den Aufgaben der Volksbank, für die Abwicklung des Zahlungsverkehrs zwischen den Banken Sorge zu tragen, was das **VBG** von 1995 auch kodifiziert (§ 26 **VBG**).[180] Demgemäß organisiert oder unterstützt die Volksbank das Zahlungssystem zwischen den Kreditinstituten, und es ist ihre Pflicht, die Transaktionen und Verrechnungsvorgänge zwischen den Kreditinstituten zu überwachen und zu koordinieren.[181]

Die Volksbank hat im Rahmen dieser Aufgabe seit Beginn der 50er Jahre ein innerörtliches Zahlungssystem (*tongcheng zhifu xitong*) (s. unten Punkt 2) und ein überörtliches Zahlungssystem (*yidi zhifu*) (s.u. Punkt 3) entwickelt. Die beiden Zahlungssysteme dienen sowohl den Geldtransaktionen zwischen verschiedenen Banken als auch der Zahlungsverrechnung zwischen Filialen derselben Bank. Voraussetzung hierfür ist die Unterhaltung eines Depotreservekontos (*cunkuan zhunbeijin zhanghu*) bei den entsprechenden lokalen Außenstellen der Volksbank. Als technische Träger standen früher vor allem Brief, Telegraph oder Telefax zur Verfügung. Infolge der Entwicklung der elektronischen Technik werden Zahlungsdaten mittlerweile verstärkt auf der Basis von Datensatzformaten erstellt.[182]

Im Laufe der Zeit haben die vier großen staatlichen Banken auch eigene Zahlungssysteme entwickelt. Die Überweisung zwischen unterschiedlichen Filialen derselben Bank kann grundsätzlich durch ein eigenes Zahlungssystem erfolgen, sofern der Betrag 5 Millionen CNY nicht überschreitet.[183]

Die vielfältigen Zahlungssysteme bereiten Probleme verschiedener Natur.[184] Zunächst sind die Standards verschiedener, insbesondere verschiedener elektronischer Zahlungssysteme vielfach nicht miteinander kompatibel. Bei einer Überweisungskette wird deshalb häufig sowohl elektronisch als auch manuell gearbeitet. Dies erhöht das Fehlerrisiko und führt leicht zu Verzögerungen von Zahlungen. Zweitens ergeben sich Sicherheitsprobleme durch das Übermittlungsmedium, insbesondere wenn geschlossene technische Netze oder das Internet genutzt werden. Der Netztransfer der Zahlungsdaten erfolgt häufig über eine entgeltliche Nutzung her-

180 Vgl. Kapitel 1 B II 1 a.
181 Zur Aufgabe und Tätigkeit der Volksbank im Rahmen des Bankzahlungswesens s. Aufsätze auf der Webseite von Volksbank: http//: www.Pbc.gov.cn/zhifujiesuan (Version: 2000-3-31) (Zugriff: 26.10.2004).
182 Ebd.
183 Volksbank, Zahlungssysteme, Punkt 2.5.
184 S. vor allem Volksbank, Gegenwärtig, Punkt 2.4; LI Hegui/HUANG Shoucheng, in: *Jinrong lilun yu yanjiu* Nr. 12/2002, S. 15 ff.

kömmlicher Telefonleitungen, über spezifische Fernmeldeleitungen oder via Satellit; die Daten werden dabei von der Bank oft unverschlüsselt ins Transfernetz übermittelt. Dies ermöglicht Eingriffe und Fälschungen. Eine weitere Gefahr besteht darin, dass vielerorts kein Ersatzsystem für die elektronische Zahlungsübermittlung vorhanden ist. So drohen z. B. bei Stromausfall Daten verloren zu gehen oder an Unbefugte weitergeleitet zu werden.

Anfang der 90er Jahre plante die Volksbank ein zukunftsweisendes Projekt, das so genannte „Moderne Zahlungssystem Chinas" (*zhongguo xiandaihua zhifu xitong*) (**CNAPS**), das inzwischen teilweise umgesetzt worden ist und in China ein einheitliches Zahlungssystem schaffen soll. (s. u. Punkt 5)

In den letzten 20 Jahren sind erhebliche Fortschritte im Bereich des Bankzahlungsverkehrs Chinas erkennbar. Dabei stellt sich allerdings die Entwicklung landesweit sehr unausgeglichen dar, da das Niveau in den entwickelten Gebieten wie den Ostküstengebieten, aber auch in den großen Städten des Innengebietes mit dem Stand in den entwickelten Ländern vergleichbar ist, die Zahlungen im Inneren des Landes, besonders im Südwesten Chinas hingegen viel zeitaufwendiger und komplizierter sind als in Ländern mit stärker entwickelter Wirtschaft. Das Problem liegt überwiegend in der flächendeckenden Implementierung und der Anwendung moderner Technik aufgrund mangelnder finanzieller und personeller Mittel.[185]

2. Das innerörtliche Zahlungssystem der Volksbank (LCHS)

a. Der „Local Change House" (LCH)

Die Volksbank teilte das Gebiet der Volksrepublik landesweit in mehrere „innerörtliche Gebiete" bzw. „Städte" (*tongcheng quyu*) auf, und in jedem Gebiet wurde ein „*tongcheng qingsuan suo*" (local chang house) (im Folgenden: LCH) errichtet. Sie befinden sich verstreut in den Zentralstädten (*zhongxin chengshi*) und den Kreisstädten (*xian cheng*) bzw. Gemeindestädten (*zheng*). Es darf in einer Stadt nur ein LCH errichtet werden, hingegen hat nicht jede Stadt einen LCH. In den Städten, in denen kein LCH existiert, können die lokalen Kommerzbanken im Auftrag der Volksbank gemeinsam einen LCH gründen.[186] Der LCH dient den innerörtlichen Banken zum unmittelbaren Austausch der Zahlungsbelege. Dies ist das so genannte innerörtliche Zahlungsverrechnungssystem (*Tongcheng qingsuan xitong*) (im Folgenden: **LCHS**).[187]

Der Austausch der Zahlungsbelege über den LCH erfolgt üblicherweise einmal am Tag, ausnahmsweise auch zweimal am Tag in den Gebieten, in denen täglich mehr

---

185 Volksbank, Zahlungssysteme, Punkt 2.1.1; auch PANG Song, S. 4 ff.

186 Es gibt zur Zeit landweit über 2500 LCH. Zum LCH s. vor allem PANG Song, S. 8 ff.; Volksbank, Probleme, Punkt 3.2; Gegenwärtig, Punkt 2.3.1, 2.4.

187 **LCHS** steht für „local change house system". über das **LCHS** s vor allem Volksbank, Probleme, Punkt 3; auch PAN Song, S. 8 ff.

als 2 Millionen Belege bearbeitet werden müssen. Um die Einordnung und Verrechnung zu beschleunigen, sind spezielle „Sortiermaschinen“ (*qingfen ji*) entwickelt und in den Verrechnungsplätzen der Gebiete mit größerem Handelsaufkommen eingeführt worden.

Der LCH ist eine selbständige Organisation, unterliegt aber der Verwaltung und der Überwachung durch die (lokalen Stellen der) Volksbank. Prinzipiell dürfen alle Banken sowie auch andere Kreditinstitute den LCH benutzen, sofern ihnen auf Antrag die Mitgliedschaft im Austauschplatz erteilt wurde. Die meisten Zweigstellen/Filialen der großen Banken, die als selbständige Verrechnungseinheiten fungieren, treten in eigenem Namen ein. Eine Bank muss bei der Volksbank mindestens ein Konto eröffnen, das von allen ihren beteiligten Filialen genutzt werden darf. Am Ende der Öffnungszeit des LCH wird ein neuer Saldo durch Aufrechnung aller Zahlungsanforderungen und -einnahmen der betreffenden Bank auf ihrem Konto gebildet.

Der LCH ist nicht auf Gewinn ausgerichtet. Die Betriebskosten werden von den Mitgliedern getragen, üblicherweise anteilig entsprechend ihrer Quote am Geschäftsvolumen, mancherorts durch einheitliche Mitgliedsgebühren. Mehr als die Hälfte der Zahlungen in China erfolgen immer noch über dieses System.[188]

b. Die Abwicklung und die Mittelverrechnung des LCHS

Das Prinzip der Abwicklung des **LCHS** ist: *xianfu houshou, shoutuo diyong, cha'e qingsuan*, sinngemäß „Gutschrift nach Sollschrift, Verrechnung erst nach Beendigung aller Transaktionen, Saldo abschließend ausrechnen“. Dementsprechend muss jeder Teilnehmer zuerst alle fälligen[189] Zahlungsforderungen und -einnahmen verrechnen und die Differenz ermitteln. Erst wenn alle Salden der Teilnehmer sich – saldiert – auf Null belaufen, nimmt die Volksbank das Verrechnungsergebnis jedes Teilnehmers an und verrechnet es mit dem Saldo aus seinem alten Kontostand, um ein neues Saldo zu erhalten. Das Verrechnungskonto bei der Volksbank darf grundsätzlich nicht überzogen werden, die überziehende Teilnehmerbank wird durch Sanktionszinsen, die an die Volksbank zu zahlen sind, bestraft.[190]

---

188 PANG Song, S. 8 ff.
189 Die Zahlungsanforderung aus dem letzten Belegaustausch wird erst mit diesem Abschluss fällig, damit zwischen den beiden letzten Vorgängen des Belegaustausches geprüft werden kann, ob das Konto des betreffenden Zahlenden eine ausreichende Deckung aufweist bzw. ob dieser mit der Zahlung einverstanden ist. Vgl. unten Erläuterung 3).
190 Über die Abwicklung des **LCHS** s. vor allem Volksbank, Probleme, Punkt 3.2.

Die folgende Übersicht soll den Vorgang veranschaulichen.

Bank A: + 500 $	Bank B: + 500 $	Bank C: + 500 $
A – > B – 3000 A < – B + 2000 ?	B – > A – 4500 B < – A + 3500 ?	C – > A – 4800 C < – A + 3800 ?
A – > C – 5000 A < – C + 4000 ?	B – > C – 5500 B < – C + 4500 ?	C – > B – 6800 C < – B + 5800 ?
1. Verrechnungsschluss: – 3000 – 5000 + 4500 + 4800 = + 1300 1. Saldo = + 1800 ? + 2000 + 4000 = + 6000 ? ? – 3500 – 3800 = – 7300 ?	1. Verrechnungsschluss: – 4500 – 5500 + 3000 + 6800 = – 200 1. Saldo = + 300 ? + 3500 + 4500 = 8000 ? ? – 2000 – 5800 = – 7800 ?	1.Verrechnungsschluss: – 4800 – 6800 + 5000 + 5500 = – 1100 1. Saldo = – 600 ? + 3800 + 5800 = 9600 ? ? – 4000 – 4500 = 8500 ?
2. Verrechnungsschluss + 6000 – 7300 = – 1300 2. Saldo = + 500	2. Verrechnungsschluss + 800 – 7800 = + 200 2. Saldo = + 500	2. Verrechnungsschluss + 9600 – 8500 = + 1100 2. Saldo = + 500

Erklärungen:

1) In dem Beispiel haben insgesamt drei Banken, Bank A, B und C an dem ersten Austausch über den LCH teilgenommen. Sie haben alle ein Guthaben von CNY 500 auf dem „Reserveeinlagekonto" (*cunkuan zhunbei jin zhanghu*) bei der für diesen Platz zuständigen Stelle der Volksbank.

2) Bei dem ersten Austauch hat A der B Gutschriftbuchungsbelege über einen Betrag von CNY 3000 und Inkassobelege in Höhe von CNY 2000, der C Gutschriftbuchungsbelege über einen Betrag von CNY 5000 und Inkassobelege in Höhe von CNY 4000 überreicht. Entsprechend hat B an A und C wie oben dargestellt Gutschriftbuchungsbelege und Sollbuchungsbelege gegeben und ebenso C der A und B.

3) Man kann zunächst nur den Betrag des Gutschriftbuchungsbeleges verrechnen, denn bezüglich des Sollbuchungsauftrags wie Lastschrift oder Scheckzahlung könnte die Zahlung wegen Ablehnung des Zahlenden oder Deckungsmangel auf dem belasteten Konto zurückgewiesen werden. Üblicherweise werden die Sollbuchungsbelege vielmehr erst beim nächsten Austausch berücksichtigt, zu dessen Zeitpunkt die Belastungsmöglichkeit schon bestätigt ist.

Daher führt die erste Verrechnung bei A zu einem Betrag von CNY 1300, bei B zu minus CNY 200 und bei C zu minus CNY 1100. Erst wenn der Restbetrag nach der endgültigen Verrechnung aller Beteiligten Null ist, darf/soll die Volksbank die betreffende Konten durch eine entsprechende Gut- bzw. Sollbuchung auf den aktuellen Stand bringen. Da der Saldo auf dem Reservekonto von C zu einem verbotswidrigen Minus führte, werden gegen C neben der Pflicht zur Nachzahlung am selben Tag von der Volksbank Sanktionszinsen verhängt.

4) Angenommen, bei dem nächsten Austausch haben A, B und C keine neuen Zahlungsbelege bis auf die bestätigten Inkassozahlungsbelege gegeneinander vorgelegt, so beträgt nach der Verrechnung das Saldo je CNY 500 auf den entsprechenden Reservekonten.

3. Das überörtliche Zahlungssystem der Volksbank

a. Das Nationale Manuelle Zahlungssystem (NMZ)

Parallel zum innerörtlichen Zahlungssystem über den LCH hat die Volksbank ein Zahlungssystem für die überörtliche Zahlung entwickelt, das anfangs ein rein manuelles System war. Um es von dem später entwickelten elektronischen Zahlungssystem zu differenzieren, wird es auch als „Nationales Manuelles Zahlungssystem“ (*Quanguo shougong lianhang xitong*) (im Folgenden: **NMZ**) bezeichnet.[191]

Das **NMZ** dient grundsätzlich der überörtlichen Geldtransaktion innerhalb einer Bank. Mit dem LCHS zusammen wird eine überörtliche und zugleich außerbetriebliche Überweisung wie folgt erledigt: Will beispielsweise eine Shanghaier Stadtfiliale der Bank-of-China eine Überweisung zu der Beijinger Stadtfiliale der Chinesischen Aufbaubank ausführen, wird nach dem von der Volksbank empfohlenen Prinzip *„xianheng houzhi“* (Zuerst-Quer-Dann-Gerade)[192] zuerst durch den Shanghaier LCH eine Zahlung an die Shanghaier Stadtfiliale der Chinesischen Aufbaubank vermittelt und dann von letzterer durch das **NMZ** an die Empfängerbank, die Bejinger Stadtfiliale der Chinesischen Aufbaubank. Ausnahmeweise könnte diese Überweisung auch als *„xianzhi houheng“* (Zuerst-Gerade-Dann-Quer)“ ausgeführt werden, indem der Zahlungsvorgang zuerst durch das **NMZ** an die Beijinger Stadtfiliale der Bank-of-China, und dann dort über den Beijinger LCH an die Empfängerbank vermittelt wird.

Es wurden Verrechnungszentren (*qingsuan zhongxin*) auf drei Stufen, nämlich auf nationaler (*quanguo*), Provinz- (*shengxia*) und Kreisebene (*xianxia*) errichtet. Der Lauf einer Briefüberweisung ist wie folgt: Die Überweisungsbank sendet den Überweisungsauftrag per Post oder Telegraph (je nachdem, ob sich der Überweisende für Briefüberweisung oder telegraphische Überweisung entscheidet) gleichzeitig sowohl an die Empfängerbank als auch an das zuständige Verrechnungszentrum. Wenn die Empfängerbank sich in dem von diesem Verrechnungszentrum verwalteten Gebiet befindet, bucht dies umgehend den Überweisungsbetrag von dem bei der Volksbank unterhaltenen Verrechnungskonto der Überweisungsbank ab und schreibt ihn auf dem Verrechnungskonto der Empfängerbank gut. Ansonsten (wenn also die Empfängerbank sich in einer anderen Provinz befindet) muss der Auftrag an das höhere Verrechnungszentrum, ggf. bis zum Verrechnungszentrum auf natio-

---

191 Zum **NMZ** s. vor allem, TANG Yanchun (Hrsg.), S. 231 ff.; PAN Song, S. 13 f.; Volksbank, Zahlungssysteme, Punkt 2.3.

192 Zum Prinzip „Zuerst-Quer-Dann-Gerade“ bzw. „Zuerst-Gerade-dann-Quer“ s. vor allem HAN Junmei/LÜ Deyong (Hrsg.), S. 359 ff.

naler Ebene, weitergeleitet und dort die entsprechende Buchung durchgeführt werden. Die Information über die Kontostandsänderung wird von dem Zentrum sowohl der Empfänger- als auch der Überweisungsbank auf gleichem Wege mitgeteilt, damit die Empfängerbank, die normalerweise über diesen Überweisungsauftrag schon durch die Überweisungsbank informiert worden ist, sich nun der Deckung bewusst ist und dem Empfänger entweder eine Gutschrift auf seinem Konto erteilt oder ein vorläufiges Konto für den Emj65

pfänger eröffnet, falls er noch kein Konto bei ihr unterhält.

Obwohl mittlerweile schon das Nationale Elektronische Zahlungssystem existiert, ist das **NMZ** der Volksbank immer noch in Gebrauch.

b. Das Nationale Elektronische Zahlungssystem der Volksbank (EIS)

1992 hat die Volksbank das Nationale Elektronische Zahlungssystem (*Quanguo dianzi lianhang xitong*) (im Folgenden: **EIS**) entwickelt und eingeführt, um den Zahlungsvorgang zu beschleunigen, und die Risiken einer aufwendigen Weiterleitung durch mehrere Ebenen zu minimieren. Gezielt wird vor allem die nachträgliche Verrechnung (*shihou qingsuan*) des NMZ von der echtzeitlichen/synchronen Verrechnung (*tongbu qingsuan*) abgelöst.[193]

(1) Überblick

Anders als bei dem NMZ wurden die Verrechnungsstellen für das **EIS** nur auf zwei Ebenen gebildet, nämlich die Pekinger Zentralstelle (*zong zhongxin zhuzhan*) und über 2000 Zweigstellen (*fen zhan*) bei den lokalen Zweigstellen der Volksbank,[194] die sich parallel zu lokalen Volksbanken im ganzen Landesgebiet befinden. Offiziell sind sie von der lokalen Volksbank separate Einrichtungen, fungieren tatsächlich aber wie Außenstellen derselben. Das **EIS** dient vor allem den außerbetrieblichen Zahlungen der Kommerzbanken und den innerbetrieblichen Zahlungen der Volksbank. Alle Zweigstellen der Volksbank und die Kommerzbanken bzw. ihre Filialen, die in eigenem Namen bei der entsprechenden Zweigstelle der Volksbank ein Depotreservekonto (*cunkuan zhunbeijin zhanghu*) unterhalten, dürfen prinzipiell dieses System benutzen, sofern der Zahlungsbetrag nicht geringer als 100.000 CNY ist.

Ende 1996 erfolgten täglich mehr als 30.000 Zahlungstransaktionen durch das **EIS**, die Umsätze beliefen sich im Tagesdurchschnitt auf ca. 300 Milliarden CNY. Ende 2000 erfolgten täglich 100.000 Zahlungen, die Umsätze betrugen insgesamt 1000 Milliarden CNY. Die beauftragende Bank zahlt für jeden Zahlungsvorgang 4.5 CNY an die Volksbank, um die Betriebkosten zu decken.[195]

---

193 Zur technischen Abwicklung des **EIS** s. vor allem TANG Yanchun (Hrsg.), S. 261 ff.; HAN Junmei/LÜ Deyong (Hrsg.), S. 173 ff.; Volksbank, Zahlungssysteme, Punkt 2.2.
194 Volksbank, Zahlungssysteme, Punkt 2.2.
195 Volksbank, Zahlungssysteme, Punkt 2.2.1; PANG Song, S. 16.

(2) Die Abwicklung und die Mittelverrechnung

Die Grundsätze der Abwicklung des **EIS** lauten: *xingzhuang jiegou, zhongxiang wanglai, suifasuishou, dangshi hedui, meiri jieping, cunqian fanyin*, sinngemäß übersetzt: Sternförmige Struktur, Senkrechter Verkehr, der Empfang erfolgt zeitecht zum Übersenden, Sofortige Nachprüfung, Tägliche Ausgleichung und Tägliche Wiedergabe des Saldos.[196] Entsprechend wird die Soll- und Habenbuchung bei der jeweiligen Zweigstelle durchgeführt, während der Austausch der entsprechenden Informationen aber nicht direkt zwischen den Zweigstellen sondern durch die Pekinger Zentralstelle erfolgt, die somit faktisch nur als eine Stelle zum Informationsaustausch fungiert.

Eine Überweisung durch das **EIS** wird nach folgendem Muster abgewickelt:[197] Falls sie ein Depotreservekonto bei der Volksbank gleicher Ebene unterhält, leitet die beauftragte Bank den Überweisungsauftrag des Überweisenden direkt an die lokale Verrechnungszweigstelle weiter, die hier auch als *„fabao hang"* (Weisungsausgabestelle) bezeichnet wird. Falls sie kein Depotreservekonto unterhält, muss die Weiterleitung des Auftrags über die ein Depotreservekonto unterhaltende Filiale nächsthöherer Ebene erfolgen. Wenn der Auftrag auf elektronischem Weg übermittelt wird, bucht die Zweigstelle nach der dort erfolgenden Überprüfung der Richtigkeit der Angaben den Betrag unmittelbar vom Konto der Überweisungsbank ab, andernfalls muss sie die Daten, die sie beim beleggebundenen Auftrag erhält, in die Datensatzformate des **EIS** transformieren. Zahlungen werden in diesem System einzeln und nur bei vorhandener Deckung verbucht. Wenn das Guthaben auf dem Konto nicht ausreicht, wird das Ende des Geschäftstages abgewartet und der Auftrag dann ggf. gegenüber der Überweisungsbank zurückgewiesen, wenn es immer noch an der Deckung mangelt. Das **EIS** verschafft also sowohl dem Zahlungsempfänger wie auch der Empfängerbank ein Höchstmaß an Deckungssicherheit.

Die Überweisungsdaten werden von der Weisungsausgabestelle durch VSAT-Technik (*VSAT weixing tongxun jishu*) an die Pekinger Zentralstelle weitergeleitet und nach der dort erfolgenden Überprüfung dann wiederum durch VSAT-Technik an die Verrechnungszweigstelle übermittelt, die sich im gleichen Gebiet wie die Empfängerbank befindet und nun als *„shoubao hang"* (Auftragsempfangsstelle) bezeichnet wird. Die Auftragsempfangsstelle bucht den Überweisungsbetrag der Empfängerbank gut und sendet die entsprechenden Informationen entweder direkt auf elektronischem Weg an die Empfängerbank oder druckt für letztere den Zahlungsbeleg aus und sendet ihn ihr auf dem Postweg. Danach zahlt die Empfängerbank dem Überweisungsbegünstigten den Betrag aus, entweder durch Erteilung der Gutschrift auf seinem Konto oder in bar.

Es lässt sich erkennen, dass nicht der ganze Überweisungsverkehr elektronisch abgewickelt wird. Von der Überweisungsbank zur Weisungsausgabestelle und von der

196 TANG Yanchun (Hrsg.), S. 261; HAN Junmei/LÜ Deyong (Hrsg.), S. 173.
197 TANG Yanchun (Hrsg.), S. 262 ff.; HAN Junmei/LÜ Deyong (Hrsg.), S. 173 ff.; s. auch Volksbank, Zahlungssysteme, Punkt 2.2.5.

Auftragsempfangsstelle zur Empfängerbank wird noch manuelle Arbeit benötigt, denn manche Bankfilialen haben noch keinen elektronischen Zugang zum **EIS**. Um die Situation zu verbessern, hat die Volksbank ein so genanntes „Himmel-Erde-Koppelungs-Projekt" (*tiandi duijie xiangmu*) entwickelt, dessen Ziel es ist, dass möglichst viele Banken bzw. Bankenfilialen die Zahlungsinformation statt manuell auf elektronischem Weg an die entsprechende Verrechnungszweigstelle des **EIS** senden oder umgekehrt die Information elektronisch von dieser erhalten können.[198]

4. Das Elektronische Zahlungssystem der Kommerzbanken (EZK)

Die vier bekannten staatlichen Kommerzbanken, nämlich die Chinesische Landwirtschaftsbank, die Bank-of-China, die Chinesische Aufbaubank sowie die Chinesische Industrie- und Handelsbank haben ein eigenes Zahlungsverrechnungsnetz, das anfangs wie das **NMZ** der Volksbank manuell betrieben wurde. Ab 1996 wurde dieses manuelle Netz der vier großen staatlichen Kommerzbanken durch ein eigenes elektronisches Zahlungssystem abgelöst, das Elektronische Überweisungssystem der Kommerzbanken (*shangye yinhang dianzi zijin huidui xitong*) (im Folgenden: **EZK**). Das **EZK** der verschiedenen Kommerzbanken hat eine ähnliche Struktur, und der technische Vorgang verläuft auch ähnlich wie bei dem Modell der Volksbank. Allerdings unterscheidet sich das technische Niveau der verschiedenen Bank sehr.[199]

Anders als bei der Volksbank sind die manuellen Systeme der Kommerzbanken vollkommen aus dem Zahlungsverkehr ausgegliedert. Seit 1996 werden über zwei Drittel der innerbetrieblichen überörtlichen Zahlung durch das **EZK** abgewickelt.[200]

5. Das Chinesische Moderne Zahlungssystem (CNAPS) und das Großzahlungssystem (GZS)

a. Das Chinesische Moderne Zahlungssystem (CNAPS)

Das Projekt des Chinesischen Modernen Zahlungssystems (*zhongguo xiandaihua zhifu xitong*) (im Folgenden: **CNAPS**) wurde 1991 unter Mitwirkung einer Internationalen Expertengruppe, die sich aus Experten der amerikanischen, japanischen, deutschen, britischen, schweizerischen und chinesischen Zentralbanken zusammensetzte, initialisiert. Gezielt wurde ein einheitliches Elektronisches Zahlungssystem in China aufgebaut. Dabei gelten das CNAPS als Kernstück, das eigene innerbetriebliche Zahlungssystem der Banken als Basis und das innerörtliche Verrechnungspatzsystem als Ergänzung.[201]

---

198 Volksbank, Zahlungssysteme, Punkt 2.2.8; Probleme, Punkt 2.5.

199 Über das **EZK** s. vor allem HAN Junmei/LÜ Deyong (Hrsg.), S. 165 ff.; Volksbank, Zahlungssysteme, Punkt 2.5 und 2.6.

200 Volksbank, Zahlungssysteme, Punkt 2. 5.

201 Zur Entstehung und Entwicklung des **CNAPS** s. PANG Song, S. 18 ff.; Volksbank, Gegenwärtig, Punkt 3 und 4; LI Hegui/HUANG Shoucheng, S. 15 ff.

Im Rahmen des CNAPS werden mehrere Untersysteme (*zi xitong*) genutzt; sie sind hauptsächlich das innerörtliche echtzeitliche Belegverrechnungssystem (*tongcheng shishi piaoju qingsuan xitong*), das auf RTGS (real time gross settlement) basierende Großzahlungssystem (*da'e shishi zhifu xitong*) (HVPS), das Kleinmassenzahlungssystem (*xiao'e piliang zhifu xitong*) (BEPS), das Innerbetriebliche Zahlungssystem der Kommerzbanken (*shangye yinhang hangnei zhifu xitong*), das Kartenzahlungssystem (*yinhang ka zhifu xitong*), das Registrierungssystem der Staatlichen Effekten (*zhengfu zhengquan dengji xitong*), das System der Darlehensgewährung bzw. -aufnahme (*zijin chaijie xitong*) und das Auslandszahlungssystem (*waiguo jiaoyi xitong*).

Das nationale Generalverrechnungszentrum (*quanguo chuli zong zhongxin*) und die zahlreiche lokalen Verrechungszentren auf der Ebene der Provinzbezirke und der der Städte (*di/shi chuli zhongxin*) dient als Verwaltungs- und Buchungsstelle. Durch das Fernkommunikationsnetz der finanziellen Satelliten (*jinrong weixing tongxin wangluo*) werden die Zahlungsdaten sowohl zwischen den Verrechnungszentren wie auch zwischen den Banken und den Verrechnungszentren übermittelt. Als Nebenprojekt wird in das CNAPS die Standardisierung der Datensatzformate für Zahlungsinformationen sowie die landesweite Systematisierung der Bankleitzahlen und Bankkontennummern einbezogen.

b. Das Großzahlungssystem (GZS)

(1) Überblick

Das Hauptsystem des CNAPS ist das so genannte Echtzeitliche Großzahlungssystem (*da'e shishi zhifu xitong*). Im Oktober 2002 hat die Volksbank die **„Geschäftshandlungsmethode über das Großzahlungssystem (zur Erprobung)"** (*da'e zhifu xitong yewu chuli banfan*) (im Folgenden: **GZM**)[202] entworfen. Gem. § 13 **GZM** werden folgende Zahlungen über das Großzahlungssystem abgewickelt: außerbetriebliche Überweisungen mit einem Betrag, der die Mindestsumme überschreitet;[203] außerbetriebliche Eilüberweisungen mit einem Betrag unter der Mindestsumme; die innerbetrieblichen Überweisungen der Kommerzbanken; der Mitteltransfer der Stadtkommerzbanken (*chengshi shangye yinhang*) bezüglich der Wechselzahlung und -einlösung; die von der Buchhaltungsabteilung der Volksbanken oder Staatskassen ausgelösten Überweisungen und die Überweisungen innerhalb der Volksbanken bzw. der Staatskassen sowie die von der Volksbank geregelten anderen Zahlungsgeschäfte.

---

202 Diese **Methode** ist mit zwei anderen Texten, **„Geschäftshandlungsverfahren über das Großzahlungssystem (zur Erprobung)"** (*Da'e zhifu sitong yewu chuli shouxu (shixing)*), und **„Verwaltungsmethode über das Großzahlungssystem (zur Erprobung)"** (*Da'e zhifu sitong yunxing guanli banfa (shixing)*"), in einer Broschüre abgedruckt. Der Leiter der Zahlungsverrechnungsabteilung der Volksbank hat die Verfasserin bei Überreichung der Broschüren ausdrücklich darauf hingewiesen, dass dies keine endgültige Fassung und daher nicht rechtsverbindlich sei.

203 Der Mindestbetrag wird von der Volksbank festgestellt und nach Bedarf reguliert (§ 14 GZM).

Die zur Teilnahme an diesem Zahlungssystem zugelassenen Institute gliedern sich in drei Gruppen, nämlich die so genannten unmittelbaren Teilnehmer (*zhijie canyuzhe*), die mittelbaren Teilnehmer (*jianjie canyuzhe*) und die gesondert genehmigten Teilnehmer (*texu canyuzhe*) (§ 4 **GZM**). Erstere sind die Volksbanken mit ihren Zweigstellen ab der Stufe der Provinzbezirke bzw. Städte und die sonstigen Banken, die technisch direkt mit dem entsprechenden lokalen Verrechnungszentrum verbunden sind und ein Verrechnungskonto bei der Volksbank unterhalten. Die mittelbaren Teilnehmer sind die Banken sowie die „nichtbanklichen" Kreditinstitute, die kein Verrechnungskonto bei der Volksbank unterhalten und deshalb das **GZS** durch „Vermittlung" eines unmittelbaren Teilnehmers nutzen. Die dritte Gruppe bilden Institute, die mit besonderer Genehmigung der Volksbank spezielle Zahlungsgeschäfte betreiben können.

Das Großzahlungssystem ist ein echtzeitliches System, d. h. jede Einzeltransaktion wird sofort im Verrechnungszentrum verrechnet, das Saldo spiegelt ohne Verzögerung die entsprechenden Bewegungen der Buchpositionen wieder. Das Verrechnungskonto (*qingsuan zhanghu*) der Bank bzw. des anderen Teilnehmers, das speziell der Verrechnung der durch das Großzahlungssystem erfolgenden Transaktionen dient, wird physisch bei dem Nationalen Verrechnungszentrum geführt, es unterliegt allerdings der Verwaltung durch die Volksbank (auf der dem Teilnehmer entsprechenden Ebene).[204]

Im Oktober 2002 hat das Großzahlungssystem in den Städten Peking und Wuhan seinen Betrieb aufgenommen und sich bis Ende 2003 bereits auf ungefähr 300 Städte ausgedehnt.[205]

(2) Die Abwicklung und die Mittelverrechnung

Die Abwicklung einer Überweisung durch das Großzahlungssystem ist wie folgt vorzunehmen (vgl. § 7 Abs. 1–8 **GZM**): Ausgelöst wird der Vorgang durch die Überweisungsbank, die hier als Originatorbank (*faqi hang*) bezeichnet wird. Falls ihre unmittelbare Teilnahme an dem Großzahlungssystem nicht zulässig ist, muss sie den Überweisungsauftrag an eine „zugelassene" Bank übermitteln, die meist eine andere Filiale derselben Bank ist und hier als „Originatorverrechnungsbank" (*faqi qingsuan hang*) bezeichnet wird. Der Überweisungsauftrag wird dann von der Originatorverrechnungsbank zuerst an das lokale Stadtverrechnungszentrum (*chengshi chuli zhongxin*), das hier als „Auftragsausgabezentrum" (*fabao zhongxin*) bezeichnet wird, und von dort an das Nationale Verrechnungszentrum (*guojia chuli zhongxin*) übermittelt, das als Informationsvermittlerin und Verrechnungsstelle fungiert. Die Zahlungs- bzw. Verrechnungsinformationen werden dann über das „Auftragsempfangszentrum" (*shoubao zhongxin*) und das Stadtverrechnungszentrum im Gebiet der

---

204 Http//: www.pbc.gov.cn/zhifujiesuan (Version von 2000-3-31): Gegenwärtige Situation und die Entwicklung der chinesischen modernen Zahlungssysteme, Punkt 3.1; Funktionen der Informatik im modernen Zahlungssystem (*Xinxi jishu zai xiandai zhifu xitong zhong de zuoyong*) (Zugriff: 12.12.2004), Punkt 2.2.1.

205 PANG Song, S. 24.

Empfängerbank an die Empfangsverrechnungsbank (*jieshou qingsuanhang*), die in dem Zahlungsvorgang parallel zur oben genannten „Originatorverrechnungsbank" steht, übermittelt. Das bedeutet, die Empfangsverrechnungsbank ist grundsätzlich die letzte teilnehmende Bank der Überweisungskette, kann aber auch die vorletzte Bank des Zahlungsvorganges sein, falls die wirkliche Empfängerbank zur Teilnahme an dem Zahlungssystem nicht berechtigt ist.

Als Verrechnungsstelle verbucht das Nationale Verrechnungszentrum den Überweisungsbetrag nur bei vorhandener Deckung, was dem Vorgehen bei dem **EIS** der Volksbank entspricht. Ungedeckte Zahlungsaufträge werden auf einer Wartelist registriert und erst dann durchgeführt, wenn das Guthaben auf dem Depotreservenkonto der zahlenden Bank ausreicht. Gem. § 27 **GZM** wird die nachträgliche Durchführung der registrierten Zahlungsaufträge in der folgenden Rangfolge verbucht: (i) Transaktionen zur Korrektur einer Fehlbuchung; (ii) äußerst eilige Großzahlungen (*teji da'e zhifu*) wie Zahlungen für die Katastrophenhilfe oder die Militärische Rüstung; (iii) Zinsen des Überziehungsbetrags innerhalb eines Geschäftstags (*rijian touzhi lixi*) und Gebühren der Zahlungsdienstleistung; (iv) die Zahlung und Verrechnung des Restbetrags nach dem Kassensturz auf dem „innerörtlichen Austauschplatz"; (v) Eilgroßzahlungen (*jinji da'e zhifu*) und (vi) allgemeine Großzahlungen (*putong da'e zhifu*) sowie Echtzeitliche Zahlungen (*jishi zhuanzhang zhifu*).

Eine Überziehung über Nacht ist ausgeschlossen, da die auf der Warteliste stehende Zahlungen bei fehlender Deckung am Ende des Geschäftstags von dem Nationalen Verrechnungszentrum zurückgewiesen werden und die entsprechende Bank mit höheren Sanktionszinsen (*gao'e faxi*) belegt wird (§ 34 **GZM**).

III. Die Übertragung des Überweisungsbetrags durch die Empfängerbank an den Empfänger

Die Empfängerbank hat die per Post, Telegramm oder Netzwerk eingehende Überweisung anzunehmen und den Betrag auf dem Konto des Begünstigten gutzuschreiben, so dass dieser die Verfügungsmöglichkeit über den überwiesenen Betrag erhält, oder den begünstigten Nichtkunden, der bei der Empfängerbank kein Bankkonto hat, darüber zu informieren, dass der Betrag bereitsteht (§§ 175 Abs. 1 und 176 **ZVM**). Dies erfolgt, nachdem die Empfängerbank die entsprechende Weisung bzw. den Betrag von der Überweisungsbank oder der Zwischenbank erhält, je nach Vereinbarung zwischen der Empfänger- und der Überweisungs- bzw. Zwischenbank.[206]

Im oben erwähnten zweiten Fall, also einer fehlenden Kontobeziehung zwischen dem Begünstigten und der Empfängerbank und der damit notwendigen Barauszahlung, hat die Empfängerbank die Legitimation des „Abholenden" zu prüfen. Geprüft wird vor allem der Personalausweis des Abholenden; wird der Betrag einer

206 Vgl. YUE Caishen, S. 191.

brieflichen Überweisung aufgrund von Unterschrift und Stempel des Begünstigten abgehoben, so haben die Unterschrift und der Stempel des „Abholenden" mit denen auf dem einbehaltenen Beleg der brieflichen Überweisung übereinzustimmen (§ 176 Abs.1 S. **ZVM**).[207] Stellt die Bank bei der Prüfung keine Fehler fest, so eröffnet sie unter dem Namen des Zahlungsempfängers ein vorübergehendes Bankkonto für die abzuwickelnde Überweisung, auf dem Zahlungen nur geleistet, aber nicht angenommen werden können und für das bei voller Auszahlung keine Zinsen berechnet werden (§ 176 Abs. 1 S. 2 **ZVM**).

Befindet sich der Vermerk „Bargeld" vorschriftsmäßig auf dem Überweisungsbeleg, kann der Betrag in bar ausgezahlt werden. Soll ohne den Vermerk „Bargeld" Bargeld abgehoben werden, so muss die Empfängerbank die Einhaltung der Rechtsvorgaben zur Bargeldverwaltung prüfen und dann ggf. den Betrag auszahlen (§ 176 **ZVM**).

C. Zusammenfassung des Kapitels

Abgesehen von dem Fall, in dem der Überweisungsbetrag von dem Überweisenden in bar eingezahlt bzw. von dem Begünstigten bei der Empfängerbank direkt in bar abgeholt wird, setzt eine Banküberweisung gewöhnlich voraus, dass der Überweisende sowie der Überweisungsbegünstigte ein Bankkonto unterhalten, und das Transfergeld zwischen Konten bewegt wird.

Das Bankkontosystem Chinas weist im Hinblick auf die zahlreichen, sich teilweise überschneidenden Bezeichnungen eine Komplexität auf. Erst mit der Einführung der **CNYKontoM** von 2003 wird ein klares Kontosystem geschaffen, indem das „Verrechnungskonto" (*jiesuan zhanghu*) erstmals in einer Normativbestimmung normiert und damit etabliert. Im Gegensatz zum Verrechnungskonto steht das *„chuxu zhanghu"* (Sparkonto), mit dem nur das Einlagegeschäft betrieben werden darf. Beim Verrechnungskonto lässt sich wiederum zwischen dem CNY-konto und dem Devisenkonto einerseits und zwischen dem Konto der „Einheiten" und dem der Privatpersonen andererseits unterscheiden. Das CNY-Verrechnungskonto besteht aus vier Kontoarten, nämlich dem Basis- (*jiben zhanghu*), dem Normal- (*yiban zhanghu*), dem Spezialkonto (*tebie zhanghu*) und dem Vorläufigen Konto (*linshi zhanghu*).

Der Vorgang der Überweisung beginnt mit der Erteilung des Überweisungsauftrags von dem Überweisenden an die Überweisungsbank. Nach einer erforderlichen Legitimations- und Deckungsprüfung führt die Überweisungsbank den Auftrag aus, und zwar entweder durch direkte Gutschrift auf dem Konto des Begünstigten oder durch Weiterleitung an die Empfängerbank des Begünstigten bzw. an eine Zwischenbank, sofern der Begünstigte bei ihr kein Konto unterhält. Der Überweisungsbegünstigte erhält den Transferbetrag im Regelfall durch die Gutschrift von der Empfängerbank, im Ausnahmefall in bar.

---

207 Vgl. Kapitel 6 C II 4.

In technischer Hinsicht weist das chinesische Zahlungssystem einige Besonderheiten hinsichtlich des Abwicklungsvorgangs zwischen den Banken auf. Es existieren zurzeit verschiedene Systeme wie das von der Volksbank entwickelte Innerörtliche Zahlungsverrechnungssystem (**LCHS**), das für die überörtliche Zahlung entwickelte das Nationale Manuelle Zahlungssystem (**NMZ**) und das Nationale Elektronische Zahlungssystem der Volksbank (**EIS**) sowie das von den vier staatlichen Kommerzbanken entwickelte Elektronische Zahlungssystem der Kommerzbanken (**EZK**). Hervorzuheben ist, dass die Volksbank 1991 ein zukunftsweisendes Projekt, nämlich das Projekt des Chinesischen Modernen Zahlungssystems (**CNAPS**) in Gang gesetzt hat, welches trotz der Tatsache, dass es sich noch im Aufbau befindet, schon Erfolge gezeigt hat.

Kapitel 4 Die rechtsdogmatischen Grundlagen der Überweisung

Während im Verhältnis zu anderen bargeldlosen Zahlungsformen der Überweisungsverkehr in der Bankpraxis für wenig problematisch gehalten wird, ist er für Juristen jedoch nicht so problemlos. Vor dem Hintergrund dieser vielfältigen Ansichten befasst sich diese Untersuchung aus einem rechtssystematischen Blickwinkel mit den grundlegenden rechtlichen men.

Behandelt werden in diesem Kapitel vor allem die folgenden zwei Fragen: Erstens ist das Rechtsverhältnis der Überweisungsbeteiligten untereinander zu untersuchen. Eine Überweisung besteht in der Regel aus mehreren Elementen. Neben dem Überweisenden und dem Überweisungsbegünstigten sind mindestens eine, nicht seltener aber auch zwei Banken, nämlich die vom Überweisenden beauftragte Überweisungsbank und die vom Begünstigten bestimmte Empfängerbank involviert. Bei einer internationalen Überweisung können darüber hinaus noch Zwischenbanken eingeschaltet sein. Bei einer inländischen, außerbetrieblichen Überweisung fungiert zusätzlich die Volksbank als Verrechnungsstelle. Dabei wird das Verhältnis zwischen dem Überweisenden und der erstbeauftragten Bank ebenso untersucht wie das zwischen den Banken, d. h. zwischen der Bank des Empfängers und der letzten Zwischenbank, sowie zuletzt zwischen der Bank des Empfängers und dem Empfänger. Zu untersuchen ist auch, welche Pflichten der jeweilige Vertragspartner hat und inwiefern Dritte in den jeweiligen Vertrag einbezogen werden.

Die Überweisung dient grundsätzlich als eine Form der bargeldlosen Zahlung, durch die der Überweisenden eine Geldschuld aus seinem Grundverhältnis zum Begünstigten tilgt. Als zweite Frage wird hier das Rechtsverhältnis zwischen dem Überweisenden und dem Begünstigten in Bezug auf den Unterschied zwischen Barzahlung und bargeldloser Zahlung untersucht. Dies betrifft vor allem die Frage, wie und wann das Geldschuldverhältnis zwischen dem Überweisenden und dem Empfänger erfüllt ist, sowie die Frage, wer von den beiden das Verzögerungs- und Verlustrisiko trägt.

A. Das Kontoverhältnis im Zahlungsverkehr

I. Das Verrechnungskonto und der Verrechnungsvertrag

1. Die Definition und der Inhalt des Verrechnungsvertrages

Die Bankzahlung setzt i.d.R. die Unterhaltung eines Verrechnungskontos durch den Überweisenden bei der Überweisungsbank einerseits und durch den Überweisungsbegünstigten bei der Empfängerbank andererseits voraus (§ 7 **ZVM** i.V.m. § 2 Abs. 4 und § 43 **CNYKontoM**).[208] Nach der h.M. der Literatur kommt bei der Eröffnung eines Verrechnungskontos ein „Verrechnungsvertrag" (*jiesuan hetong*), der manchmal auch als „Verrechnungskontovertrag" (*jiesuan zhanghu hetong*), oder „Verrechnungsauftragsvertrag" (*jiesuan weituo hetong*) oder auch als „Hin-und-Her-Kontovertrag" (*wanglai zhanghe hetong*)[218]bezeichnet wird, zwischen dem Kontoinhaber und der Bank zustande.[209]

Obwohl der Verrechnungsvertrag[210] zur Zeit gesetzlich nicht definiert ist, lässt sich hier eine Klausel, die in der Entwurffassung des **„Vertragsgesetz der VR China"** (**VG**) noch stand, im später verkündeten Gesetzestext aber gestrichen wurde, zitieren: *„Beim Verrechnungsvertrag handelt es sich um ein gegenseitiges Rechtsgeschäft, bei dem der Kontoinhaber sein Kapital bei der Bank einzahlt, und die Bank ihm vor allem den auf Wechsel und Scheck basierenden Ein- und Auszahlungsservice bietet"*.[211] Im zugehörigen Kommentar wird diesbezüglich erklärt, dass der Verrechnungsvertrag das „dauernde" Rechtsverhältnis zwischen der Bank und dem Kunden ist und den Rahmenvertrag für den Scheck- und Wechselzahlungsverkehr begründet, wohingegen der Sparvertrag nur dem Sparzweck dient, und daher die Bank sich nur zur Ein- und Auszahlung des Einlagekapital verpflichtet.[212]

In der Literatur wird der Verrechnungsvertrag rechtlich als „Realvertrag", auf chinesisch *„shijian hetong"* oder *„yaowu qiyue"* qualifiziert, wobei er erst dann zustande komme, wenn der Kontoinhaber eine bestimmte Summe auf das Konto eingezahlt hat, da dies bei der Kontoeröffnung in der Bankpraxis von der Bank durchgängig so gehandhabt werde.[213] Dies sei auch aus Satz 1 des § 8 **ZVM** zu entnehmen: *„Wenn Einheiten und Privatpersonen, die bei Banken Bankkonten eröffnen, Zahlungsverrechnung betreiben, muss auf dem Bankkonto genug Geld sein, um die Zahlung zu gewährleisten, soweit diese Methode nichts anderes bestimmt"*.[214]

Der Verrechnungsvertrag wird gewöhnlich von der Bank vorgegeben bzw. in ihren Allgemeinen Geschäftsbedingungen geregelt. Wenn es nicht anders geregelt ist,

---

208 Vgl. Kapitel 3 A.

209 DONG Ansheng, S. 73 ff.; ZHANG Xue'an, S. 153; LI Youyi (Hrsg.), S. 398; WANG Xin (Hrsg.), S. 129; ZHANG Weiyi, in: *Jingrong fayuan*, Nr. 11/1998, S. 7 ff.; Vgl. PENG Bing, Bankkonto II, in: *Jinrong fauan* Nr. 11/1998, S. 32, 33 ff.; s. auch Aufsätze auf der Webseite (Zugriff: 09.12. 2004): http//: www.syxlawyer.com.cn/447.htm; http//:www.dffy.com/faguixiazai/ssf/200311/20031109193620.htm.

210 In der vorliegenden Arbeit wird statt des deutschen Begriffs „Girovertrag" der Begriff „Verrechnungsvertrag" verwendet, um mit der gebräuchlichen chinesischen Bezeichnung *„jiesuan zhanghu"* übereinzustimmen; inhaltlich sind beide Begriffe fast identisch.

211 DONG Ansheng , S. 73.

212 Dong Ansheng, S. 74; dabei ist zu erkennen, dass die Banküberweisung vernachlässigt wurde, während der Bankzahlungsverkehr mittels Scheck oder Wechsel hier weitgehende Aufmerksamkeit erfuhr.

213 Zum Realvertrag und dessen Unterschiede zum *„nuocheng hetong"* (Konsensualvertrag) s. SHI Shangkuan, SchuldR I, S. 9; WANG Liming (Hrsg.), Zivilrecht, 337 f; WEI Zhenying (Hrsg.), S. 383 f.

214 DONG Ansheng, S. 74 f.; WU Zhipan, Abriss, S. 130.

sind der Antrag des Kontoinhabers zur Kontoeröffnung, der Kontobeleg und die Kontoauszüge Bestandteile des Vertrages.[215]

2. Die Pflichten der Bank

Durch den Verrechnungsvertrag ist die Bank zur Kontoeinrichtung und Kontoführung verpflichtet bzw. berechtigt. Dabei hat die Bank rechtzeitig die eingehenden Zahlungen anzunehmen und diese dem Konto gutzuschreiben sowie einen bestimmten Betrag zu Lasten dieses Kontos auf ein vom Kunden bestimmtes Konto eines Dritten, ggf. auf ein anderes Konto des Kunden, zu übermitteln (§ 9 **CNY-KontoM**, § 167 **ZVM**). Dabei hat die Bank dem Empfänger die Angaben zur Person des Auftraggebers und den Verwendungszweck mitzuteilen.[216]

Eine weitere Pflicht der Bank besteht darin, für das Kapital auf dem Verrechnungskonto Zinsen zu zahlen, die nach dem durch die Volksbank festgelegten Zinssatz der „unbefristeten Einlage" (*huoqi cunkuan*) berechnet werden, sofern keine anderen Regelungen oder Vereinbarungen zwischen der Bank und dem Kontoinhaber getroffen wurden (§§ 29 ff., 53 **KBG**).[217]

Ferner unterliegt die Bank, wie beim Sparkontovertrag, einer Geheimhaltungspflicht, nach der sie Dritten weder Informationen über den Kontozustand noch über einzelne Transaktionen preisgeben darf (§§ 29, 30 **KBG**, § 19 **ZVM**).[218]

3. Die Pflichten des Kontoinhabers

Der Bankkunde hat hingegen die Deckung auf dem Verrechnungskonto für die Zahlungsvorgänge sicherzustellen und die wegen einzelner Transaktionen fälligen Gebühren zu entrichten (§ 8 S. 1 i.V.m. § 16 Nr. 3 **ZVM**, § 50 **KBG**).[219] Darüber hinaus bestehen auch Nebenpflichten für den Kontoinhaber, so vor allem die so genannte Sorgfaltsnebenpflicht. Danach hat er die Unterlagen des Kontos sorgfältig aufzubewahren, um Fälschungszwischenfälle zu verhindern. Darüber hinaus hat er die Zahlungsvorgänge auf den von der Bank aus gefertigten Kontoauszügen zu überprüfen und die Bank über fehlgeschlagene Buchungen rechtzeitig zu informieren.[220]

215 DONG Ansheng, S. 74 f.; WU Zhipan, Abriss, S. 144, 146 f.
216 DONG Ansheng, S. 81 f.
217 LI Dawei (Hrsg.), S. 91 ff., 141 ff.; DONG Ansheng, S. 79 f.
218 LI Dawei (Hrsg.), S. 86 ff.; DONG Ansheng, S. 81 ff.; TANG Xin, S. 67 ff.
219 LI Youyi (Hrsg.), S. 398 ff.; DONG Ansheng, S. 79 ff.; vgl. Kapitel 3 B I 3.
220 DONG Ansheng, S. 79 ff.; LI Qiang/LIU Yusheng (Hrsg.), S. 17 ff.; vgl. Kapitel 6 C I.

II. Das Kontoguthaben und die Gutschrift

In der Regel führt die Bank einen Zahlungsauftrag des Kunden erst dann aus, wenn ein ausreichendes Guthaben auf dem Verrechnungskonto dieses Kunden vorhanden ist. Im Regelfall ist das Verrechnungskonto im Guthabenstatus.

1. Der Rechtscharakter des Kontoguthabens

a. *Die Bezeichnung des Kontoguthabens*

Wie bereits oben erwähnt, werden die Bankgeschäfte von Privatpersonen und Einheiten sowohl in der Bankpraxis als auch rechtlich unterschiedlich behandelt. Dies zeigt sich nicht nur in der unterschiedlichen Benennung der jeweiligen Konten, sondern auch in der Bezeichnung des Einlagekapitals. Traditionell bezeichnet man das Konto der Privatperson als *„chuxu zhanghu"* (Sparkonto) und das Konto der Einheiten als *„cunkuan zhanghu"* bzw. *„jiesuan zhanghu"* (Einlagekonto). Entsprechend benutzt man die Begriffe *„geren chuxu"* (Spargeld der Privatpersonen), verkürzt *„chu xu"* (Spargeld) für das Guthaben auf dem Konto der Privatperson und *„danwei cunkuan"* (Einlagegeld der Einheit), verkürzt *„cun kuan"* (Einlagegeld)[221] für das Guthaben auf dem Konto der Einheiten.[222]

Im Schrifttum wird über den Rechtscharakter des eingezahlten Geldes diskutiert. Dabei hat man sich inzwischen geeinigt,[223] dass die Differenzierung hinsichtlich der unterschiedlichen Kontoinhaber aufzugeben sei, denn das Kernwesen der Verpflichtungen sei in beiden Fällen gleich. Der Kunde zahlt das Geldkapital auf das Bankkonto ein und die Bank gewährt dem Kunden auf seine Auszahlungsforderung hin die Rückzahlung des Geldes. Daher hat diese Differenzierung keine rechtliche Bedeutung. Dies gibt das **KBG** mittelbar wieder, indem es für den Geldeinleger nur die Begriffe *„gu ke"* (Kunden) und *„cunkuan ren"* (Geldeinleger) verwendet (§§ 2, 3 und 5 **KBG**). Ein weiteres Beispiel ist die am 20. März 2000 vom Staatsrat erlassene und am 1. April 2000 in Kraft getretene **„Verordnung über das Einlagekonto der Privatpersonen mit echtem Namen"** (*Geren cukuanzhang shimingzhi guiding*), die sowohl in der Überschrift als auch im Text das Privatkonto als *„cunkuan zhanghu"* (Einlagekonto) bezeichnet.

Im Gegensatz zum Bargeld handelt es sich bei *„cun kuan"* (Einlagekapital) um ein so genanntes „Buchgeld", das buchungsmäßig durch ein Guthaben auf dem Konto, auf chinesisch *„daifang yu'e"* präsentiert wird. Im Ausnahmefall kann ein Verrechnungskonto im „Soll" stehen, d.h. mit einer Minus-Zahl, die im Chinesischem mit *„jiefang yu'e"*, *„touzhi e"* oder *„chizi e"* bezeichnet wird, versehen sein. Im weiteren Sinn kann man *„cun kuan"* als Überbegriff von „Haben" und „Soll" verstehen.[224]

---

221 *„chu xu"* bedeutet als Substantiv „Ersparnis" und als Verb auch „sparen"; *cun kuan* bedeutet „Geld einlegen bzw. aufbewahren".

222 WU Zhipan, Abriss, S.129 ff.; PENG Bing/WU Hao, in: *Jinrong fayuan* Nr. 7/1997 31 ff.

223 TANG Xin, S. 58 f.; ZHENG Xiang, in: *Hebbei faxue* Nr. 6/2001 31 ff.

224 Vgl. ZHANG Xue'an, S. 151.

b. Der Rechtscharakter des Kontoguthabens

Unterhält man ein Bankkonto mit Guthaben, gleich, ob man es selbst eingezahlt hat oder durch Inkassoverfahren erhalten hat, bedeutet dies, dass man sich das vorhandene Guthaben bei Bedarf auszahlen lassen kann. Fraglich ist die rechtliche Qualifizierung dieses Sachverhaltes und des daraus resultierenden Rechtsverhältnisses im Rahmen des Zivilrechtssystems.

Es bestehen im Schrifttum unterschiedliche Ansichten über die Qualifizierung des Anspruchs des Kunden aus dem Kontoguthaben. Nach einer älteren Ansicht[225] sei nur das Nutzungsrecht (*shiyong quan*)[226] des von dem Bankkunden eingezahlten Kapitals an die Bank übergegangen, während der Kontoinhaber das Eigentum (*suoyou quan*) behalten habe. Diese Ansicht stützt sich vor allem auf den Gesetzwortlaut: § 13 des **„Verfassungsgesetzes der VR China"** (*Zhonghua renmin gongheguo xianfa*),[227] der besagt, dass der Staat das Eigentum des legalen Einkommens, der Ersparnisse, des Hausbesitzes und der Gegenstände des täglichen Bedarfs schützt. Die 1993 von der Volksbank erlassene **SparVV-AusF** bestimmt wiederum, dass das Eigentum der legalen Ersparnisse der Privatpersonen dem Verfassungsgesetz entsprechend geschützt wird (§ 3 **SparVV-AusF**).

Inzwischen ist diese Auffassung jedoch aufgegeben worden. Die gegenwärtige Literatur[228] ist vorwiegend der Meinung, dass mit der Einzahlung das Geld Eigentum der Bank werde, und dem Bankkunden lediglich ein Forderungsrecht zustehe. Dies wird erstens damit begründet, dass das eingezahlte Kapital in der Bankpraxis nicht getrennt sondern gemischt mit anderem Geld aufbewahrt werde, und es sich daher bei der Rückzahlung des Einlagekapitals an den Bankkunden um eine Pflicht der Bank handele, Sachen gleicher Art, Güte und Menge zurückzugeben, da bei Geld der Beweis, dass gerade jenes bestimmte Geldstück hingegeben worden sei, in der Regel nicht gelingen könne. Der zweite Grund liegt darin, dass dem Bankkunden bei Eröffnung des Insolvenzverfahrens der Bank nur ein gewisser Anteil – wie anderen normalen Konkursgläubigern – zustehe, nicht aber wie dem Eigentümer das Aussonderungsrecht an dem Guthaben.[229]

Im Hinblick auf die zivilrechtliche Eigentumslehre scheitert die alte Theorie zweifellos. Jedoch sollte man die Schutzbestimmung im Verfassungsgesetz nicht un-

---

225 WU Zhipan, Abriss, S. 129; ZHENG Shunyan, ATM, in: *Jinrong fayuan* Nr. 5/2001 41 ff.
226 Vlg. § 71 **AGZ**: *„Vermögenseigentum ist das Recht des Eigentümers, gem. dem Recht eigenes Vermögensgut zu besitzen (zhan you), zu* ***nutzen/ gebrauchen*** *(shi yong), Nutzen daraus zu ziehen (shou yi) und darüber zu verfügen (chu fen)"*.
227 Vgl. § 11 der Verfassung von 1954, § 9 Abs. 2 der Verfassung von 75, § 13 Abs. 1 der Verfassung von 1982. Hinzuweisen ist darauf, dass mit der letzten Revision der Verfassung im im Jahr 2004 der Begriff „Eigentum von Ersparnissen" nicht mehr verwendet wird.
228 PENG Bing, Bankkonto II, in: *Jinrong fayuan* Nr. 11/1988, S. 31, 35 f.; PAN Pan, Eigentum, in: *Jinrong Fayuan* Nr. 3/1998 39 ff.; SHI Shangkuan, SchuldR I, S. 277 ff., 280 ff.; ZHENG Yan/PAN Pan/PENG Bing, in: *Jinrong fayuan* Nr. 1/1998 35 ff.; LI Qingchi, in: *Jinrong Fayuan* 1999/11 33 ff.; TANG Xin, S. 58 f.; JIN Shou/PENG Bing, in: *Jinrong fayuan* Nr. 5/2001 101 ff.; WU Zhipan, Abriss, S. 144; ZHENG Xiang, in: *Hebei faxue* Nr. 6/2001 31 ff.; YANG Yuxi, in: Study of the Banking Law, S. 136.
229 PAN Pan, in: *Jinrong Fayuan* Nr. 3/1998 40 ff; ZHENG Xiang, in: *Hebei faxue* Nr. 6/2001 33 f.

beachtet lassen. Berufen kann man sich nur darauf, dass der Gesetzgeber des Verfassungsgesetzes die Bezeichnung des „Eigentums“ nicht als einen Fachbegriff des Sachenrechts, sondern lediglich im umgangssprachlichen Sinn verwendet hat, um das Schutzbedürfnis der Privatpersonen hinsichtlich ihrer Ersparnisse zu betonen.[230] Mittelbar wird dies von der neuen Gesetzgebung bestätigt: Das **KBG** von 1995 verwendet an den hier relevanten Stellen die Begriffe „legale Rechte des Einlegers“ (*cunkuanren de hefa quanyi*) (§ 16 **KBG**) und „Vermögen des Einlegers“ (vgl. § 73 **KBG**).

2. Das Guthaben durch eine Gutschrift aus der Überweisung

a. *Die Gutschrifterteilung*

Durch den Verrechnungsvertrag wird die Bank verpflichtet, eingehende Zahlungen auf dem Konto des Kunden gutzuschreiben. Die Gutschrift auf dem Konto des Empfängers beendet endgültig den Überweisungsvorgang.[231] Folglich wird das Guthaben auf dem Konto des Empfängers erhöht bzw. das Soll verringert.

Aus Sicht des Überweisungsempfängers ist der Anspruch auf die Gutschrift und der Anspruch aus der Gutschrift zu unterscheiden, obwohl diese Differenzierung in der chinesischen Rechtslehre nicht wie im deutschen Überweisungsrecht[232] betont wird. Beim Anspruch auf die Gutschrift ist der Überweisungsempfänger berechtigt zu verlangen, dass seine Bank die eingehende Zahlung auf seinem Konto gutschreibt. Im Zweifel muss er beweisen, dass seine Bank die Überweisung samt Überweisungsbetrag erhalten hat.[233]

Der Anspruch des Kunden aus der Gutschrift entsteht, sobald die Bank durch einen Organisationsakt die Daten der Gutschrift auf dem Konto mit nach außen erkennbarem Rechtsbindungswillen dem Kunden, zum Beispiel bei Ausdruck oder Abruf eines Kontoauszuges, zugänglich macht.

b. *Vergleich des Guthabens aus der Gutschrift zu dem per Bareinzahlung*

Das Guthaben auf dem Sparkonto ist wie auch das auf dem Verrechnungskonto „legales Vermögen“ des Kontoinhabers i.S.d. § 6 **KBG** (vgl. §§ 84 ff. i.V.m. §§ 71 ff. **AGZ**). Grundsätzlich ist der Kontoinhaber berechtigt, über das Kontoguthaben, sein Einlagekapital frei zu verfügen, ohne zu berücksichtigen, ob das Guthaben durch seine eigene Bareinzahlung oder durch eine Gutschrift der Bank aus eingehenden Zahlungen entsteht.

Dies spiegelt sich in der Gesetzgebung über das Widerrufsrecht des Überweisenden wider. Gem. § 178 **ZVM** kann die einmal erteilte Gutschrift durch einen Widerruf

---

230 Hält man sich die kurze Zeit der Rechtsentwicklung Chinas vor Augen, wären solche technischen Fehler als durchaus möglich anzusehen; dazu s. Harro von SENGER, S. 129 ff.
231 Vgl. Kapitel 8 A I 2.
232 Claus-Wilhelm CANARIS, S. 261 ff.; Hans-Peter SCHWINTOWSKI/Frank A. Schäfer, S. 233 ff.
233 Vgl. Kapitel 8 B I.

des Überweisenden nicht mehr berührt werden.[234] Prinzipiell sind Einwendungen und Einreden der Überweisungsbank oder einer von dieser eingeschalteten Zwischenbank, wie z. B. dass sie keine Deckung erhalten habe, ebenso unzulässig, denn sie hat keinen direkten Zugang zum Konto des Empfängers.

Ein unsicherer Faktor ist die Bank des Empfängers, denn sie kann als Kontoführerin die erteilte Gutschrift ohne Schwierigkeiten zurückziehen. Hat beispielsweise die Bank eine Gutschrift erteilt, ohne dass sie einen entsprechenden Auftrag vom Überweisenden oder der vorstehenden Bank erhalten oder die dem Auftrag entsprechende Deckung erlangt hat, oder hat sie den Überweisungsbetrag versehentlich erhöht, doppelt oder sogar irrtümlich dem falschen Begünstigten gutgeschrieben, so wird sie sich zur Reaktion gezwungen sehen. Es erscheint selbstverständlich, dass sie zur Vermeidung eines Verlustes, z. B. bei drohender Insolvenz des Überweisungsempfängers, Maßnahmen ergreifen wird, indem sie die fehlerhaft veranlasste Gutschrift zurückbucht, also storniert. Es wird deshalb unter Berufung auf das gesetzlich festgelegte Prinzip der „Kein Auslegen des Zahlungsbetrags durch Banken" das Stornorecht in den genannten Fällen fehlender Deckung ohne jede Einschränkung ausgeübt.[235]

Ein Stornoakt der Empfängerbank kann auch im fremden Interesse oder aufgrund öffentlich-rechtlicher Bestimmungen geschehen. Beispielsweise sind die Banken in China lange Zeit gesetzlich verpflichtet gewesen, sicherzustellen bzw. zu kontrollieren, dass die Bankzahlung jedenfalls zwischen Unternehmen auf einer wirklichen Geschäftsbeziehung basierte. Deshalb ist in der Bankpraxis nicht selten der gutgeschriebene Überweisungsbetrag von dem Konto des Begünstigten durch die Empfängerbank wieder abgebucht oder von Amts wegen gesperrt worden, bis das Valutaverhältnis geklärt war.[236]

c. *Die Rückweisung der Gutschrift*

Eine andere Besonderheit der Gutschrift liegt darin, dass der Überweisungsempfänger gem. § 178 S. 1 **ZVM** die Gutschrift zurückweisen und die Rücküberweisung an den Schuldner verlangen kann. Der Hintergrund dieser Regelung liegt offensichtlich darin, dass, wenn es sich um eine rechtsgrundlose Fehlüberweisung handelt, andernfalls der Empfänger im Rechtsverhältnis zum Überweisenden (Valutaverhältnis) einem Bereicherungsanspruch ausgesetzt wäre.

Ob der Empfänger das Rückweisungsrecht nach Belieben ausüben kann, z. B. um eine Aufrechnung der Bank mit der gutgeschriebenen Zahlung zu verhindern, ist fraglich.[237]

---

234 Zum Widerrufsrecht des Überweisenden s. Kapitel 6 A III.

235 Vgl. PENG Bing, Bankkonto II in: *Jinrong fauan* Nr. 11/1998 32, 38 f.; vgl. Kapitel 8 C II 3.

236 Vgl. § 207 **ZVM**: *„Einheiten und Einzelne dürfen zur Verrechnung von Zahlungen ... keine Wechsel und Schecks ausgegeben, erlangen oder übertragen, denen keine wirklichen Geschäfte mit Forderungen und Schulden zugrunde liegen, und sich (damit) Geldmittel von Banken und anderen verschaffen; ...* ". Entsprechend bestimmt § 10 Abs. 1 **WSG**: *„Ausstellung, Erlangen und Übertragung muss nach dem Treueprinzip (chengshi xinyong yuanze) auf einem wirklichen Geschäft mit Forderungen und Schulden basieren"*.

237 Zum Aufrechnungsrecht der Banken s. u. Kapital 7 C.

B. Der Überweisungsauftrag und der Überweisungsvertrag

I. Der Rechtscharakter des Überweisungsauftrags

Der Überweisungsvorgang wird mit der Erteilung des Überweisungsauftrags durch den Überweisenden ausgelöst. Hier lässt sich die Frage nach der dogmatischen Einordnung dieses Auftrags stellen. Problematisch ist insofern, ob der von dem Überweisenden erteilte Auftrag als Angebot zum Abschluss eines selbständigen Vertrages anzusehen ist oder als eine Weisung im Rahmen des Verrechnungsvertrags.[238]

Eine klare Stellungnahme zu dieser dogmatischen Frage ist allerdings bisher noch nicht erfolgt. Bei der Begründung der Pflichten der Bank bzw. des Kunden im Überweisungsverkehr stützt man sich zwar häufig – mehr oder weniger willkürlich wechselnd – auf die Herleitung aus dem *„weituo huikuan hetong"* bzw. *„weituo huikuan heyue"* (Auftragszahlungsvertrag), dem *„jiesuan hetong"* (Verrechnungsvertrag) oder dem *„cunkuan hetong"* (Einlagevertrag), bleibt dabei aber eine ausgereifte Überlegung über die Rechtsnatur der Verträge schuldig. Vermutlich hat die umfassende Klärung rechtspraktischer Fragen zum Überweisungsverkehr durch die entsprechenden Verordnungen wie vor allem der ZVM die hiermit verbundenen dogmatischen Fragen in den Hintergrund treten lassen.[239]

Dogmatisch gesehen, besteht im chinesischen Recht kein Hindernis, den Überweisungsauftrag als eine Anweisung im Rahmen des Verrechnungsvertrags zu qualifizieren. Aus der oben dargestellten legislativen Vorbereitung des VG und dem Scheitern einer gesetzlichen Normierung des Verrechnungsvertrags muss man vielmehr den Schluss ziehen, dass das Anweisung-Modell von den chinesischen Juristen bevorzugt wird: Ein selbständiger Überweisungs- bzw. Inkassovertrag als Vertragstypus wurde im VG nicht erwogen. Hieraus ergibt sich für die noch im Aufbau befindliche chinesische Dogmatik des bargeldlosen Zahlungsverkehrs der Vorteil, dass aus legislativer Sicht alle Girogeschäfte, sowohl die Überweisung als auch das Inkassogeschäft sowie die Zahlung per Wechsel und Scheck, zunächst als Vorgänge im Rahmen des durch die Kontoeröffnung begründeten Verrechnungsvertrages, eingeordnet werden können. Die Besonderheiten und Probleme der Überweisung und der anderen Zahlungsformen lassen sich durch die Rechtsprechung und die Literatur dann vor diesem Hintergrund klären und konkretisieren.

Aus diesem Grund kann die Bargeldüberweisung bei diesem Vorgehen in den Fällen nicht erfasst werden, in denen der Auftraggeber kein Verrechnungskonto bei der Überweisungsbank unterhält und den Überweisungsbetrag in bar einzahlt, denn hier kann von einer Weisung im Rahmen des Verrechnungsvertrages nicht gesprochen werden. Zwangsläufig ist der Überweisungsauftrag hier als Angebot zum

---

238 Vgl. DONG Ansheng, S. 75 f.

239 S. vor allem WU Zhipan, Abriss, S. 145. DONG Ansheng, S. 75; CHEN Fengqi, S. 284 ff.; XIE Huaishi, Allgemein, S. 204.

Abschluss eines selbständigen Überweisungsvertrages mit der beauftragten Bank anzusehen, während ihm im Fall eines bestehenden Verrechnungsvertrages diese Qualität gerade nicht innewohnen soll.

Allerdings befürwortet die vorliegende Arbeit das Modell des selbständigen Überweisungsvertrags, denn einerseits ist es zweckmäßiger, die gleiche Handlung – Erteilung des Überweisungsauftrags durch den Überweisenden – dogmatisch einheitlich zu qualifizieren, und andererseits liefert diese rechtsdogmatische Einordnung eine einwandfreie und einheitliche Lösung aller bei der Bankzahlung zwischen der Bank und dem Kunden getroffenen Abreden, die im Einzelfall über die Mindestanforderungen des Verrechnungsvertrags hinaus gehen können. Zu nennen ist vor allem die Kontokorrentabrede, die nicht zwingend mit dem Verrechnungsvertrag verbunden sein muss, sowie die Lastschriftvorgänge und das Scheck-Inkasso. Auch die Ausgabe einer EC-Karte und der Lastschrifteinzug erfordern gesonderte Abrede, die neben dem Verrechnungsvertrag stehen. Das Gleiche gilt für Sondervereinbarungen zum Online- oder Internet-Banking.[240] Darüber hinaus steht die Annahme eines selbständigen Überweisungsvertrages im Einklang mit internationalen Bestrebungen: So soll der Überweisungsauftrag nach dem neuen deutschen Überweisungsgesetz, dem UNCITRAL-Modellgesetz und dem Artikel 4A des UCC ebenfalls zu einem selbständigen Rechtsverhältnis führen.[241]

II. Der Überweisungsvertrag

Im Folgenden wird die Problematik des Zustandkommens des Überweisungsvertrags und der rechtsdogmatischen Einordnung dieses Vertrags sowie dessen Inhalt untersucht.

1. Das Zustandekommen des Überweisungsvertrags

Als ein selbständiger Vertrag kommt der Überweisungsvertrag, der auf Chinesisch mit „*huidui hetong*"[242] bezeichnet wird, durch Angebot und Annahme zustande (§ 13

240 Vgl. WAN Xiaoneng, S. 100 f.

241 Die chinesischen Rechtswissenschaftler legen bei der näheren Ausgestaltung des chinesischen Zivilrechtssystems großen Wert darauf, die gewachsene und international anerkannte Dogmatik als ein auch grenzübergreifendes technisches Austauschmittel zu übernehmen, weil in China das rechtstheoretische Instrumentarium aus historischen Gründen unterentwickelt sei und man daher zur Vermeidung von Umwegen die avancierten Erfahrungen der rechtlich entwickelten Länder aufgreifen solle; dazu s. vor allem HAN Shiyuan, S. 52 ff. Zur betreffenden Problematik in UNCITRAL-Modellgesetz und UCC s. vor allem Ulf SCHWOLOW, Auslandsüberweisung.

242 Es besteht für das chinesische Zahlungsrecht ein Bedarf, die Bezeichnung des Vertrags festzulegen, denn für den Überweisungsvertrag sind neben „*huidui hetong*" noch einige andere chinesischen Bezeichnungen vorhanden: z. B. „*huihua hetong*", „*huikuan hetong*" bzw. „*weiguo fukuan hetong*" (Zahlungsauftragsvertrag); dazu s. SHI Shangkuan: SchuldR II, S. 801 f.; CHEN Fengqi, S. 284 ff.; WANG Xiaoneng (Hrsg.), S. 99 f. Für die elektronische Überweisung existiert auch ein so genannter „*dianzi zijin huabo hetong*" (Elektro-Credit-Tranfers-Vertrag), dazu s. ZHENG Shunyan,

VG). In der Regel unterbreitet der Überweisende das Angebot, und zwar durch Einreichen des Überweisungsauftrags bei der beauftragten Bank. Die Annahme der Bank, die für den eigenständigen Überweisungsvertrag unentbehrlich ist, lässt sich bei der traditionell belegbegleiteten Überweisung unschwer erkennen, denn die beauftragte Bank erteilt dafür regelmäßig einen „Rückbeleg" (*hui dan*), was gewöhnlich durch die Rückgabe der von der Bank abgestempelten Abschrift des Auftrags erfolgt (vgl. § 174 Abs. 1 ZVM).[243]

Umstritten ist dies für den Fall, dass das Konto des Überweisenden keine ausreichende Deckung aufweist. Die herrschende Meinung[244] trägt vor, dass die vertragsrechtliche Annahme auch bei fehlender Deckung erfolge, sofern der Bankangestellte den Überweisungsauftrag annimmt und den Rückbeleg erteilt hat. Dabei wird argumentiert, dass die Überweisungsbank der gesetzlich normierten Verpflichtung unterliege, den Überweisungsauftrag beim Einreichen des Auftrags durch den Kunden gleich vor Ort sowohl auf seine formelle bzw. inhaltliche Richtigkeit hin als auch den Deckungszustand betreffend zu prüfen, und der Rückbeleg erst nach einem positiven Prüfungsergebnis erteilt werden dürfe (§ 174 Abs. 2 ZVM). Die Mindermeinung[245] argumentiert dagegen, dass dem Überweisenden auch rechtlich vorgeschrieben werde, für eine ausreichende Deckung der Überweisung zu sorgen (§ 8 ZVM), und er deshalb nicht von der Überweisungsbank verlangen könne, den Zahlungsauftrag ohne ausreichende Deckung auszuführen.

Die Rechtslage wird komplizierter, wenn es sich nicht um eine traditionelle belegbegleitete Überweisung handelt, sondern der Überweisungsauftrag der Bank von dem Überweisenden telefonisch oder auf elektronischem Weg erteilt wird. Problematisch erscheint dann die Festlegung des Annahmezeitpunkts durch die Bank.[246] Es ist jedoch wichtig, den Annahmezeitpunkt festzustellen, weil er für die Kalkulation der Ausführungsfrist entscheidend ist und somit ggf. für die Haftung wegen verspäteter Ausführung der Überweisung bedeutsam sein kann.

Eine einheitliche Antwort zu dieser dogmatischen Frage ist im chinesischen Schrifttum nicht vorhanden. Vielmehr wird sie im Einzellfall unterschiedlich beantwortet. Häufig wird die Annahme darin gesehen, dass die Überweisungsbank ihrerseits einer anderen Bank, der Bank des Begünstigten oder der Zwischenbank, einen Zahlungsauftrag erteilt und hierdurch konkludent zum Ausdruck bringe, dass sie den ihr zugegangen Zahlungsauftrag angenommen habe.[247]

Mitteilungspflicht, *Jinrong fayuan* Nr. 5/2001 63 ff. Des weiteren hat man zu bedenken, ob es sinnvoll ist, diesen Vertrag mit *„huidui zhifu hetong"* zu bezeichnen, bei dem „Zahlung" (*zhifu*) zu sehen ist, denn man bezeichnet mit *„huidui hetong"* sowohl in der Bankpraxis als auch in der Rechtsliteratur auch den Vertrag, mit dem Devisenwechsel zwischen Banken und Kunden stattfindet.

243 Vgl. Kapitel 3 B I 4.

244 S. vor allem LIU Ying, 154 ff.; vgl. auch CHEN Fengqi, S. 284 ff.

245 S. u. Kapitel 6 C II 1 b.

246 LÜ Guomin, in: *Jinan xuebao* Nr. 3/2002 97–103.

247 Vgl. LIU Ying, S. 153 ff.

2. Die dogmatische Qualifikation des Überweisungsvertrags

Der Überweisungsvertrag ist in den Besonderen Teil (*fen zen*) des **VG**, der die typischen Vertragsarten im Einzelnen regelt, nicht aufgenommen worden. Daher ist er ein so genannter „namenloser Vertrag" (*wuming hetong*).[248] Die Rechtslehre versucht aber, diesen als untergeordneten Vertrag einer der im Gesetz und in der Rechtslehre vorhandenen Vertragstypen einzuordnen, um ihn dann den jeweiligen Besonderheiten entsprechend zu regeln.

Nach der herrschenden Meinung[249] ist der Überweisungsvertrag ein Untertyp des Auftragsvertrags. Daher seien die detaillierten Bestimmungen der §§ 396 bis 413 **VG** anzuwenden, sofern das entsprechende Vertragsverhältnis nicht durch die „speziellen Vorschriften" der §§ 168 ff. **ZVM** geregelt sei.[250] Nach § 396 **VG** handelt es sich bei einem Auftragsvertrag um eine Geschäftsbesorgung, mit der der Auftraggeber den Beauftragten beauftragt und die letzterer dem Auftrag gemäß für den ersten erledigt. Nach § 398 VG ist ein Auftragsvertrag im Regelfall ein entgeltlicher Vertrag.

Dagegen vertritt eine Mindermeinung[251] die Ansicht, dass ein Dienstvertragsverhältnis (*laowu hetong guanxi*) zwischen dem Überweisenden und der Überweisungsbank zustande komme. Eine dogmatische Erklärung ist jedoch nicht vorhanden.

Unabhängig davon, wie der Überweisungsvertrag dogmatisch eingeordnet wird, besteht über den Vertragsinhalt Einigkeit: Die beauftrage Bank verpflichtet sich, den Überweisungsbetrag an den Empfänger zu übermitteln, indem der Betrag entweder auf dem Konto des Empfänger gutgeschrieben oder an den Empfänger in bar ausgezahlt wird. Der Überweisende muss hingegen sowohl für die Deckung sorgen als auch die Servicegebühren zahlen.[252]

3. Die Ablehnung der Einordnung des Überweisungsvertrags als „Kettenvertrag"

Bei der Überweisung handelt es sich nicht um einen Vertrag, der üblicherweise nur zwei Beteiligte enthält. Bei der einfachsten Überweisung, der Filialüberweisung sind bereits drei Parteien beteiligt, nämlich der Überweisende, die beauftragte Bank und der Überweisungsbegünstigte. Hingegen treten bei der außerbetrieblichen Überweisung eventuell noch eine oder sogar mehrere Zwischenbanken hinzu.[253] Die rechtliche Qualifizierung dieser „Zahlungskette" ist in der chinesischen Literatur umstritten. Uneinigkeit besteht insbesondere darüber, ob sich der Überwei-

---

248 WANG Liming (Hrsg.), Zivilrecht, S. 336 f.; WEI Zhenying (Hrsg), S. 384 ff.
249 CHEN Fengqi, S. 288; LI Qiang/ LIU Yusheng (Hrsg.), S.19; ZHENG Shunyan, Mitteilungspflicht, *Jinrong fayuan* Nr. 5/2001 63 ff.; SHI Shangkuan: SchuldR II, S. 801 f.; vgl. XIE Huaishi, Allgemein, S. 204 ff.; DONG Jianjun, Erläuterung, in: *Jinrong yu luntan* Nr. 9/2002 34, 35 f.; WANG Xiaoneng (Hrsg.), S. 99 f.
250 Vgl. Kapitel 1 C I.
251 Vgl. YUE Caishen, S. 211 f.
252 S. vor allem SHI Shangkuan: SchuldR II, S. 801 f.; LIU Ying, S. 159 ff.
253 Vgl. Kapitel 2 A II 2.

sungsvertrag auf die gesamte Geschäftsspanne vom Absender bis zum Empfänger oder nur auf das Verhältnis zwischen dem Überweisenden und der von ihm direkt beauftragten Bank bezieht.

Der h.M.[254] nach besteht kein allumfassender Netzvertrag innerhalb der gesamten mehrgliedrigen Zahlungskette. Jede Vertragspartei sei in der Erfüllung der ihr selbst obliegenden Pflicht in erster Linie ihr eigener Geschäftsherr; die erstbeauftragte Bank führe also nicht etwa lediglich ein Geschäft des Überweisenden durch, ebenso wie auch im weiteren Verlauf der Überweisung die Pflichten der jeweiligen Glieder der Kette zuförderst durch Verträge untereinander begründet würden. Das bedeutet, jede Bank handele innerhalb der Überweisungskette im eigenen Namen. Sie fungiert also nicht als Bote oder Stellvertreter des Kunden oder des vorangehenden Kreditinstitutes, und auch der Überweisungsbetrag werde aus eigenen Mitteln durch die jeweilige Gutschrift zur Verfügung gestellt. Der Überweisende selbst stehe daher nur zu seiner Bank in vertraglichen Beziehungen, nicht aber zu etwaigen Zwischenbanken oder zur Empfängerbank.

In der Literatur ist auch eine andere Ansicht[255] vorhanden, nach der zwischen dem Überweisenden und der Überweisungsbank ein „Auftragsvertretungsverhältnis" (*weituo daili guanxi*) bzw. ein „Auftragsvertretungsvertrag" (*weituo daili hetong*) begründet werde. Entsprechend handele die Überweisungsbank bei Ausführung des Überweisungsauftrags im Namen des Überweisenden. Problematisch daran ist, dass dies zu einer komplizierten Folge von Verträgen führen würde, denn konsequenterweise müssten die von der Überweisungsbank eingeschalteten Banken bis zur Empfängerbank ebenfalls als Vertreter des Überweisenden auftreten und Letztere ggf. zusätzlich als Vertreter des Begünstigten, zumindest sofern der Begünstigte ein Konto bei der Empfängerbank hat.

Diese der Überweisungspraxis nicht entsprechende Ansicht stammt sicherlich aus den „Vertretungsbestimmungen" der 1986 erschienenen **AGZ**: Die Vertretung umfasst hiernach die beauftragte Vertretung (*weituo daili*), die gesetzliche Vertretung (*fading daili*) und die bestimmte Vertretung (*zhiding dalii*) (§ 64 Abs.1 **AGZ**), und der beauftragte Vertreter übt das Vertretungsrecht gemäß dem Auftrag des Vertretenen und im Namen des Vertreten aus (§ 64 Abs. 2 1. Alt. **AGZ**; vgl. §§ 65 ff. **AGZ**). Seitdem wurde in der chinesischen Literatur kaum zwischen der *„dai li"* (Vertretung) und dem *„wei tuo"* (Auftrag) bzw. dem *„weituo hetong"* (Auftragsvertrag) differenziert aufgrund mangelnder Kenntnis der Vertretungslehre[256] sprach man bzw. spricht man immer noch von einem so genannten „Auftragsvertretungsvertrag".[257]

---

254 LI Qiang/ LIU Yusheng (Hrsg.), S. 15 ff., 21 ff.; YUE Caishen, S. 191 ff.; vgl. SHI Changkuan, SchuldR II, S. 801 f.

255 CHEN Fengqi, S. 288; Vgl. YUE Caishen, S. 191 f.; DONG Jianjun, Erläuterung in: *Jinrong yu luntan* Nr. 9/20029 34, 35 f.

256 Zu jener Zeit kannte man nur die Vollmachtslehre im zivilrechtlichen Sinn, nämlich die später als „direkte Vertretung" bezeichnete, um sie von der „indirekten Vertretung ", bei der der Ermächtigte im eigenen Namen handelt, zu differenzieren. S. dazu WEI Zhenying (Hrsg.), S. 169 ff.; Cai Zhenshun, in: *Faxue pinglun* Nr. 4/1999 91 ff.

257 DENG Shimin (Hrsg.), S. 50 ff.; ZHENG Shunyan, Mitteilungspflicht, *Jinrong fayuan* Nr. 5/ 2001 63 ff.

In der vorliegenden Arbeit wird eine vermittelnde Meinung vertreten: Die Überweisungsbank handelt bei Ausführung der Überweisung in der Regel mit „Ermächtigung" des Kunden, aber im eigenem Namen; d. h., bei dieser „Ermächtigung" handelt sich nicht um eine direkte Vertretung im Sinn der §§ 64 ff. **AGZ**, sondern eine indirekte Vertretung, bei der der Vertreter, hier die Überweisungsbank, der Empfänger- bzw. Zwischenbank gegenüber im eigenen Namen handelt.[258]

C. Die Überweisung als bargeldlose Zahlungsform

Der Ausgangspunkt für die Veranlassung einer Banküberweisung bzw. einer anderen bargeldlosen Zahlung ist in der Regel die Befreiung des Zahlenden von einer Geldschuld aus einer zuvor bestehenden Rechtsbeziehung zum Begünstigten, was traditionell durch Barzahlung erfolgte.[259] Im Folgenden wird in rechtsdogmatischer Hinsicht untersucht, wie die Überweisung die Rolle der Barzahlung funktionell ersetzten kann.

I. Die Erfüllung der Geldschuld durch Barzahlung und Banküberweisung

1. Die Erfüllung der Geldschuld durch Barzahlung

Ein Schuldverhältnis wird vor allem durch die auf vereinbarte Weise zu erfolgende „Erfüllung" (*lü xing*) der Pflichten beendet (§ 91 Nr. 1 **VG**). Eine Geldschuld ist erfüllt, wenn der Schuldner das geschuldete Geld an den Gläubiger gezahlt, rechtlich gesprochen, „geleistet" (*gei fu*) (i. S. v. § 62 Nr. 3 **VG**) hat. Dies erfolgt entweder durch die Barzahlung oder durch die bargeldlose Bankzahlung.[260]

Das Bargeld besteht regelmäßig aus Banknoten und Münzen, die rechtlich als (bewegliche) Sache zu qualifizieren sind.[261] Wird dem Gläubiger das Bargeld als Sache durch Übergabe (*jiaofu*) übereignet, erlangt er das Eigentum an dem Bargeld und die Geldschuld ist somit erfüllt.[262]

---

258 Zur indirekten Vertretung s. WANG Liming (Hrsg.), Zivilrecht, S. 120; WEI Zhenying (Hrsg.), 176; auch SUN Junshan/GAO Shixiu, in: Überblick über Rechtsurteile ausgesuchter Fälle in China (Band 1995, Teil von Wirtschaftsrecht), S. 1205, 1209 f.

259 DENG Shimin (Hrsg.), S. 36 ff.; WANG Xin (Hrsg.), S. 248.

260 Allgemein zur Erfüllung der Geldschuld s. vor allem SHI Shangkuan, SchuldR I, S. 246 ff.; LI Guoguang (Hrsg.), Kommentierung, S. 262 ff., 275 ff.

261 Zur Rechtslehre des Begriffs „Sache" und die Qualifizierung des Bargelds s. WANG Liming (Hrsg.), Zivilrecht S. 89 ff., 93 f.; WEI Zhenying (Hrsg.), S. 118 ff., 126 f.; LIANG Huixing (Hrsg.), Entwurf, S. 117 ff.

262 § 72 **AGZ**: „*... Wenn Vermögensgut nach einem Vertrag oder in anderen legalen Formen erlangt wird, geht das Vermögenseigentum im Zeitpunkt der Übergabe des Vermögens über, soweit das Gesetz nichts anderes bestimmt bzw. die Beteiligten nichts anderes vereinbaren*". Zum Eigentumswechsel s. vor allem WANG Liming (Hrsg.), Zivilrecht, S. 164.

Als Eigentümer des Bargelds erlangt der Geldempfänger eine relativ sichere Stellung. Die einzige Gefahr liegt grundsätzlich in dem der Zahlung zugrunde liegenden Grundschuldverhältnis zwischen ihm und dem Zahlenden (Valutaverhältnis), denn dem chinesischen Zivilrechtssystem liegt durchgehend die Konzeption der kausalen Verpflichtung zugrunde, nach der die erbrachte Leistung bei Wegfall bzw. Unwirksamkeit des Grundgeschäfts automatisch rückabgewickelt wird.[263] Das bedeutet, das Geld ist dann automatisch noch Eigentum des ursprünglichen Schuldners.

In der Praxis aber wird das Bargeld häufig sofort verbraucht, sei es, dass der Gläubiger das Geld verkonsumiert, es an seinen eigenen Gläubiger weiterleitet oder auf sein Konto einzahlt. Daher scheitert die Umsetzung der Kausalbezogenheit des Übereignungsgeschäfts bei der Übereignung von Bargeld letztlich an beweisrechtlichen Fragen: Obwohl der Mangel des Kausalgeschäfts unstreitig sein mag und zur Unwirksamkeit des Übereignungsvorgangs führt, lässt sich in der Regel nicht mehr nachvollziehen, also darlegen und beweisen, welches konkrete Geld davon betroffen ist. Daher kann der Eigentümer der verbrauchten Sache, hier des Bargeldes, nur „Herausgabe" einer Sache gleicher Art oder Schadenersatz verlangen. Er hat also wiederum lediglich einen Anspruch gegen den Betroffenen. Selbst wenn sich im Einzelfall konkret nachvollziehen ließe, welche Scheine bzw. Münzen Gegenstand einer unwirksamen Übereignung waren, besteht im Grunde auch hier nur ein Herausgabeanspruch: Das Bargeld kann nicht ohne Mitwirkung seines Besitzers bzw. nur im Wege der Zwangsvollstreckung zurückgeführt werden.[264]

2. Die Erfüllung der Geldschuld durch Überweisung

Nun stellt sich die Frage, wie und wann bei der Überweisung die Erfüllung der Geldschuld des Überweisenden erfolgt. Als einzige vorhandene Bestimmung über die Erfüllung der Geldzahlung findet § 62 Nr. 3 S. 1 VG Anwendung: *„Ist der Erfüllungsort unklar, und wird Geld geleistet, so wird am Ort des Zahlungsempfängers erfüllt"*. Die Erfüllung erfolgt somit noch nicht, wenn der Überweisende den Zahlungsauftrag seiner Bank erteilt bzw. die entsprechende Deckung zur Verfügung stellt. Die Erfüllungsfrage bleibt jedoch nicht ganz gelöst, denn es nicht geklärt, was unter „Ort des Überweisungsbegünstigten" zu verstehen ist.

In der Literatur findet man für die Erfüllung einer Geldschuld hinsichtlich einer Überweisung keine Antwort. Auch hinsichtlich der Bankzahlung per Wechsel oder Scheck, die die Rechtswissenschaft stärker als die Überweisung beschäftigt, findet man keine gründliche Lösung. Stattdessen wird teilweise die Ansicht vertreten, dass bei Inkassozahlungen per Wechsel oder Scheck das Grundschuldverhältnis in der Regel dann erlösche, wenn der Wechsel oder Scheck von dem Zahlenden oder der

---

263 WEI Zhenying (Hrsg.), S. 160 ff., 163 f.; LI Guoguang (Hrsg.), Kommentierung, S. 240.
264 WANG Liming (Hrsg.), Zivilrecht, S. 93 f., 274 ff.; WEI Zhenying (Hrsg.), S. 126 f.; SHI Shangkuan, SchuldR I, S. 246 ff.

beauftragten Bank eingelöst werde.[265] Nicht beantwortet wird dabei, was mit dem Einlösen gemeint ist. Allerdings findet man die Andeutung, dass es für die Erfüllung der Geldschuld nicht ausreichend sei, dass der Schuldner lediglich den Wechsel oder Scheck an den Gläubiger übergebe, den Betrag aber unter „Zahlungsvorbehalt bei Einlösungsablehnung des Ausstellers" stelle; vielmehr solle der Gläubiger den „Papierwert" auf dem Wechsel oder Scheck realisieren und darüber verfügen können.[266]

Überträgt man diese Deutung auf die Überweisung, kommt man zu dem Schluss, dass die Geldschuld erst beglichen sei, nachdem der Gläubiger den Überweisungsbetrag wirklich erlangt habe und frei über ihn verfügen könne. Sicherlich ist dies der Fall, wenn der Überweisungsbetrag am Ende an den Gläubiger in bar ausgezahlt wird.

Fraglich ist aber, ob dies immer erforderlich ist oder ob es ausreicht, wenn der Gläubiger das Buchgeld, also ein Guthaben auf seinem Konto durch die Gutschrift seiner Bank erhält, oder ob es sogar schon ausreicht, wenn der Betrag durch die Überweisungs- bzw. letzte Zwischenbank auf dem Konto der Empfängerbank gutschrieben wird. (Für eine ausführliche Diskussion dieser Frage siehe Kapitel 8 A 2 u. 3).

II. Die Risiken der Banküberweisung im Vergleich zur Barzahlung

Da im Vergleich mit der Barzahlung die Überweisung einerseits die Mitwirkung einer bzw. mehrerer Banken voraussetzt, und andererseits das Buchgeld rechtlich anders als Bargeld einzuordnen ist, bestehen zwischen der Barzahlung und der Banküberweisung sowohl in der Bankpraxis als auch in rechtlicher Hinsicht Unterschiede.

1. Die Risiken aufgrund von Unterschieden zwischen Bargeld und Buchgeld

Der Unterschied der Überweisung zur Barzahlung zeigt sich besonders deutlich in der Rechtsstellung des Überweisungsbegünstigten hinsichtlich der Rechtswirkungen des erlangten „Buchgeldes". Obwohl dem Überweisungsbegünstigten der auf seinem Konto gutgeschriebene Überweisungsbetrag grundsätzlich jederzeit zu Zahlungszwecken zur Verfügung steht, ist seine Rechtsstellung mit dem Bargeldempfänger als Eigentümer des Sachgelds nur bedingt vergleichbar, denn das Buchgeld stellt lediglich eine Forderung des Kontoinhabers, in diesem Zusammenhang des Begünstigten gegen die Bank dar.[267]

---

265 CHEN Ziqiang, S. 109 ff.; vgl. LI Lijun/LI Yanli, in: *Hebei faxue* Nr. 2/1999 104 f.
266 Vgl. XIE Huaishi, S. 143 f.; WANG Xiaoneng (Hrsg.), S. 92 ff.
267 Dazu s. o. Punkt A II 1.

Daher ist ein Bankguthaben wie jede Forderung grundsätzlich der Gefahr der Insolvenz des Gläubigers, im vorliegenden Fall seiner Hausbank, ausgesetzt.[268] Ferner kommt noch der schon dargestellte Stornoakt hinzu, bei dem die Bank des Begünstigten angesichts ihrer Vorzugsstellung als Kontoführerin den gutgeschriebenen Betrag im eigenen Interesse, im Interesse eines Dritten oder aufgrund öffentlichrechtlicher Bestimmungen storniert.[269]

Schließlich kann die Zurückbehaltung des Überweisungsbetrags durch die beteiligten Banken auch erfolgen, um mit Hilfe des im Zahlungsverkehr erlangten Kapitals Zinsen und Liquidationsfähigkeit zu gewinnen. Dies ist eigentlich gesetzlich untersagt (§ 73 Nr. 1, 2 **KBG**; §§ 207–208 **ZVM**), in der Praxis aber immer noch kein seltenes Phänomen. Es führt normalerweise nicht unmittelbar zum Kapitalverlust, widerspricht aber dem von der Volksbank wiederholt betonten Leitgedanken[270] von der „korrekten, unverzüglichen und sicheren Bankzahlung".

2. Die Risiken aus dem Aufrechnungsrecht der Banken

Darüber hinaus muss der Kontoinhaber mit der Ausübung des Aufrechnungsrechts seiner Hausbank rechnen, falls sein Verrechnungskonto ein Minus aufweist, oder die Bank zur Durchsetzung anderweitiger Forderungen, die unter Umständen aus einem anderen Rechtsverhältnis wie z. B. einem Darlehensvertrag zwischen dem Begünstigten und anderen Filialen seiner Bank stammen, berechtigt ist und ihm deshalb die Aufrechnung oder Ausübung eines Zurückbehaltungsrechtes erklärt.[271]

Diese Unterbrechung des Überweisungsvorgangs wegen der „Zurückbehaltung" (*di kou*) bzw. der Aufrechnung des Überweisungsbetrags durch die beteiligten Banken ist eines der kompliziertesten Probleme sowohl in der Bankpraxis als auch im Rechtssystem Chinas. Die im Gesetz ausdrücklich geschützte Vorzugsstellung der Bank vor der Gefahr des Vermögensverlustes, insbesondere, wenn es um die Zurückzahlung von Darlehen geht, führt dazu, dass die beteiligten Banken, unabhängig davon, ob sie als Hausbank des Überweisenden oder des Begünstigten oder als Zwischenbank fungieren, den erlangten Betrag für sich behalten und ein Aufrechnungsrecht geltend machen können, sofern der Überweisende oder der Begünstigte eine fällige Geldschuld z. B. aus einem Darlehensvertrag noch nicht beglichen hat.

Dies stellt sowohl für den Überweisenden als auch den Empfänger einen der unsichersten Faktoren im Überweisungsverkehr dar, denn eine durchsetzbare Überweisung setzt folglich voraus, dass weder der Zahlende noch der Empfänger Schuldner

---

268 PAN Pan, Eigentum, in: *Jinrong Fayuan* Nr. 3/1998 39, 43 f.; ZHENG Xiang, in: *Hebbei faxue* Nr. 6/2001 31, 33 ff.
269 Vgl. o. Punkt A II 2 b.
270 Zu diesem Leitgedanken s. Kapitel 7 A III.
271 Näher zum Aufrechnungsrecht der am Überweisungsvorgang beteiligten Banken s. Kapitel 7 C.

einer der beteiligten Banken sein darf. Es wird auch nicht sicherer, wenn sie selbst alle fälligen Schulden bei der Bank beglichen haben. Vielmehr müssen sie jeweils vor und nach Geschäftsschluss nachprüfen, ob der Geschäftspartner dem Aufrechnungsrecht der Bank ausgesetzt ist.

3. Die Risiken des Überweisungsbegünstigten aus dem Valuta- und Deckungsverhältnis

Für den Überweisungsbegünstigten bestehen zudem Risiken aus seinem Rechtsverhältnis zum Überweisungsempfänger, dem so genannten Valutaverhältnis.[272] Wenn gegen den Überweisungsbegünstigten ein Bereicherungsanspruch des Überweisenden geltend gemacht wird und daher die erfolgte Überweisung zur Erfüllung der Geldschuld aus einem unwirksamen Grundvertrag rückgängig gemacht werden muss, kann für den Begünstigten im Vergleich mit dem Fall der Barzahlung noch keine Rede von einer nachteiligeren Rechtslage sein, sofern dies praktisch entweder durch die Mitwirkung des Gläubigers (also des Rückgabeschuldners) oder durch die gerichtliche Vollstreckung erfolgt.

Die Rechtslage ändert sich, wenn ein Dritter, hier vor allem die Empfängerbank, die zwischenzeitlich durch ihre Beteiligung an der Überweisungskette das Geld erhielt, bei der Rückführung des Überweisungsbetrages statt des Urteils- bzw. des Zwangsvollstreckers mitwirken kann. Das ist in China der Fall.[273]

Ein weiteres Risiko stammt aus dem Deckungsverhältnis,[274] also sowohl der Rechtsbeziehung zwischen dem Überweisenden und der Überweisungsbank, als auch zwischen der letzteren und der Empfängerbank bzw. der von ihr eingeschalteten Zwischenbank. Hat die Bank eine Gutschrift erteilt, ohne eine ausreichende Deckung von dem Überweisenden oder der Überweisungs- bzw. Zwischenbank erhalten zu haben, wird der Begünstigte „Rückzahlungsforderungen" dieser auslegenden Bank ausgesetzt sein, und ihm seine begründete Forderung aus dem Valutaverhältnis nicht weiterhelfen.[275]

---

272 Das „Valutaverhältnis" wird im Chinesischen zumeist mit *„yuanyin guanxi"* (Grundverhältnis) oder *„duijia guanxi"* (sinngem. Verhältnis der gegenseitigen Leistung) übersetzt. Dazu s. vor allem XIE Huaishi, S. 37 f.; WANG Xiaoneng (Hrsg.), S. 93 f.; CHEN Ziqiang, S. 101; WANG Zejian, S. 84 f.

273 Vgl. u. Punkt III 2.

274 Das „Deckungsverhältnis" wird im Chinesischen zumeist mit *„zijin guanxi"* (Kapitalverhältnis) oder *„buchang guanxi"* (Kompensationsverhältnis) übersetzt. Dazu s. vor allem XIE Huaishi, S. 38 f.; WANG Xiaoneng (Hrsg.), 99 f.; CHEN Ziqiang, S. 204 f.; WANG Zejian, S. 86 f.

275 Näher s. Kapitel 8 C II.

III. Die Gleichstellung von Überweisung und Barzahlung

1. Das Bedürfnis der Gleichstellung von Barzahlung und Überweisung

Wie oben dargestellt, ist also sowohl die Rechtsstellung des Gläubigers als auch die des Schuldners bei der Überweisung sowie den anderen bargeldlosen Zahlungen unsicherer als bei der Barzahlung. Im Hinblick auf die zunehmende Bedeutung der bargeldlosen Transaktionen und dem hinzutretenden gesetzlichen Zwang zur Kontounterhaltung der Einheiten besteht das Bedürfnis im Überweisungsverkehr, dem Inhaber der Forderung aus dem Guthaben eine ähnlich gesicherte Rechtsstellung zu verschaffen wie dem Eigentümer sowie den Überweisungsbegünstigten so zu stellen, als wäre ihm Bargeld übergeben worden.[276]

Diese Forderung ergibt sich schon aus dem Sicherheitsbedürfnis des Handelsverkehrs im Wirtschaftsleben. Durch die weit überwiegende Zahl der Handelsgeschäfte werden Geldschulden begründet, die nur auf der Basis der Zahlungsfähigkeit des Geldschuldners zustande kommen. Wenn dessen Kontoguthaben wegen Mängeln des Deckungs- oder Valutaverhältnisses anderer Rechtsgeschäfte oder nur wegen irrtümlicher Buchungen der Bank jederzeit von der Bank zurückgebucht bzw. „gesperrt" werden oder der Überweisungsbetrag aufgrund eines nicht vorhersehbarem „Durchgreifens" der an der Überweisungskette beteiligten Banken unterbrochen werden könnte, wären die meisten Geschäftsleute und Unternehmen gar nicht mehr hinreichend kreditwürdig, also faktisch „geschäftsunfähig".[277]

2. Die dogmatische Lösung zur Gleichstellung von Überweisung und Barzahlung

Es stellt sich die Frage, wie die erheblichen rechtlichen Nachteile der Überweisung begrenzt werden können. Ein systematischer Ansatz diesbezüglich ist in der chinesischen Rechtswissenschaft noch nicht vorhanden. Stattdessen wird diese Problematik punktuell behandelt.

a. *Die Trennung des Überweisungsvorgangs vom Valutaverhältnis*

Hinsichtlich der Risiken für den Überweisungsbegünstigten aus dem Valutaverhältnis wird in der Literatur einheitlich gefordert, das Recht der Bank zur „Einmischung" in das Grundgeschäft abzuschaffen. Begründet wird dies damit, dass die Banken faktisch gar nicht mehr in der Lage seien, sich um die jeweiligen Grundgeschäfte der massenhaften Zahlungsvorgänge zu kümmern. Die Bankpraxis reagiert auf dieses Argument positiv: Mit dem Kommerzialisierungsprozess sind die staatlichen Banken immer stärker bestrebt, diese kontrollierende Funktion bei dem Bankzahlungsverkehr abzulegen, wie dies bei neu gegründeten Kommerzbanken

276 S. vor allem XIE Huaishi, S. 20 ff.
277 Ebd.

und den Niederlassungen ausländischer Kreditinstitute von vornherein der Fall gewesen ist. Diese angestrebte Neutralität der Bank im bargeldlosen Zahlungsverkehr hat zwar in der Gesetzgebung noch keinen Ausdruck gefunden, wird aber von der Rechtsprechung begrüßt.[278]

b. Der Schutz des Begünstigten vor Mängeln des Deckungsverhältnisses

Während sich die Neutralität der Banken im Hinblick auf das Valutaverhältnis unschwer erklären lässt, wird ein Schutzgebot für den Überweisungsbegünstigten vor Mängeln aus dem Deckungsverhältnis schwierig durchzusetzen sein. Entsprechend müsse der Überweisungsempfänger vor Forderungseinwendungen aus dem Deckungsverhältnis verstärkt geschützt werden, indem sich der Überweisungsbegünstigte nach Erteilung der Gutschrift die Mängel des Deckungsverhältnisses zwischen der Bank und dem Überweisenden bzw. der vorstehenden Partei nicht entgegenzuhalten lassen brauche, sofern ihm die Zahlung des Überweisenden aus dem Grundgeschäftsverhältnis zu diesem zustehe.

Dogmatisch wird dies damit erklärt, dass die Überweisung und die entsprechende Konten- bzw. Guthabenbewegung ein Instrument eigener Art zur Übertragung von Buchgeld (*zhanghu zijin*) sei. Dieser Buchungsvorgang bei der Übertragung von Buchgeld entspreche dem Tatbestandsmerkmal der Übergabe bei der Übertragung von Bargeld und stelle daher ein „Quasi-Eigentum" dar. Die Rechtsprechung hat das zwar nicht ausdrücklich übernommen, bezeichnet aber oft den Überweisungsvorgang als „Übertrag des Eigentums am Guthaben".[279]

Dies zu legitimieren ist nicht einfach. Es würde nach chinesischen Verhältnissen gewissermaßen lebensfremd wirken, wenn die Banken, die nur als Vermittler fungieren und hierfür nur geringe Gebühren erhalten, welche oft die tatsächlichen Aufwendungen nicht decken, an den Empfänger versehentlich geleistete Gutschriften nicht gemäß dem aus § 92 **AGZ** resultierenden bereicherungsrechtlichen Anspruch zurückverlangen könnten. Hier lässt sich Eine Literaturstimme[280] empfindet diesen Gedanken sogar als „gesetzwidrig", und betont, dass das berechtigte Interesse der Banken an der Korrektur einer fehlerhaften Überweisung mit dem Schutzbedürfnis des Überweisungsempfängers in Einklang gebracht werden müsse. Außerdem wird dabei nicht zu Unrecht auf die Tatsache hingewiesen, dass sich das Bankwesen – inkl. des Bankzahlungsverkehrs in China – gerade aufgrund der Umgestaltung des Banksystems noch im Aufbau befinde und die im Finanzwesen immer noch dominierenden staatlichen Banken stets von Vermögensverlusten wegen fauler Kredite bedroht seien. Daher sei es unzweckmäßig, der Bank das Recht der Rückbuchung von ihrerseits irrtümlich erteilten Gutschriften als ein Instrument der Selbsthilfe zu nehmen.

---

278 S. vor allem ZHANG Xue'an, S. 220 ff.; LI Guoguang (Hrsg.), Review, S. 322, 328 f.
279 Vgl. o. Punkt A II, u. Kapitel 7 C II 2.
280 http//: www.fol.math.sdu.edu.cn/jrfy/content/content.php?id=65&tb=dxal (Zugriff: 24.03. 2003)

Die vorliegende Arbeit ist für einen stärkeren Schutz des Begünstigten, denn anderenfalls wäre die Stellung des Begünstigten von den für ihn i.d.R. nicht erkennbaren Interna des Deckungsverhältnisses abhängig und damit wesentlich ungünstiger als bei Erhalt von Bargeld. Zur Legitimation dieser Ansicht lassen sich Verkehrsschutzgesichtspunkte des Überweisungsverkehrs heranziehen. Das bedeutet natürlich nicht, dass die Bank den Verlust des irrtümlich gutgeschriebenen Betrags endgültig tragen müsse. Stattdessen steht ihr vielmehr ein bereicherungsrechtlicher Rückzahlungsanspruch gegen den Überweisenden zu, wenn dessen Schuld durch die irrtümliche Überweisung der Bank tatsächlich beglichen worden ist.[281]

c. *Der Schutz des Begünstigten vor einem Stornoakt der Empfängerbank*

Während die Forderung nach einem verstärkten Schutz des Begünstigten bei Mängeln des Deckungsverhältnis wenig Fürspruch erhält, gewinnt eine Literaturansicht,[282] nach der die Befugnisse der Empfängerbank in Bezug auf Stornoaktionen der Gutschrift zu beschränken seien, immer mehr Zustimmung. Es wird vorgeschlagen, dass der Bank durch eine normative Regelung eine Frist für die Ausübung des Stornorechts gesetzt werden solle. Innerhalb dieser Frist dürfe die Bank die erteilte Gutschrift stornieren und der Kunde könne nur durch ein gerichtliches Verfahren den umstrittenen Betrag wiedererhalten. Nach der Frist dürfe die Bank zwar das Stornorecht noch ausüben, habe aber die stornierte Gutschrift wieder gutzuschreiben, wenn der Kunde Widerspruch gegen den Stornoakt einlege.

Diese Ansicht wird von der vorliegenden Arbeit begrüßt. Sinnvoll wäre eine einheitliche Regelung durch die Volksbank. Als Stornofrist scheint nach Meinung der Verfasserin eine Frist von 30 Tagen angemessen zu sein.[283]

d. *Die Schwäche der Gutschrift wegen ihres Forderungscharakters*

Die Nachteile aufgrund des Forderungscharakters der Gutschrift hat der Überweisungsbegünstigte in Kauf zu nehmen. Faktisch fühlte sich der Bankkunde in China längere Zeit kaum von der Bankinsolvenz bedroht; dies hat sich inzwischen geändert, seitdem 1999 der erste Bankkonkursfall seit Gründung der VR China auftrat.[284]

Darüber hinaus müsste die Bankkunden eventuell andere potenzielle Nachteile bzw. Verlustgefahren des betroffenen Betrags, die mit der Bankzahlung verbunden sind, wie technische Störungen der Bankzahlungssysteme, Stromausfall und andere schwer kalkulierbare Risiken, die den Vorteilen der Überweisung gegenüber stehen, in Kauf nehmen.[285]

---

281 Vgl. WANG Zejiang, S. 86 f.; CHEN Ziqiang, S. 204 ff.
282 PENG Bing, Bankkonto II, in: *Jinrong fayan* Nr. 11/1998 32, 38 f.; Vgl. DONG Ansheng, S. 64.
283 Ebd.
284 S. Li Guoguang (Hrsg.), Review, S. 34 f.
285 Vgl. Kapitel 6 II c, C I 2 e.

D. Zusammenfassung des Kapitels

Eine Überweisung erfolgt in der Regel durch den Geldtransfer vom Verrechnungskonto des Überweisenden auf das Verrechnungskonto des Begünstigten. Dies setzt auf beiden Seiten das Bestehen eines Verrechnungskontovertrags mit der Bank voraus. Trotz einer fehlenden gesetzlichen Regelung ist der Inhalt dieses Verrechnungskontoverhältnisses deutlich: Es handelt sich um ein gegenseitiges Rechtsgeschäft, bei dem der Kontoinhaber sein Kapital bei der Bank einzahlt, und die Bank ihm einen Ein- und Auszahlungsservice bietet.

Nach einer langen Auseinandersetzung über den Rechtscharakter des Kontoguthabens ist man sich im chinesischen Recht (fast) einig geworden, dass mit der Einzahlung das Geld Eigentum der Bank werde, und dem Bankkunden lediglich ein Forderungsrecht zustehe. Zu erkennen ist, dass das durch Gutschrift des Überweisungsbetrags entstandene Guthaben im Vergleich mit dem Guthaben per Bareinzahlung in der Praxis im Hinblick auf Stornoakte durch die Banken mehr unsicheren Faktoren ausgesetzt ist.

Zur Frage nach der Rechtsnatur des Überweisungsauftrags fehlt eine klare Aussage im chinesischen Recht. Der Ansicht der Arbeit nach führt der Auftrag zu einem selbständigen Vertrag zwischen dem Überweisenden und der Überweisungsbank, denn einerseits erfasst dies auch den Fall der Überweisung per Bareinzahlung, da die gleiche Handlung – Erteilung des Überweisungsauftrags durch den Überweisenden – dogmatisch einheitlich zu qualifizieren ist, und andererseits liefert diese rechtsdogmatische Einordnung eine einwandfreie und einheitliche Lösung aller bei der Bankzahlung zwischen der Bank und dem Kunden getroffenen Abreden, die im Einzelfall über die Mindestanforderungen des Verrechnungsvertrags hinausgehen können.

Ob der Überweisungsvertrag sich auf die Verhältnisse der ganzen Überweisungskette bezieht, ist umstritten. Die vorliegende Arbeit ist der Meinung, dass bei einer mehrgliedrigen Überweisung die Überweisungsbank bei Ausführung der Überweisung in der Regel mit „Ermächtigung" des Überweisenden handelt, aber im eigenem Namen; d.h., bei dieser „Ermächtigung" handelt es sich nicht um eine direkte Vertretung im Sinn der §§ 64 ff. **AGZ**, sondern eine indirekte Vertretung, bei der der Vertreter, hier die Überweisungsbank, der Empfänger- bzw. Zwischenbank gegenüber im eigenen Namen handelt.

Als eine bargeldlose Zahlungsform dient die Überweisung in der Regel der Erfüllung der Geldschuld aus dem Grundsverhältnis zwischen dem überweisenden Schuldner und dem Begünstigten als Gläubiger. Im Vergleich mit der Barzahlung bleibt die Problematik des Erfüllungszeitpunkts bisher ungeklärt. Darüber hinaus bestehen Risiken für die an der Überweisung sowie auch anderen Bankzahlungsformen teilnehmenden Bankkunden. Diese Risiken beruhen auf dem Forderungscharakter des Guthabens und einer möglichen Aufrechnung durch die an der Überweisungskette beteiligten Bank. Für den Begünstigten besteht zusätzlich noch die Gefahr von Rückforderungsansprüchen aufgrund von Mängeln im Valuta- oder

Deckungsverhältnis. Zu begrüßen wäre eine Lösung zur Gleichstellung von Überweisung und Barzahlung, die die bestehenden Risiken möglichst mildern bzw. beseitigen würde, damit ein reibungsloser bargeldloser Zahlungsverkehr entwickelt wird.

Teil 2 Die Rechtsstellung der einzelnen beteiligten Parteien bei Leistungsstörungen

Kapitel 5 Die grundlegenden gesetzlichen Bestimmungen des Haftungssystems im Überweisungsverkehr

Der zweite Teil dieser Arbeit beschäftigt sich mit den Leistungsstörungen im Überweisungsverkehr und der damit verbundenen zivilrechtlichen Haftung (Zivilhaftung) der beteiligten Parteien bei einer fehlgeschlagenen Überweisung. Der Begriff „Zivilhaftung", der auf Chinesisch als *„minshi zeren"* bezeichnet wird, wird in dem allgemeinen Sinn verwendet, nach dem bei der Verletzung von vertraglichen oder anderen zivilrechtlichen Pflichten ein Rechtssubjekt kraft zivilrechtlicher Verantwortung mit gewissen Rechtsnachteilen zu rechnen hat.[286]

In Anbetracht dessen, dass sich China zum kontinentaleuropäischen Rechtssystem rechnen lässt, und daher die verschiedenen schriftlich niedergelegten Bestimmungen die wichtigste Grundlage für Theorie und Rechtsprechung bilden, werden im folgenden die wichtigsten gegenwärtig geltenden Gesetze für das zivilrechtliche Haftungssystem, die mit dem Bankzahlungswesen in Verbindung stehen, dargestellt und analysiert, um einen Ausgangspunkt für die anschließende Diskussion zu schaffen.

Hauptsächlich werden dabei folgende Probleme erörtert: die Voraussetzungen, Tragungsarte bzw. der Umfang der Haftung und die Bedingungen für eine Haftungsbefreiung bzw. -beschränkung.

A. Die Haftungsregelungen in der ZVM von 1997

Über die Ansprüche einer an der Überweisungskette teilnehmenden Partei gegen eine andere Partei bzw. andere Parteien bei einer fehlgeschlagenen Überweisung, insbesondere hinsichtlich der Ansprüche des Überweisenden oder des Überweisungsempfängers gegen die fehlerhaft handelnde Bank, finden sich unmittelbare Bestimmungen in der 1997 von der Volksbank erlassenen **„Zahlungsverrech-**

286 Vgl. WEI Zhenying (Hrsg.), S. 46: „gem. der entsprechenden Bestimmungen im Kapitel 6 der AGZ und im Kapitel 2 und 7 des VG besteht die Zivilrechtliche Haftung aus der vertragsverletzenden (*weiyu zeren*) sowie der deliktsrechtlichen Haftung und der „sonstigen" Haftung wie Haftung zur Rückgabe einer ungerechtfertigten Bereicherung (*fanhuan budang deli zeren*) und Haftung bei der Geschäftsführung ohne Auftrag (*wuyin guanli zeren*)".

nungsmethode" (ZVM). Diese Bestimmungen bilden in gewissem Sinne das Kernstück des Haftungsrechts im Überweisungs- bzw. Zahlungsverkehr.[287]

Hier werden zunächst die wichtigsten Paragraphen des 5. Kapitels der **ZVM** (§§ 207–254) „Disziplin und Haftungen bei der Zahlungsverrechnung" (*jiesuan jilü he zeren*) zitiert, um die darauf folgende rechtliche Analyse deutlicher zu machen.

I. Zitat der §§ 241, 242 und 252 ZVM

§ 241 ZVM: *„Kommt es bei der Zahlungsverrechnung durch* ***Arbeitsfehler*** *(gongzuo chacuo) der Bank zu Verzögerungen und Irrtümern, welche die Verwendung der Mittel durch Kunden oder andere Banken behindern, so muss* ***Ersatzgeld/Schadenersatz*** *(peichang jin) gezahlt werden, das/der nach dem von der Chinesischen Volksbank für Umlaufmitteldarlehen gleicher Stufe bestimmten Zinssatz berechnet wird".*

§ 242 ZVM: *„Wenn eine Bank entgegen den Vorschriften (weifan guiding)* ***vorsätzlich*** *[...] Zahlungen verzögert oder* ***eigenmächtig*** *verweigert [...], oder wenn sie, obwohl ein Betrag [auf dem Konto] vorhanden ist, [davon abzuziehende Beträge] nicht abzieht [....], oder wenn sie Verrechnungsmittel zurückbehält und zweckentfremdet, und dies die Verwendung der Mittel durch Kunden oder andere Banken behindert, übernimmt sie nach den Vorschriften auf* ***Ersatzhaftung*** *(chengdan peichang zeren) die Haftung* (S. 1). *Bei einer aufgrund* ***grober Fahrlässigkeit*** *(zhongda guoshi) entstandenen falschen Zahlung oder Befolgung angemaßter (unzulässiger) Anweisungen haftet sie auf* ***Mittelersatz*** *(zijin peichang)* (S. 2)*".*

§ 252 ZVM: *„Wenn durch Fehler bei der Arbeit der Post bei der Übersendung von Wechseln, Schecks oder Verrechnungsbelegen oder von Telegrammen etwas liegen bleibt, verloren geht, an die falsche Adresse geht, in Telegrammen falsch übermittelt oder weggelassen oder doppelt übermittelt wird, usw., und dies zu Verzögerungen und Fehlern bei der Verrechnung führt, die den Gebrauch der Mittel durch Einheiten, Einzelne oder Banken behindern oder zu finanziellen Verlusten führen, haftet die Post".*

II. Wörtliche Auslegung

1. Entnahme der implizit vorausgesetzten Verschuldensabhängigkeit der Haftung

Obwohl es nicht ausdrücklich festgelegt wurde, ist die Ansicht der Volksbank als Verfasserin der **ZVM** klar, nämlich dass die Haftung der Banken im Zahlungsverkehr ein Verschulden (*guo cuo*) voraussetzt. Dies lässt sich aus den Wörtern *„gongzuo chacuo"* (Arbeitsfehler) in § 241 **ZVM**, *„guyi"* (vorsätzlich), *„wuli"* (eigenmächtig; unbegründet) und *„zhongda guoshi"* (grobe Fahrlässigkeit) in § 242 **ZVM** sowie auch aus der Tatsache, dass die Bank gem. § 252 **ZVM** nicht für Fehler der Post haftet, ersehen.

---

287 Vgl. Kapitel 1 B II 2 c, C I. 3 a.

Das chinesische zivilrechtliche Haftungsrecht unterscheidet beim Verschulden sowohl im Vertragsrecht als auch im Dilektsrecht zwischen Vorsatz (*guyi*) und Fahrlässigkeit (*guoshi*). Unter Vorsatz versteht man, dass der Handelnde trotz der Kenntnis, dass seine Handlung die Rechtsgüter anderer schädigt, die deliktische bzw. pflichtverletzende Handlung vornimmt. Fahrlässigkeit bedeutet, dass der Handelnde den Schaden herbeigeführt hat, obgleich er den Schaden voraussehen musste, aber nicht vorausgesehen hat, oder den Schaden vorausgesehen hat, aber vom Nichteintritt des Schadens leichtsinnig überzeugt war. Im Rahmen der Fahrlässigkeit wird weiter in durchschnittliche (*yiban guoshi*) und grobe Fahrlässigkeit (*zhongda guoshi*) unterteilt.[288] Aus dem obigen Zitat lässt sich erkennen, dass sich die Volksbank als Gesetzgeber nicht bemüht hat, bei der Gestaltung des Textes durchgängig den Fachterminus des Verschuldens in seinem genauen Sinn zu verwenden, da sie dabei zum Teil umgangssprachliche Begriffe wie „*gongzuo chacuo*" (Arbeitsfehler) und „*wu li*" (eigenmächtig, ohne Grund) benutzt, zum Teil aber den richtigen Fachterminus „*zhongda guoshi*" (grobe Fahrlässigkeit) statt der umgangssprachlichen Bezeichnung „*zhongda guocuo*" (grober Fehler) verwendet.

Allerdings führen die unsorgfältigen bzw. untechnischen Formulierungen zu keinen dogmatischen Widersprüchen zu der relativ ausgereiften Verschuldenslehre des chinesischen Zivilrechts. Es ist unschwer aus dem Text herauszulesen, dass das Verschulden der Bank in drei Stufen unterteilt wird, nämlich Vorsatz, grobe Fahrlässigkeit und die in § 241 **ZVM** als „Arbeitsfehler" umschriebene „durchschnittliche Fahrlässigkeit".

Zu dem unterstrichenen Wort „*weifan guiding*" (entgegen den Vorschriften) in § 242 S. 1 **ZVM** lässt sich hier zudem auf die Besonderheit hinzuweisen, dass der Vorschriftsverstoß im chinesischen Recht grundsätzlich ein Verschulden impliziert, wenn sich ein Schadensfall daraus ergibt.

2. Die Auslegung der „groben Fahrlässigkeit" in § 242 S. 2 ZVM

a. Die Bedeutung des „zijin peichang"

§ 242 **ZVM** schreibt im Satz 2 eine Haftungsmilderung bzw. -befreiung zugunsten der fehlerhaft handelnden Bank vor: Die Bank haftet bei „falscher Zahlung" und „Zahlung aufgrund angemaßter Anweisung" nur, wenn sie grob fahrlässig gehandelt hat.

Bevor man auf die Bedeutung bzw. den Maßstab der „groben Fahrlässigkeit" eingeht, muss man zuerst das Wort „*zijin peichang*" (Mittelersatz) definieren, um diese Vorschrift richtig zu verstehen. Aus dem Wortlaut lässt sich ersehen, dass der Begriff „Mittelersatz" aus § 242 S. 2 **ZVM** eindeutig nicht mit dem Begriff „Geldersatz" (*peichang jin*) des § 241 **ZVM** und dem Begriff „Ersatzhaftung" (*peichang zeren*) des

288 WANG Liming (Hrsg.), Zivilrecht, S. 548, 551 ff.; Jiandong SHAO/Eva DREWES (Hrsg.), S. 34 ff, 82 ff.

§ 242 S. 1 **ZVM** identisch ist. Die §§ 241, 242 und 252 **ZVM** verwenden das Wort *„zijin"* (Mittel). Aus dem Kontext wird ersichtlich, dass damit der Betrag gemeint sein muss, auf den sich der Zahlungsvorgang bezieht.

Auf die Überweisung übertragen ist hier demnach der Anspruch des Überweisenden bzw. des Empfängers auf Rückzahlung bzw. Weiterleitung des Überweisungsbetrags gemeint.

b. Die Bedeutung der Begriffe „cuo fu" und „mao ling"

Gem. § 242 S. 2 **ZVM** haftet die Bank in den Fällen der *„cuo fu"* (falschen Zahlung) und der *„mao ling"* (Zahlung aufgrund angemaßter Anweisung) nur für grobe Fahrlässigkeit. Wörtlich bedeutet *„cuo fu"* „falsche Zahlung" und betont den subjektiven Fehler der Bank. Gemeint ist im Überweisungsverkehr grundsätzlich der Fall, dass der Überweisungsbetrag statt an den vom Überweisenden bestimmten Begünstigten an einen Dritten überwiesen wird. In einem Sonderfall könnte der Begünstigte der Überweisende selbst sein.

Aus dem Wort *„mao ling"* lässt sich auch entnehmen, dass die falsche Zahlung durch eine betrügerische Handlung des fälschlich begünstigten Dritten verursacht wurde. Nach Ansicht der Verfasserin handelt es sich hierbei um einen Unterfall der *„cuo fu"* (falscher Zahlung).

Anhand der obigen wörtlichen Interpretation wird die Bedeutung des § 242 S. 2 **ZVM** klar. Demnach haftet die Bank bei Störungsfällen, in denen sie die Sollbuchung eines Kontos aufgrund eines gefälschten Überweisungs- bzw. Auszahlungsauftrags durchgeführt hat oder den Betrag dem Auftrag entgegen an einen falschen Empfänger überwiesen hat, nur für grob fahrlässiges Verhalten.

c. Der Maßstab der „groben Fahrlässigkeit" aus § 17 ZVM

Die **ZVM** schweigt sich im Kapitel „Disziplin und Haftung der Zahlungsverrechnung" über eine genauere Definition der „groben Fahrlässigkeit" aus. Zur Auslegung lässt sich § 17 **ZVM** heranziehen: *„Wenn Banken gutgläubig und in Übereinstimmung mit den Bestimmungen und der normalen Verfahrensweise prüfen und an gefälschten oder verfälschten Unterschriften und Stempeln auf Wechseln und Schecks oder Verrechnungsbelegen oder zur Prüfung vorgelegten gültigen Personalausweisen Einzelner nichts Ungewöhnliches feststellen und den Betrag auszahlen, haften sie gegenüber dem Aussteller des Wechsels oder Schecks bzw. dem Zahlenden nicht für die in Auftrag gegebene Zahlung und dem Inhaber des Wechsels bzw. Schecks bzw. dem Zahlungsempfänger nicht auf Zahlung"*.

Hier hat das bekannte „Prinzip der Formalprüfung" der Bank im Rahmen der Verpflichtung der Bank zur Legitimationsprüfung im Zahlungsverkehr seinen Niederschlag gefunden. Obwohl man über den Inhalt von „gutgläubig" und „Ungewöhnliches" im Einzelfall streiten kann,[289] lässt sich die „Bankfreundlichkeit" der **ZVM**

---

289 Vgl. Kapitel 6 C I 2 b.

erkennen: Den Verlust des Einlagekapitals oder des Überweisungsbetrags bei einer fehlerhaften Überweisung an Dritte muss der Kontoinhaber bzw. der Überweisende ohne Rücksicht darauf tragen, dass dieser nichts falsches getan hat, sofern dem Bankangestellten, wie in § 17 ZVM geschildert, kein „grob fahrlässiges" Verschulden vorgeworfen werden kann. Konkludent haftet die Bank sicherlich auch für Vorsatz, aber nicht für durchschnittliche Fahrlässigkeit.

3. Der Inhalt der Bankhaftung

a. *Die Auslegung der Begriffe „peichang jin", „peichang zeren" und „zijin peichang"*

Die ZVM kennt für die zivilrechtliche Haftung der Bank nur die „Geldkompensation",[290] verwendet dafür aber drei verschiedene Begriffe, nämlich die *„zifu peichang jin"* (Geldersatz) in § 241 ZVM, die *„peichang zeren"* (Ersatzhaftung) in § 242 S. 1 ZVM und die Verantwortung für den *„zijin peichang"* (Mittelersatz) in § 242 S. 2 ZVM.

Aus dem Kontext wird deutlich, dass die Begriffe „Geldersatz" in § 241 ZVM und „Ersatzhaftung" in § 242 S. 1 ZVM nicht mit dem Begriff des „Mittelersatzes" in § 242 S. 2 ZVM übereinstimmen. Der letztgenannte Begriff beinhaltet nur die tatsächliche Geldeinlage auf dem betreffenden Konto bzw. den Überweisungsbetrag, während die ersten beiden Begriffe einen über den „Mittelersatz" hinausgehenden Anspruch auf Ersatz eines weiteren Schaden bezeichnen sollen.

b. *Der „Geldersatz" in § 241 ZVM*

Über den Inhalt des Geldersatzes in § 241 ZVM besteht keine Unklarheit. Der Geldersatz soll nach dem von der Volksbank für Umlaufmitteldarlehen gleicher Stufe bestimmten Zinssatz berechnet werden. Dagegen ist die Formulierung „Übernahme der Ersatzhaftung nach den Vorschriften" nicht eindeutig. Aus dem Kontext erkennt man jedoch, dass der Geldersatz gemäß § 242 S. 1 ZVM sicherlich höher als der Geldersatz gemäß § 241 ZVM ist, da der Geldersatz gemäß § 242 S. 1 ZVM eine „Sanktion" für den „vorsätzlichen Rechtsverstoß" darstellen soll, der Geldersatz gemäß § 241 ZVM aber (implizit) nur für „durchschnittliche Fahrlässigkeit" gilt. Ungeklärt ist die Frage, welche „Vorschriften" hier gemeint sind.

---

290 Hier wird der Begriff „Geldkompensation" statt des Terminus „Schadenersatz" verwendet. Im chinesischen zivilrechtlichen Haftungssystem unterscheidet man dogmatisch streng zwischen „Schadenersatz" (*peichang; sunhai peichang*) und „Vertragsstrafe" (*weiyue jin*), wobei der „Schadenersatz" durch die tatsächlichen Schäden begrenzt wird, die „Vertragsstrafe" hingegen eine Sanktionsfunktion hat. Die Vertragsstrafe ist weiter unterteilt in „gesetzliche" und „vereinbarte" Vertragsstrafe. In der Literatur sowie auch in der Rechtsprechung versteht man unter einem vorgeschriebenen Geldersatz in der Regel eher die gesetzliche Vertragsstrafe. In der ZVM wird der Begriff *„peichang"* (Ersatz; Kompensation) sehr locker verwendet, und bedeutet vielmehr die Haftung bei Leistungsstörungen in Form einer Geldzahlung. Deshalb wird hier als Oberbegriff für „Schadenersatz" und „Vertragsstrafe" – eventuell auch für reine Rechtsakte wie z. B. die keinen Haftungscharakter beinhaltende Zahlung bzw. Rückzahlung – das Wort „Geldersatz" verwendet.

Diese unklare Regelung lässt sich vielleicht vor dem folgenden Hintergrund besser verstehen. § 242 S. 1 **ZVM** geht seinem Ursprung nach auf § 24 S. 2 der **BVM** von 1988 zurück. Darin wurde ausdrücklich bestimmt, dass der Geldersatz mit 0,3 % des Überweisungsbetrags täglich berechnet werden soll. Über den Grund, weshalb die Volksbank in der **ZVM** statt eines konkreten Berechnungssatzes einen „unbestimmten" niedergelegt hat, lässt sich nur mutmaßen. Möglicherweise hat sie den häufig auftretenden „Anpassungsbedarf" berücksichtigt und wollte den Berechnungssatz daher der Rechtsprechung überlassen.

Hier sind zwei Auslegungen des Chinesischen Obersten Volksgerichts darzustellen. 1994 wurde ein Auslegungsblatt mit dem Titel „Antwort zum Berechnungsmaßstab für Vertragsstrafen bei einer verzögerten Zahlung" (*Guanyu yuqi fukuan weiyuejin yingdang yiju hezhong biaozhun jisuan wenti de fuhan*) vom Chinesischen Obersten Volksgerichts erlassen, in dem die Entschädigungshöhe von täglich 0,3 % des betreffenden Betrags als Vertragsstrafe wiederholt wird. Dieser Berechnungssatz wurde aber durch die im Jahr 1996 erlassene neue Auslegung des Obersten Volksgericht (im Folgenden: **ZV-Antwort 1996**) auf 0, 5 % angehoben, da „0,3 % der Realität nicht mehr entspricht".[291]

4. Keine Haftung für Fehler der Post

Es wird deutlich, dass sich die Bank nach § 252 **ZVM** keine Gedanken zu machen braucht, wenn Fehler bei der Übermittlung der Anweisung bzw. der betreffenden Informationen oder der Zustellung der Überweisung durch die Post erfolgen. Dies ist eine Bestätigung dafür, dass die Bank bei der Überweisung nur verschuldensabhängig haftet.

Daraus folgt, dass die Bank für das Verhalten anderer Banken nicht verantwortlich sein soll. Ähnlich wäre es auch bei der Einschaltung eines Anbieters eines Zahlungssystems außerhalb der Bank, wenn ein an der Zahlungskette teilnehmender Technikanbieter in einer der Post entsprechenden Rolle fungiert.

III. Anmerkung und Bewertung durch die vorliegende Arbeit

1. Punktuelle und pragmatische Regelungen

Die **ZVM** hat in den oben zitierten Paragraphen die zivilrechtliche Haftung im Zahlungsverkehr auf die zivilrechtliche Haftung der Bank reduziert und auch diese nur punktuell geregelt. Der wesentliche Inhalt widmet sich den folgenden zwei Punkte: Als erster Punkt haftet die Bank bei Leistungsstörungen im Zahlungsverkehr nur für ihr Verschulden; beim Ersatz des falsch gezahlten Betrags wird der Maßstab der

291 Texte der beiden Auslegungen s. http//:www.chinacourt.org/flwk/index.php. (Zugriff: 04. 02. 2005); vgl. auch LI Guoguang (Hrsg.), Kommentierung, S. 461 ff.

groben Fahrlässigkeit eingesetzt und für Fehler bzw. Verschulden eines Dritten wie der Post haftet die Bank überhaupt nicht. Der zweite Punkt ist die Art und der Umfang der Haftung. Die **ZVM** kennt für die Haftung nur die Kompensation in Geld, deren Umfang sich auf den Transferbetrag und die Verzugszinsen beschränkt.

Darüber hinaus sind die Bestimmungen in einem groben, aber sehr pragmatischen Still abgefasst. Dies wird vor allem dadurch deutlich, dass für bestimmte fehlerhafte Handlungen nur die rechtliche Verantwortlichkeit für ein wiedergutzumachendes Ergebnis niedergeschrieben wird, ohne die dogmatische Unterscheidung des Haftungsgrundes zu berücksichtigen. Es lässt sich nicht erkennen, ob es sich um eine vertragliche oder deliktische Haftung handelt. Dogmatisch betrachtet lässt sich allerdings unschwer erkennen, dass die **ZVM** für die Bankhaftung ein Verschulden, eine pflichtverletzende Handlung, einen Schaden und implizit eine Kausalität zwischen den letzten beiden Merkmalen voraussetzt.

Es bleiben aber noch ungeregelte Punkte. So fehlt z. B. ein Lösungsansatz für Ansprüche des Zahlenden gegen betrügerisch handelnde Dritte in Fällen des § 242 S. 2 i.V.m. § 17 **ZVM**. Auch bei dem Gesichtspunkt des Verschuldens finden im Einzelfall sicherlich die Regelungen über vertragliches Mitverschulden (§ 113 **AGZ** und § 120 **VG**) und Fehlen des Verschuldens (§ 106 **AGZ**). Für die Haftungsbefreiung kommen die Regelungen über höhere Gewalt (§ 107 **AGZ** und §§ 117 ff. **VG**) in Betracht.[292]

Zusammenfassend lässt sich festhalten, dass man für die Beurteilung der Bankhaftung, aber auch der Haftung des Bankkunden sowie betroffener Dritter, grundsätzlich auf allgemeines Zivilrecht im weiteren Sinne zurückgreifen muss.

2. Das Problem der „Bankfreundlichkeit“

Es lässt sich anhand des Zusammenspiels der verschiedenen Vorschriften unschwer erkennen, dass die **ZVM** sehr bankfreundlich ist.

Zunächst ist die Bestimmung in § 242 S. 2 **ZVM** zu nennen, nach der bei einer Falschzahlung der Bank die betreffenden Bankkunden möglicherweise einen Verlust zu tragen hat, weil die Bank nur für ihre grobe Fahrlässigkeit haftet.

Hierzu ist aber anzumerken, dass das Fehlen eines Bankverschuldens nicht gleichzusetzen ist mit dem Vorliegen eines Verschuldens des Bankkunden. Es kann durchaus vorkommen, dass der Bank nach den Voraussetzungen des § 242 S. 2 **ZVM** kein fahrlässiges Verhalten nachgewiesen werden kann und dem Bankkunde ebenfalls nicht. Demzufolge bedeutet § 242 S. 2 **ZVM** zugleich auch eine verschuldensunabhängige „Verlusthaftung“ des Bankkunden. Dieser Ansatz lässt sich rechtlich sicherlich nicht ohne weites aufrechterhalten.[293]

---

292 Näher s. u. Punkt C.
293 Eine nähere Diskussion s. Kapitel 6 C II 2.

Ein weiteres Bespiel liegt im Auseinanderfallen zwischen den tatsächlichen Schäden, die der Bankkunde im fehlgeschlagenen Zahlungsverkehr erleiden kann, und dem von **ZVM** vorgeschriebenen Schadenersatz der fehlerhaft handelnden Banken.

Angesichts des inneren Zusammenhangs von § 241 **ZVM** und § 242 **ZVM** aus Sicht der Gesetzgebungstechnik lässt sich entnehmen, dass die **ZVM** – zu Recht – zwei Arten von Schäden kennt, nämlich die Schäden bezüglich des betreffenden Betrages selbst und die aufgrund der mangelnden Verfügbarkeit dieses Betrages. Der genaue Inhalt der letzteren Schäden, die im folgenden mit „weiteren Schäden" bezeichnet werden, wird in der **ZVM** nicht geregelt. Gemäß der **ZV-Antwort 1996** ist deren Ersatz auf höchstens 0,5 % des betreffenden Betrags pro Tag für den Verhinderungszeitraum begrenzt. Dementsprechend hat die Bank, die z. B. ein Konto irrtümlich mit einem Betrag von 10.000 Yuan belastet und diese Fehlbuchung erst 10 Tage später storniert, einen Schadenersatz in Höhe von 50 Yuan zu leisten.

Der „Ersatz in Höhe von 0,5 % pro Tag" dürfte allerdings den tatsächlichen Schaden des Bankkunden, der möglicherweise auch die Kosten für die Nachprüfung der Störungsumstände und den Verlust aufgrund der fehlenden Verfügbarkeit des Guthabens umfasst, in vielen Fällen nicht decken.[294] Berücksichtigt man, dass für die zivilrechtliche Haftung bereits in den **AGZ** von 1986 das Prinzip der Vollkompensation[295] festgelegt wurde, so stellt sich die Frage, mit welcher Überlegung die Volksbank als Gesetzgeber eine vom **AGZ** derart weit abweichende Norm vorgibt. Gleichfalls lässt sich die Bankfreundlichkeit der **ZVM** allgemein in Frage stellen.

Die Gründe sind vielfältig. Zunächst mag der Gedanke des Schutzes des Staatsvermögens eine Rolle spielen. Dis ist nicht schwer zu verstehen, wenn man an die jüngere Geschichte Chinas denken, denn lange Zeit hatte der Begriff „Bankinteresse" die gleiche Bedeutung wie „Staatsinteresse".[296] Zweitens hat sich die Volksbank als Verwaltungsorgan bei dem Erlass der entsprechenden Regelungen mehr auf die Gewährleistung eines funktionierenden Banksystems, hier des Bankzahlungsverkehrs, konzentriert, aber war sich den Wertungen des allgemeinen Zivilrechts wenig bewusst. Nicht zuletzt muss man berücksichtigen, dass die Entwicklung des zivilrechtlichen Haftungssystems lange Zeit – insbesondere vor der Verabschiedung der **VG** im Jahr 1999 – sehr zögerlich verlief, weswegen die Volksbank zunächst in Bezug auf die von ihr zu regelnden Materien über einen großen Handlungsspielraum verfügte.

Nun aber durchläuft das chinesische Recht eine Entwicklung, in der das Rechtsverhältnis zwischen der Bank und den Bankkunden als Verhältnis zwischen gleich-

---

294 Natürlich ist es umgekehrt auch möglich, dass der Überweisende unter Umständen mehr erhält, als es der Höhe des tatsächlichen Schadens entspricht. Dies kommt z. B. in Betracht, wenn er nach dem Verschwinden des Geldes nur auf das Ergebnis der polizeilichen Ermittlungen gewartet und das vorübergehend verschwundene Geld nicht zur Gewinnerzielung gebraucht hat. In diesem Fall ist der „Ersatz in Höhe von 0,5 % täglich" viel höher als der normale Einlagezinssatz. Dazu. vgl. Kapitel 6 B II.

295 S. u. Punkt C I b–c.

296 Vgl. Kapitel 1 2 a, II b (1).

gestellten Parteien des Zivilrechts behandelt wird. Im Rahmen des gegenwärtigen Zivilrechts Chinas scheint daher diese unneutrale Regelung zu Gunsten der Bank, der stärkeren Partei sehr problematisch. Ob die Bestimmungen der **ZVM** noch Bestand haben können, lässt sich noch nicht eindeutig beantworten. Festzustellen ist allerdings, dass bezüglich der zahlreichen von der Volksbank erlassenen Regularien sowohl formal als auch inhaltlich mit einer umfangreichen „Durchleuchtung" zu rechnen ist.

3. Die niedrige Stellung der ZVM im chinesischen Normensystem

Es muss darauf hingewiesen werden, dass die **ZVM** von der Volksbank erlassen wurde und daher gemäß § 71 des im Jahre 2000 verabschiedeten **„Gesetzgebungsgesetzes"** (**GGG**) als *„bumen guizhang"* (Regeln der Ministeriumsabteilung) einzuordnen ist, die in der chinesischen Normhierarchie einen relativ niedrigen Rang einnehmen. Ihnen gehen die Gesetze *(falü)* des Nationalen Volkskongresses und dessen Ständigen Ausschusses, die Verwaltungsrechtsnormen *(xingzheng fagui)* des Staatsrates und die territorialen Rechtsnormen *(difangxing fagui)* vor (§ 79 **GGG**). Wenn nachrangiges Recht gegen Bestimmungen höherrangigen Rechts verstößt, wird es von dem betreffenden Organ geändert oder aufgehoben (§ 87 **GGG** i.V.m. § 88 **GGG**).[297]

Übertragen auf das hier zu behandelnde Thema der Bankhaftung im Zahlungsverkehr lässt sich folgern, dass die oben zitierten Bestimmungen in der **ZVM** vor allem einen Unterfall der Haftung wegen einer Vertragsverletzung in Sinne der §§ 107–122 **VG** und der §§ 106–116 **AGZ** regeln. Außerdem kommt das in den §§ 117–133 **AGZ** geregelte Deliktsrecht als Haftungsgrundlage in Betracht. Nach der Normhierarchie muss die **ZVM** grundsätzlich mit den Rechtsgedanken des **VG** und der **AGZ** im Einklang stehen, es sei denn, es besteht eine besondere Bestimmung im Sinne des § 83 **GGG**, die bezüglich der Bankhaftung im Überweisungsverkehr etwas anderes bestimmt.[298]

Angesichts der niedrigen legislativen Kompetenz der Volksbank ist die **ZVM** keinesfalls als besondere Bestimmung i.S.d. § 83 **GGG** anzusehen. In Betracht kommt nur das 1995 vom Ständigen Ausschuss des Volkskongresses erlassene **KBG**, während das **VG** und die **AGZ** vom Nationalen Volkskongress verkündet wurden.[299] Demzufolge lässt sich folgender Schluss ziehen: Die **ZVM** darf prinzipiell nicht gegen die

---

297 Vgl. Kapitel 1 C I 1–2.

298 § 83 **GGG** lautet: *„Wenn bei Gesetzen, Verwaltungsrechtsnormen, territorialen Rechtsnormen, Autonomie- und Einzelverordnungen oder Regeln, die von dem gleichen Organ festgesetzt wurden, besondere Bestimmungen und allgemeine Bestimmungen nicht übereinstimmen, gelten die besonderen Bestimmungen; wenn neue Bestimmungen und alte Bestimmungen nicht übereinstimmen, gelten die neuen Bestimmungen"*. Dazu vgl. auch Kapitel 1 C I 1–2.

299 Genauer gesagt, die Gesetzgebungskompetenz des Volkskongresses ist höher als die seines Ständigen Ausschusses. Zur die Gesetzgebungskompetenz s. Kapitel 1 C I.

Bestimmungen des **VG**, der **AGZ** und des **KBG** verstoßen. Ansonsten dürfen die Gerichte sie als unwirksam betrachten und abweichend entscheiden.

Auf den Überweisungsverkehr übertragend gilt daher die **ZVM** in der Rechtspraxis nur als Ausgangspunkt für die Beurteilung des konkreten Sachverhaltes, obwohl die **ZVM** die einzige unmittelbare Regelung in Bezug auf die Überweisung darstellt. Es ist allerdings aufgrund ihrer normativen Wertigkeit unumgänglich zu untersuchen, ob die **ZVM** dem durch die **AGZ**, das **VG** und das **KBG** festgelegten Normensystem entspricht, oder ob eines der genannten höherrangigen Gesetze etwas anderes vorschreibt bzw. anders lautende Rechtsprechung vorliegt. Erst anhand einer solchen Untersuchung kann die Relevanz der **ZVM** für den Einzelfall bestimmt werden.

B. Die Bewertung der Bankhaftung in der ZVM am Maßstab der §§ 6, 33 und 73 KBG

Das **KBG** ist als besondere Bestimmung i. S. d. § 83 **GGG** anzusehen und darf daher die Bankhaftung abweichend von den grundlegenden Bestimmungen in den **AGZ** und im **VG** bestimmen. Es wird hier geprüft, ob die Haftungsregelung in der **ZVM** mit der im **KBG** in Einklang steht.

I. Zitat der einschlägigen Bestimmungen des KBG

Das **KBG** regelt in den §§ 73–78 des achten Kapitels unter dem Titel „Rechtshaftung" (*falü zeren*) umfassend die zivilrechtliche sowie auch die verwaltungsrechtliche Haftung der Bank im Rahmen ihres Geschäftsbereiches. § 73 **KBG** regelt die zivilrechtliche Bankhaftung. Im Hinblick auf Leistungsstörungen im Zahlungsverkehr werden die §§ 6 und 33 **KGB** als Anspruchsgrundlage bezüglich des Transferbetrags herangezogen. Sie lauten wie folgt:

§ 6 **KBG**: *„Die Kommerzbanken haben die legalen Interessen des Einlegers (cunkuan ren) vor Eingriffen (qin fan) von Seiten irgendwelcher Einheiten oder Privatpersonen zu schützen."*

§ 33 **KBG**: *„Die Kommerzbank hat die Zahlungsverfügung (zhifu) des Einlagekapitals samt Zinsen zu gewährleisten und darf (die Zahlungsverfügung) nicht verzögern oder verweigern."*

§ 73 **KBG**: *„Wenn eine Kommerzbank eine der folgenden Handlungen vorgenommen hat, und der Geldeinleger oder andere Bankkunden deshalb einen Vermögensschaden erleiden, hat die Bank die Verzugszinsen zu zahlen sowie die sonstige zivilrechtliche Haftung zu tragen: (i) wenn eine Bank die Zahlung des Einlagekapitals und der Zinsen eigenmächtig verzögert oder verweigert; (ii) wenn eine Bank entgegen den Vorschriften über Zahlung durch Wechsel bzw. Schecks oder Zahlung in anderer Form die Einlösung des Wechsel bzw. Schecks verweigert, die eingetroffene Zahlung nicht auf dem betreffenden Konto gutschreibt, die Zahlungsaufträge und Wechsel bzw. Schecks zurückhält oder zurückweist; (iii) wenn eine Bank entgegen den Vorschriften Informationen bezüglich des Spareinlagekapitals der Privatpersonen oder des Einlagekapitals* *der Einheiten herausgibt oder das Einlagekapital des Kunden sperrt oder abzieht; (iv) wenn eine Bank andere gegen dieses Gesetz verstoßende Handlungen vornimmt und dadurch dem Geldeinleger und anderen Kunden Schaden zufügt."*

II. Die Bewertung des § 242 S. 2 ZVM anhand der §§ 6 und 33 KBG

Wie oben in Punkt A II 2 festgestellt, muss der Bankkunde gem. § 242 S. 2 **ZVM** den Verlust des betreffenden Transferbetrags selbst tragen, wenn die Bank ihn zwar fehlerhaft transferiert, aber dabei nicht grob fahrlässig gehandelt hat. Gemeint sind hier vor allem die folgenden zwei Fälle: der Fall der Zahlung der Bank aufgrund eines unzulässigen wie z. B. eines verfälschten Auftrags und der Fall der Zahlung der Bank trotz eines wirksamen Auftrags an einen falschen Zahlungsbegünstigten. Das betrifft wesentlich das Interesse der Einleger an der Sicherheit des Kontoguthabens. Hier wird die Rechtswirksamkeit dieser Klausel im Rahmen des Normensystems Chinas geprüft.

1. Der Einlagekapitalsschutz in den §§ 6 und 33 KBG

In den §§ 6 und 33 **KBG** wird der Rechtsschutz des Einlegers bezüglich des Einlagekapitals einschließlich der zugehörigen Zinsen unterstrichen. Das entspricht der allgemeinen Vorstellung des Einlegers, insbesondere der Einzelpersonen, dass das bei der Bank angelegte Geld (Buchgeld) sich abgesehen von dem Zinsgewinn nicht von dem Bargeld zu Hause unterscheide, sofern die Bank nicht in Konkurs gehe. In der Literatur, in der Rechtsprechung und in den gesetzgeberischen Auslegungen spricht man vom „Eigentum des Buchgeldes".[300]

Der Rechtsgedanke, dass aus Sicht der Einleger ein Guthaben einen (ähnlichen) Rechtscharakter wie das Eigentum aufweist, bildet der Ansicht der Arbeit nach den Ausgangspunkt des Bankzahlungsverkehrs. Ansonsten würde sich niemand trauen, das Bargeld bei der Bank anzulegen.

Dogmatisch ist aus den §§ 6 und 33 **KBG** folgender Schluss zu ziehen: Der Bankkunde als Einleger hat grundsätzlich das Risiko eines eventuellen Verlustes des Kontoguthabens nicht zu tragen. Auf die Überweisung übertragen bedeutet das, dass der Inhaber eines Verrechnungskontos, sofern ihn kein Verschulden trifft, nicht zu fürchten hat, dass ein unberechtigter bzw. betrügerisch handelnder Dritter das Geld in seinem Namen bzw. im Namen seines Bevollmächtigten auszahlen oder

---

300 S. Kapitel 1 A II 1 b. Zu erwähnen ist hier, dass vor dem **KBG** nur der Privatperson dieser gesetzliche Schutz ausdrücklich gewährt wird, und zwar in § 11 des Verfassungsgesetzes von 1954, § 9 II des Verfassungsgesetzes von 1975, § 9 des Verfassungsgesetzes von 1978 und § 13 des Verfassungsgesetzes von 1982. § 6 **KBG** hat durch die Verwendung des Begriffs **„Interesse der Einleger"** eine rechtliche Reform im Hinblick auf die Sicherung des Einlagekapitels der Einheit durchsetzt.

überweisen lässt. Vielmehr kann er nach den §§ 6 und 33 **KBG** von der Bank den fehlerhaft übertragenen Betrag zurückverlangen.[301]

2. Der Widerspruch des § 242 S. 2 ZVM zu den §§ 6 und 33 KBG

Die **ZVM** widerspricht jedoch diesem Schutzgedanken zugunsten des Kontoinhabers. Nach § 242 S. 2 **ZVM** haftet die Bank im Fall eines Betruges, aufgrund dessen der betroffene Betrag an einen unberechtigten Dritten gezahlt wird, nicht, sofern sie eine formelle Legitimationsprüfung bezüglich des Personalausweises, des sich auf den Zahlungsunterlagen befindenden Stempels und der Unterschrift vorgenommen hat. In diesem Fall haftet die Bank nur für grobe Fahrlässigkeit. Nun ist nach der rechtlichen Wirksamkeit der „Bankfreundlichkeit" in § 242 S. 2 **ZVM** zu fragen.

Nach Ansicht der vorliegenden Arbeit ist im Rahmen der Rechtsanwendungstheorie die Beschränkung der Bankhaftung auf grobe Fahrlässigkeit in der **ZVM** unwirksam. Abgesehen von der Frage, ob die Beschränkung vom Inhalt her angemessen ist und ob der „Mittelersatz" durch die Bank in manchen Fällen verschuldensunabhängig sein sollte, lässt sich dieser Schluss hier schon damit begründen, dass die Volksbank als Gesetzgeber der **ZVM** aufgrund ihrer niedrigen Gesetzgebungskompetenz unberechtigt ist, eine derartige Haftungsbeschränkung für die Bank entgegen den entsprechenden Bestimmungen des **KBG** vorzunehmen.[302]

III. Die Bewertung der §§ 241 ff. ZVM anhand des § 73 KBG

1. Die Übertragung des § 73 KBG auf den Überweisungsverkehr

Der oben bereits zitierte § 73 **KBG** ist hinsichtlich der gesetzgeberischen Technik eine sehr praxisorientierte Regelung, indem er in seinen Absätzen 1 bis 3 die drei in der Bankpraxis am häufigsten auftauchenden Rechtsprobleme und deren Rechtsfolgen regelt. Die darüber hinausgehenden Handlungen, für die gehaftet wird, werden allgemein von Absatz 4 erfasst, wobei darin durch die unbestimmte Formulierung *„andere gegen dieses Gesetz verstoßende Handlungen"* ein offener Anwendungsbereich konstruiert wird.

Wird § 73 **KBG** konkret auf die Leistungsstörungsfälle im Überweisungsverkehr übertragen, kann man die Handlungen, die gem. § 73 **KBG** zur Bankhaftung führen würden, in drei Bereiche unterteilen: Die Bank haftet, wenn

(i) entweder die Überweisungsbank oder auch die Bank des Überweisungsempfängers die Weisung des Überweisenden bzw. des Überweisungsempfängers zur

---

301 Vgl. Kapitel 6 C I 2 b.
302 S. o. Punkt A III 3.

Zahlungsverfügung – d. h. Zahlung von Bargeld an den Kontoinhaber oder auf ein anderes Konto desselben oder an einen von diesem bestimmten Begünstigten – bezüglich des auf dessen Konto befindlichen Guthabens samt Zinsen entgegen den Vorschriften verweigert oder verzögert (vgl. § 73 Abs. 1 i. V. m. § 33 **KBG**);

(ii) die Bank ihrer Verpflichtung, den Überweisungsauftrag auszuführen, nicht nachkommt, indem die betreffende Bank die Überweisung vorschriftswidrig zurückhält, zurückweist, die eingehende Zahlung nicht annimmt bzw. sie nicht dem Konto des betreffenden Kunden gutschreibt (vgl. § 73 Abs. 2 **KBG**);

(iii) die Überweisungsbank das Konto des Überweisenden bzw. die Empfängerbank das Konto des Begünstigten vorschriftswidrig sperrt oder das Buchgeld des Kunden einzieht, um z. B. ein eigenes Aufrechnungsrecht aufgrund eines fälligen Darlehenrückzahlungsanspruches geltend zu machen (§ 73 Abs. 3 **KBG**).[303]

2. Der Vergleich der Haftungsvoraussetzungen in ZVM und im KBG

An der Formulierung des § 73 **KBG** erkennt man, dass für ein Eingreifen der Bankhaftung bestimmte Voraussetzungen erfüllt sein müssen.

Nach Ansicht der vorliegenden Arbeit lässt sich bei wörtlicher Auslegung der Bestimmung des § 73 **KBG** statt „Verschulden" eher „Rechtswidrigkeit" als Voraussetzung für die Bankhaftung annehmen. Dies lässt sich aus den Worten „eigenmächtig/ohne Grund" (*wu gu*) in Absatz 1, „entgegen den Vorschriften über Zahlung durch Wechsel bzw. Schecks oder Zahlung in anderer Form" (*weifan piaoju chengdui deng jiesuan yewu guiding*) in Absatz 2, „entgegen den Vorschriften/dem Gesetz/dem Recht" (*wei fa*) in Absatz 3 und „entgegen den Regelungen dieses Gesetzes" (*weifan benfa guiding*) in Absatz 4 entnehmen.

Hier lässt sich demzufolge die dogmatische Frage stellen, ob die Bankenhaftung gemäß § 73 **KBG** verschuldensabhängig ist. In der Literatur als auch der Rechtspraxis wird diese Frage trotz der fehlenden Deutlichkeit des Textes aber fast einhellig bejaht. Dies lässt sich mit dem bereits erwähnten Umstand erklären, dass ein Vorschriftsverstoß nach chinesischem Recht grundsätzlich ein Verschulden impliziert.[304]

Die weiteren Voraussetzungen der Bankhaftung sind dem Text des § 73 **KBG** zu entnehmen. Sie sind der Eintritt des Schadens und die Kausalität zwischen dem Schaden und der rechtswidrigen (schuldhaften) Handlung der Bank. Hinsichtlich dieser Punkte ergeben sich somit keine Widersprüche zwischen der **ZVM** und des **KBG**.[305]

---

303 Die Einziehung des Buchgeldes eines Kunden könnte auch im Interesse Dritter erfolgen. In einem Überweisungsfall hängt diese Handlung sicherlich mit den in (i) dargestellten Umständen zusammen. Vgl. Kapitel 4 C II 2.

304 Vgl. o. Punkt A II 1.

305 Vgl. o. Punkt A III.

3. Die Bewertung des Haftungsumfangs in ZVM anhand des § 73 KBG

Nach § 73 **KBG** haftet die Bank bei Zahlungsstörungen darauf, „die Verspätungszinsen zu zahlen sowie die sonstige zivilrechtliche Haftung" zu tragen. Als konkrete Rechtsfolge wird folglich nur der Schadenersatz in Form der „Zahlung der Verspätungszinsen" (*zhifu yanchi lüxing de lixi*) erwähnt.

Obwohl der in § 242 S. 2 **ZVM** ausdrücklich vorgesehene „Mittelersatz" bezüglich des Transferbetrags bzw. Einlagekapitals hier nicht explizit geregelt wird, ist daraus keinesfalls im Gegenschluss zu § 242 S. 2 **ZVM** zu folgern, dass ein solcher hier nicht geschuldet sei. Der Umstand, dass die schuldhaft handelnde Bank vielmehr verpflichtet ist, den von dem Kunden – dies ist bei einer Überweisung vor allem der Überweisende, es kann aber auch der Überweisungsbegünstigte sein – erlittenen „Mittelverlust", hier den Verlust des betroffenen Transferbetrags, zu ersetzen, muss in die „sonstige zivilrechtliche Haftung" des § 73 **KBG** einbezogen werden.

Zu fragen ist, was die „sonstige zivilrechtliche Haftung" außer dem „Mittelersatz" noch umfasst. Da das **KBG** auf diese Frage keine Antwort bietet, kann man nur auf die Haftungsregelung in den **AGZ** und im **VG** sowie auf die entsprechende allgemeine Rechtstheorie zurückgreifen. Dasselbe gilt im Hinblick auf andere Probleme wie z.B. die Haftungsbefreiung und -beschränkung, die im **KBG** nicht geregelt sind.

C. Die Bewertung und Ergänzung des Haftungsrechts in der ZVM und im KGB am Maßstab des VG und der AGZ

Es bleiben folglich noch Probleme des Überweisungsverkehrs, die sich nur unter Zuhilfenahme des Allgemeinen Zivilrechts bzw. des zivilrechtlichen Haftungssystems lösen lassen. Als Rechtsgrundlage im Rahmen des Zivilrechtssystems kommen drei Rechtsinstitute wie folgt in Betracht: Hierzu zählt vor allem das in den **AGZ** streng unterschiedene vertragliche und deliktische Haftungsrecht; im weiteren Sinn zählt das Bereicherungsrecht auch zum zivilrechtlichen Haftungssystem,[306] denn es handelt sich ebenfalls um einen Lösungsansatz der Leistungsstörungen.

I. Die Haftung aus Vertragsverletzung

1. Die Grundbestimmungen

Die allgemeinen Bestimmungen zur vertraglichen Haftung, die gebräuchlich mit „*weiyue zeren*" (Vertragverletzungshaftung) bezeichnet werden, finden sich hauptsächlich im sechsten Kapitel der **AGZ** in den §§ 106–116 unter dem Titel „*weifan*

---

306 Vgl. o. Fn. 286.

hetong de minshi zeren" (Zivilrechtliche Haftung bei Vertragsverstoß) und im siebten Kapitel des **VG** in den §§ 107–122 unter dem Titel „*weiyue zeren*" (Vertragsverletzungshaftung). Da das **VG** als Sonderbestimmung i.S.v. § 83 **GGG** gilt, gehen die Haftungsregelungen des **VG** den Regelungen in den **AGZ** vor, sofern widersprüchliche Regelungen vorhanden sind.

Gemäß § 107 **VG** sowie den §§ 106 und 111 **AGZ** müssen die Vertragsparteien, die ihren vertraglich oder gesetzlich bestimmten Pflichten nicht nachkommen, die rechtliche Verantwortung dafür übernehmen. Dies ist der Grundsatz der zivilen Haftung (*minshi zeren*) aus Vertragsverletzung im chinesischen Zivilrecht.[307] Der Haftung wegen einer Vertragsverletzung wird eine „gewisse Abdingbarkeit (*yiding de renyixing*) zugeschrieben, da Art und Umfang der Haftung innerhalb der gesetzlichen Bestimmungen den vertraglichen Vereinbarungen vorbehalten sind. Dabei bildet das Gerechtigkeitsprinzip die Grenze.[308]

2. Die Voraussetzungen der Vertragsverletzungshaftung

Bezüglich der Voraussetzungen der Haftung für Vertragsverletzungen kennt die Literatur verschiedene Lehren. Dies sind vor allem die Lehre der einfachen Voraussetzung (*danyi yaojian shuo*) und die Lehre der Doppel-voraussetzungen (*er yaojian shuo*). Im Zentrum der Auseinandersetzungen steht das Problem des Verschuldens.[309]

Bei der ersten Lehre bedarf es zur Haftung lediglich der vertragsverletzenden Handlung (*weiyue xingwei*). Es wird hier eine „Verschuldensunabhängige Haftung" (*wu guocuo zeren*), die auch als „strikte Haftung" (*yange zeren*) bezeichnet wird, angenommen.[310] Nach der Lehre der Doppelvoraussetzungen (*er yaojian shuo*) muss neben dem objektiven Zuwiderhandeln gegen die vertraglichen Pflichten noch das subjektive Verschulden – Vorsatz oder Fahrlässigkeit – vorliegen. Dementsprechend wird sie auch mit „*guocuo zeren*" (verschuldensabhängige Haftung) bezeichnet.[311]

Von großer praktischer Bedeutung ist die Diskussion in der Literatur darüber, ob die vertragsverletzende Haftung verschuldensabhängig sein soll, und welche Ansicht der oberste Gesetzgeber, der Nationale Volkskongress, in den **AGZ** und im **VG** zum Ausdruck gebracht hat. Trotz der stark divergierenden Meinungen hat sich eine Meinung als herrschend herausgestellt: Die Haftung sei gemäß den **AGZ** und dem „**Wirtschaftsvertragsgesetz der VR China**" (*Zhonghua renmin gongheguo jingji*

---

307 XIE Huaishi, Prinzipien, S. 277; SHAO Jiandong/Eva DREWES (Hrsg.), S.33 ff.; WANG Liming (Hrsg.), Zivilrecht, S. 533 f., 540 ff.
308 SHAO Jiandong/Eva DREWES (Hrsg.), S. 34 f.
309 S. vor allem LI Guogang (Hrsg.), Kommentierung, S. 417 ff.; SHAO Jiandong/Eva DREWES (Hrsg.), S. 34 ff.; auch WEI Zhenying (Hrsg.), S. 425 ff.; WANG Liming (Hrsg.), Zivilrecht, S. 540 ff.
310 SHAO Jiandong/Eva DREWES (Hrsg.), S. 34 ff.
311 Ebd.

hetongfa) (im Folgenden: **WVG**)[312] verschuldensabhängig, und das **VG** hingegen habe das „Prinzip der Strenghaftung" aus dem anglo-amerikanischen Rechtssystem übernommen und daher eine verschuldensunabhängige Haftung festgelegt.[313] Nicht zu verkennen ist, dass es trotz des Prinzips der verschuldensunabhängigen Haftung im **VG** weiterhin spezielle Sonderbestimmungen i.S.v. § 83 **GGG** gibt, die wiederum eine verschuldensabhängige Haftung vorsehen. Für das hier zu untersuchenden Thema gilt das **KBG** als eine derartige Sonderbestimmung, nach dem die Bankhaftung verschuldensabhängig ist.[314]

Zu erwähnen ist, dass es neben den obigen zwei Lehren noch die Lehre der drei Voraussetzungen (*san yaojian shuo*) gibt, nach der die Vertragsverletzungshaftung zusätzlich noch das Entstehen eines Schadens sowie die Kausalität zwischen der vertragsverletzenden Handlung und dem Schaden voraussetzt.[315] Die Kausalität wird durch das so genannte *„biyao tiaojian guize"* (Adäquanzprinzip), das auch mit *„yaoshimeiyou jianchafa"* („Wenn-dann-nicht"-Prüfungsmethode) bezeichnet wird, ermittelt.[316]

3. Die Haftungsarten und der Umfang des Schadenersatzes

a. Die Haftungsarten in den AGZ und im VG

§ 134 Abs. 1 **AGZ** schreibt zehn Arten von Rechtsfolgen der zivilrechtlichen Haftung vor, die teilweise allein, teilweise kombiniert angewendet werden können. Die Haftungsarten, die die Haftung im Zahlungsverkehr betreffen, sind nur die vierte Art „Rückgabe von Vermögensgütern" (*fanhuan caichan*), die siebte Art „Schadenersatz" (*peichang sunshi*) und die achte Art „Zahlung einer Vertragsstrafe" (*zhifu weiyuejin*).[317]

Im **VG** wird nur die Haftung für materielle Schäden vorgeschrieben. Auf das Thema der vorliegenden Arbeit bezogen, gibt es dort die (Nach)Erfüllungspflicht (*jixu lüxing*), den Schadenersatz und die Zahlung einer Vertragsstrafe (§§ 107 ff., 114 **VG**).[318]

---

312 Das **WVG** wurde vom Ständigen Ausschuss des Nationalen Volkskongresses am 13. Dezember 1981 erlassen und trat am 1. Juli. 1982 in Kraft; es wurde im Jahr 1993 umfangreich revidiert und trat durch Einführung des **VG** im Jahr 1999 außer Kraft.

313 Zu Auseinandersetzungen mit der zivilrechtlichen Haftung in den **AGZ** und im **VG** s. vor allem LI Guoguang (Hrsg.), Kommentierung, S. 420ff., SHAO Jiandong/Eva DREWES (Hrsg.), S. 33 ff.; LI Xiangdong, S. 395 ff.

314 Vgl. o. Punkt, B III 2.

315 XIE Huaishi, Prinzipien, S. 279 f.

316 Zur Methode der Kausalitätsprüfung s. vor allem LI Guoguang (Hrsg.), Kommentierung, S.461 f. Es solle der Adäquanztheorie im deutschen Recht entsprechen; dazu s. SHAO Jiandong/ Eva DREWES (Hrsg.), S. 80 f.

317 Die anderen sieben Haftungsarten in § 134 Abs. 1 **AGZ** sind: Einstellung von Verletzungen (*tingzhi qinhai*), Beseitigung von Behinderungen (*paichu fang'ai*), Beseitigung von Gefahren (*xiaochu weixian*), Wiederherstellung des ursprünglichen Zustandes (*huifu yuanzhuang*), Reparatur, erneute Herstellung oder Austausch (*xiuli, chongzuo, genghuan*), Beseitigung von Auswirkungen und Wiederherstellung des Rufes (*xiaochu yingxiang, huifu mingyu*) und Entschuldigung (*peili daiqian*). Anzumerken ist, dass diese zehn Haftungsarten auch für die deliktische Haftung gelten.

318 Weitere Haftungsarten sind Ergreifen der Abhilfemaßnahme (*caiqu bujiu cuoshi*) (§§ 107, 111 ff. **VG**) und Zahlung der Draufgabe (*zhifu dingjin*) (§§ 115, 116 **VG**).

Die Haftung auf Erfüllung kann mit Schadenersatz und Vertragsstrafe zusammen angewendet werden (§§ 112, 114 Abs. 3 **VG**).[319]

Auf eine fehlgeschlagene Überweisung übertragend sind die Haftung von „Rückgabe von Eigentümern" in den **AGZ** und die Haftung der (Nach)Erfüllung nicht schwer zu konkretisieren. Die Erstere bietet z. B. für den Überweisenden im Fall der falschen Zahlung i.S.v. § 242 S. 2 **ZVM** die Anspruchsgrundlage gegen die fehlerhaft handelnde Bank, um den fehlgebuchten Transferbetrag zurückzuverlangen. Dies gilt gleichfalls für den Anspruch des geschädigten Überweisenden oder Begünstigten sowie der betreffenden Bank gegen betrügerisch handelnde Dritte. Bei der Haftung der (Nach)Erfüllung ist die (schuldhaft) nicht bzw. verspätet leistende Überweisungsbank dazu verpflichtet, den Transferbetrag an den Begünstigten zu vermitteln, statt ihn dem Überweisenden zu erstatten.[320]

Diese beiden Haftungsarten beziehen sich nur auf den Transferbetrag. Das oben offen gebliebene Problem des Umfangs der „Geldkompensation", nämlich die Frage, ob die über den Transferbetrag hinausgehenden Schäden zu ersetzen sind, bzw. ob die „weiteren Schäden" sich nur nach §§ 241 und 242 S. 1 **ZVM** auf Zinsersatz beschränken, lässt sich nur im Rahmen des Schadenersatzes und der Vertragsstrafe im **CV** klären.

b. Der Schadenersatz und das Vollkompensationsprinzip

§ 112 Abs. 1 **AGZ** bestimmt: *„Die Haftung auf Schadenersatz für Vertragsverstöße einer beteiligten Seite muss dem deshalb erlittenen Schaden der anderen Seite entsprechen"*. Daraus lässt sich der Gedanke der „Vollkompensation" entnehmen. Allerdings wird in der Literatur über den konkreten Inhalt des „Schadens" sowie den Umfang des Schadenersatzes gestritten. Man unterscheidet zwischen „direkten" (*zhijie sunshi*) und „indirekten" (*jianjie sunshi*) Schäden. Dabei ist ersterer die durch eine Vertragsverletzung entstandene Minderung des Vermögens, letzterer entspricht dem zu er wartenden Gewinn, welcher durch die Vertragsverletzung nicht erreicht werden konnte.[321] Ob der mittelbare Schaden zu ersetzen ist, war bis zum Erlass des **VG** äußerst umstritten.

Hinsichtlich dieses Problems bestimmt § 113 Abs. 1 **VG**: *„Wenn eine Partei Vertragspflichten nicht oder nicht gemäß den Vereinbarungen erfüllt und der anderen Seite damit einen Schaden verursacht, muss der Betrag des Schadenersatzes dem durch die Vertragsverletzung verursachten Schaden entsprechen, einschließlich des nach Vertragserfüllung zu erlangenden Gewinns, darf aber den Schaden nicht überschreiten, den die den Vertrag verletzende Seite bei Errichtung des Vertrags als mögliche Folge einer Vertragsverletzung vorhergesehen hat oder vorhersehen musste."* Demnach umfasst der Schadenersatz sowohl den tatsächlich entstandenen Schaden als auch den nach Vertragserfüllung zu erwartenden Gewinn, schließt also den mittelbaren Schadens ein. Allerdings bildet die Vorhersehbarkeit

---

319 Vgl. LI Guoguang (Hrsg.), Kommentierung, S. 432 ff.
320 Vgl. Kapitel 6 B III.
321 WEI Zhenying (Hrsg.), S. 435 ff.; Li Guojian (Hrsg.), Kommentierung, S. 459 f.

des eingetretenen Schadens durch die vertragsverletzende Partei die Obergrenze des Schadenersatzanspruchs. Mit anderen Worten, der Geschädigte soll durch den Schadenersatz finanziell so gestellt werden, als sei vertragsgemäß erfüllt worden.[322]
Es lässt sich also festhalten, dass die Regelungen der **ZVM** bezüglich der Beschränkung des Kompensationsumfangs der Bank insofern den Prinzip der **AGZ** und des **VG** widersprechen und deshalb nach Ansicht der Arbeit unwirksam sind.

Erstaunlicherweise hat im Schrifttum noch niemand die rechtliche Wirksamkeit der Beschränkung der Bankhaftung in der **ZVM** im Hinblick auf die Rechtsanwendungstheorie in Frage gestellt. Dagegen ist die Rechtsprechung sehr uneinheitlich. Es wird die schuldhaft handelnden Bank mal nur zur Zinszahlung und mal gemäß §§ 241 und 242 **ZVM** und ggf. **ZV-Antwort** zur Vollkompensation verurteilt, als ob die Regelungen der **ZVM** und nicht existieren.[323]

c. Die Vertragsstrafe und die Voll- bzw. eventuelle Überkompensation

Das Problem der uneinheitlichen Kompensationsansätze der Bankhaftung basiert möglicherweise auf der traditionellen Theorie der Vertragsstrafe (*weiyuejin*). Demnach können die Parteien vereinbaren, dass eine Seite, die den Vertrag verletzt, entsprechend den Umständen der Vertragsverletzung der anderen einen bestimmten Betrag als Vertragsstrafe (*weiyue jin*) zahlt. Sie können auch vereinbaren, wie der Schadenersatz berechnet wird (§ 112 Abs. 2 **AGZ**; aber auch § 114 Abs. 1 **VG**).

Neben dieser vereinbarten Vertragsstrafe gibt es noch eine gesetzliche Vertragsstrafe, die aus der im Jahr 1987 vom Obersten Volksgericht erlassenen „Antwort zu Fragen der Anwendung des **WVG** bei der Verhandlung von Streitfällen über Wirtschaftsverträge" (*Guanyu zai shenli jingji hetong jiufen anjian zhong juti shiyong jingji hetong fa de ruogan wenti de jieda*) (im Folgenden: **Antwort-WVG**) stammt. Demnach ist eine abweichende vereinbarte Vertragsstrafe rechtlich unwirksam, sofern eine betreffende Regelung normativ vorgeschrieben ist. Als Beispiel wurde dort die 1985 vom Staatsrat erlassene **„Verordnung des Darlehensvertrag"** (*jiekuan hetong tiaoli*) genannt und dabei verdeutlicht, dass die Vertragsstrafe, die gemäß der Bestimmungen der Volksbank über die Verzögerung nach „Sanktionszinsen" (*faxi*) oder prozentmäßig berechnet werden soll, eine unabdingbare gesetzliche Vertragsstrafe war.[324]

Von diesem Hintergrund lässt sich erklären, warum niemand die Wirksamkeit der durch die Volksbank erlassenen Bestimmungen zur beschränkten Bankhaftung in der **ZVM** bezweifelt, und warum die zu den **AGZ** in Widerspruch stehende **ZVM** in der Rechtsprechung oft Zustimmung findet.

Fraglich ist aber, ob durch die Zahlung einer (gesetzlichen) Vertragsstrafe generell und insbesondere einer geringen gesetzlichen Vertragsstrafe die Verpflichtung zur

---

322 Ebd.; auch SHAO Jiandong/Eva DREWES (Hrsg.), S. 45 ff.
323 Vgl. „Ein-Yuan-für-eine-Minute-Fall" in Kapitel 6 B II 1 a, auch B II 2, B III 4.
324 LI Guoguang (Hrsg.), Kommentierung, S. 458 ff., 468 ff.

Erstattung eines darüber hinausgehenden Schadens, nämlich zur Zahlung des Schadenersatzes i.S.v. § 112 Abs. 1 **AGZ** ausgeschlossen sein soll. Von den Befürwortern einer beschränkten Bankhaftung wird diese Frage sicherlich bejaht. Die Gegenmeinung, welche sich für die Vollkompensation ausspricht, geht auf dieses Problem dagegen nicht ein.

Die vorliegende Arbeit vertritt die Gegenmeinung, weil einerseits gem. §112 **AGZ** die Regelungen über die Vertragsstrafe und den Schadensersatz nebeneinander anwendbar sind,[325] und anderseits nach einer näheren Betrachtung des Texts der **Antwort-WVG** festzustellen ist, dass die Theorie der gesetzlichen Vertragsstrafe auf einer Missinterpretation beruht. Was man aus der **Antwort-WVG** herauslesen kann, ist höchstens die Meinung, dass die gesetzliche Vertragsstrafe der vereinbarten vorgeht. Dabei kann man aber nicht feststellen, dass die gesetzliche Vertragsstrafe den Schadenersatzanspruch auf von ihr nicht gedeckte Schäden ausschließe. Die Untersagung der vereinbarten Vertragsstrafe soll daher nur auf die Sanktionsfunktion[326] der Vertragsstrafe gerichtet verstanden werden. Auf den Fall der §§ 241 ff. **ZVM** übertragen, darf die Bank bei der (schuldhaften) verzögerten Zahlung nicht durch eine Vereinbarung mit dem Kunden den gesetzlichen Zinsersatz mindern, auch wenn der Kunden gar keinen Schaden erleidet oder der geminderte Ersatz die Schäden deckt.

Mit der Einführung des **VG** von 1999 ist die Rechtslage allerdings komplizierter geworden. Erstens wurde das **WVG** durch das **VG** ersetzt, und daher trat die **WVG-Antwort** auch außer kraft. Nun fragt sich, ob die Theorie der gesetzlichen Vertragsstrafe überhaupt noch aufrecht erhalten werden kann, was sich nur durch entsprechende Gesetzgebung und Judikative klären lässt.[327]

Zweitens ist das Vollkompensationsprinzip unter einem neuen Satz der **VG** zu prüfen, denn anders als nach den **AGZ** darf kein weiterer Schadenersatz gefordert werden, sofern eine Vertragsstrafe gezahlt worden ist. Folglich wird der Schadenersatzanspruch durch eine vereinbarte Vertragsstrafe ersetzt.[328] Die Frage liegt nahe, ob eine vereinbarte Vertragsstrafe, die niedriger als der tatsächlichen Schäden ist, zu einem Ergebnis führt, dass dem Prinzip der Vollkompensation widerspricht.

Der Ansicht der Arbeit nach ist sie zu verneinen, denn nach § 114 Abs. 2 **VG** kann ein Zivilgericht oder eine Schiedsstelle angerufen werden, um die Höhe der Vertrags-

---

325 Vgl. WANG Liming (Hrsg.), Zivilrecht, S. 89 ff.

326 Dass der Zivilhaftung ein Sanktionscharakter beizumessen ist, sieht man auch an der Regelung über das „Festgeld" (*ding jin*) in § 15 **VG**: *Die Parteien können gemäß dem* **„Sicherheitsgesetz der VR China"** *(Zhonghua renmin gongheguo danbaofa) über „Festgeld" vereinbaren, dass eine Seite der anderen ein Festgeld als Sicherheit für die Forderung zahlt; nachdem der Schuldner die Schuld erfüllt hat, muss das Festgeld auf den Preis angerechnet oder zurückgewährt werden. Wenn derjenige, der das Festgeld gezahlt hat, die Schuld nicht erfüllt, ist er nicht berechtigt, das Festgeld zurückzuerhalten; wenn der, der das Festgeld erhalten hat, die vereinbarte Schuld nicht erfüllt, muss er das Doppelte des Festgeldes erstatten.* Die Zahlung bzw. doppelte Erstattung des Festgeldes dürfte die tatsächlichen Schäden überschreiten.

327 Vgl. WEI Zhenying (Hrsg.), S. 440; LI Guoguang (Hrsg.), Kommentierung, S. 473 f.

328 Vgl. LI Guoguang (Hrsg.), Kommentierung, S. 472 ff., 476.

strafe nach oben bzw. unten anzupassen, wenn die Vertragsstrafe, deren Vereinbarung oft vor dem Eintritt des tatsächlichen Schadens getroffen wurde, niedriger oder allzu viel höher ist als der verursachte Schaden. Auf diese Weise soll dem Prinzip der vollständigen Kompensation entsprochen werden.[329]

Anzumerken ist, dass die Vertragsstrafe nach herrschender Meinung[330] Sanktionscharakter besitzt, um das in China relativ schwach ausgeprägte „Bewusstsein zur Vertragserfüllung" zu stärken. Dies führt dann eventuell zu einer Überkompensation. Dies lässt sich auch aus einer Nuance der Formulierung zur Regulierung des Betrags der Vertragsstrafe in § 124 Abs. 2 **VG** entnehmen. Danach kann die verletzte Vertragspartei bereits dann vom Gericht oder Schiedsgericht eine *„zeng jia"* (Erhöhung) verlangen, sofern die vereinbarte Vertragsstrafe niedriger ist als der tatsächliche Schaden. Dagegen kann sie erst und nur dann eine *„shidang jianshao"* (angemessene Senkung) verlangen, wenn die Vertragsstrafe „allzu viel höher" (*guofen gaoyu*) ist.

Abschließend lässt sich als daran festhalten, dass die Beschränkung der Bankhaftung gemäß den §§ 241 ff. **ZVM** dem gesetzlichen Prinzip der Vollkompensation, welches gerade auch in Bezug auf die Vertragsstrafe im **VG** berücksichtigt wird, widerspricht.

4. Die Haftungsbefreiung und Haftungsbeschränkung

Unter Umständen wird der Schuldner von der zivilrechtlichen Haftung befreit bzw. die Haftung wird gemildert. Der Haftungsausschluss bzw. die -beschränkung kann sowohl gesetzlich als auch durch eine wirksame Vereinbarung zustande kommen. Eine solche Vereinbarung muss vor der Verletzungshandlung getroffen werden und unterliegt unter Umständen einer Wirksamkeitsprüfung, insbesondere wenn sie in AGB erfolgt.[331]

Im Folgenden werden die gesetzliche Regelungen dargestellt.

a. Bei höherer Gewalt

Im Falle des Vorliegens höherer Gewalt (*buke kangli*), die die Erfüllung der Vertragspflichten unmöglich macht, haftet der Schuldner nicht bzw. nur teilweise, je nach dem Grad der höheren Gewalt, sofern das Gesetz nichts anders bestimmt (§ 107 **AGZ** und § 117 Abs. 1 S. 1 **VG**). Wenn eine Partei mit der Erfüllung in Verzug ist, wird sie jedoch nicht dadurch von ihrer Haftung bereit, dass während des Verzugs

---

329 LI Guoguang (Hrsg.), Kommentierung, S. 460 f.

330 Die Mindermeinung, nach der die vorzeitig festgesetzte Höhe der Vertragsstrafe dem tatsächlichen Schaden angepasst werden müsse, um den Willen der Parteien zur Vertragserfüllung nicht zu umgehen und um einen Missbrauch der Vertragsstrafe zu vermeiden, hat sich in der Rechtspraxis nicht durchgesetzt. Zu dieser Diskussion s. vor allem SHAO Jiandong/Eva DREWES (Hrsg.), S. 47 ff.

331 WEI Zhengying (Hrsg.), S. 432 ff.

ein Fall von höherer Gewalt eintritt (§ 117 Abs. 1 S. 2 **VG**). Wenn eine Partei den Vertrag wegen höherer Gewalt nicht erfüllen kann, muss sie der anderen Seite dies rechtzeitig mitteilen, um den Schaden, welcher der anderen Seite entstehen kann, zu begrenzen (vgl. § 118 **VG**).

Unter höherer Gewalt ist ein objektiver Umstand zu verstehen, der nicht vorhersehbar (*buke yujian*) und durch äußerste vernünftigerweise zu erwartende Sorgfalt nicht abwendbar (*buneng bimian*) bzw. nicht überwindbar (*buneng kefu*) ist (vgl. § 117 Abs. 2 **VG**).[332] Typische Fälle sind Naturkatastrophen, Reaktorunfälle oder Epidemien. In Frage kommen des weiteren Krieg oder Kriegsgefahr, innere Unruhen sowie instabile politische Verhältnisse.

Auf die Bankzahlung übertragen ist die Frage zu stellen, ob z.B. ein Stromausfall oder Hacker-Attacken, die im heutzutage weitgehend computerbasierten Zahlungssystem zu einem großen Schaden führen können, ebenfalls als Fälle höherer Gewalt anzusehen sind. Dort besteht jedenfalls noch Klärungsbedarf durch Rechtsprechung bzw. Literatur.[333]

Hervorzuheben ist , dass gemäß § 107 **AGZ** und § 117 Abs. 1 **VG** der Schuldner bei höherer Gewalt ausnahmsweise doch haftet, wenn „das Gesetz etwas anderes bestimmt". Für den Bankzahlungsverkehr ist insoweit insbesondere auf die Bestimmung des § 109 **VG** hinzuweisen: *„Wenn eine Partei das Geld/ den Preis (jiakuan) bzw. das Entgelt (baochou) nicht bezahlt hat, kann die andere Seite Zahlung des Preises bzw. Entgeltes verlangen".*

Dieser Paragraph wird im wichtigsten Kommentar zum **VG** als „Haftung auf tatsächliche Erfüllung der Geldschuld" (*jinqian zhaiwu de shiji lüxing zeren*) bezeichnet.[334] Das Ziel dieser Vorschrift sei es, eine Ausnahme zur Haftungsbefreiung bei höherer Gewalt zu statuieren. Da Geld eine vertrebare Sache sei und hohe Zirkulationsfähigkeit (*liutong xing*) habe, sei die tatsächliche Erfüllung einer Geldschuld immer möglich. Auf die Bankeinlage- und Bankzahlungsgeschäfte übertragen dürfe die Bank daher bezüglich des Kontoguthabens den Auszahlungsanspruch des Kontoinhabers sowie auch dessen sonstige Ansprüche, je nach der Vereinbarung bei Kontoeröffnung, nicht mit dem Hinweis auf das Vorliegen „höherer Gewalt" ablehnen.

b. Bei Mitverschulden und fehlendem Verschulden

Trifft den Geschädigten ein Mitverschulden (*shuangfang weiyue; shuangfang guocuo*), so muss gemäß § 113 **AGZ** jeder für den Schaden, den er verursacht hat, haften: *„Verstoßen die Beteiligten auf beiden Seiten gegen den Vertrag, so muss jeder für sich die von ihm zu tragende zivile Haftung übernehmen".*

---

332 WEI Zhengying (Hrsg.), S. 433.
333 Vgl. „Stromausfall-Überweisungsfall" in Kapitel 6 B II 1 c.
334 LI Guoguang (Hrsg.), Kommentierung, S. 432ff.; dabei wird angeführt, dass „tatsächliche Erfüllung" mit „Nacherfüllung" (*jixu lüxing*) umschrieben wird.

Nach § 120 **VG** wird der Haftungsumfang somit je nach dem Grad des eigenen Verschuldens bemessen bzw. beschränkt: *„Wenn beide Seiten den Vertrag verletzen, haftet jeder seiner Verletzungshandlung entsprechend“*.[335]

II. Die deliktische Haftung

1. Die Grundbestimmungen

Der Absatz 2 des § 106 **AGZ** gilt als die Generalnorm für die zivilrechtliche Deliktshaftung: *„[...]. Wenn Bürger oder juristische Personen schuldhaft staatliche oder kollektive Vermögensgüter verletzen oder Vermögensgüter oder den Köper anderer Personen verletzen, müssen sie die zivilrechtliche Haftung übernehmen (Abs. 2). [...]“*. Die detaillierten Regelungen befinden sich im 6. Kapitel der **AGZ** in den §§ 117–133 unter dem Titel *„qinquan de minshi zeren“* (Zivilrechtliche Haftung für die deliktische Rechtsverletzung).

Das Deliktsrecht gewährt dem Geschädigten einen Anspruch gegen den Schädiger, der darauf gerichtet ist, den Schaden zu ersetzen und die schädigende Handlung zu unterlassen. Anders als bei der Haftung wegen einer Vertragsverletzung, bedarf es für einen deliktischen Anspruch keiner vertraglichen Verbindung zwischen dem Schädiger und Geschädigten.

2. Die Voraussetzungen

Dogmatisch ist unumstritten, dass eine Deliktshaftung die folgenden vier Elemente umfasst, die sich in den **AGZ** jedoch nur aus dem Kontext erschließen lassen.[336]

Zunächst steht das Vorliegen eines Verschuldens, das wiederum aus Vorsatz (*guyi*) oder Fahrlässigkeit (*guoshi*) bestehen kann, im Vordergrund der deliktischen Haftung. Dies ist das in der Generalnorm § 106 Abs. 2 **AGZ** explizit niedergeschriebene Verschuldensprinzip. In Ausnahmefällen ist nach § 106 Abs. 3 **AGZ** eine deliktische Haftung auch ohne Verschulden begründet: *„Wenn kein Verschulden vorliegt, aber nach den gesetzlichen Bestimmungen die zivilrechtliche Haftung übernommen werden muss, muss die zivile Haftung übernommen werden“*. Diese Haftung ist üblich für solche Schäden, die sich aus einer besonderes gefährlichen Anlage einer an sich erlaubten Tätigkeit verwirklichen; sie wird deshalb auch mit *„wiexian zeren“* (Gefährdungshaftung) bezeichnet.[337]

---

335 Vgl. Jiandong SHAO/Eva Drewes (Hrsg.), Fn. 10–12 auf der Seite 34 f.
336 SHI Shangkuan, SchuldR I, S. 105 ff.; WEI Zhenying (Hrsg.), S. 686 ff.; WANG Liming (Hrsg.), Zivilrecht, S. 547 f.; SHAO Jiandong/Eva DREWES (Hrsg.), S. 70 ff.
337 Die Schäden der Gefährdungshaftung, die gesetzlich festgelegt werden müssen, sind vor allem in § 123 **AGZ** bestimmt; sie sind die Schäden, die man in Durchführung einer für die Umgebung hochgefährlichen Arbeit, wie solchen in großer Höhe, unter hohem Druck, mit leicht entzündlichen, explosiven, hochgiftigen oder radioaktiven (Stoffen) oder Transportmitteln hoher Geschwindigkeit anderen Personen zugefügt hat. Näher dazu s. vor allem SHI Shangkuan, SchuldR I, S. 197 ff., 202 ff.; WEI Zhenying (Hrsg.), S. 710 ff.

Die zweite Voraussetzung ist „*weifa qinhai xingwei*", die rechtswidrige Handlung, die eines der im Gesetz genannten Rechte und Rechtsgüter verletzt. Hier lässt sich die Bestimmung des § 117 **AGZ** zitieren: „*Wer Vermögensgüter des Staates, der Kollektive oder anderer Personen in Beschlag nimmt, muss die Vermögensgüter zurückgeben; wenn die Zurückgabe unmöglich ist, muss er gemäß dem Wert Ersatz leisten* (Abs. 1). *Wer Vermögensgüter des Staates, der Kollektive oder anderer Personen beschädigt bzw. zerstört, muss den ursprünglichen Zustand wiederherstellen oder gemäß dem Wert Ersatz leisten* (Abs. 2). *Wenn der Geschädigte andere schwere Schäden erleidet, muss der Schädiger ebenfalls Schadenersatz leisten* (Abs. 3)".

Es ist zu erkennen, dass § 117 Abs. 1 und 3 **AGZ** eventuell die Haftung im Zahlungsverkehr unmittelbar betreffen, während § 117 Abs. 2 **AGZ** eher auf Verletzung körperlichen Sachen gerichtet ist. Das Stichwort ist „*qinzhan caichan*", das „Vermögensgüter in Beschlag nehmen" oder „unrechtmäßig aneignen" bedeutet.

Zu den deliktsrechtlich geschützten Rechtsgütern[338] zählen an erster Stelle die „Vermögensgüter des Staates, des Kollektivs und anderer Personen", die in den §§ 106 Abs. 2 und 117 **AGZ**) erwähnt werden. Die Vermögensgüter (*cai chan*) entsprechen im engeren Sinn dem sachenrechtlichen Begriff „Eigentum", umfassen im weiteren Sinn aber auch schuldrechtliche Rechte. So wird beispielsweise das Guthaben auf dem Konto generell als „Vermögensgut" angesehen.[339] Deshalb lässt sich der „Geschädigte" im Zahlungsverkehr auch auf deliktische Ansprüche stützen, vor allem den Schadenersatzanspruch.

Die Verletzungshandlung wird im chinesischen Deliktsrecht immer mit dem verletzten Rechtsgut im Rahmen des Schadens geprüft.[340] Unter einem Schaden, dessen Vorliegen als dritte Voraussetzung einer deliktischen Haftung gilt, wird ein durch eine bestimmte Handlung oder ein Ereignis hervorgerufener, auf die vom Deliktsrecht geschützten Rechte und Interessen ausgeübter schädlicher Einfluss verstanden. Er besteht aus materiellen (*youxing sunhai*) und immateriellen (*wuxing sunhai*) Schäden.[341]

Zwischen dem Schaden und der Verletzungshandlung muss eine Kausalbeziehung gegeben sein. Diese Kausalität ist eine unentbehrliche Voraussetzung der Deliktshaftung. Der Schädiger hat nur den Schaden, den seine schuldhaft herbeigeführte Verletzungshandlung adäquat verursacht hat, zu ersetzen.[342]

---

338 Statt einer Aufzählung der zu schützenden Rechtsgüter in einer deliktsrechtlichen Generalnorm sind die geschützten Rechtsgüter in mehreren Einzelvorschriften aufgelistet; selbst in den **AGZ** sind sie zerstreut geregelt. Dazu s. vor allem SHAO Jiandong/Eva DREWES (Hrsg.), S. 75 f.

339 Die anderen Schutzgegenstände, die mit dem hier zu behandelnden Thema kaum zu tun haben, sind die persönlichen Rechtsgüter und Urheber- und Patentrechte. Näher s. WEI Zhenying (Hrsg.), S. 693 ff.

340 SHAO Jiandong/Eva DREWES (Hrsg.), S. 80; WANG Liming, Forschungen, S. 58 ff.

341 WANG Liming, Forschungen, S. 55; vgl. WEI Zhenming (Hrsg.), S. 723 ff.

342 SHAO Jiandong/Eva DREWES (Hrsg.), S. 80 f.; WEI Zhenying (Hrsg.), S. 688 ff.

3. Die Haftungsformen und der Umfang des Schadenersatzes

Die in § 134 Abs. 1 **AGZ** vorgesehenen zehn Formen[343] der zivilrechtlichen Haftung gelten auch für das Deliktsrecht, bis auf Nr. 8 „Zahlung von Vertragsstrafe", die naturgemäß nur im Rahmen des Vertragsrechts anwendbar ist. Die die Bankhaftung betreffenden Haftungsarten sind „Rückgabe von Vermögensgüter" und „Schadenersatz". In diesem Zusammenhang lässt sich auch auf die Bestimmung des § 117 Abs. 3 **AGZ** verweisen, wonach der Schädiger neben der Rückgabe des entzogenen Vermögens Schadenersatz leisten muss, wenn der Geschädigte außer dem Entzug des Vermögens noch „andere schwere Schäden" erleidet, wobei dieser Begriff sicherlich einer Konkretisierung durch die Rechtsprechung bedarf.

Bezüglich des Ersatzumfangs vertritt die herrschende Meinung in der Literatur[344] die Ansicht, dass in der Regel der Schädiger den Schaden in vollem Umfang zu ersetzen habe, d. h. sowohl die unmittelbaren als auch die mittelbaren Schäden. Anders als bei der Vertragsverletzungshaftung hat der deliktische Schädiger dem Geschädigten auch den diesem von ihm zugeführten „Geistesschaden" (*jingshen sunhai*), der nicht einen unmittelbaren materiellen Verlust darstellt, zu ersetzen.[345] Obwohl die **AGZ** den Ersatz des Nichtvermögensschadens, das so genannte „Schmerzensgeld" (*jingshen peichang*)[346] nicht ausdrücklich erwähnen, ziehen die meisten Rechtswissenschaftler § 120 **AGZ** als Grundlage für einen solchen Schmerzensgeldanspruch heran. Inzwischen räumt auch die Rechtsprechung einen solchen Anspruch ein.[347]

4. Die Haftungsbefreiung und Haftungsbeschränkung

a. *Bei so genannten „gerechten Gründen"*

Den **AGZ** lässt sich eine Haftungsbefreiung bzw. -beschränkung beim Vorliegen so genannter „gerechter Gründe" entnehmen. Dazu zählen vor allem die Selbsthilfe (*zhengdang fangwei*) in § 128 **AGZ** und die Notwehr (*jinji bixian*) in § 129 **AGZ**.[348]

In diesem Zusammenhang ist auch der Fall zu erwähnen, in dem der Schuldner eine zivilrechtsverletzende Handlung begangen hat, um öffentrechtliche Pflichten nach-

---

343 S. o. Punkt C I 2.

344 WEI Zhenying (Hrsg.), S. 722 ff.; SHAO Jiandong/Eva DREWES (Hrsg.), S. 72, 89 ff.

345 Zu nennen sind vor allem die Ehrverletzung durch unwahre Behauptungen und der Eingriff in das Persönlichkeitsrecht. Dazu s. vor allem WEI Zhenying (Hrsg.), S. 728 ff.; SHAO Jiandong/Eva DREWES (Hrsg.), S. 72, 89 ff.

346 Hier wird für „*jingshen peichang*" der fast übereinstimmende deutsche Begriff „Schmerzensgeld" übernommen. Wörtlich aus dem Chinesischem bedeutet er aber eher „Geistesersatz".

347 § 120 **AGZ** läutet: *Wird das Recht des Bürgers an seinem Namen oder seinem Bildnis, auf seinen Ruf oder seine Ehre verletzt, so ist er berechtigt, die Einstellung der Verletzung, die Wiederherstellung seines Rufes, die Beseitigung der Auswirkungen und eine Entschuldigung zu verlangen und kann auch Schadenersatz verlangen* (Abs. 1). *Wenn das Recht juristischer Personen an ihrer Bezeichnung, auf ihren Ruf oder ihre Ehre verletzt wird, wird der vorstehende Absatz angewandt.* Dazu s. vor allem, WEI Zhenying (Hrsg.), S. 728 ff.; SHAO Jiandong/Eva DREWES (Hrsg.), S. 90 ff.

348 Zur Rechtslehre der Selbsthilfe und Notwehr s. WANG Liming (Hrsg.), Zivilrecht, S. 549 ff.; WEI Zhenying (Hrsg.), 730 ff.

zukommen, z. B. eine Kontosperrung aufgrund einer behördlichen oder gerichtlichen Weisung erfolgt. Hierfür haftet die Bank unabhängig von der Rechtsmäßigkeit der Weisung nicht.

b. Bei Mitverschulden und fehlendem Verschulden

Zur deliktischen Haftung bestimmt § 131 **AGZ**, der die Haftung bei Mitverschulden des Geschädigten regelt: *Wenn auch den Geschädigten ein Verschulden am Eintritt der Schädigung trifft, kann die (deliktische) zivilrechtliche Haftung des Schädigers gemindert werden.*

In der Rechtpraxis kommt es manchmal vor, dass keine der beiden Parteien schuldhaft handelt und gleichzeitig die Gefährdungshaftung nicht eingreift. Es stellt sich die Frage, wer in dieser unklaren Situation letztlich für einen Schaden haften soll. Die **AGZ** sind bei der Regelung der deliktischen Haftung auf dieses Problem eingegangen. Nach § 132 **AGZ** kann beim Fehlen des Verschuldens die Deliktshaftung „aufgrund der tatsächlichen Umstände auf die Beteiligten verteilt werden". Dies wird in der Literatur mit „Billigkeitshaftung" (*gongping zeren*) bezeichnet; sie gilt neben der Verschuldens- und Gefährdungshaftung als weiteres Zurechnungsprinzip des chinesischen Deliktrechts.[349]

Diese Risikoverteilungsregelung lässt sich nach Ansicht der vorliegenden Arbeit ohne Schwierigkeiten auf das Vertragsrecht übertragen. Hinzuweisen ist jedoch darauf, dass Risikoverteilung nicht immer „Mittragung" bzw. „Mithaftung" bedeutet. Es kann auch sein, dass nur eine Partei den Verlust trägt, während die andere Partei vom Verlust befreit wird.

III. Die Haftung aus Bereicherungsrecht

Wie oben bereits erwähnt, kommt als weitere Rechtsfolge einer Leistungsstörung im Zahlungsverkehr ein bereicherungsrechtlicher Anspruch in Frage. Dieser zählt nicht zum Haftungsrecht im engeren Sinne, sonder begründet ein so genanntes gesetzliches Schuldverhältnis.[350]

---

349 Ein weiteres Beispiel lässt sich in § 133 **AGZ** erkennen. Danach übernimmt der Vormund die deliktische Haftung für den von einem nicht oder nur begrenzt Rechtsgeschäftsfähigen herbeigeführten Schaden; die Haftung kann entsprechend ermäßigt werden, wenn der Vormund seiner Verantwortung als Vormund voll nachgekommen ist (§ 133 Abs. 1 **AGZ**). Wenn der Schädiger Vermögen hat, wird die Entschädigung zuerst aus dem Vermögensgut gezahlt und der Vormund zahlt nur den davon nicht gedeckten Teil, außer wenn eine Einheit die Vormundschaft übernommen hat. Dazu s. SHAO Jiandong/Eva DREWES (Hrsg.), S. 86 f.

350 Vgl. o. Punkt C.

1. Die Grundbestimmung

Bei falscher Zahlung im Überweisungsverkehr steht dem „Inhaber" des Überweisungsbetrags in erster Linie der Anspruch auf Rückgabe des Betrags zu. Neben dem Vertragsrecht und Deliktsrecht lässt sich dieser Anspruch auch aus dem Bereicherungsrecht ableiten. § 92 **AGZ** bildet die gesetzliche Grundlage des chinesischen Bereicherungsrechts: „*Wer ohne rechtliche Grundlage einen unangemessene Vorteil (budang deli) erlangt und (damit) einen Schaden für eine andere Person herbeiführt, muss das Erlangte dem zurückgeben, der den Schaden erlitten hat*".

2. Die Vorraussetzungen des Bereicherungsanspruches

Nach der herrschenden Literaturansicht[351] liegt eine unberechtigte Bereicherung vor, wenn die folgenden vier Voraussetzungen erfüllt sind. Dies lässt sich auch aus dem § 92 **AGZ** entnehmen.

Die erste Voraussetzung ist die Bereicherung einer Partei. Die Bereicherung ist mit „Vermögensvermehrung" gleichzusetzen, sei es im positiven Sinn als auch im passiven Sinn. Bei einer positiven Vermögensvermehrung hat der Bereicherte den Wert seines gesamten Vermögens durch Vergrößerung der Rechte oder Verminderung der Pflichten vergrößert, wie z. B. den Erhalt eines irrtümlichen an ihn überwiesenen Betrages. Bei der passiven Vermögensvermehrung entgeht der Bereicherte einer eigentlich fälligen Belastung seines Vermögens, bspw. in dem Fall, in dem die Bank eine von ihm in Auftrag gegebenen Überweisung zwar durchgeführt, aber ohne sein Konto mit dem Transferbetrag zu belasten.[352]

Die zweite Voraussetzung ist der Vermögensverlust bei einer andren Partei. Die Vermögensverlust besteht aus unmittelbaren (*zhijie sunshi*) und mittelbaren Schäden (*jianjie sunshi*); der Geschädigte hat bei Ersteren einen Teil des bestehenden Vermögens verloren und bei Letzteren den zu erwartenden Gewinn nicht erhalten.[353]

Als dritte Voraussetzung ist die Kausalität zwischen der Vermögensvermehrung einer Partei und der Vermögensverlust der anderen Partei. Dabei wird zwischen unmittelbarer (*zhijie yinguo guanxi*) und mittelbarer Kausalität (*jianjie yinguo guanxi*) unterscheiden. Der Unterschied lässt sich an folgendem oft zitiertem Fall illustrieren: A leiht sich Geld von B, um das Haus der C zu reparieren. Nach der Theorie der unmittelbaren Kausalität darf B das Geld nicht von C verlangen, wenn A es ihm nicht zurückgibt. Dagegen kann er sich nach der Theorie der mittelbaren Kausalität an C wenden, weil zwischen ihrem Vorteil und dem Nachteil des B ein direkter Zusammenhang bestehe.

---

351 WEI Zhenying (Hrsg.), S. 574 ff.; WANH Liming (Hrsg.), Abriss, S. 492 ff.; vgl. SHI Shangkuan, SchuldR I, S. 71 ff.

352 WANG Liming (Hrsg.), Abriss, 492; SHI Shangkuan, SchuldR I, S. 72 f.

353 WANG Liming (Hrsg.), Abriss, 492 f.; SHI Shangkuan, SchuldR I, S. 74 ff.

Die letzte Voraussetzung ist das Fehlen des Rechtsgrunds.[354] Auch hier lässt sich eine irrtümlich an den falschen Begünstigten überwiesene Zahlung als Beispiel anführen. Das gleich gilt beim Wegfall des aus dem Grundverhältnis zwischen dem Überweisenden und dem Begünstigten resultierenden Rechtsgrundes.

3. Die Rückgabepflicht und deren Beschränkung

Als Rechtsfolge muss der Bereicherte das Erlangte herausgeben. Im Unterschied zur Vollkompensation des vertraglichen und dilektischen Haftungsrechts geht es hier nur um die Korrektur eines fehlgelaufenen Vermögensverschiebung.

Des weiteren ist zu unterscheiden, ob der Bereicherte zum Zeitpunkt der Bereicherung gutgläubig oder bösgläubig gewesen ist. Bei Gutgläubigkeit ist nur das Erlangte zurückzugeben, das noch bei ihm vorhanden ist. Dagegen hat er bei Bösgläubigkeit das Erlangte unabhängig vom Grad seiner Entreicherung zu erstatten.

D. Zusammenfassung des Kapitels

Die wichtigsten gegenwärtig geltenden Rechtsbestimmungen für das zivilrechtliche Haftungssystem, die unmittelbar mit dem Banküberweisungsverkehr in Verbindung stehen, sind die §§ 241 ff. in der 1997 von der Volksbank erlassenen **„Zahlungsverrechnungsmethode"** (ZVM). Diese sind vorwiegend der Bankhaftung gewidmet, allerdings in einem sehr pragmatischen Still abgefasst, indem nur die rechtliche Verantwortlichkeit der Bank für bestimmte in der Bankpraxis häufig auftauchende fehlerhafte Handlungen niedergeschrieben wird, ohne die dogmatische Unterscheidung des Haftungsgrundes zu berücksichtigen.

Trotz der wenig fachlichen Formulierung lässt sich erkennen, dass die **ZVM** für die Bankhaftung im Zahlungsverkehr ein Verschulden voraussetzt, und beim Ersatz des fehlerhaft transferierten Betrags den Maßstab der groben Fahrlässigkeit benutzt. Zur Auslegung der „groben Fahrlässigkeit" lässt sich das in § 17 **ZVM** verankerte „Prinzip der Formalprüfung" heranziehen, als dessen Folge der Kontoinhaber bzw. der Überweisende verschuldensunabhängig den Verlust des Einlagekapitals oder des Überweisungsbetrags bei einer fehlerhaften Überweisung an (betrügerisch handelnde) Dritte tragen muss, sofern die Banken möglicherweise gefälschte Unterlagen gutgläubig und in Übereinstimmung mit den Bestimmungen und der normalen Verfahrensweise geprüft haben.

Neben dem Verschulden wird für die Haftung der Bank eine pflichtverletzende Handlung, ein Schaden und implizit eine Kausalität zwischen den letzten beiden Merkmalen vorausgesetzt. Sind alle Voraussetzungen erfüllt, haftet die Bank auf „Geldkompensation", d. h. auf Schadensersatz bzw. Zahlung einer Vertragsstrafe. Im Gegensatz zum in den **„Allgemeinen Grundsätzen des Zivilrechts"** (AGZ) von 1986 festgelegten Vollkompensationsprinzip, welches im **„Vertragsgesetz der**

---

354 S. vor allem SHI Shangkuan, SchuldR I, S. 76 ff.

VR China" (**VG**) von 1999 bestätigt worden ist, beschränkt sich die Bankhaftung nach den §§ 241 ff. **ZVM** auf den Ersatz in Zinsform.

Aufgrund der niedrigen normativen Wertigkeit der **ZVM** in der Normhierarchie gelten sie allerdings nur als Ausgangspunkt bei der Beurteilung des konkreten Sachverhaltes. Es ist unumgänglich zu untersuchen, ob die **ZVM** dem durch die **AGZ** von 1986, das **VG** von 1999 und das **„Kommerzbankgesetz der VR China"** von 1995 (**KBG**) festgelegten Normensystem entspricht, oder ob eines der genannten höherrangigen Gesetze etwas anderes vorschreibt. Hervorzuheben ist, dass das **KBG** als besondere Bestimmung i. S. d. § 83 **GGG** anzusehen ist und daher die Bankenhaftung abweichend von den grundlegenden Bestimmungen in den **AGZ** und im **VG** bestimmen darf.

In den §§ 6 und 33 **KBG** wird der Rechtsschutz des Einlegers bezüglich des Einlagekapitals einschließlich der zugehörigen Zinsen unterstrichen, indem aus Sicht der Einleger ein Guthaben einen (ähnlichen) Rechtscharakter wie das Eigentum aufweist. Auf die Überweisung übertragen bedeutet das, dass der Inhaber eines Verrechnungskontos, sofern ihn kein Verschulden trifft, nicht zu fürchten hat, dass ein unberechtigter bzw. betrügerisch handelnder Dritter das Geld in seinem Namen bzw. im Namen seines Bevollmächtigten auszahlen oder überweisen lässt. Die Beschränkung der Bankhaftung auf grobe Fahrlässigkeit in § 242 S. 2. **ZVM** widerspricht jedoch diesem Schutzgedanken zugunsten des Kontoinhabers und ist daher nach Ansicht der vorliegenden Arbeit im Rahmen der Rechtsanwendungstheorie unwirksam.

Bezüglich der Wirksamkeitsfrage über die Regelung des Bankhaftungsumfangs in der **ZVM** bietet das **KBG** keine endgültige Antwort. § 73 **KBG** bestimmt zwar, dass die Bank bei Zahlungsstörungen neben dem Ersatz der Verspätungszinsen noch die „sonstige zivilrechtliche Haftung" zu tragen hat. Daraus lässt sich aber nicht entnehmen, ob dabei eine Vollkompensation gemeint ist.

In Bezug auf ungeregelten Punkte des Haftungssystems im Überweisungsverkehr wie der Haftungsbefreiung bei höherer Gewalt und Mitverschulden der anderen Partei ist auf das allgemeinen Zivilrecht, vor allem die AGZ und das VG zurückzugreifen. Als Rechtsgrundlage kommen das vertragliche und deliktische Haftungsrecht und im weiteren Sinn, welches auch das Bereicherungsrecht umfasst, in Betracht.

Bezüglich des Haftungsumfangs ist deutlich, dass für den Schadenersatz eine Vollkompensation sowohl im Vertragsrecht (§ 112 Abs. 1 **AGZ**, § 113 Abs. 1 **VG**) als auch im Deliktsrecht (§ 106 Abs. 2 **AGZ**) vorgegeben ist, weshalb die beschränkte Bankhaftung in der **ZVM** insofern unwirksam ist. Bei einer näheren Betrachtung ist zu sehen, dass die bankfreundliche Haftungsbeschränkung in der **ZVM**, die in der Literatur keinen Widerspruch findet und sich in der Rechtsprechung auch teilweise durchgesetzt hat, auf einer Rechtslehre der unabdingbaren gesetzlichen Vertragsstrafe beruht, was nach der Untersuchung der vorliegenden Arbeit als unrichtig anzusehen ist.

Kapitel 6 Die Rechtsstellung des Überweisenden bei Leistungsstörungen

Der Überweisende veranlasst mit dem Überweisungsauftrag die Überweisung und steht daher am Anfang der Überweisungskette. Da zur Durchführung der Überweisung regelmäßig Vermögen des Überweisenden, nämlich sein Kontoguthaben oder Bargeld eingesetzt wird, ist er die zentrale Figur für die Geltendmachung von Restitutions- und Schadensersatzansprüchen bei einer fehlgeschlagenen Überweisung.

Im Folgenden wird zuerst ein Überblick über die Rechtsstellung des Überweisenden bei einer störungsfreien Überweisung (Punkt A) und dann die Rechtsstellung bei einer fehlerhaften Überweisung (Punkt B) gegeben. Es werden die Hauptfallgruppen der Leistungsstörungen aus Sicht des Überweisenden und deren Entstehungshintergrund dargestellt und untersucht, welche Ansprüche dem Überweisenden den Banken gegenüber und dem Begünstigten gegenüber zustehen, und welche negativen Rechtsfolgen er eventuell selbst tragen muss. Im Hinblick darauf, dass die wirkliche Unsicherheit des Überweisenden bei der Geltendmachung von Ansprüchen in der Beurteilung des Bankverschuldens bzw. des eigenen Verschuldens liegt, wird in Punkt C durch Darstellung und Analyse von einzelnen Fälle untersucht, in welchen Situationen der Überweisenden mit dem Vorliegen eines Bankverschuldens bzw. eines eigenen Verschuldens rechnen kann bzw. muss.

A. Die Rechtsstellung bei einer „störungsfreien" Überweisung

I. Das Recht zur Banküberweisung

Hier lässt sich zunächst feststellen, dass der Schuldner grundsätzlich per Überweisung seine Geldschuld erfüllen kann, sofern der mit ihm in einem Rechtsverhältnis stehende Gläubiger einverstanden und rechtlich nichts anderes bestimmt ist. Wenn es sich um eine Zahlung zwischen Einheiten handelt, sind sowohl der Schuldner als auch der Gläubiger verpflichtet, den bargeldlosen Zahlungsweg statt der Barzahlung zu wählen.[355]

Entsprechend besteht für die beauftragte Bank ein Konstrahierungszwang. Wenn die beauftragte Bank die Hausbank des Überweisenden ist, also der Überweisende bei dieser ein Verrechnungskonto unterhält, ergibt sich dieser Konstrahierungs-

355 Vgl. Kapitel 2 A II 4.

zwang, auch aus dem Verrechnungsvertrag zwischen dem Kontoinhaber und der Hausbank.[356]

II. Die Pflichten zur Bindung an den Überweisungsauftrag

Es besteht zwischen dem Überweisenden und der Überweisungsbank ein Überweisungsvertrag.[357] Gemäß den Grundsätzen der Vertragslehre muss sich der Überweisende sowohl an den von ihm selbst als auch an den von seinem Bevollmächtigten erteilten Überweisungsauftrag binden lassen.

Die ordentliche Ausführung der Überweisung durch die Bank kann der Überweisende erst dann verlangen, wenn er für den Überweisungsbetrag und die anfallenden Leistungsgebühren genug Guthaben auf seinem Konto hat, bzw. dieses per Bargeldzahlung deckt, und das Antragsformular korrekt ausgefüllt hat. Dies ergibt sich auch aus dem Überweisungsvertrag bzw. dem Verrechnungskontovertrag zwischen dem Überweisenden und der Überweisungsbank.[358]

III. Das Recht zum Widerruf der Überweisung

Es besteht ein Ausnahmefall von der grundsätzlichen Bindungspflicht des Überweisenden im Rahmen des Überweisungsverkehrs. Hiernach ist der Überweisende berechtigt, die schon in Gang gesetzte Überweisung durch seinen Widerruf rückgängig zu machen. Diese Ausnahme ist für den Überweisenden von entscheidender Bedeutung, insbesondere in Fällen, in denen der Überweisende bei dem Geschäftspartner Unregelmäßigkeiten entdeckt. Mit der Widerrufsmöglichkeit kann er den in Gang gesetzten Zahlungsvorgang stoppen, um einen weitergehenden Verlust zu vermeiden bzw. einzuschränken.

1. Die Regelung des Widerrufs des Überweisenden

Der so genannte Widerruf des Überweisungsauftrags ist im chinesischen Recht unter gewissen Bedingungen zulässig. Ausdrücklich wird das Widerrufsrecht des Überweisenden und dessen zeitliche Beschränkung in den §§ 177–179 **ZVM** geregelt.

a. Zitat der §§ 177–179 ZVM

§ 177 **ZVM:** *„Der Überweisende kann die Löschung (ce xiao) des Überweisungsbetrags beantragen, sofern der Überweisungsbetrag noch nicht von der Überweisungsbank überwiesenen worden*

---

356 S. Kapitel 4 A I 1-2.
357 S. Kapitel 4 B II.
358 Näher zur Deckungspflicht und Gebührenpflicht des Überweisenden s. Kapitel 3 B I 3.

ist (S. 1: Antrag auf Löschung einer Überweisung; *shenqing cexiao huikuan*). *Beim Löschungsantrag muss der Überweisende ein formelles Schreiben bzw. den eigenen Personalausweis zusammen mit dem Original der Empfangsquittung (hui dan) oder der brieflichen oder telegraphischen Überweisung vorlegen* (S. 2). *Die Überweisungsbank kann (den Überweisungsbetrag) löschen, nachdem sie festgestellt hat, dass er tatsächlich noch nicht überwiesen worden ist, und nachdem sie die originale Empfangsquittung zurückgenommen hat* (S. 3)".

§ 178 **ZVM**: *„Der Überweisende kann eine Rückgängigmachung der Überweisung (tui hui) beantragen, wenn der Überweisungsbetrag schon von der Überweisungsbank überwiesen worden ist* (S. 1). *Wenn der Überweisungsbegünstigte bei der Empfängerbank ein Bankkonto hat, hat sich der Überweisende selbst mit dem Überweisungsempfänger in Verbindung zu setzen, um die Überweisung rückgängig zu machen* (S. 2 Untersatz 1); *wenn der Überweisungsbegünstigte bei der Empfängerbank kein Bankkonto hat, muss der Überweisende ein formelles Schreiben bzw. den eigenen Personalausweis zusammen mit dem Original der Empfangsquittung (hui dan) oder der brieflichen oder telegraphischen Überweisung vorlegen. Die Überweisungsbank unterrichtet (dann) die Empfängerbank (über den Antrag des Überweisenden)* (S. 2 Untersatz 2); *wenn diese festgestellt hat, dass der Überweisungsbetrag noch nicht ausgezahlt worden ist, und ihn der Überweisungsbank zurücküberwiesen hat, kann erst dann die Überweisung (bei der Überweisungsbank) rückgängig gemacht werden* (S. 2 Untersatz 3)".

§ 179 **ZVM**: *„Eine die Überweisung weiterübertragende Bank* (Zwischenbank; *zhuanhui yinhang*) *darf den Antrag des Überweisenden oder der Überweisungsbank auf Überweisungslöschung oder -rückgängigmachung nicht entgegennehmen"*.

b. Wörtliche Auslegung

(1) *„chexiao huikuan"* in § 177 ZVM und *„tui hui"* in § 178 ZVM

Für den Widerruf des Überweisenden verwendet § 177 **ZVM** die Wortgruppe *„chexiao huikuan"* (Löschen/Widerruf des Überweisungsbetrags). Das Verb *„che xiao"* (löschen/rückgängig machen/abschaffen) ist bereits ein wichtiger Terminus im chinesischen Zivilrecht. Er bezeichnet grundsätzlich einerseits den Widerruf eines Rechtsgeschäfts wie z. B. eines Vertragsangebots in § 18 **VG** oder einer Mitteilung der Rechtsübertragung durch den Gläubiger in § 80 Abs. 2 **VG**,[359] und andererseits die meist durch ein Gericht oder eine Schiedsbehörde vorgenommene Aufhebung eines Vertrags oder eines Rechtsgeschäfts (vgl. z. B. §§ 59 und 61 **AGZ**, §§ 54, 74 und 75 **VG**).

Ein wenig verwirrend benutzt § 178 **ZVM** das abweichende Wort *„tui hui"* (Überweisungsrückgang), was der Ansicht der Verfasserin nach nicht notwendig ist. Daher wird auf eine Spekulation über die mögliche rechtliche Differenz hier verzichtet. Allerdings ist zu erkennen, dass *„tui hui"* ein aus Sicht der Empfängerbank geeignetes Wort für den rückwärtigen Ablauf der Überweisung ist.

---

359 In Bezug auf die den „Rückziehung bzw. den Rücktritt" von einem Vertrag wird im chinesischen Zivilrecht grundsätzlich die Formulierung *„jie chu"* verwendet. Zugleich wird diese aber auch für die „Kündigung" eines Vertrag wie z. B. die „Kündigung eines Auftragsvertrag" in § 451 **VG** benutzt.

Ungeachtet des Problems der gesetzgeberischen Technik wird in dieser Arbeit einheitlich das deutsche Wort „Widerruf" verwendet, wenn die Rückziehung der Überweisung durch den Überweisenden im Rahmen eines Rechts aus der **ZVM** gemeint ist.

(2) *„keyi shenqing"* (kann ... beantragen) in §§ 177 und 178 ZVM

Die §§ 177 und 178 **ZVM** benutzen in Bezug auf den Widerruf aus Sicht des Überweisenden die Konstruktion „kann ... beantragen" (*keyi shenqing*). Diese undeutliche Formulierung erweckt den Eindruck, dass es der Bank frei steht, den Widerruf zu berücksichtigen oder nicht. Aus dem Kontext lässt sich ersehen, dass die Überweisungsbank dem Überweisenden das Widerrufsrecht unabdingbar zu gewähren hat, sofern die Voraussetzungen erfüllt sind.

Der Ansicht der Arbeit nach wäre es zweckangemessener, wenn das Prädikat *„keyi shenqing"* (kann ... beantragen) durch *„keyi yaoqiu"* (kann ... verlangen) oder sogar *„keyi tongzhi"* (kann ... mitteilen/erklären) ersetzt würde. Es geht um ein gesetzlich vorgeschriebenes Recht des Überweisenden, nicht aber einen „kundenfreundlichen Akt" der Bank.

(3) *„zhuanhui yinhang"* in § 179 ZVM

Der Begriff *„zhuanhui yinhang"* in § 179 **ZVM** lässt sich wörtlich mit „weiterübertragende Bank" übersetzen. In Verbindung mit den §§ 177 und 178 **ZVM** lässt sich erkennen, dass dabei die „Zwischenbank" einer Überweisungskette gemeint ist.

Nach § 179 **ZVM** ist ein „Widerrufsantrag", der von dem Überweisenden oder auch von der Überweisungsbank direkt an die Zwischenbank gestellt wird, von dieser abzulehnen, da sie „ihn nicht entgegennehmen darf". Es stellt sich sofort die noch ungeklärte Frage, ob die Zwischenbank den Widerruf einfach ignorieren kann, ohne irgendwelche Pflichten im Rahmen der vertraglichen Nebenpflichten oder der allgemeinen beruflichen Sorgfaltspflicht zu verletzen.

Aus Sicht des Überweisenden ist weiterhin fraglich, ob er den Widerrufsantrag direkt bei der Empfängerbank stellen darf, was in § 179 **ZVM** nicht erwähnt ist. Im Zusammenhang mit § 178 S. 2 Untersatz 2 **ZVM** muss man wohl zu einer negativen Antwort kommen.

2. Das Konzept zur zeitlichen Begrenzung

a. Das dreistufige Konzept zur zeitlichen Begrenzung

Aus den §§ 177–178 **ZVM** lässt sich unschwer ersehen, dass bezüglich der zeitlichen Begrenzung bei einem Widerruf des Überweisenden ein dreistufiges Konzept vorliegt:

Stufe 1: Der Überweisende ist gem. § 177 S. 1. **ZVM** berechtigt, seinen Überweisungsauftrag zu widerrufen und den gezahlten Überweisungsbetrag zu löschen, sofern *„der Überweisungsbetrag noch nicht von der Überweisungsbank überwiesen worden ist“* (§ 177 S. 1 **ZVM**). Der genaue Zeitpunkt ist bei näherer Betrachtung jedoch wenig konkret.

Ein rechtzeitiger Widerruf bedeutet in diesem Zusammenhang auch, dass der Bank genügend Zeit zur Überprüfung, ob der Überweisungsbetrag wirklich nicht weitergeleitet wurde, eingeräumt werden muss. Deshalb könnte der Widerruf scheitern, auch wenn die Bank die Überweisung nach dem Eingang des Löschensantrags an die nächste Bank übermittelt, ohne dass sie damit Verpflichtungen verletzen würde. Außerdem ist zu bemerken, dass die Einführung des elektronischen Zahlungssystems zwangsläufig dazu führt, dass der Widerruf des Überweisenden möglicherweise bereits Minuten nach seiner Beauftragung zu spät erklärt wird.

Stufe 2: Nach § 178 S. 2 Untersatz 1 **ZVM** ist ein Widerruf vom Überweisenden nach der Ausführung der Überweisungsbank – entweder wurde die Überweisung von dieser an die Zwischen- bzw. Empfängerbank weiter geleitet, oder der Überweisungsbetrag auf das Empfängerkonto direkt gutgeschrieben – nicht mehr möglich, falls der Begünstige ein Konto bei der Empfängerbank führt. Unterhält der Überweisungsbegünstigte dagegen kein Konto bei der Empfängerbank, kann die Überweisung prinzipiell rückgängig gemacht werden, nachdem die Bank festgestellt hat, dass *„der Überweisungsbetrag tatsächlich noch nicht an den Empfänger ausgezahlt worden ist“* (§ 178 S. 2 Fall 2 **ZVM**).

Nachdem die Überweisungsbank die Überweisung ihrerseits ausgeführt hat, unterliegt sie bezüglich des Widerrufs des Überweisenden im Falle des § 178 S. 2 **ZVM** nur der Verpflichtung, sich um die Rückgewährung der Überweisung zu bemühen. Es wird leicht verständlich, dass in der Bankpraxis eine Verletzung dieser Verpflichtung durch z. B. ungenügende Handlungen bzw. gänzliche Unterlassung,[360] vom Überweisenden schwer zu beweisen ist.

Stufe 3: Für den Überweisenden ist es endgültig ausgeschlossen, die Überweisung rückgängig zu machen, wenn er den Widerruf erst erklärt, nachdem der Überweisungsbetrag schon an den Empfänger ausgezahlt worden ist (§ 178 S. 2 Untersatz 2 **ZVM**). Fraglich ist daher, was „an den Empfänger ausgezahlt“ bedeutet.

Zweifelsohne zählt dazu, dass der Begünstigte den Überweisungsbetrag schon von der Empfängerbank in Form von Bargeld erhalten oder schon durch ein vom ihm erteilten neuen Zahlungsauftrag an einen Dritten überwiesen hat. Ausgezahlt ist der Betrag der Ansicht der Autorin nach auch dann, wenn der Begünstigte den Betrag „abgeholt“ und dann auf einem Vorläufigen Konto[361] bei der Empfängerbank eingezahlt hat. Nicht anders ist es zu bewerten, wenn die Empfängerbank rechtmäßig aus dem für den Begünstigten bestimmten Überweisungsbetrag ihr Aufrechnungs-

---

360 Der Verfasserin wurde von mehreren Bankiers in Shanghai gesagt, dass bei einem Überweisungsauftrag, der von der Überweisungsbank bereits weiter geleitet wurde, der Widerrufsantrag des Überweisenden in der Tat nicht mehr berücksichtigt wird, auch wenn der Empfänger kein Konto unterhält.

361 Vgl. Kapitel 3 A II d.

recht beispielsweise hinsichtlich eines Geldanspruchs gegen diesen aus einem Darlehensvertrag ausübt.[362]

Aus dem Wortlaut des § 178 S. 2 Untersatz 3 **ZVM** ist ersichtlich, dass „noch nicht ausgezahlt" auch bedeutet, dass der Begünstigte von der Empfängerbank erst über die eingegangene Überweisung informiert worden ist, auch wenn er möglicherweise die Abholungsabsicht schon erklärt hat.

b. Anmerkung der vorliegenden Arbeit

Vom legislativen Konzept her gesehen ist die Bestimmung des § 178 **ZVM** nicht logisch. Aus § 178 S. 2 Untersatz 2 **ZVM** lässt sich ersehen, dass der Gesetzgeber die Interessen des Überweisenden aus dem Widerrufsrecht weitestgehend berücksichtigen wollte, indem der Überweisungsbetrag noch zu widerrufen ist, sofern er bei dem Begünstigten noch nicht endgültig, d.h. in bar, angekommen ist. Dann stellt sich jedoch die Frage, wieso sich die Übweisungsbank im Fall des § 178 S. 2 Untersatz 1 **ZVM** nicht um die Rückgewährung der Überweisung bemühen soll, solange sich der Betrag noch bei der Zwischen- bzw. Empfängerbank befindet, jedoch noch nicht auf dem Konto des Empfängers gutgeschrieben ist. Rechtlich ist es schwer zu verstehen, dass hier die Kontounterhaltung des Empfängers als Unterscheidungskriterium gilt.

Der Grund könnte darin liegen, dass der chinesische Gesetzgeber das Problem der Pflichtverletzung bzw. Aufteilung des Haftungsrisikos zwischen der Überweisungsbank, den Zwischenbanken und der Empfängerbank wegen Nichtbeachtung eines wirksamen Widerrufs klar erkannt hat, und versucht, die damit verbundenen Rechtsstreitigkeiten durch die Bestimmung des § 178 S. 2 Fall 1 **ZVM** zu vermeiden.

3. Weitere Bedingungen für den Widerruf des Überweisenden

Dass der Überweisende bei der Überweisungsbank einen Widerrufswunsch äußert, und zwar vor der Ausführung der Überweisung durch die Bank, reicht für die Löschung des Auftrags noch nicht aus. Gem. den § 177 S. 2 und 3, § 178 S. 2 Untersatz 2 **ZVM** müssen zwei weitere Voraussetzungen erfüllt sein.

Zunächst muss die Form der Widerrufserklärung beachtet werden. Wenn eine Überweisung einer Einheit widerrufen werden soll, muss die Widerrufsbotschaft der Einheit, die normalerweise zum Überweisungsantrag berechtigt ist, als formelles Schreiben (*zhengshi hanjin*) der Einheit vorliegen. Dagegen muss eine Privatperson als Überweisender seinen Personalausweis vorlegen (§ 177 S. 2 **ZVM**). Es geht um eine Legitimationsprüfung bezüglich der Berechtigung zum Widerruf.[363]

Außerdem muss der Überweisende das von der Überweisungsbank erhaltene Original der Empfangsquittung oder der brieflichen oder telegraphischen Überwei-

362 S. zum Aufrechnungsrecht der Bank Kapitel 7 C.
363 Vgl. u. Punkt B I 2 und C I 2.

sung zurückgeben. Erst dann kann die Überweisungsbank *„den Überweisungsbetrag löschen„* bzw. rückbuchen. Ansonsten kann bzw. muss die Bank auch den eigentlich rechtzeitigen Widerruf ignorieren (§ 177 S. 2 ZVM).

Eine weitere Frage liegt daher nahe, nämlich wie die Rechtslage des Widerrufenden aussieht, wenn er z. B. als Vertreter eines Unternehmens eine irrtümliche Überweisung rechtzeitig entdeckt und widerrufen möchte, aber kein „formelles Schreiben" vom Unternehmen einholen kann, oder falls er das Original der Empfangsquittung der Überweisung verliert und deshalb nicht gem. § 177 S. 2 ZVM zurückgeben kann. Es ist fraglich, ob die dargestellten Umstände rechtlich dazu führen, dass der Überweisende das Widerrufsrecht verliert. Eine noch fehlende klare und überzeugende Antwort wäre sicherlich von großer praktischer Bedeutung.

4. Die Rechtsfolge des rechtszeitigen Widerrufs

Es wird allgemein angenommen, dass mit dem rechtzeitigen Widerruf des Überweisungsauftrags die Verpflichtung sowie auch das Recht der beauftragten Bank, die Überweisung auszuführen, erlischt. Ignoriert die Überweisungsbank aus Versehen oder sogar absichtlich den rechtzeitig erteilten Widerruf und führt die Überweisung aus, darf sie das Konto des Überweisenden nicht belasten bzw. muss den dennoch gebuchten Betrag zurückbuchen. Diese Rechtsfolge wird von der ZVM nicht explizit erwähnt, gilt allerdings in der Bankpraxis als selbstverständlich.

Die dogmatische Erklärung könnte nach Ansicht der Verfasserin wie folgt aussehen: Der Widerruf könnte etwa als eine gesetzlich gestattete Kündigung des Überweisungsvertrags im Sinne von § 93 VG qualifiziert werden.[364] Gem. § 97 Fall 1 VG, der Spezialbestimmung über die Rechtsfolge der Kündigung, erlischt die Pflicht zur Erfüllung beendet, wenn der Vertrag vor der Kündigung des Vertrags noch nicht erfüllt worden ist. Dies kann ohne weiteres auch der Bestimmung des § 91 VG entnommen werden, denn mit der Kündigung des Vertrags werden die Verpflichtungen und Rechte aus dem bestehenden Vertragsverhältnis beendet (§ 91 Nr. 2 VG). Die Ausführung der Bank trotz des wirksamen Widerrufs stellt dann nichts anderes als eine Überweisung ohne Auftrag dar.
In der Bankpraxis wird dem Widerrufenden die fällige Gebühr für die Überweisung allerdings nicht wegen Untätigkeit von der Bank zurückgezahlt. Im Einzelfall werden zusätzliche Gebühren des Widerrufs verlangt.[365]

---

364 Dieses Ergebnis ist unbeschadet der Rechtseinordnung des Überweisungsvertrags als Auftrags-, Werk- oder Dienstvertrag, denn die Spezialregelungen über diese drei Verträge enthalten ähnliche Inhalte und die entsprechende Bestimmung beim Auftragsvertrag: Der Auftragsvertrag kann jederzeit sowohl von dem Auftraggeber als auch dem Beauftragten gekündigt werden; sollte die Kündigung der anderen Vertragspartei Schaden zufügen, muss der Kündigende diesen ersetzen, es sei denn, dass der kündigenden Partei keine Verantwortung zugewiesen werden kann (§ 410 VG i. V. m. §§ 93 VG).

365 http://www.95599bj.com.cn/information/one_blue_gjeyw.html (Zugriff: 25. 12. 2004).

B. Die Rechtsstellung bei einer fehlgeschlagenen Überweisung

I. Die Leistungsstörungen aus Sicht des Überweisenden

1. Die Gruppierung der Leistungsstörungen

Es ist in der Bankzahlungspraxis nicht selten, dass die Überweisung fehlschlägt. In der **ZVM**, der Grundreglung zur Banküberweisung, sind die Leistungsstörungen im Bankzahlungsverkehr grundsätzlich nach Schadensarten der betroffenen Beteiligten in zwei Grundgruppen aufgeteilt. Dies sind vor allem die in § 242 S. 2, aber auch in § 252 **ZVM** erfasste falsche Zahlung, bei der der Transferbetrag untergegangen ist, und die verzögerte Zahlung (§§ 241 und 252 **ZVM**; aber auch § 73 Nr. 1–2 **KBG**).[366]

Im Gegensatz zur eher praktischen Gruppierung in der **ZVM** wird in der folgenden Arbeit die Rechtsbeziehung zwischen den Betroffenen als Maßstab für eine differenzierte Darstellung vorgezogen. Entsprechend lässt sich die fehlgeschlagene Überweisung aus Sicht des Überweisenden in erster Linie in zwei andere Grundgruppen aufteilen, nämlich Überweisungen, die ohne einen wirksamen Auftrag erfolgen, und Überweisungen, die trotz eines wirksamen Auftrags fehlerhaft ausgeführt werden.

2. Die Störungsumstände der Überweisung ohne wirksamen Auftrag

Der Überweisende ist nur an den von ihm oder seinem Bevollmächtigten erteilten Überweisungs- bzw. Zahlungsauftrag gebunden. Entsprechend muss er für das Transfergeld sowie die Gebühren aufkommen. Dies gilt jedoch nicht für eine nicht von ihm veranlasste fehlerhafte Bankzahlung, bei der die Zahlung aufgrund eines unwirksamen Auftrags erfolgt.

Die Leistungsstörung der Überweisung ohne wirksamen Auftrag, welche in der Bank- und Rechtspraxis eine wichtige Rolle spielt, betrifft nur diejenigen Zahlungen, die mittels Kontoguthaben erfolgen. Es handelt sich grundsätzlich um das Sicherheitsproblem der Einlage des Bankkunden. Sie gehört im weiteren Sinn zur falschen Zahlung nach § 242 S. 2 **ZVM** i.V.m. § 73 Nr. 1 **KBG**.[367]

Die Leistungsstörungsumstände sind vielfältig. Es handelt sich in erster Linie um den Fall, in dem die Bank eine Überweisung bzw. Auszahlung ausführt, ohne dass ein entsprechender Auftrag vorliegt. Dies ereignet sich meistens aufgrund eines Versehens eines Bankbearbeiters. Im Hinblick darauf, dass heutzutage die Kontoführung zumeist computergestützt erfolgt, wäre es gut vorstellbar, dass bei Defekten des Computersystems auch Fehler bezüglich des Kontoguthabens auftreten können.

---

366 S. Kapitel 5 A.
367 Vgl. Kapitel 5 A II 2 und B III.

Eine Parallele zur Überweisung ohne Auftrag ist die Überweisung anhand eines verfälschten Auftrags. Unter einem falschen Überweisungsauftrag versteht man eine Willenserklärung eines Nichtberechtigten gegenüber der Bank zur Überweisung durch Abbuchung eines bestimmen Betrags im Namen des Kontoinhabers bzw. seines Bevollmächtigten. Ein verfälschter Auftrag liegt auch vor, wenn der Überweisungsauftrag nachträglich von einem Unbefugten abgeändert wurde. Im Hintergrund spielt sich eine Betrugshandlung des Unbefugten ab. Dieser hat durch die Stellung in der Bank, Geschäftsbeziehungen, Bekanntschaften, per Zufall oder auch aufgrund von „Internet-Hacker-Technik" Kenntnis von den Details eines Kundenkontos. Mit Hilfe von illegalen Methoden, z. B. Diebstahl oder Fälschung der für die Kontoführung erforderlichen Unterlagen oder Informationen wie der Geheimzahl, erteilt er der Bank im Namen des Kontoinhabers oder eines Bevollmächtigten einen Zahlungsauftrag. Bei schwierig zu erlangenden Informationen geht der Unbefugte manchmal folgender Maßen vor: Er meldet den Verlust beispielsweise der Geheimnummer bei der Bank und lässt sich die Ersatzunterlagen aushändigen, um damit das Konto zu plündern.

Ähnlich wie bei der Identitätsfälschung des Bevollmächtigten handelt es sich auch um einen unwirksamen Auftrag, wenn der Überweisende als Bevollmächtigter des Kontoinhabers auftritt und auch glaubt, dass er zur Kontoverfügung bevollmächtigt worden ist, in Wirklichkeit so eine Vollmacht aber nicht oder nicht mehr besitzt.[368]

Auch wenn die Bank trotz eines wirksamen Widerrufs des Überweisenden die Überweisung ausführt und dessen Konto belastet, wird ihr theoretisch die gleiche Rechtsstellung wie bei der Überweisung ohne Auftrag auferlegt.[369]

Im chinesischen Recht wird eine natürliche Person durch Bemessung nach dem Alter und dem Geisteszustand als vollgeschäftsfähig, beschränkt geschäftsfähig oder geschäftsunfähig eingestuft. Die (Voll)Geschäftsfähigkeit (*wanquan xingwei nengli*) gilt für eine wirksame Geschäftshandlung als eine der unentbehrlichen Voraussetzungen, und der Überweisungsauftrag ist daher nichtig, wenn dem Überweisenden die Geschäftsfähigkeit fehlt. (§ 55 Nr. 1 i.V.m. §§ 58 Nr. 1 f. **AGZ**). Auch bei beschränkter Geschäftsfähigkeit ist der Überweisungsauftrag unwirksam, sofern der gesetzliche Vertreter dem Auftrag weder zustimmt noch in ihn einwilligt (§ 12 Abs. 1 **AGZ**).[370]

---

368 Zu der chinesischen Vollmachtsrechtslehre s. vor allem WEI Zhenying (Hrsg.), S. 169 ff.; WANG Liming (Hrsg.), Zivilrecht, S. 116 ff.

369 S. u. Punkt A III 4.

370 Geschäftsunfähigkeit wird bis zur Vollendung des zehnten Lebensjahrs angenommen; der Geschäftsunfähige wird in sämtlichen Rechtsgeschäften durch seinen gesetzlichen Stellvertreter (*fading dailiren*) vertreten und eine von ihm selbst vorgenommene Zivilhandlung ist bis auf die Entgegennahme von Belohnungen, Geschenke oder Entgelterhalten unwirksam (§ 12 Abs. **AGZ**). Ein Jungendlicher zwischen zehn und 18 Jahren ist regelmäßig beschränkt geschäftsfähig und er kann seinem Alter und seiner Intelligenz entsprechenden selbst Zivilgeschäfte durchführen (§ 12 Abs. 1 **AGZ** sowie § 47 Abs. 1 **VG**). Voll geschäftig ist grundsätzlich jede natürliche Person nach Vollendung ihres 18. Lebensjahrs (§ 11 **AGZ**). Bei krankhafter Störung der Geistestätigkeit wird

3. Die Leistungsstörung bei einer Überweisung mit wirksamem Auftrag

Bei der zweiten Leistungsstörung aus Sicht des Überweisenden handelt es sich darum, dass die Überweisung trotz eines wirksamen Auftrags schlecht erfüllt wird. Dies lässt sich weiter in zwei Gruppen aufteilen. Bei der ersten ist der Überweisungsbetrag bei dem Begünstigten entweder nicht, verspätet oder unvollständig angekommen, wodurch die Erfüllung der Geldschuld des Überweisenden aus dem Grundverhältnis zum Begünstigten beeinträchtigt wird.

Die Entstehungsumstände dieser Leistungsstörung sind sehr vielfältig. Es kann an einem Fehler einer der teilnehmenden Banken liegen, wie z. B. dass die Überweisungsbank trotz der Annahme des Überweisungsauftrags die Ausführung der Überweisung unterlässt, weil sie nachträglich einen Deckungsmangel bemerkt hat; oder sie die Überweisung nicht innerhalb der gewöhnlichen Zeit bzw. der von ihr versprochenen Zeit ausgeführt hat, weil die Geldvermittlung aus Versehen einen Umweg gemacht hat. Weitere Möglichkeiten sind, dass sie bzw. die Zwischen- bzw. Empfängerbank den Überweisungsbetrag für sich behält, um mit einem fälligen, aber noch nicht zurückgezahlten Darlehen des Überweisenden oder des Empfängers aufzurechnen.[371] Weiter könnte eine der Banken nach Erhalt des Überweisungsbetrags in Konkurs gegangen sein, oder der Betrag aufgrund eines Versehens des Bankangestellten an einen falschen Empfänger ausgezahlt bzw. auf dessen Konto gutgeschrieben worden sein und dann nicht mehr auffindbar sein, usw.

Im Hinblick auf die Entstehung der Störung können auch Fehler des Überweisenden teilweise oder überwiegend verantwortlich sein. Beispielsweise könnte er Informationen über den Empfänger bzw. dessen Kontonummer falsch angegeben oder auf eine Rückfrage der Bank nicht rechtzeitig reagiert haben, oder der Bank wurde nicht die für den Transfer notwendige Zeit gelassen. Auch eine Schwäche des Transfersystems ist dabei denkbar.

Bei der zweiten Fallgruppe geht es darum, dass die Überweisungsbank das Konto des Überweisenden aus Versehen zu stark belastet, da sie aus der Betragszahl im Auftrag zuviel herausgelesen, oder irrtümlich den Auftrag doppelt ausgeführt hat. Dabei entstehen keine Schäden für den Überweisenden aus dem Grundvertrag zum Empfänger. Es geht vielmehl darum, ob und wie der Überweisende den zuviel gebuchten Betrag zurückbekommt. Nach der Meinung der Arbeit handelt es diesbezüglich um nicht anderes als eine Überweisung ohne Überweisungsauftrag.

---

danach differenziert, ob die rechtlichen Folgen des eigenen rechtsgeschäftlichen Verhaltens gar nicht oder nicht voll erkannt werden können (§ 13 **AGZ**), was allerdings im Einzelfall zu prüfen ist. Zur Geschäftsfähigkeit s. SHAO Jiandong/Eva Drewes (Hrsg.), S. 20 ff.; WANG Liming (Hrsg.), Zivilrecht, S. 55 ff.; WEI Zhenying (Hrsg.), S. 54 ff.

371 Näher zum Zurückbehaltungs- bzw. Aufrechnungsrecht der Bank s. Kapitel 7 C.

II. Die typischen Schäden des Überweisenden

1. Typische Leistungsstörungsfälle

Zum Analysen der Rechtsstellung des Überweisenden bei einer fehlgeschlagenen Überweisung muss zunächst geklärt werden, welche Schäden sich typischerweise für diesen ergeben. Dies lässt sich durch die folgenden typischen Leistungsstörungsfälle verdeutlichen.

a. *Der „Ein-Yuan-für-eine-Minute-Fall"*

Bei dem **„Ein-Yuan-für-eine-Minute-Fall"**[372] hatte eine Bank einen Betrag von einem Kundenkonto transferiert, ohne eine betreffende Weisung von dem Kontoinhaber erhalten zu haben. Es handelt sich um einen der Leistungsstörungsfälle der Überweisung ohne wirksamen Auftrag.

Die Klägerin verfügte über ein Guthaben von ca. 150.000 Yuan auf ihrem Konto bei der beklagten Bank, was aus den von der Bank erteilten Kontounterlagen ersichtlich war. Als die von ihr beauftragte Nichte am 28.12.1996 das Geld abheben wollte, entdeckte die Bank, dass das Konto der Klägerin nur ein Guthaben von 6,75 Yuan aufwies und verweigerte daher die Auszahlung. Die Polizei wurde eingeschaltet. Als die Klägerin am 11.03.1997 mit zwei Journalisten zur Abhebung des Geldes wieder zu der Bank kam, wurde sie von dem Bankangestellten abgewiesen, weil der Vorgang mit einer Straftat verbunden sei. Erst am 18.04.1997 um 16:40 Uhr erhielt die Klägerin ihr Einlagegeld samt Zinsen, nachdem der Sachverhalt dahingehend aufgeklärt worden war, dass eine Unterschlagung durch Bankangestellte vorlag. Die beklagte Bank führte derzeit eine neue Maßnahme gegen die Ineffektivität der Arbeit ein, nach der der Service am Schalter nach einer von der Bank vorgeschriebenen Zeittabelle effektiv geleistet werden müsse, und der Kunde für jede „Verspätungsminute" einen Yuan erhalten solle.

Die Klägerin verlangte von der Bank als „Verspätungsgeld" einen Betrag von 161.380 Yuan gemäß der „Ein-Yuan-für-eine-Minute" Regel für die Zeitdauer vom 28.12.1996 bis 18.04.1997, und zwar für 24 Stunden pro Tag, Fahrt- und Kopierkosten in Höhe von 1.460 Yuan sowie Schadenersatz für den entgangenen Gewinn in Höhe von 60.000 Yuan, der durch die Sperrung des Geldes unmittelbar verursacht worden sei, und dazu 10.000 Yuan als Vertragsstrafe bzw. Schmerzensgeld.

Das Gericht erster Instanz betrachtete das Bankversprechen von „Ein-Yuan-für-eine-Minute" als einen Teil des zwischen der Klägerin und der beklagten Bank geschlossenen Einlagevertrags, berechnete die Verspätungszeit allerdings vom 11.03.1997 bis zum 18.04.1997, und zwar für 9,5 Stunden pro Tag. Daher habe die beklagte Bank der Klägerin ein Verspätungsgeld in Höhe von 21.610 Yuan zu zahlen. Dazu kämen noch 5.000 Yuan als Schmerzensgeld. Von den Prozessgebühren in Höhe von 4.766 Yuan habe die Klägerin 1.766 Yuan und die Beklagte 3.000 Yuan zu tragen. Die anderen Klagegegenstände wurden wegen „Unbeweisbarkeit" abgewiesen.

---

372 „Ein-Yuan-für-eine-Minute-Fall": Volksgericht Mittlerer Ebene der Stadt Anyan in der Provinz Henan: *AN-Min-Zhong-Zi* 1998/Nr. 600. Dazu. s. DUAN Helin/ZHANG Xinjian/YAN Quanshui: Kommentierung zu Fall 45.

Die Klägerin und die Beklagte gingen beide in die zweite Instanz. Die Klägerin bestand auf ihrer Kalkulationsmethode für das Verspätungsgeld und 10.000 Yuan als Schmerzensgeld sowie 3.743,30 Yuan als Entschädigung für die Fahrt-, Rechtsanwalts- und Kopierkosten. Die beklagte Bank behauptete, dass die Maßnahme von „Ein-Yuan-für-eine-Minute" nur für die langsame, ineffektive Arbeit am Schalter bei normalen Dienstleistungen gelte, dagegen nicht für „strafrechtliche Angelegenheiten" wie in diesem Fall.

Das Gericht zweiter Instanz unterstützte die Ansicht der Bank und urteilte hinsichtlich des Verspätungsgeldes, dass die Klägerin keinen diesbezüglichen Anspruch habe. Zur Entschädigung für die verzögerte Auszahlung des Einlagekapitals habe die Klägerin nur den Anspruch auf die rechtlich vorgesehene Vertragsstrafe (weiyue jin). Diese sei gemäß der **ZV-Anwort 1996**[373] *mit 0,5 % des Betrags pro Tag zu berechnen und betrage somit 8.406 Yuan. Der „Schmerz" der Klägerin wegen der Sorge um eine eventuell verlorene große Summe und des Betrugsverdachts aus dem Umfeld sei zu entschädigen, weil er unmittelbar mit der fehlerhaften Betriebsverwaltung verbunden sei, und die Bank dies verschuldet habe. Das Schmerzensgeld wurde allerdings lediglich auf 5.000 Yuan festgesetzt. Die Prozessgebühren beider Instanzen hatten Klägerin und Beklagte zu gleichen Teilen zu tragen.*

b. Der „8-Tage-Verspätung-Eilüberweisungsfall"

Der **„8-Tage-Verspätung-Eilüberweisungsfall"**[374] hat eine fehlerhaft ausgeführte Überweisung zum Thema:

Der Kläger Herr Sun ist ein Großhändler in der Getreide- und Ölbranche. Am 30. September 1999 vormittags beauftragte er eine Filiale der Chinesischen Industrie- und Kommerzbank in Peking (Bank 1), den Betrag von 690.000 Yuan in Form einer Eilüberweisung an seine Schwester, die sich als seine Vertreterin in der Provinz Jilin befand, zu transferieren, und bezahlte die Überweisungsgebühren von 100 Yuan vor Ort. Geplant war, dass die Schwester von Herrn Sun das Geld an einen Reisverkäufer (V) übergeben sollte, mit dem Herr Sun gerade einen Vertrag geschlossen hatte.

Herrn Sun wurde von der Bank1 mitgeteilt, dass das Geld innerhalb von zwei Stunden auf dem Konto der Begünstigten eingehen werde. Dies ist jedoch erst acht Tage später geschehen, denn die Bank 1 hatte das Geld statt per Eilüberweisung in Form einer normalen Überweisung übermittelt. Herr Sun zog vor Gericht, um Schadenersatz in Höhe von 72.993 Yuan zu verlangen. Die Schäden umfassten das Sicherheitsgeld (ding jin) von 50.000 Yuan, das Herr Sun an den V geleistet hatte und aufgrund der Vertragsverletzung nicht mehr zurückverlangen konnte, den entgangenen Gewinn von 19.800 Yuan, und die für den Rechtsstreit ausgelegten Kosten von 3.193 Yuan.

Das Gericht urteilte, dass mit der Einzahlung des Überweisungsbetrags und der Zahlung der entsprechenden Gebühren durch Herrn Sun ein „weituo huikuan hetong" (Überweisungsauftragsvertrag) zwischen der Bank 1 und Herrn Sun zustande gekommen sei. Die beklagte Bank 1 habe

---

373 S. o. Kapitel 5 A I 3 b.
374 Auszug des Falls im Internet http//: www.rmfyb.chinacourt.org/publich/detail.php?id=16962 (Zugriff: 17.11.2004).

die vereinbarte Eilüberweisung mit einer normalen Überweisung verwechselt und hafte daher für Ihr Verschulden. Während dem Begehren des Klägers nach Schadenersatz wegen der Transport- und Unterkunftskosten stattgegeben wurde, wurde ein Schadenersatzanspruch wegen des Sicherheitsgeldes und des entgangenen Gewinns mangels Beweisen abgelehnt.

c. Der „Stromausfall-Überweisungsfall"

Der **„Stromausfall-Überweisungsfall"**[375] hat die Feststellung des Bankverschuldens und den entsprechenden Schadenersatz zum Thema:

Die in der Provinz Henan wohnhafte Klägerin schloss am 28. Juli 1998 einen Vertrager über den Kauf von Strickwolle zum Gesamtpreis von 532.000 Yuan mit einer Textilfirma (Firma T) aus der Provinz Neimenggu (Innere Mongolei). Die Wirksamkeitsfrist des Vertrags lief vom 29. Juli 1998 bis zum 30. Dezember 1998; die Klägerin sollte 16% Ermäßigung bekommen, wenn sie vor dem 1. September 1998 eine Anzahlung von 200.000 Yuan oder mehr leisten würde. Die Klägerin beauftragte daher am 28. August 1998 eine lokale Filiale der Industrie und Kommerzbank (Bank 1) damit, 200.000 Yuan auf elektronischen Wege auf das Konto der Firma T bei der Aufbaubank in der Inneren Mongolei zu überweisen, und bezahlte zugleich die Gebühren von 15 Yuan.

Die Bank sendete das Geld aus Versehen an die Aufbaubank in der Provinz Shanxi und erhielt es von dieser zurück. Durch eine neue Überweisung kamen die 200.000 Yuan zwar bei der Firma T an, jedoch nach Ablauf der „Ermäßigungsfrist". Die Klägerin zog daraufhin vor Gericht, um gegen die Bank 1 einen Anspruch auf Ersatz des nicht erhaltenen Rabatts in Höhe von 32.000 Yuan geltend zu machen. Die Bank 1 behauptete, dass sich an dem Ausführungstag ein Stromausfall vor Ort ereignet habe und dadurch eine Störung der Datenintegrität des betroffenen elektronischen Zahlungssystems ausgelöst wurde. Die Bank 1 habe den Stromausfall nicht zu vertreten und sei daher für den Verlust der Klägerin nicht verantwortlich.

Das Gericht erster Instanz gab der Klage statt, weil einerseits die beklagte Bank den Stromausfall nicht beweisen konnte und andererseits auch der technische Defekt eines elektronischen Zahlungssystems ein Verschulden der beteiligten Bank sei. Daher wurde die Bank 1 zum Schadenersatz von 32.000 Yuan verurteilt. Die Beklagte ging vergebens vor das Berufungsgericht.

d. Der „Fengyang-Überweisungsfall"

Im folgenden **„Fengyang-Überweisungsfall**[376] ging es um eine Situation, die jeder Geldschuldner bei der Bankzahlung fürchtet, nämlich die durch den Zahlenden fast unkontrollierbare Ausübung des Aufrechnungsrechts der an der Zahlungskette beteiligten Banken mit offenen Forderungen aus anderen Rechtsgeschäften. Hier

---

375 Auszug des Falls im Internet: http//: www.rumfyb.chinacourt.org/publich/detail.php?id=18062 (Zugriff: 12.07.2004).

376 Auszug des Falls im Internet http//: www.lawyee.com/data/getall.asp?id=4416 (Zugriff: 15.12.2004); Verfahren erster Instanz: Volksgericht des Fengyang-Kreises in der Provinz Anhui: *Feng-Fa-Min-Yi-Zi* 1990/Nr. 396; Verfahren zweiter Instanz: Volksgereicht Mittlerer Stufe des Gebietes Chuxian in der Provinz Anhui: *Min-Shang-Zi* 1991/Nr. 094; Verfahren dritter Instanz: Volksgericht oberer Stufe in der Provinz Anhui: zivilrechtliche Entscheidung vom 11. Mai 1995.

war die Situation besonders schlimm für den Überweisenden, weil die zufällig eingeschaltete Zwischenbank den Überweisungsbetrag gegen eine offene Schuld des Überweisungsbegünstigten aus einem anderem Rechtsgeschäft, hier einem Darlehensvertrag (*dikou huandai*), aufrechnete.

*Die Klägerin A, eine Handelsfirma mit Sitz in der Stadt 1, hatte mit B, einer Düngemittel produzierenden Fabrik in der Stadt 2, einen Kaufvertrag geschlossen. A beauftragte am 26. August 1988 ihre Hausbank, eine Filialbank der Landwirtschaftsbank (**Bank L1**) in der Stadt 1, 100.000 Yuan als Kaufpreiszahlung an B zu überweisen. Das Geld sollte auf dem von B genannten Konto bei der **Bank H2**, einer Filialbank der Chinesischen Industrie- und Handelsbank in der Stadt 2, gutgeschrieben werden. Gemäß dem Prinzip von „zuerst quer dann gerade" (xian heng hou zhi) schaltet die beauftragte **Bank L1** die **Bank H1**, eine Filialbank der Chinesischen Industrie- und Handelsbank in der Stadt 1, als Zwischenbank für die überörtliche Zahlung ein. Die Überweisung wurde durch die **Bank H1** jedoch statt an **die Bank H2** an die **Bank H2a** übermittelt. Als die **BankH2a** kein Konto des Empfängers finden konnte und sich bei der **Bank H1** darüber erkundigte, wies diese sie an, das Geld auf das Konto des B bei der **Bank L2**, einer Filialbank der Chinesischen Landwirtschaftsbank in der Stadt 2, zu übermitteln. Die **Bank L2** war die Hausbank des B und rechnete gegen den eingehenden Betrag sofort mit einem schon längst fälligen, aber noch nicht zurückgezahlten Darlehen auf. Nachdem die Klägerin A festgestellte, dass sie weder Düngemittel von der in finanzielle Schwierigkeiten geratenen B bekommen, noch den gezahlten Kaufpreis von den Banken zurückerhalten würde, klagte sie gegen ihre Hausbank **Bank L1** und die Zwischenbank **Bank H1** auf Rückzahlung des Überweisungsbetrags und auf Schadenersatz für die Zinsen bzw. die Kosten für die Nachforschungen zum Störungsumstand und zum Verbleib des Geldes. Die **Bank L2** und die Düngemittelfirma B wurden prozessual als Dritte in die Klage einbezogen.*

*Die Klägerin hatte Erfolg im ersten Rechtszug, in dem das Gericht urteilte, dass die **Bank L2** ihr den verrechneten Überweisungsbetrag in vollem Umfang zurückzuzahlen und sie für den Zinsschaden in Höhe von 31.839,60 Yuan zu entschädigen habe. Die **Bank H1** solle für ihr Verschulden bei der Änderung der Empfängerbank ohne Rücksprache mit dem Überweisenden bzw. der Überweisungsbank (**Bank L1**) haften und daher ca. ein Drittel der aufgrund der Nachforschungen entstandenen Kosten des A tragen; die anderen zwei Drittel solle die **Bank L2** tragen. Das Aufrechnungsverbot wurde –* allerdings dogmatisch unrichtig[377] *– mit der Tatsache begründet, dass der aufgrund des Kaufvertrags bezahlte Überweisungsbetrag ein „Sonderkapital" (zhuan yong kuan) darstelle, und die Klägerin bis zum Erhalt der Gegenleistung der Düngmittelfirma trotz des Ausschlusses (Trennung des Nutzungsrechts) die Eigentümerin an dem Kapital bleibe.*

*Die **Bank L2** ging in Berufung und war der Meinung, dass es kein „Sonderkapital" auf dem Verrechnungskonto gebe, sondern sämtliches Guthaben des Verrechnungskontos dem Kontoinhaber gehöre und daher die Aufrechnung dagegen zulässig sei. Trotz eines Misserfolgs im Berufungsprozess konnte sie ihren Aufhebungsantrag im Wiederaufnahmeverfahren durchsetzen.*[378]

---

377 Vgl. Kapitel 7 C II 2.

378 Bedauerlicherweise sind in der Materialquelle der Berufungsprozess und das Wiederaufnahmeverfahren bis auf das Ergebnis nicht dargestellt.

2. Die möglichen Schäden des Überweisenden

Alle drei Fälle beschäftigen sich mit dem möglichen Schaden sowie dem Umfang des Ersatzes für diesen Schaden. Es geht zunächst, wie der oben dargestellte **„Ein-Yuan-für-eine-Minute-Fall“** und der **„Fengyang-Überweisungsfall“** gezeigt haben, um den falsch ausgezahlten bzw. „verlorengegangenen“ Überweisungsbetrag und dann um den Schadenersatz für weitere Verluste. Beim **„Fengyang-Überweisungsfall“** geht es zunächst um den Ersatz der Auslagen für Fahrt- und Unterkunftskosten, Lohnverlust, Rechtsanwaltskosten, und dann um den entgangenen Gewinn wegen des Fehlschlagens der Verfügung, der ein Folgeschaden ist.

Für diesen Folgeschaden haben alle Kläger bis auf den Kläger im **„Fengyang-Überweisungsfall“** einen Ersatzanspruch erhoben. Der Folgeschaden ist im **„8-Tage-Verspätung-Überweisungsfall“** der entgangene Gewinn von 19.800 Yuan und die Vertragsstrafe von 50.000 Yuan aus dem Reisvertrag, im „Stromausfall-Überweisungsfall“ ist es der Verlust der Preisermäßigung in Höhe von 16 %.

III. Der Anspruch auf Schadenersatz gegen die Banken

Ob und wie die Schäden des Überweisenden befriedigend kompensiert werden, hängt wesentlich von dem Haftungssystem des Bankzahlungsverkehrs ab.

1. Die möglichen Anspruchsgrundlagen

a. *Die Bestimmungen der §§ 241 ff. ZVM*

Die wichtigste gesetzliche Reglung zur Überweisung, die **ZVM**, regelt in ihren Haftungsparagraphen hauptsächlich die Bankhaftung im Zahlungsverkehr. Aus dem Kontext ist zu erkennen, dass die Haftungsbestimmungen, die §§ 241 und 242 **ZVM**, in erster Linie als gesetzliche Anspruchsgrundlage des Überweisenden gegen die Bank bei deren fehlerhaften Handlungen fungieren. Die fehlerhaften Handlungen sind auf der einen Seite die schlechte Erfüllung des Auftrags, bei der die Ausführung unterlassen wird oder verspätet erfolgt, oder der dem Betroffenen zustehende Zahlungsbetrag beispielsweise aufgrund der Zahlung an einen falschen Begünstigten untergegangen ist (§§ 241 ff., § 252 Fall 2 und 3 **ZVM**), und auf der anderen Seite der auch von § 242 S. 2 **ZVM** erfasste Störungsfall, bei dem die Bank die Überweisung trotz Fehlen eines wirksamen Auftrags ausgeführt hat. Wenn eine Bank eine solche Handlung zu vertreten hat, und dadurch die Kapitalnutzung des Kunden oder einer anderen Bank beeinträchtigt wird, ist diese zur Haftung auf Geldersatz verpflichtet.[379] Dieses Ergebnis lässt sich auch aus § 73 **KBG** ableiten.[380]

---

379 Vgl. Kapitel 5, insbesondere A II, B III, C I 2–3.
380 S. Kapitel 5 B III.

Anzumerken ist, dass mit der haftenden Bank nicht nur die vom Überweisenden unmittelbar beauftragte Bank, sondern alle an der Zahlungskette teilnehmenden Banken gemeint sein können. Entsprechend dienen diese Normen in der Rechtspraxis sowohl dem Überweisenden als auch dem Begünstigten[381] als direkte Anspruchsgrundlage gegen die mit ihm in keiner vertraglichen Beziehung stehenden Banken, wie in dem **„Fengyang-Überweisungsfall"** des Überweisenden gegen die Zwischen- und Empfängerbank.

Es wird häufig der undeutliche Ausdruck „Beeinträchtigung der (legalen) Rechte" verwendet, aus dem schwer zu erkennen ist, ob ein deliktischer Anspruch miteinbezogen ist. Eine verneinende Ansicht würde zu dem Schluss führen, dass mit dieser praktischen Regelung dann eine Ausnahme vom vertraglichen „Relativitätsprinzip" gebildet worden wäre. Sowohl in der Literatur als auch in der Judikatur wurde diesem Phänomen bis jetzt noch keine Aufmerksamkeit aus rechtsdogmatischer Sicht geschenkt.

b. Vertragliche Ansprüche gegen die Überweisungsbank

Zwischen dem Überweisenden und der von ihm beauftragten Bank besteht ein Überweisungsvertrag bzw. ggf. ein Verrechnungsvertrag.[382] Entsprechend steht dem Überweisenden der vertragliche Anspruch gegen Letztere auf Schadenersatz zu, sofern deren Handlung die Voraussetzungen der vertragsverletzenden Haftung erfüllt.

Zu erwähnen ist hier, dass neben dem Schadenersatz grundsätzlich auch andere vertragliche Ansprüche, vor allem der Erfüllungsanspruch und das Recht zur Vertragsauflösung (§§ 109, 97 ff. **VG**) in Betracht kommen.

Hier lässt sich eine Variante vom „Fengyang-Überweisungsfall" bilden, in dem der Überweisende nur die Geldhaftung in Anspruch nimmt, weil er von der Störung zu spät erfahren hat, und somit die Rettungsmöglichkeit bezüglich des Grundvertrags zum Empfänger versäumt hat: Ist der Grundvertrag trotz Verspätung der Zahlung noch durchsetzbar, z. B. weil der Empfänger eine Verlängerung der Zahlungsfrist billigt, unterliegt die Bank auf Verlangen des Überweisenden gem. § 109 **VG** der Erfüllungspflicht. Dieser Anspruch ist auch zwangsweise durchsetzbar, und kann gemeinsam mit den Ansprüchen auf Schadenersatz, Vertragsstrafe und Draufgabe geltend gemacht werden.

Parallel zum Erfüllungsanspruch steht dem Überweisenden noch das Recht zur Auflösung des Überweisungsvertrags im Sinne von § 94 **VG** zu, wenn die Überweisungsbank die Überweisung ausdrücklich verweigert oder mit der Überweisung in Verzug ist, und sie auch nach einer Mahnung nicht innerhalb einer vernünftigen Frist erfüllt werden kann. Eine weitere Möglichkeit ist, dass aufgrund des Verzugs der Überweisung das Zahlungsziel aus dem Grundvertrag nicht mehr verwirklicht

381 Vgl. Kapital 8 II.
382 Vgl. Kapital 4 A I.

werden kann. Gemäß § 97 VG kann das Recht zur Vertragsauflösung neben dem Schadenersatzanspruch gleichzeitig geltend gemacht werden.

Die Ausübung des Rechts auf Vertragsauflösung scheint für den Überweisenden sinnvoll zu sein, wenn die Überweisungsbank den angenommenen Überweisungsauftrag nicht rechtzeitig ausgeführt hat. Unabhängig davon, ob sie rechtmäßig oder pflichtwidrig gehandelt hat und ob sie das Konto des Überweisenden belastet oder nicht, wäre es in solchen Fällen manchmal sinnvoll, dass der Überweisende das Geld durch eine neue Überweisung oder in einer anderen Zahlungsform zahlt, bevor die zeitlich und sachlich unvorhersehbare Klärung mit der Bank zu einem Ende kommt. Vor der neuen Zahlung sollte der Überweisende der Überweisungsbank hinsichtlich des bestehenden Überweisungsvertrags eine „Erklärung zur Auflösung" zukommen lassen, um sicherzustellen, dass die eventuell nach der Klärung von der Überweisungsbank vorgenommenen Ausführungen auf Kosten der Bank gehen soll (vgl. § 97 VG).

c. *Deliktsrechtliche Ansprüche*

Da der Überweisungsbetrag bzw. das Kontoguthaben zu den vom Deliktsrecht geschützten Rechtsgütern gehören,[383] können sich die Ansprüche des Überweisenden auch auf das Deliktsrecht stützen. Im Hinblick darauf, dass zwischen dem Überweisenden und der Zwischen- und Empfängerbank keine vertragliche Beziehung besteht, ist das Deliktsrecht, im Vergleich zu den rechtlich unsicheren Regelungen der ZVM optimal für einen Anspruch gegen die Zwischen- bzw. Empfängerbanken.

2. Das Verschuldensprinzip und die Beweislast

Unabhängig davon, welche Anspruchsgrundlage der Überweisende bei der Geltendmachung eines Anspruchs gegen die betroffenen Banken benutzt, setzt die Bankhaftung im Zahlungsverkehr in der Regel das Bankverschulden voraus. Das schon im Kapitel 5 aus legislativer und rechtsdogmatischer Sicht herausgearbeitete Verschuldensprinzip wird in der Literatur sowie auch in der Rechtsprechung bestätigt.[384] Auch die oben problematisierte Beschränkung des Haftungsmaßstabes auf grobe Fahrlässigkeit gemäß § 242 S. 2 ZVM wird in Literatur und Rechtsprechung teilweise immer noch bestätigt.[385]

Problematisch für den Überweisenden ist das im chinesischen Zivilrecht grundsätzlich geltende Beweislastprinzip, nach dem derjenige, der einen Anspruch geltend macht, die Beweislast hierfür trägt. Dies wird von der h.M. als schwierig und dem Bankkunden gegenüber unfair angesehen, weshalb nach dieser Ansicht von einer Beweislastumkehr auszugehen ist, nach der das Verschulden der Bank vermutet

---

383 Vgl. Kapitel 5 C II 2.
384 Dies haben die oben zitierten Fälle deutlich bestätigt. QIANG LI/Li Liang (Hrsg.), S. 239 ff.; ZHU Mingshan (Hrsg.), Auftragsvertretung, Fall 23, S. 154 ff.
385 Vgl. u. Punkt B I 2.

werde, dem scheint auch die Rechtsprechung grundsätzlich zuzustimmen. Die betreffende Bank kann sich allerdings durch den Nachweis des (Mit)verschuldens des Überweisenden entlasten.[386]

3. Das Kausalitätsproblem

Die Literatur und Judikatur beschäftigen sich mit dem Verschuldensproblem sehr viel stärker als mit der Kausalität zwischen der schuldhaften rechtsverletzenden Handlung und dem Schaden. In der Rechtsprechung wird die Haftungsvoraussetzung der Kausalität deshalb nicht in dem gleichen Maße betont wie das Verschulden. Dies lässt durch den **„Zwei-Belege-Fall"** aus dem Jahr 1998 anschaulich machen:

Die Klägerin, die Verkehrssteuerbehörde (jiaotongfei zhengjisuo), reichte 1996 zwei Aufträge für elektronische Überweisungen bei ihrer Hausbank, einer lokalen Filiale der Aufbaubank (Bank A), ein. Die Bank A nahm die Aufträge entgegen und stellte einen „Quittungsbeleg" aus. Am nächsten Tag entdeckte die Bank A, dass das Konto der Klägerin keine ausreichende Deckung für beide Überweisungen aufwies. Daraufhin informierte sie die Buchhalterin B der Klägerin und forderte die Rückgabe der Quittung. B gab an, dass die Quittung verlorengegangen sei, und hat die Beträge unterschlagen. Ein Jahr später wurde die Sache bekannt und B verschwand. Die Klägerin zog vor Gericht.

Das Gericht erster Instanz stellte fest, dass die Klägerin damals auf dem Konto noch genügend Geld für den ersten Auftrag hatte, die Bank A jedoch beide Aufträge ruhen lies. Für den ersten Auftrag haftete die Bank A schuldhaft auf Ersatz des Betrags. Für den zweiten Auftrag haftete A ebenfalls, da sie zunächst ohne Deckungsprüfung einen Quittungsbeleg ausgestellt und die Quittungen nach der Entdeckung des Deckungsmangels nicht zurückgefordert hatte. Dies habe zum betrügerischen Akt der B beigetragen, weshalb A diesen Betrag der Klägerin ebenso zu ersetzen habe.

Die Bank A ging in Berufung und vertrat die Ansicht, dass der unmittelbare Grund des Schadens der Klägerin in der kriminellen Handlung der B liege, und die mangelhafte Handlung der Bank A nicht zwangsläufig zum Betrug der B geführt habe. Daher solle die Haftung der Bank am Fehlen der Kausalität zwischen der rechtsverletzenden Handlung und dem Schaden scheitern.

Da das Berufungsgericht die Ansicht vertrat, dass die Bank A doch entsprechend hafte, obwohl ihre Handlung nicht die unmittelbare Ursache des Schadens der Klägerin war, schloss A dann eine Vergleichsvereinbarung mit der Klägerin.

4. Das Problem des Umfangs des Schadenersatzes

In der Praxis wird der Überweisende bei der Geltendmachung seiner Rechte mit einem weiteren Problem konfrontiert, nämlich die mit seinem tatsächlichen Schaden womöglich nicht übereinstimmende Höhe des Schadenersatzes, auch wenn das Bankverschulden bewiesen worden ist.

---

386 Siehe zur Konkretisierung des Verschuldens anhand von Einzelfällen siehe u. Punkt C.

Wie in Kapitel 5 bereits dargestellt wurde, ist im chinesischen ein Anspruch auf Vollkompensation begründet, sofern das Bankverschulden vorliegt.[387] In der Rechtsprechungspraxis spielt jedoch die Beschränkung der Haftung auf die Zahlung von Zinsen gemäß §§ 241 ff. **ZVM** noch eine Rolle. Deutlich wird dies in dem oben zitierten **„Ein-Yuan-für-eine-Minute-Fall"**[388] gezeigt. Dabei sieht man an den Entscheidungen beider Instanzen, dass das Gericht der ersten Instanz von einer Vollkompensation ausgeht und die Entscheidung traf, als ob es noch nie etwas von dem Kompensationsansatz des Berufungsgerichts gehört hätte, nach dem die Kompensationspflicht der Bank auf den gesetzlich festgelegten Zinsersatz begrenzt sei. Es wurde zunächst der „vereinbarte" Schadenersatz, der sicherlich viel höher gewesen ist als der tatsächliche Schaden, als Schadenersatz bewilligt. Parallel zu dieser Haftung wurde der Ersatz für Fahrt- und Kopierkosten sowie für einen potenziellen Gewinn verlangt, dem nur deswegen nicht stattgegeben wurde, weil der Schaden nicht nachgewiesen werden konnte. Das Gericht trat hier folglich für eine Vollkompensation bei der Bankhaftung ein.[389] Dagegen kennt das Berufungsgericht nur den als gesetzliche Vertragsstrafe charakterisierten Zinsersatz und hat daher entschieden, dass die Geldkompensation für eine verzögerte Zahlung nicht vom tatsächlichen Schaden abhängig sei.[390]

Diese Spaltung der Rechtsprechung bezüglich des Umfangs der Bankhaftung spiegelt sich wider in den entsprechenden Auseinandersetzung in der Literatur.[391] Der Ansicht der vorliegenden Arbeit nach besteht insofern Bedarf für eine deutlichere Gesetzgebung. Dies könnte kurzfristig auch durch eine „Anwendungserklärung"[392] des Obersten Volksgerichts erfolgen.

IV. Der Anspruch gegen den unberechtigten Empfänger

Neben den Anspruch gegen die Bank auf Schadenersatz besteht eine Interesse des Überweisenden daran, die Rückgabe des Überweisungsbetrags bzw. der Kompensation der weiteren Schäden von dem unberechtigten Begünstigten zu verlangen. Bei Betrügerischen Handlungen des Dritten kann sich der Überweisende auf das Deliktsrecht i.S.d. §§ 117 ff. **AGZ** stützen. Für die Rückgabe des betroffenen Transfergelds steht auch das Bereicherungsrecht i.S.v. § 92 **AGZ** auch Verfügung. (Diese Ansprüche werden ausführlich in Kapitel 8 C untersucht)

---

387 S. Kapitel 5 C I 3 b–c, II 3.

388 S. o. Punkt B II a.

389 Diese Ansicht vertraten auch das Gericht im „Acht-Tage-Verspätung-Eilüberweisungsfalls" und das Gericht im „Stromausfall-Überweisungsfalls".

390 Diese Haltung vertrat auch das Gericht erster Instanz im „Fengyang-Überweisungsfall".

391 S. vor allem LI Guoguang (Hrsg.), Kommentierung, S. 458 ff., 468 ff.

392 Kapitel 1 C I 1.

C. Die Konkretisierung des Verschuldens anhand von Einzelfällen

Für den Überweisenden ist es wichtig zu wissen, in welchen Situationen er mit dem Anrechnen eines eigenen Verschuldens rechnen muss. Die wirkliche Unsicherheit des Überweisenden liegt eigentlich in den undurchschaubaren Maßstäben zur Beurteilung des Grades der Fahrlässigkeit in der Rechtspraxis, die nur einzelfallbezogenen zu ergründen sind.

I. Bei der Überweisung ohne wirksamen Auftrag

Im Folgenden konzentriert sich die Arbeit auf den in der Bankpraxis am häufigsten auftretenden Fall der Fehlüberweisung, die Überweisung ohne wirksamen Auftrag.

1. Bei fehlendem Überweisungsauftrag

Dass die Bank eine Überweisung bzw. Auszahlung ausführt, ohne irgendeinen Auftrag dafür erhalten zu haben, ereignet sich meistens aufgrund des Versehens eines Bankbearbeiters.[393]

Bei völligem Fehlen des Überweisungsauftrags wird ein schuldhafter Verstoß der Bank gegen die aus dem Kontoverhältnis entspringende (Sorgfalts)Pflicht zur „guten Bewahrung“ des Einlagekapitals bzw. Kontrolle der Überweisungs- bzw. Auszahlungsaufträge unschwer zu beweisen sein. Ein Mitverschulden des Kontoinhabers liegt hierbei in den meisten Fällen nicht vor. Von der Bankseite her hat die betroffene Bank scheinbar ein grobfahrlässiges Verschulden im Sinne von § 242 S. 2 **ZVM** anzuerkennen und dem Rückbuchungsanspruch des Überweisenden nichts entgegenzusetzen. Auch in der Literatur oder Rechtsprechung sind keine Anhaltspunkte für Entlastungsmöglichkeiten der Bank zu finden ist.

2. Bei der Überweisung aufgrund eines verfälschten Auftrags

Die Überweisung aufgrund eines verfälschten Auftrags, bei der es sich um einen Betrugsfall handelt, stellt das größte Problem in der Bank- und Rechtspraxis dar. Im Mittelpunkt steht die Interpretation des Verschuldens der Überweisungsbank bei der Legitimationsprüfung bzw. des Mitverschuldens des Überweisenden. Allgemeine Kriterien für die Feststellung des Verschuldens wurden bisher nicht entwickelt. Vielmehr muss man die Umstände des Einzelfalls berücksichtigen.

393 Vgl. o. Punkt B I 2.

a. *Verfälschung durch Bankangestellte*

In Bezug auf das Problem, dass sich daraus ergibt, dass ein Bankangestellte den Überweisungsauftrag verfälscht, bestimmt § 215 **ZVM**: *„Handelt der Zahlende (fukuan ren) oder der in seiner Vertretung Zahlende böswillig oder grob fahrlässig, so ist er dafür selbst verantwortlich."* Eine bankfreundliche Literaturstimme leitet daraus ab, dass statt der Bank der Angestellte selbst hafte, wenn die Überweisung aufgrund eines von diesem verfälschten Auftrags erfolgt. Von der herrschenden Meinung wird dagegen ein solcher Bankschutz als zu weitgehend empfunden.[394]

Aus der jüngsten Rechtsprechung[395] sieht man, dass sich die Judikative diesbezüglich darüber einig geworden ist, dass die Bank dem Kunden gegenüber für fehlerhafte Handlungen ihrer Angestellten einzustehen hat, wie man aus dem **„Ein-Yuan-für-eine-Minute-Fall"**[396] ersehen kann. Dies umfasst sowohl Arbeitsfehler wie Versehen, Verschreiben etc. als auch Straftaten. Dogmatisch wird die so genannte Theorie von der „Berufsvertretung" in Sinn des § 43 **AGZ** herangezogen. Verbreitet wird der Begriff der „schlechten Betriebsverwaltung" (*guanli bushan*) verwendet, der in gewissem Sinn fast eine feste Form des Bankverschuldens geworden ist.[397]

Theoretisch kommt ein Mitverschulden des Überweisenden in Betracht. Das ist eigentlich ein Problem der Beweislast, die hier von der Bank getragen wird.

b. *Verfälschung des Personalausweises bzw. Stempels durch Dritte*

(1) Fälschungsumstände

Bei einer traditionellen Überweisung muss der Überweisende am Bankschalter neben dem ausgefüllten Auftragsformular auch die Kontounterlagen und den eigenen gültigen Personalausweis[398] zur Prüfung vorlegen, wenn es sich um ein Privatkonto handelt.

Zusätzlich kann der Kontoinhaber mit der Bank eine „Stempelprüfung" vereinbaren, nach der die Bank bei der Auszahlung bzw. Überweisung den auf dem Auftrag stehenden Stempel mit den vom Kontoinhaber bei der Kontoeröffnung hinterlassenen oder auf den Kontounterlagen abgebildeten Stempelproben vergleichen

---

394 QIANG Li, S. 66 f.; LIU Ying, S. 45 ff. LIU Ying, S. 78.

395 ZHU Mingshan (Hrsg.), S. 46ff., 58ff.; s. auch die Fälle im Internet http//: www.rmfyb.chinacourt.org/public/detail.php?id=39950 (Zugriff: 12.11.2003); http//: www.court.gov.cn/popular/200303310020.htm (Zugriff: 12.04.2004); http//: www.rmfyb.chinacourt.org/public/detail.php?id=39950 (Zugriff: 17.08.2004), auch der Fall „Anyang Bustransport-Firma gg. Nanzhuang Kreditgesellschaft" in: http//: www.court.gov.cn/popular/200303310020.htm (Zugriff: 12.08.2004).

396 S. u. B II 1 b.

397 ZHU Mingshan (Hrsg.), S. 101 ff.

398 Die gültigen Personalausweispapiere sind gem. § 15 **ZVM** der Einwohner-Personalausweis (*junmin shenfenzheng*), der Offizersausweis (*junguan zheng*), der Polizistenausweis (*jingguanzheng*), der Zivilkaderausweis (*wenzhi ganbu zheng*), der Soldatenausweis (*shibing zheng*), das Wohnsitzbuch (*hukoubu*), der Reisepass (*hu zhao*), oder der Heimatrückkehrausweis aus Hongkong, Macao oder Taiwan (*gang'aotai tongbao huixiangzheng*).

muss. In der Bankpraxis ist der so genannte „Stempeldiagonalvergleich“ (*duijiao hedui*) immer noch sehr verbreitet und als eine bewährte Methode zur Legitimationsprüfung hochgeschätzt.[399] Dabei wird das auf dem Auftrag stehende Stempelbild, das insgesamt ein Quadrat ist, der Diagonale entlang gefaltet und mit der gefalteten Stempelprobe verglichen. Dadurch wird eine Stempelverfälschung normalerweise erkennbar.

Die Verfügung über ein Konto einer Einheit erfolgt durch eine von der Einheit bevollmächtigte natürliche Person. Da dies mehrere Personen sein können, ist es in der Praxis üblich zu vereinbaren, dass die Legitimationsprüfung nur durch einen Stempelvergleich erfolgt.

Dieses System der Legitimationsprüfung mittels Personalausweisen und Stempeln hat vor der Ära der Reform und Öffnung gut funktioniert, reicht jetzt jedoch angesichts der häufig auftretenden Fälschungsfälle sicherlich nicht mehr aus. Gelingt es jemandem, die Kontounterlagen einer Privatperson oder einen gestempelten Überweisungsauftrag einer Einheit in seinen Besitz zu bekommen, hat er gute Chancen, das Geld auf betrügerische Weise zu bekommen, da die Fälschung der Personalausweise, vor allem der Einwohner-Personalausweise, technisch nicht schwer ist.

Das Problem von Fälschungen stellt sich ähnlich bei der Stempelprüfung. Die Technik des „Stempeldiagonalevergleichs“ ist inzwischen durch Hochtechnologie wie „Laserkollimator“ nicht mehr zuverlässig.[400]

(2) Die Problematik der „formalen Prüfung“ in der ZVM

Die Banken bestehen darauf, dass sie bei der Ausweis- bzw. Stempelprüfung nur der Pflicht zur „formalen Prüfung“ (*xingshi shencha*) unterliegen. Als rechtliche Grundlage wird dafür auf die Bestimmung des § 17 **ZVM**[401] und des § 3 der 1997 von der Volksbank erteilten „Antwort zu Fragen bei Verlustanmeldung des Einlagebelegs“ (*Guanyu banli cundan guanshi shouxu youguan wenti de dafu*)[402] verwiesen. Demnach haftet die Bank nicht für eine fehlerhafte Belastung eines Kundenkontos, welche durch Nichterkennen der Ausweis- oder Stempelfälschung verursacht wurde, sofern der

---

399 YIN Ximing, in: *Heibei faxue*, Nr. 1/1999 35 ff., BING Zhi, in: *Jinrong fayuan*, Nr. 1/2001, S. 105.

400 Dazu kommt noch eine dringend änderungsbedürftige Bankgewohnheit, nämlich dass man solche Vereinbarungen häufig schon aus den Kontounterlagen ersehen kann, weil die Bank ein entsprechendes Zeichen für „Stempel“ auf den Kontounterlagen abbildet Dies lässt sich u. a. an dem folgenden Fall aus dem Jahr 1994 belegen: Die klagende Kontoinhaberin meinte, dass sie den „Stempelvergleich“ mit ihrer Hausbank vereinbart und über ihr Konto seit Jahren so verfügt hatte, bis ein Fälscher 1994 den vereinbarten Stempel insgeheim nachgemacht und ihr Konto leergeräumt hatte. Die beklagte Hausbank wandte ein, dass kein „Stempelvergleich“ vereinbart worden war, da sonst sowohl das Zeichen „Stempel“ (*zhang*) als auch das Stempelbild entweder auf den Kontounterlagen oder auf dem Einzahlungsbeleg hätte stehen sollen. Das Gericht hat der Hausbank recht gegeben. Dazu s. LI Fusong/JIANG Xialing, in: *Jingji yu fa* Nr. 3/1996 10 f.

401 S. Zitat des § 17 **ZVM** und die Analyse der Arbeit in Kapitel 5 A II 2 c.

402 § 3 bestimmt ausdrücklich, dass die Bank den Personalausweis „formell zu prüfen hat und nicht für Verfälschungen haftet, die erst durch polizeiliche Facharbeit zu erkennen sind“; ZHU Minshang (Hrsg.), S. 383 ff.

betreffende Bankangestellte bei der Prüfung gutgläubig war, und ihm nichts Ungewöhnliches aufgefallen ist. Dabei sollen keine fachlichen Prüfungskenntnisse bzw. Techniken vorausgesetzt werden.[403] Der Kontoinhaber muss den Verlust daher selbst tragen, es sei denn, er kann beweisen, dass man die Fälschung durch eine „formale Prüfung" hätte erkennen können.

Obwohl diese bankfreundliche Ansicht, wie in der vorliegenden Arbeit bereits analysiert und festgestellt wurde,[404] rechtsdogmatisch betrachtet nicht haltbar ist, hat sie sich für längere Zeit in der Bankpraxis durchgesetzt.[405]

Ein Artikel[406] aus dem Jahr 2001 stellt zwei durch Verlustmeldung gelungene Fälschungsfälle dar, in denen sich sowohl das Gericht als auch die Klagenden nur auf das Bankverschulden der formellen Prüfung konzentriert haben:

Der erste Fall ereignete sich in Peking. Die Kontoinhaberin verklagte die Hausbank auf Schadenersatz, weil jemand ihre Kontounterlagen mit einem gefälschten Einwohnerausweis, auf dem ein falsches Foto abgebildet war und eine falsche Ausweisnummer standen, zuerst verloren gemeldet und dann das Geld abgeholt hatte. Das Gericht urteilte zu Ungunsten der Klägerin und vertrat die Ansicht, dass die Bank bei der formellen Prüfung des Ausweises ein Vergleich der Namen ausreichend sein solle, da es nicht üblich sei, eine Kopie des Ausweises für Prüfungszwecke zu verlangen.

Im zweiten Fall, dessen Sachverhalt dem Ersten ähnelt, war der klagende Kontoinhaber zwar erfolgreich, dies aber nur, weil vom Gericht „strenge" Anforderungen an die formelle Prüfung gestellt wurden. Das Gericht urteilte, dass ein Bankverschulden bei der Prüfung des Personalausweises vorliege, weil der Verlustmeldende ein Mann war, aber die Ausweisnummer des Personalausweises mit einer geraden Zahl endete, welche nur für Frauen vergeben werden.

(3) Die neue judikative Ansicht

Die judikative Ansicht hat sich inzwischen geändert. Das Chinesische Oberste Volksgericht erklärte in § 69 der 2000 erlassenen „Bestimmungen zu einigen Fragen bei gerichtlicher Verhandlung von Streitfällen zu Wechseln und Schecks" (*Guanyu shenli piaoju jiufen anjian ruogan wenti de guiding*), dass die Auszahlung der Bank an einen unbefugten Dritten wegen Nichterkennung der Verfälschung des Wechsels oder Schecks oder des Personalausweises eine grobe Fahrlässigkeit im Sinn des § 57 des

403 PENG Bing/YE Xiaohua, in: *Jinrong fayuan* Nr. 1/2001 106, 108 f.; DONG Jianjun, Untersuchung, S. 36 f.; BING Zhi, in: *Jinrong fayuan*, Nr. 1/2001, S. 104 ff.

404 Vgl. Kapitel 5 A III 2, B II.

405 PENG Bing/YE Xiaohua, in: *Jinrong fayuan* Nr. 1/2001 106, 108 f.; DONG Jianjun, Untersuchung, S. 36 f.; BING Zhi, in: *Jinrong fayuan*, Nr. 1/2001, S.104 ff.; PAN Wenbo, in: *Jinrong yu shijian*, Nr. 5/2002 63 f.

406 WU Zhipan, in: *Jinrong fanyuan* Nr. 4/2001 6 ff., die genauen Daten und Gerichte sind in dem Artikel nicht angeben, erwähnt ist nur, dass die beiden Fälle „vor Kurzem" in den Medien heftig diskutiert wurden.

WSG darstellt, und daher die Bank für die deswegen entstandenen Schäden des Einlösenden (*chipiao ren*) die zivilrechtliche Haftung zu tragen hat. Diese Meinung kann problemlos auf den Einlagevertrag übertragen werden.

Im Jahr 2000 äußerte es sich in einer Fallentscheidung[407] ähnlich zur Stempelfälschung. Die Bank habe die technischen Maßnahmen gegen die Stempelfälschung zu verbessern und hafte für die Verluste des Kunden, wenn die Geldeinlage des Kunden ohne dessen Kenntnis mittels einer Stempelfälschung abgehoben wurde. Es ist zu erkennen, dass immer mehr Urteile zu Lasten der Banken getroffen werden.[408]

(4) Die Ansicht der Arbeit: Die Theorie der Risikoverteilung

Während die Ansicht zur groben Fahrlässigkeit des Obersten Gerichtes in der Literatur breite Zustimmung[409] findet, halten die Gegenstimmen sie gegenüber der Bank für unfair, da in diesem Fall die Bank die Folgen der Systemschwäche alleine tragen muss.[410]

Die vorliegende Arbeit heißt das Ergebnis, dass die Bank für das Nichterkennen der Fälschung haften soll, willkommen, vertritt aber die Ansicht, dass es sich hier nicht um eine Frage des Verschuldenskriteriums, sondern der Risikoverteilung handelt.[411] Dogmatisch lässt es sich schwer begründen, dass allein die Tatsache, dass Geld von einem Dritten mittels gefälschter Unterlagen erlangt wurde, unabhängig von der Sorgfalt der Prüfung durch die Bank immer ein grob fahrlässiges Verschulden implizieren solle. Die Risikoverteilung zulasten der Bank kann aber mit der Tatsache begründet werden, dass die Bank die Situation im Vergleich zum Kunden besser kontrollieren kann.

(5) (Mit)verschulden des Überweisenden und die Theorie von „unabhängigen Dritten“

Ein mögliches Verschulden des Überweisenden liegt vorwiegend in der Verletzung derjenigen Sorgfaltspflichten, die ihm im Rahmen des Kontoverhältnisses auferlegt wurden. Diese Sorgfaltspflichten bestehen in erster Linie in der sorgfältigen Bewahrung der Kontounterlagen wie des Kontobuchs, des Stempels, der Geheimzahl usw., weil solche Informationen zur Verfälschung durch Dritte beitragen könnten. Ein Mitverschulden kann auch dann vorliegen, wenn der Überweisende die Bank über

---

407 Bulletin des Obsten Volksgericht: Nr. 5/2000, S. 67 ff.; dazu auch YU Baofu, in: *Jinrong fayuan*, Nr. 5/2001, S. 100, 103 f.

408 S. vor allem Artikel von WANG Yuexin im Internet http//: www.chinacourt.org/public/search-res-1.php (Version: 2002-09-20) (Zugriff: 23.11.2004)

409 ZHU Kepeng (Hrsg.), S. 37 f.; Jinrongshi-Zeitung: 16.02.1997.

410 PENG Bing/YE Xiaohua, in: *Jinrong fayuan* Nr. 1/2001/106, 108 f.; DONG Jianjun, in: *Jingrong yu luntan* Nr. 6/2002 35 ff.; auch WU Zhipan, Preis, in: *Jingrong fayuan* Nr. 4/2001 S. 8 f.; PAN Wenbo, *Jinrong yu shijian*, Nr. 5/2002 63 f.

411 Vgl. SU Hecheng, in: *Jinrong fayuan*, Nr. 7/2001 1, 3 ff.; LUO Jianjun, in: *Jingrong yu luntan* Nr. 6/2002 35 ff.

ihre Fehlbuchung nicht rechtzeitig informiert hat und diese daher Rückgriffsmöglichkeiten in Bezug auf den Fälschenden unterlassen hat.[412]

Bei der Fehlbuchung wird das Bankverschulden grundsätzlich vermutet. Für eine Haftungsminderung bzw. -befreiung aufgrund eines Mitverschulden des Kunden trägt die Bank die Beweislast.[413] Man kann sich gut vorstellen, dass dies der Bank nicht immer gelingen kann, auch wenn der Überweisende dem Verfälschenden geholfen hat.

Dazu wurde in der Literatur die Theorie vom „Unabhängigen Dritten" (*duli disanren*) entwickelt.[414] Demnach hafte die Bank wegen eines vermuteten Verschuldens, sofern es sich bei dem Betrüger um einen „unabhängigen Dritten" handele, der mit dem Kunden in keiner Beziehung stehe. Im umgekehrten Fall – d.h. bei einer Nahebeziehung zwischen dem Dritten und dem Kunden, solle aber zumindest ein Mitverschulden des Kunden vermutet werden. Allerdings ist bis jetzt noch keine Rechtsprechung auf diese Theorie eingegangen.

c. *Identitätsfälschung durch echte Kontounterlagen*

Parallel zur obigen betrügerischen Kontoverfügung des Dritten per gefälschtem Personalausweis, Stempel bzw. anderen Kontounterlagen treten auch Betrugsfälle auf, in denen der „Kontoverfügende" echte Kontounterlagen verwendet.

Da die echten Kontounterlagen lediglich per Zufall von einem Fremden zu bekommen sind, handelt es sich meist um einen Vorgang innerhalb der Familie oder des Bekanntenkreises. Die Fälle liegen meist ungefähr so: Ein Familiengehöriger oder Mitbewohner nimmt die nötigen Unterlagen heimlich an sich, gibt sich innerhalb kurzer Zeit als Kontoinhaber oder häufiger als Vertreter des Kontoinhabers bei der Bank aus und lässt das Geld vom Konto an sich oder an einen Dritten auszahlen.[415]

Erkennt der Bankangestellte nicht, dass der vor ihm stehende „Überweisende" mit dem Foto auf dem Ausweis nicht übereinstimmt, ist das Bankverschulden begründet.[416]

d. *Fälschung mit Geheimzahl*

Seit über zehn Jahren wird das Geheimzahlsystem in der Bankpraxis verwendet. Dabei darf die Bank den Auftrag erst dann ausführen, wenn der Auftrageber die Pin-Nummer richtig eingegeben hat.[417]

---

412 ZHEN Shunyan, in: *Jinrong fayuan* Nr. 5/1998 41, 46 ff.
413 Vgl. o. Punkt B III 2.
414 S. vor allem ZHEN Shunyan, in: *Jinrong fayuan* Nr. 5/1998 41, 46 ff.
415 Auszüge der Fälle im Internet http//: www.rmfyb.chinacourt.org/public/detail.php?id=31566 (Zugriff: 17.10.2004); http//: www.rmfyb.chinacourt.org/public/detail.php?id=207758 (Zugriff: 17.10.2003).
416 Ebd.
417 Scheinbar wird das System nicht von jedem Bankkunden akzeptiert. So stehen beispielsweise in Geschäftsstellen der Chinesischen Aufbaubank in Shanghai vorgefertigte „Erklärungen

Nach h.M. ersetzt das Geheimzahlsystem die traditionelle Prüfungsmaßnahme. Das bedeutet, es liegt kein Bankverschulden vor, sofern der Dritte die Pin-Nummer richtig angegeben hat, denn es wird dabei vermutet, dass der Kontoinhaber durch Verraten der Geheimzahl die Sorgfaltspflicht zur Unterlagenbewahrung verletzt hat.[418]

Dies hat sich in der Rechtsprechungspraxis unproblematisch bei Geldtransfer am Automat durchgesetzt. Wenn ein Dritter mit der ATM-Karte und der richtigen PIN-Nummer auf ein Konto zugreift, könne man grundsätzlich davon ausgehen, dass der Kontoinhaber die Pflicht der „guten Bewahrung" der Karte und der Geheimhaltung der PIN-Nummer verletzt hat. Problematisch sind jedoch die Fälle, in denen über das Kontoguthaben am Schalter mithilfe einer PIN-Nummer verfügt wird. Aufgrund des großen Fälschungsrisikos versuchen die Banken, auch hier das Geheimzahlsystem als maßgebliche Legitimationsprüfung einzuführen. Dies wird jedoch von der Rechtsprechung nicht akzeptiert, nach deren Ansicht die traditionelle Prüfung der Kontounterlagen entscheidend sei.[419] Dabei wird allerdings nach Ansicht der Arbeit nicht berücksichtigt, dass die von der Volksbank vorgegebenen Vorschriften bezüglich der traditionellen Legitimationsprüfung abdingbar sind.

Theoretisch könnte das Problem aber auch in dem Sicherheitssystem der Bank liegen, wie z. B. Fehlern im Geheimzahlsystem. Das muss aber der Kontoinhaber beweisen, sofern das System dem von der Volksbank vorgegebenem Sicherheitsstandard entspricht.[420]

e. *Fälschung durch „Hackerattacken" bei der beleglosen Überweisung*

„Homebanking" ist ein neues Phänomen in China. Der Bankkunde kann auf das Bankkonto von zu Hause aus per Telefon oder Internet-Verbindung vom eigenen Computer zugreifen und so den Kontostand abfragen oder Überweisungsaufträge erteilen. Zur Nutzung des Homebankings wird dem Kontoinhaber ein Zugangscode mit der Verpflichtung erteilt, ihn geheim zu halten.[421]

---

zum Verzicht auf die Geheimzahl" (*faqi mima shengmingshu*) für diejenigen, die die Vereinbarung zur Geheimzahlprüfung ablehnen wollen. Der Inhalt dieser Erklärung besagt, dass die ablehnende Einheit das Fälschungsrisiko selbst tragen muss.

418 S. vor allem http//: www. rmfyb.chinacourt.org/public/detail.php?id=49050 (Zugriff: 17.11. 2004); http//: www. rmfyb.chinacourt.org/public/detail.php?id=21474 (Zugriff: 17.11.2004)

419 2001 ereignete sich in Peking ein Fall, in dem das Geld auf dem Kreditkartekonto von der Klägerin bei der Bank X in Stadt A von jemandem in der Stadt B bei der Bank Y, einer Filiale der Bank X durch Geheimzahl, Personalausweis abgeholt wurde. Die Bank Y wurde – allerdings zu Unrecht – verurteilt, der Klägerin den betroffenen Betrag zu ersetzen, denn sie hat bei der Auszahlung die Verfälschung des Ausweises nicht erkannt. Für einen Auszug aus diesem Fall s. http//: www.rmfvb.chinacourt.org/public/detail.php? Id=62325 (Zugriff: 12.11.2004). Ähnlich s. auch http//: www.rmfyb.chinacourt.org/public/detail.php?id=50744 (Zugriff: 17.11.2004); http//: www. rmfyb.chinacourt.org/public/detail.php?id=20758 (Zugriff: 17.11.2004).

420 LIU Ying, S. 88 ff.; LI Qiang/LIU Yusheng (Hrsg.), S. 26 f.

421 DAI Xiangrong, in: *Zhongguo jinrong* Nr. 4/2001 4 ff.; ZHU Mianbao, Internet-Baning, in: *Jinrong fayuan* Nr. 3/98 S. 45 ff.

Grundsätzlich unterliegt die Bank der Pflicht, ein sicheres Computersystem gegen einen unbefugten Zugriff von außen abzusichern und bei jedem elektronischen Überweisungsauftrag den Zugangscode zu kontrollieren. Bei einer Überweisung durch Dritte ohne Zugangscode verletzt die Überweisungsbank zweifelsohne die Kontrollpflicht und ist daher zur Rückbuchung bzw. zur Zahlung von Schadenersatz verpflichtet. Dagegen kann der Kontoinhaber keine Rückbuchung verlangen, wenn er den Zugangscode anderen absichtlich oder fährlässig verraten hat. Die Beweislast trägt i.d.R. die Bank.[422]

Umstritten ist, ob die Bank allein aufgrund der Nutzung des Zugangscodes durch den unbefugten Dritten beweisen kann, dass der Kontoinhaber schuldhaft seine Geheimhaltungspflicht verletzt hat. Dies lässt sich schon aus allgemeinen Computerkenntnissen verneinen. Es haben in China schon Fälschungsfälle durch so genannte Hackerattacken stattgefunden, bei denen auch ein Zugang zum Konto ohne Zugangscode möglich war.

Nun fragt sich, ob die oben erarbeiteten Risikokriterien bei der beleggebundenen Überweisung aufgrund eines verfälschten Auftrags das Problem des Computerversagens mitumfassen. Die herrschende Ansicht[423] in der Literatur hat das bejaht und fordert, dass die Bank statt einer „Verschuldensvermutung zuungunsten des Kontoinhabers" eine tatsächliche Sorgfaltspflichtverletzung durch diesen beweisen muss. Ansonsten unterliegt sie der Pflicht zur Rückbuchung.

Im Gegensatz zu der obigen herrschenden Meinung schlagen einige Literaturstimme[424] vor, das „Sicherheitsverfahren" des US-amerikanischen UCC 4A einzuführen. Demnach haftet die Bank nicht, wenn ihr Computersystem solche „Sicherheitsprüfverfahren" bestanden hat.

3. Bei fehlender Vertretungsmacht

Die Verfügung über ein Konto kann auch durch den Bevollmächtigten des Kontoinhabers erfolgen. Gem. § 29 2. Halbsatz. **SparVV** muss der Bevollmächtigte den eigenen Personalausweis vorlegen. Dazu hat die Volksbank 1991 ein Rundschreiben[425] erlassen, nach dem eine wirksame Zahlungsverfügung über das Konto eines Privaten durch einen Vertreter möglich ist, sofern der Vertreter lediglich seine Identität durch einen eigenen Personalausweis wie den Arbeitsausweis (*gongzuo zheng*), das Haushaltsbuch (*hukoubu*) oder den Einwohner-Personalausweis (*junmin shenfenzheng*) beweisen und die Kontounterlagen und den Personalausweis des Kontoinha-

422 LIU Ying, S. 400 ff.; vgl. FU Baofu, Teil 1, Teil 2.

423 YU Baofu, Teil 2; ZHU Mingshan (Hrsg.), S. 45 f., 69 ff.

424 S. vor allem http//: www.rmfyb.chinacourt.org/public/detail.php?id=24269 (Zugriff: 17.11. 2004); auch LIU Ying, S. 89 f.

425 Volksbank: Renfa Nr. 15/1991; s. dazu den Artikel im Internet: Die Prüfungspflicht der Bank bei der Großzahlung in bar, http//: www.rmfyb.chinacourt.org/public/detail.php?id =21474 (Zugriff: 22. 06. 2004).

bers als Kennzeichen der Vollmacht vorlegen kann, ohne eine Vollmachtsurkunde vorlegen zu müssen. Bei der Verfügung über das Kontoguthaben einer Einheit kommt es entscheidend auf den Besitz des zugehörigen Stempels an.

Diese Praxis erleichtert einerseits das Auftreten von Betrugsfällen mittels gestohlener Unterlagen zulasten des Kontoinhabers. Andererseits ist dies auch für die Bank nicht unproblematisch, da sie nach der oben geschilderten Rechtsprechung, nach der in den Fällen, in denen gefälschte Unterlagen verwendet werden, ein grob fahrlässiges Verschulden gegeben sein soll, generell haftet. Sinnvoll wäre folglich eine Regelung, nach der ein Vertreter eine Vollmacht vorlegen muss. Dies entspricht auch der üblichen zivilrechtlichen Praxis.

Bei Erwägung des Bankverschuldens können die Rechtssätze über die Scheinvollmacht[426] greifen, welche zu einer Bindung des Vertretenen führen würden. Darüber hinaus muss er sich, auch wenn die Scheinvollmachtsregeln nicht greifen, ebenso an den Auftrag binden lassen, sofern er Hinweise bezüglich des Handelns des falsus procurator hatte, diesem Verdacht aber nicht nachgegangen ist und die Bank nicht gewarnt hat.

Dagegen könnte ein Bankverschulden aufgrund der Verletzung von Sorgfaltspflichten in Betracht kommen, wenn die Bank Anlass für den Verdacht hatte, dass der „Vertreter“ keine Vollmacht besitzt, und den von diesem erteilten Überweisungsauftrag trotzdem ausgeführt hat, beispielsweise wenn ein Buchhalter Geld von dem Konto der Firma auf sein Privatkonto überweisen lässt.

II. Bei der Überweisung mit wirksamem Auftrag

1. Bei Unterlassung der Überweisungsbank

Der Überweisende darf, sofern er einen wirksamen Überweisungsauftrag erteilt und sein Konto ausreichend Guthaben für den Überweisungsbetrag aufweist bzw. der Betrag in bar eingezahlt wurde, grundsätzlich davon ausgehen, dass die beauftragte Bank seinen Auftrag annimmt und ihn unverzüglich ausführt. Verweigert bzw. unterlässt die Bank die Ausführung, so liegt zweifellos eine schuldhafte Pflichtverletzung der Bank aus dem Überweisungsvertrag (ggf. dem Verrechnungskontovertrag) vor, es sei denn, dass diese Untätigkeit rechtlich begründet werden kann. Nun fragt sich, welche Argumente einer rechtlichen Prüfung Stand halten können.

a. Bei einem umstrittenen Deckungsmangel

(1) Die Deckungspflicht des Überweisenden und die entsprechende Prüfungspflicht der Überweisungsbank

---

426 Die Theorie der „Scheinvertretung“ im chinesischen Recht entspricht den deutschen Grundsätzen; dazu Jiandong SHAO/Eva Drewes (Hrsg.), S. 27 f.

§ 8 **ZVM** regelt unmittelbar die Deckungspflicht des Überweisenden: „*Wenn Einheiten und Einzelpersonen, die bei Banken Bankkonten unterhalten, eine Zahlungsverrechnung betreiben, muss auf dem Bankkonto genug Geld sein, um die Zahlung zu gewährleisten, soweit diese Methode (ZVM) nichts anderes bestimmt. Ein einzelner (s. o.), der kein Bankkonto eröffnet hat, kann ebenfalls über die Bank eine Zahlungsverrechnung durchführen, nachdem er der Bank den Betrag gezahlt hat*". Diese vorschussartige Deckung lässt sich auch aus dem Verrechnungsprinzip „keine Auslegung durch die Bank" im § 16 Nr. 3 **ZVM** ableiten.

Parallel wird der Überweisungsbank die Prüfungspflicht bezüglich der Deckung auferlegt. Die Deckung kann entweder durch Guthaben auf dem Konto bei der Überweisungsbank bzw. durch die von der Überweisungsbank gewährte Kreditlinie oder durch Barzahlung erfolgen.

(2) Die Problematik bei der Bareinzahlung

In der Literatur und Rechtsprechung findet man das Problem der Bestimmtheit des Betrags bei der Bareinzahlung. Zur Veranschaulichung nimmt man hier den 1993 von dem Shanghaier Gericht Mittler Ebene entschiedenen so genannten **„300 US-Dollar-Fall"**: [427]

Ein Bankangestellter am Schalter hatte vom Kunden das einzuzahlende Bargeld in Höhe von 1787 US$ angenommen und gezählt und dann dem Kunden einen „Kupferschild" [428] *zur Bestätigung gegeben. Gemäß der zu jener Zeit bekannten Arbeitsgeflogenheit von „zwei Zähler am Schalter, die zweite Prüfungszählung ist maßgeblich" (shuangren lingui, fuhe weizhun) zählte der zweite Bankangestellte das Geld nochmal, stellte aber fest, dass 300 US-$ fehlten. Die Bank verweigerte die Gutschrift der angeblich fehlenden 300 Dollar, und war der Meinung, dass der Bankgebrauch der „Zwei-Zähler-Regelung" als Gewohnheitsrecht anerkannt werden solle. Die Gerichte in erster sowie in zweiter Instanz urteilten zugunsten des Kunden mit der Begründung, dass die Ausgabe des Kupferschilds die Übereinstimmung des Geldbetrags mit den Angaben des Kunden bedeutet habe, und die Bank später nicht ohne weiteres anders feststellen könne. Die Bank hätte das „Kupferschild" nach der zweiten Prüfungszählung – die sicherlich gleich nach der ersten Zählung vor dem Kunden erfolgen müsste – ausgeben sollen, wenn sie die betriebliche Kontrollmethode der „Zwei Zähler" gegen Dritte einwenden möchte.*

---

427 Shanghaier Gericht Mittler Ebene, *Hu-zhong-min-zhong* 1993/Nr. 1979, in: QIAO Xianzhi (Hrsg.), S. 297 ff.

428 Im „Zwei-Zähler System" der Einzahlungspraxis ist der Ablauf üblicherweise folgender: Der erste Zähler nimmt das Geld bzw. Einlagebuch an und gibt nach der bestätigten Zählung des vom Kunden abgegebenen Betrags ein kleines Kupfer- oder Eisenschild mit Nummer und das angenommene Geld samt Unterlagen an den zweiten Prüfer weiter, der üblicherweise an einem anderen Schalter sitzt. Er kann dann den nächsten Kunden aufrufen, ohne auf den zweiten Prüfer und die Erledigung des ersten Kunden warten zu müssen. Der zweite Prüfer ruft den wartenden Kunden nach erneuter Prüfung des Betrages anhand der Wartenummer auf und gibt ihm, nachdem er den betreffenden Betrag bestätigt hat, die Kontounterlagen bzw. Zahlungsbelege zurück. Erst dann ist der Zahlungsvorgang beendet.

Die Ansicht dieser Urteile wird dann in der Rechtsprechung sowie auch in der Literatur immer wieder bestätigt.[429]

(3) Die Problematik bei der Deckung mit Guthaben

Der Überweisende muss mit den potenziellen negativen Konsequenzen, wie z. B. der Nichtausführung des Auftrags durch die Überweisungsbank, rechnen, wenn die Überweisung durch sein Verrechnungskonto erfolgen soll, dieses jedoch kein ausreichendes Guthaben bzw. eine ungenügende Kreditlinie aufweist.

In der Regel belegen die Kontoauszüge den Kontozustand. In der chinesischen Bankpraxis kommt es jedoch nicht selten vor, dass das Guthaben auf dem Kontoauszug mit den internen Buchhaltungsaufzeichnungen der Bank (hinfort: Bankaufzeichnung) nicht übereinstimmt. Nun fragt sich, ob sich der Überweisende auf den von der Bank erteilten Kontoauszug (*duizhang dan*) verlassen darf. Erst nachdem diese Frage gelöst ist, kann man beurteilen, ob die Unterlassung bzw. Ablehnung des Überweisungsauftrags zum Verschulden der Überweisungsbank führt.

(a) Bei Unstimmigkeiten hinsichtlich des Kontostandes

Zunächst handelt es sich um einen Fall, in dem Uneinigkeit über den Kontobestand zwischen dem Kunden und der Bank besteht. Es gibt dabei zwei häufig auftretende Situationen, nämlich den Streit wegen der Unstimmigkeit der Guthabensumme und den Streit über das Bestehen oder Nichtbestehen des Guthabens.

Beim ersten Fall handelt es sich oft um Konten von Privatpersonen, deren Guthaben vor allem durch die Einzahlung von Bargeld entsteht. Es verläuft häufig so: Bei der Prüfung des Auszahlungs- bzw. Überweisungsauftrags des Kunden entdeckt der Bankangestellte, dass das Guthaben auf den von dem Kunden aufbewahrten Kontounterlagen höher ist als das der Bankrekorde. Eine weitere Möglichkeit ist die Abweichung der Angaben zur Guthabenssumme in arabischem und chinesischen Zahlen. Da die Kontounterlagen von der Bank ausgefüllt werden, ist zu vermuten, dass das Problem von den Bankangestellten aufgrund von Übertragungs- oder Eingabefehlern verursacht wurde. Die Bank versucht selbstverständlich, ihre Bankaufzeichnung bzw. die niedrigere Guthabensumme als Maßstab für ihre Zahlungspflicht anzulegen.[430] Der Kunde beruft sich dagegen auf eine Interpretation zu seinen Gunsten.

Die Rechtsprechung hat dieses Problem inzwischen zugunsten des Kunden gelöst, was in der Literatur begrüßt wird.[431] Begründet wird dies damit, dass die Bank aus

429 ZHENG Shunyan hat einen anderen Fall dargestellt, in dem eine Praktikantin als zweiter Zähler das Fehlen von 400 CNY feststellte, und das Gericht die Bank verurteilte, den streitigen Betrag innerhalb von 15 Tagen nach der Entscheidung auf das Konto des klagenden Kunden gutzuschreiben; s. dazu ders., Analyse, in: *Jinrong fayuan* Nr. 1/1998 10 ff. Weitere Literatur s. WU Zhipan/TANG Haofan (Hrsg.), S. 42 ff.; PENG Bing, Vertreten, in: *Jinrong fayuan* Nr. 11/2000 109 ff.
430 S. vor allem PENG Bing, Vertreten, in: *Jinrong fayuan* Nr. 11/2000 109, 110 f.; ähnlich gelagert ist das Urteil von *Qian-Zhong-Fa-Jing-Zhong-ZI* 1994/Nr. 41, s. dazu WANG Shaohua, S. 1198–1202.
431 Vor allem PENG Bing, Bankkonto II, in: *Jinrong fauan* Nr. 11/1998 32, 38 f.

dem Verrechnungsvertrag der Pflicht unterliegt, die Buchhaltungsarbeit ordentlich zu führen, und daher für Fehler ihrer Angestellten die negativen rechtlichen Konsequenzen tragen muss. 1987 verkündete die Volksbank die „Antwort auf Fragen zur Festlegung und Zahlung des auf dem Beleg in Groß- und Kleinschrift unterschiedlich geschriebenen Betrags“ (*Guanyu rending he duifu daxiaoxie jin'e bu yizhi pingzheng wenti de fuhan*). Demnach gilt die höhere Summe als maßgeblich, soweit die Bank nichts anderes beweisen bzw. die Situation nicht aufklären kann. Dies stellt also eine sehr kundenfreundliche Regelung dar.

(b) Bei einer Unterschlagung durch die Bankangestellten

Beim zweiten Fall handelt es sich häufig um eine betrügerische Handlung eines Bankangestellten. Der Grundsachverhalt verläuft ungefähr so: Ein Bankangestellter schreibt den vom Kunden eingezahlten Betrag auf seinem Konto gut bzw. stellt ihm einen neuen Einlagebeleg aus; der Zahlungsvorgang wird aber nicht bankintern registriert, um zumeist das Geld zu unterschlagen.[432]

Die Literatur und Rechtsprechung beschäftigt sich vor allem mit der Frage, ob überhaupt ein Einlagevertrag hinsichtlich des Betrags, der von dem betrügerischen Bankangestellten trotz seiner Unterschlagung in den Bankrekorden „ordentlich“ auf dem Konto des Kunden gutgeschrieben worden ist, besteht. Einige Zeit vertrat eine den Banken gewogene Stimme in der Literatur, dass der „Angestellte für seine deliktische bzw. strafrechtliche Tat persönlich hafte, und die Bank dafür außer der Unterstützungspflicht zur Nachprüfung nicht einzustehen habe“.[433]

Dagegen hielt dies die herrschende Meinung für unerträglich für den wehrlosen Bankkunden, der die interne Buchhaltung der Bank keineswegs durchschauen könne. Rechtlich wird argumentiert, dass die Angestellten als „Berufsvertreter“ der Bank im Sinn der §§ 64 ff. AGZ handelten und die Bank daher für ihre Fehltat einzustehen habe.[434] Einige Urteile schlossen sich dieser herrschenden Ansicht an und erklärten weiter, dass ein von einem Bankangestellten ausgestellter (gestempelter) Einlagebeleg einen zustande gekommenen Vertrag bewirke, und die Bank diesen bei solch einem „internen Betrugsfall“ nicht ohne weiteres unwirksam erklären könne.[435]

Wegen der uneinheitlichen Handhabung in der Rechtsprechung verkündete das Oberste Volksgericht Ende 1997 die „Regelungen zur Handhabung von Streitfällen

432 Es gibt vielfältige Gründe für Fehldaten der Bankangestellten. Diese können neben dem Plan, das Geld für sich zu behalten, manchmal auch in der Naivität bzw. Gutmütigkeit der Angestellten liegen, sodass z. B. der Angestellte das Geld kurzfristig an einen Bekannten bzw. einen kreditbenötigenden Kunden „verleiht“ und an die rechtzeitige Rückzahlung durch den unqualifizierten „privaten Kreditnehmer“ glaubt. S. dazu vor allem ZHU Mingshan (Hrsg.), S. 26 ff., 63 ff., 101 ff.

433 HU Dunling, in: *Jingji yu fa* Nr. 4/2002 14 f.

434 BING Zhi, in: *Jingrong fayuan* Nr. 1/2001 104 ff.; PENG Bing, Vertreten, in: *Jinrong fayuan* Nr. 11/2000 109/110 f.

435 Vgl. PENG Bing, ebd.; WANG Shaohua, S. 1198–1202.

über Einlagebelege" (*Guanyu shenli cundan jiufen anjian de ruogan guiding*).[436] Darin ist folgendes festgelegt: Wenn der Einzahlende der Bank einen echten Einzahlungsbeleg vorlegt, muss sie die Forderungen anerkennen. Falls die Bank die Einrede geltend macht, dass ein Fehler oder ein Betrug beim Einzahlenden vorliegt, so liegt die Beweislast dafür bei der Bank. Falls sie dies nicht beweisen kann, bleibt die Bank zur Anerkennung der Forderungen verpflichtet. Wenn sowohl der Einzahlende als auch die Bank schuldhaft gehandelt haben, so haften beide Seiten entsprechend der Höhe ihrer Schuld.

Darüber hinaus hat das Oberste Volksgericht die tatsächliche Benachteilung des offenkundig „unschuldigen" Kunden im Prozessrecht[437] berücksichtigt und daher in § 3 dieser Regelung ausdrücklich bestimmt: Falls die Rolle eines Betroffenen eine strafrechtliche Verfolgung erfordert, so kann die zivilrechtliche Haftung vor Ende des Strafprozesses verhandelt werden, sofern sich nicht aus den Ermittlungen ergibt, dass eine vorherige Klärung der strafrechtlichen Aspekte des Falls erforderlich ist.[438]

Somit lässt sich festhalten, dass der Kontokunde sich grundsätzlich auf den von der Bank erteilten Einlagebeleg bzw. Kontoauszug (*duizhang dan*) verlassen darf. Die Bank hat für ihre Untätigkeit möglicherweise den Schaden des Überweisenden zu ersetzen, wenn die Ursache des Problems bei ihr bzw. ihren Angestellten liegt.

(c) Bei Zurückziehung einer Kreditlinie

Es ist fraglich, ob die Bank eine einmal gewährte Girokreditlinie plötzlich verringen darf. Es gibt noch keine Rechtsprechung dazu. In der Literatur wird diese Frage kaum angesprochen. Aus Gesprächen, die die Verfasserin mit einigen erfahrenen Bankiers geführt hat, gewinnt man den Eindruck, dass die Bank vor der Einräumung einer „Überziehungsvereinbarung" die Sicherheitselemente streng kontrolliert, indem beispielsweise der Kontoinhaber ein sicheres und regelmäßiges Einkommen nachweisen muss, und dazu ein geeigneter Bürge gefordert wird. Dagegen ist das Sicherheitssystem zur Nachkontrolle im chinesischen Bankwesen, besonders in Staatlichen Banken, noch sehr schwach. Das ist dogmatisch sowie auch praktisch jedenfalls bedenklich.

Rechtlich kann diese Vereinbarung im Rahmen des vorhandenen chinesischen Schuldrechtssystems nur als ein Darlehensvertrag im Sinn der §§ 196–211 **VG** eingeordnet werden. Dementsprechend ist eine schriftliche Form erforderlich (§ 197 Abs. 1 Halbsatz 1 **VG**). Das bedeutet, dass der Überweisende in eine ungünstige Lage gerät, wenn er seinen Anspruch auf Schadenersatz auf eine mündliche „Überziehungsvereinbarung" mit der Bank stützt.

---

436 ZHU Mingshan (Hrsg.), S. 400 ff.
437 Entdeckt die Bank einen Fehler bei der Prüfung der Deckung des Zahlungsauftrags, wird sie in der Regel die Zahlung suspendieren und das Problem nachprüfen bzw. nachprüfen lassen.
438 Vgl. WU Zhipan, Abriss, S. 155 f.

Andernfalls hat er bessere Chancen, denn nach § 201 Abs.1 VG hat der Kreditgeber den Schaden des Kreditnehmers zu ersetzen, der dadurch entsteht, dass dem Kreditnehmer zum vereinbarten Zeitpunkt das vereinbarte Kapital nicht zur Verfügung steht. Dagegen kann die Bank als Kreditgeber den als Ausgleichsbestimmung zu § 201 Abs. 1 VG fungierenden Paragraph des § 203 VG schwer in Anspruch nehmen, weil der Kreditgeber nach dieser Vorschrift den Kredit nur vorzeitig zurückziehen bzw. den Darlehensvertrag kündigen darf, wenn der Kreditnehmer den Kredit nicht gemäß dem vereinbarten Verwendungszweck benutzt.

Durchaus möglich ist aber, dass die Bank eine so genannte Klausel zur „jederzeitigen Kreditrückziehung“ vorsorglich in die Vereinbarung aufnimmt. Dann kann sich der Überweisende nur an dem Prinzip von „Treu und Glauben“ hinsichtlich der Vertragsauslegung orientieren. Nach Ansicht der Verfasserin, stellt es wohl keine gutgläubige Handlung dar, wenn die Bank nicht vor der Erteilung des Überweisungsauftrags, sondern erst danach die gewährten Kredite ohne weites zurückzieht.

b. Bei nachträglicher Entdeckung eines Deckungsmangels

Es ist nicht ausgeschlossen, dass eine Unterlassung aufgrund von Arbeitsfehlern oder Missverständnissen vorkommt. Meistens hat sie jedoch Gründe. Dazu zählt vor allem die nachträgliche Entdeckung eines Deckungsmangels.

(1) Fragestellung

Eine chinesische Überweisungsbank unterliegt der strengen Pflicht zur Deckungsprüfung, der Überweisende der Deckungspflicht. Wenn die Bank nach der Annahme des Überweisungsauftrags, bei dem sie einen gestempelten Beleg erteilt hat, einen Deckungsmangel entdeckt, wird sie normalerweise die noch nicht vorgenommene Ausführung suspendieren oder sogar die schon an die nächste Bank vermittelte Überweisung zurückziehen.[439]

In der Regel wird die Bank den Überweisenden über die Umstände informieren und eine Nachzahlung fordern. Geschieht die Nachzahlung nicht, muss der Überweisende mit dem Aussetzen der Überweisung rechnen.

In der Bankpraxis kommt es allerdings vor, dass die Bank den Überweisenden zu spät oder gar nicht informiert. Der unwissende Überweisende erfährt dies erst nach dem Scheiten des Geschäfts mit dem Begünstigten. Es stellt sich die Frage, ob der Überweisende in diesem Fall Schadenersatz von der Bank im Rahmen der Verletzung der Banksorgfaltspflicht bezüglich der Deckungsprüfung verlangen kann.

(2) Der „Cangzhou-Bank-of-China-Scheckzahlungsfall“

Es gibt hierzu keine direkte Regelung. Der **„Cangzhou-Bank-of-China-Scheckzahlung-Fall“**[440] ereignete sich 1994 in der Provinz Hebei und könnte in Bezug auf die obige Fragestellung relevant sein:

---

439 ZHANG Weiyi, in: *Jinrong fayuan* Nr. 11/1998 7 f.

440 Verfahren erster Instanz: Volksgericht des Bezirks Yunhe in der Stadt Cangzhou in Provinz

Der Kläger als Verkäufer bat den Käufer A, der mit einem Scheck der Firma B in Höhe von 10,000 CNY zahlen wollte, den Scheck bei der beklagte Hausbank des B einzulösen bzw. eine Garantie zur Einlösung einzuholen. Mit dieser Garantie könne A die Kaufgüter beziehen. A zeigte daraufhin am 16. April 1994 einen von der Hausbank des B mit dem Zeichen „Zahlung erfolgt" (zhuanqi zhang) gestempelten „Einzahlungsbeleg" vor und holte die gekauften Güter ab. Als der Kläger im Juni desselben Jahres diesen Betrag noch nicht erhalten hatte, erkundigte er sich bei der Beklagten und bekam mitgeteilt, dass das Konto des B damals für die Einlösung des Schecks keine ausreichende Deckung aufgewiesen hatte, und die Annahme bzw. Stempelung ein Fehler einer Bankangestellten der Beklagten gewesen war. Die Beklagte habe die Firma B am Tag der „Scheckannahme" um Nachzahlung gebeten, und habe gewartet, bis sie der Firma B am 09.07.1994 schriftlich mitteilte, dass der Scheck aufgrund „mangelnder" Deckung" (kongtou) endgültig abgelehnt worden war. Der Kläger ging dann vor Gericht. Die Beklagte war der Meinung, dass sie gemäß des Prinzips „Kein Auslegen des Geldes durch die Bank" das Recht bzw. die Pflicht habe, die Zahlung zu verweigern und der Kläger seinen Anspruch gegen A oder B geltend machen solle.

Das Gericht erster Instanz war der Ansicht, dass die beklagte Bank einerseits bei der Deckungsprüfung und anderseits bei der Unterlassung der Benachrichtigung dem Kläger gegenüber schuldhaft gehandelt habe, und zwischen der schuldhaften Handlung und dem Schaden des Klägers eine Kausalität bestehe. Außerdem interpretierte das Gericht, dass die Nichtbenachrichtigung des Klägers zu einer „stillschweigenden Krediterteilung der Beklagten" führe. Die Beklagte wurde verurteilt, dem Kläger 10,000 CNY (RMB) samt den Zinsen, die nach dem Darlehnzinssatz berechnet werden, zu ersetzen.

Das Berufungsgericht zeigte zwar eine gewisse Zurückhaltung bezüglich der Ansicht der „stillschweigenden Krediterteilung", bestätigte jedoch die Entscheidung aus dem ersten Rechtszug in vollem Umfang.

(3) Die Ansicht der vorliegenden Arbeit

Dieses Ergebnis wird in der vorliegenden Arbeit begrüßt. Die Tatsache, dass die Bank erst nachträglich von dem Deckungsmangel erfährt, kann nicht ohne weiteres zum Recht der Bank führen, die Ausführung des Überweisungsauftrags zu verweigern. Noch weniger wäre es rechtlich zulässig, den betroffenen Kunden nicht über die Umstände zu informieren.

Hier liegt eine weitere Frage nahe. Angenommen, einem Kunden wurde auf seine Anfrage hin mitgeteilt, dass ein bestimmter Betrag auf seinem Konto gutgeschrieben wurde. Auf dieser Basis schließt er einen neuen Vertrag ab. Nun ist fraglich, ob er von der Bank die Überweisung des Betrags verlangen kann, wenn die Bank bei Prüfung des Auftrags einen Deckungsmangel feststellt. Diese Frage wird in der Literatur nicht ausdiskutiert. Die vorliegende Arbeit würde die Frage mit Rücksicht auf die Sorgfaltspflicht der Bank bei der Auskunftserteilung jedoch bejahen.

Heibei, *Yun-Min-Chu-Zi* 1994/Nr. 1; Verfahren zweiter Instanz: Volksgericht Mittlerer Stufe der Stadt Cangzhou in Provinz Heibei, *Cang-Jing-Zhong-Zi* 1994/ Nr. 109; gedruckt in „Überblick über Rechtsurteile ausgesuchter Fälle in China" (*Zhongguo shenpan anli yaolan*) (Teil des Wirtschaftsrechts) 1995, S. 1195 ff.

c. *Beim Verdacht des Vorliegens einer strafbaren Handlung*

Wenn der Überweisungsauftrag bei der Überweisungsbank oder auch bei anderen Banken den Verdacht einer strafbaren Handlung erweckt, wird die Bank in der Regel einen Nachprüfungsprozess entweder durch das betriebliche Sicherheitssystem oder polizeiliche Ermittlungen initiieren, um den Verdacht einer strafbaren Tat bei der Überweisung zu entkräften. Zusätzlich sollen damit auch eventuelle Verluste seitens der Bank vermieden werden. Ein gutes Beispiel ist der Verdacht der Geldwäsche. Dabei unterliegt die Bank einer Meldepflicht, wenn ein oder eine Reihe von Zahlungsaufträgen den Verdacht der Geldwäsche erwecken.[441] Fraglich ist insofern, ob die Bank die Zahlung schon aufgrund eines Verdachts verweigern darf. Außerdem stellt sich das Problem, wie die Bank haftet, wenn sich der Verdacht als unbegründet erweist.

1998 ereignet sich ein Fall[442], in dem eine Bankangestellte ein Konto mit Einlagen in Höhe von 10.000 US$ quasi „sperrte", weil sie dachte, dass dieser Betrag möglicherweise mit einem sich in der polizeilichen Ermittlung befindenden Betrugsfall in Zusammenhang stehen könnte. Schließlich erwies sich der Verdacht als unbegründet. Der betreffende Kontoinhaber bemühte sich mit einer Klage nur um die Freigabe des Guthabens in Höhe von 10.000 US$, weshalb offen blieb, ob das Gericht der eventuellen Geltendmachung eines Anspruchs auf weiteren Schadenersatz zustimmen würde.

Eine Stimme in der Literatur[443] vertritt die Meinung, dass die Bank grundsätzlich die Zahlung nicht aus eigenem Verdacht suspendieren solle, und bei falschem Verdacht die übliche Haftung aus Vertragsverletzung übernehmen müsse. Dagegen meinen andere Stimmen[444], dass aus Sicherheitsüberlegungen der Bank kein Verschulden angelastet werden könne, sofern strafrechtliche Verdachtsmomente vorlägen, auch wenn der Verdacht sich schließlich nicht beweisen ließe. Diese Arbeit neigt der ersten Meinung zu, würde sie aber nicht als absolut ansehen. Konkretes lässt sich nur durch Erwägung des Gerichts im Einzelfall erfahren.

2. Bei der verzögerten Überweisung

a. *Die Problematik der unklaren Leistungsfrist*

Wie der oben zitierte „8-Tage-Verspätung-Eilüberweisungsfall" und der „Stromausfall-Überweisungsfall" gezeigt haben, hat der Überweisende als Geldschuld-

---

441 Beispielsweise hat die Volksbank im Jahr die „Regelungsmethode zur Meldungspflicht des Finanzinstituts bei einer verdächtigen Devisenzahlung des großen Betrags" (*Jinrong jigou da'e he keyi waihui zijin jiaoyi baogao guanli banfa*) erlassen, in der in den §§ 8–13 zahlreiche Verdachtsfälle aufgelistet wurden.

442 Verfahren erster Instanz: Volksgericht des Bezirks Huangpu der Stadt Shanghai, *Huang-Min-Chu-Zi* 1998/Nr. 2248; Verfahren zweiter Instanz: Volksgericht zweiter Stufe der Stadt Shanghai, *Hu-Er-Zhong-Min-Zhong-Zi* 1999/Nr. 1895. Abgedruckt in „Überblick über Rechtsurteile ausgesuchter Fälle in China" (*Zhongguo shenpan anli yaolan*) (Teil des Wirtschaftsrechts) 1995, S. 161 ff.

443 WU Zhipan, Abriss, S. 256 f.

444 LIU Ying, S. 45 ff.; vgl. Qiang Li, S. 38 f.

ner die Nichterfüllungs- bzw. Verzögerungsschäden aus dem Grundverhältnis zu tragen, falls der Überweisungsbetrag nicht oder verspätet auf dem Konto des Empfängers gutgeschrieben wird. Dem Überweisenden steht ein Anspruch gegen die betroffene Bank auf Ersatz dieser Schäden zu, wenn er nachweisen kann, dass die Verzögerung der Überweisung aufgrund eines Verschuldens der Überweisungsbank oder anderer Banken verursacht wurde. Nun muss zuerst danach gefragt werden, welche Leistungsfrist für die Banken im Überweisungsverkehr vorgesehen ist.

Die betreffenden Bestimmungen befinden sich in der **ZVM.** Prinzipiell muss die beteiligte Bank die Überweisung „unverzüglich" ausführen, indem nach Erhalt des Auftrags sowohl die Weiterleitung des Auftrags als auch die Gutschrifterteilung *„am gleichen, spätestens am folgenden Tag"* erfolgen (§§ 167, 174 **ZVM**). Dagegen ist die Ausführungsfrist für die gesamte Überweisungskette nicht geregelt.[445] Stattdessen wurde das Unverzüglichkeitsprinzip festgelegt.[446]

Zu bemerken ist, dass dabei nur die Bearbeitungszeit für jede an der Überweisungskette beteiligte Kommerzbank geregelt wird. Dies hat allerdings keine rechtliche Wirkung für die anderen, an der Überweisungskette beteiligten Institutionen wie z. B. die Post, Telekommunikationsanbieter auch die Volksbank. Es fehlt somit eine allgemeinverbindliche Vorschrift, die die Ausführungsfristen innerhalb des gesamten Überweisungsvorgangs regelt.

b. Die Problematik bei der Fristvereinbarung

Eine Gesamtbearbeitungsfrist wäre allerdings für den Überweisenden insbesondere bei einer Eilüberweisung sehr wünschenswert. Für den Überweisenden ist es rechtlich möglich, mit der Überweisungsbank eine Ausführungsfrist für die gesamte Zahlungskette zu vereinbaren. Im Streitfall trägt der Überweisende die Beweislast für die Existenz einer solchen Vereinbarung.

Es kommt vor, dass die Bank dem Überweisenden auf seine Anfrage hin über die gewöhnliche Dauer der Überweisung informiert. Allerdings ist es zweifelhaft, inwiefern diese Angaben der Banken rechtlich verbindlich sind. Aus der Vertragsfreiheit ergibt sich die Möglichkeit einer individuellen Vereinbarung zwischen dem Kunden und der Bank. Angaben über die gewöhnliche Dauer scheinen der Ansicht der Verfasserin nach eine eher unverbindliche Auskunft zu sein und vermögen daher dem unter Beweislast stehenden Kunden keine wirkliche Abhilfe zu verschaffen. Dagegen ist die in Broschüren oder auf Webseiten veröffentlichte Leistungsfrist nach der hier vertretenen Meinung als ein verbindliches Angebot der Bank und als Servicegarantie der Überweisungsbank anzusehen. Ebenfalls zu den verbindlichen Angaben zählt die von allen Banken angebotene Eilüberweisung. Hierbei verlässt sich der Kunde auf die von der Bank angegebenen schnelleren Ausführungsfristen

---

445 S. vor allem die Bestimmung des § 167 **ZVM**: *„Wenn eine Bank bei einer Zahlungsverrechnung Verrechnungsbelege nach außen gibt, sind sie am gleichen, spätestens am folgenden Tag zu versenden; geht ein Verrechnungsbeleg ein, so ist unverzüglich der Betrag an den auf dem Berleg vermerkten Empfänger zu zahlen"*.

446 Zum Unverzüglichkeitsprinzip s. auch Kapital 7 III 3.

und zahlt eine erhöhte Gebühr. Die erstbeauftragte Bank kann dann für die Einhaltung der zugesicherten Überweisungsdauer haftbar gemacht werden. Als Beispiel mag der „8-Tag-Verspätungsfall“ [447] dienen.[448]

3. Bei einer Überweisung über einen zu geringen Betrag

Hinsichtlich der Verschuldenstrage bei der Überweisung eines geringeren Betrages als vom Kunden gewollt, ist vor allem der Fall problematisch, dass der auf dem Auftrag bestimmte Betrag in chinesischen Schriftzeichen und in arabischen Ziffern unterschiedlich ist. Hinsichtlich des häufig auftauchenden Verschuldensstreits, ob der Überweisende wegen falscher Angaben oder die Bank aufgrund nicht ausreichender Prüfung die Konsequenzen tragen solle, bestimmt die Volksbank in § 3 der „Antwort auf Fragen zur Festlegung und Zahlung des auf dem Beleg in Groß- und Kleinschrift unterschiedlich geschriebenen Betrags“,[449] dass der Betrag in Großschrift, nämlich in chinesischen Schriftzeichen, maßgeblich ist. Entsprechend liegt ein Bankverschulden vor, wenn sie ohne Rücksprache den Betrag, der in arabischen Ziffern angegeben ist, überweist. Dagegen darf sie grundsätzlich den Betrag in chinesischen Schriftzeichen überweisen. Dies gilt nicht, falls der Überweisende beweisen kann, dass die Bank nach den Umständen des Einzelfalls doch den Betrag in arabischen Schriftzeichen überweisen hätte sollen, oder sie der Pflicht einer Rückfrage unterliegt.

4. Bei der Zahlung an einen falschen Empfänger

Bei der Problematik der Zahlung des Überweisungsbetrags an einen anderen Empfänger als vom Überweisenden angegeben sind wie folgt zwei Fälle zu unterscheiden.

a. Aufgrund eines Versehens

Zunächst kann dieser Vorgang aufgrund eines Versehens erfolgen. Sofern der Überweisende korrekte und unzweifelhafte Angaben auf dem Überweisungsauftrag gemacht hat, dürfte ein Verschulden der Bank gegeben sein. Andernfalls, wenn bspw. die Angaben zum Empfänger unleserlich oder nicht korrekt sind, muss sich der Überweisende ein Mitverschulden anrechnen lassen.[450]

b. Aufgrund der betrügerischen Handlung eines Dritten

Der zweite Fall beruht auf einer betrügerischen Handlung eines Dritten. Dies betrifft die Betragsübertragung an den Empfänger durch die Empfängerbank, und zwar vorwiegend dem so genannten Fall des *„liuhang daiqu“* (Belassung des Betrags

447 S. o. Punkt B II 1 b.
448 S. auch Kapitel 7 B III.
449 Vgl. o. Punkt C II 1 a (3) (a).
450 Vor allem WU Zhipan, Abriss, S. 99 ff. Vgl. o. Punkt B I 2.

bei der Bank bis zur Abhebung; verkürzt „Abhebungsüberweisung") i.S.v. § 172 **ZVM.**

(1) Die Definition und Funktion der „Abhebungsüberweisung"

Die „Abhebungsüberweisung" bezeichnet eine Überweisung, bei der der Überweisende auf seinem Auftrag nur die Empfängerbank und den Namen des Empfängers, aber kein Konto des Empfängers angegeben hat. Daher wird das Geld bei der Empfängerbank „belassen", bis der Empfänger es dort abhebt.[451]

Die „Abhegungsüberweisung" war ein Flexibilitätsprodukt des alten straffen Zahlungssystems. Wenn das Geld schnell an einen Empfänger übermittelt werden soll, der kein Konto unterhält, und diesem die Kontoeröffnung zu lange dauern würde bzw. u. U. gar nicht zulässig wäre, ist die „Abhebungsüberweisung" ideal.

(2) Die Pflichten zur Legitimationsprüfung und Übertragung des Betrags der Empfängerbank in § 176 ZVM

§ 176 **ZVM** hat sowohl die „Abhebungsüberweisung" als auch die betreffenden Pflichten der Empfängerbank zur Legitimationsprüfung und Betragsübertragung geregelt: Demnach hat die Empfängerbank neben dem Ausweis auch die auf dem Briefüberweisungsbeleg vorzunehmende Unterschrift und den Stempel des Empfängers zu prüfen (§ 176 Abs. 1 S. 1 **ZVM**). Wird die Überweisung durch Vertreter des Empfängers abgehoben, muss der Vertreter gleichfalls unterschreiben, stempeln und seinen eigenen Ausweis und den des Vertretenen zur Prüfung übergeben (§ 176 Abs. 3 **ZVM**).

Stellt die Bank bei der Prüfung keine Fehler fest, so eröffnet sie unter dem Namen des Zahlungsempfängers ein vorübergehendes Bankkonto für eine abzuwickelnde Überweisung, bei dem nur die Auszahlung geleistet werden kann und für das bei voller Auszahlung keine Zinsen berechnet werden (§ 176 Abs. 1 S. 2 **ZVM**). Der Überweisungsbetrag kann stattdessen in bar abgehoben werden, sofern der „Überweisungsauftrag" mit dem Schriftzeichen „Bargeld" versehen ist. Soll ohne den Vermerk „Bargeld" Bargeld abgehoben werde, so muss die Empfängerbank nach den staatlichen Vorschriften zur Bargeldverwaltung prüfen und zahlen (§ 176 Abs. 2 **ZVM**). Statt Barauszahlung und Gutschrift auf dem vorläufigen Konto kann das Geld durch einen neuen Auftrag auf ein anderes Konto transferiert werden; das „andere" Konto darf auf keinen Fall ein Spar- oder ein Kreditkartenkonto sein, sofern der ursprüngliche Empfänger keine Einzelperson ist (§ 176 Abs. 4 **ZVM**).

Die Bestimmung des § 176 **ZVM** umfasst inhaltlich viele Elemente. Neben der Pflicht der Bank zur Legitimationsprüfung werden öffentlich-rechtliche Inhalte geregelt, wie die Bargeldkontrolle, die Kontoeröffnung und ein Zahlungsverbot bezüglich des von der Einheit empfangenen Geldes an Privatpersonen. In der Rechtspraxis sind alle diese Prüfungspunkte bei der Beurteilung der Frage bedeutsam, ob

451 S. Kapitel 3 B I 2.

die Empfängerbank bei einer fehlerhaften Zahlung gegen ihre Sorgfaltspflicht verstößt und daher für das Verschulden zu haften hat.

(3) Das Bankverschulden bei der Zahlung an einen falschen Empfänger

Im folgenden werden zwei Fälle dargestellt, um den Sachverhalt der „Abhebungsüberweisung" und die Problematik der Festlegung des Verschuldens anschaulich zu machen.

Der Erste ist der **„Dingbian-Plastikfabrik-Überweisungsfall"**, der sich 1991 in der Provinz Shanxi ereignete.[452] Es handelt sich dabei um eine an einen betrügenden Dritten geleistete Zahlung:

Firma A benötigte zur Produktion die durch staatliche Planziffer kontrollierten Polypropylen (PP). Am 25. März 1988 meldete sich ein gewisser „Herr ZHANG" bei A und behauptete, dass er für A von dem Unernehmen Y in der Stadt S 10 Tonnen PP beschaffen könne, sofern A auf schnellstem Weg 48,000 Yuan an Y überweisen werde. Vorsichtshalber ließ sich A bei der Dingbian-Filiale der Chinesischen Industrie- und Handelsbank (Bank 1) beraten und entschied sich dann für die Zahlungsform der „Abhegungsüberweisung". Entsprechend hat A als „Empfänger" auf dem Überweisungsformular „Belassung des Betrags bis zur Abhebung durch LIU Zhanbin" vermerkt, der ein Angestellter von A war und den A am gleichen Tag in die Stadt S zur Warenannahme und Qualitätskontrolle entsandt hatte, als „Zahlungszweck" wurde „Kaufpreis" angegeben. Der Überweisungsbetrag kam korrekt bei der Empfängerbank (Bank 2) an. Am 30. März 1988 meldete sich ein gewisser „Herr LIU Zhanbin" mit dem Arbeitsausweis der Firma Y und dem privaten Stempel „LIU Zhanbin" und bat um Barzahlung. Nach der Prüfung des Ausweises und Stempels hat die Bank 2 diesem auf Anforderung zunächst 2000 Yuan und am nächsten Tag 3000 Yuan in bar gezahlt. Dieser „Herr Liu" ließ den Restbetrag auf seinem privaten Konto gutschreiben und sich am 1. April 1988 in bar auszahlen. Als am 6 April der echte „LIU Zhanbin" von A in die Stadt S eintraf und sich bei der Bank 2 meldete, wurde der Betrug erkannt.

Firma A verklagte die Bank 2 mit der Begründung, dass diese die Legitimationspflicht verletzt habe, und vor allem weil sie das „Geld einer Einheit" (gongkuan) auf dem Konto einer Privatperson gutgeschrieben habe. Bank 2 war der Meinung, dass sie dem erhaltenen Überweisungsauftrag nicht entnehmen konnte, dass es sich bei dem Betrag um „gongkuan" handelte, und ihr bei der Zahlung auch kein anderer Fehler unetrlaufen sei. Die Schuld läge vielmehr bei A selbst, weil sie Dritten die Zahlungsinformation preisgegeben habe und daher für den Verlust selbst einstehen müsse.

Das Gericht erster Instanz lehnte das Argument der Bank 2, soweit es die „Unkenntnis der Kaufpreiszahlung von einer Einheit" betraf, ab, und wies außerdem darauf hin, dass gem. § 10 Nr. 6 der derzeitig anzuwendenden „Zahlungsverrechnungsmethode" von 1977 der Empfänger bei Abholung eines für einen Warenkauf gezahlten Betrags die entsprechende „Kaufgenehmigung" von

---

452 Verfahren erster Instanz: Volksgericht des Bezirks Qindu in der Stadt Xianyang, Provinz Shanxi; Verfahren zweiter Instanz: das Volksgericht Mitteler Stufe in der Stadt Xianyang, Provinz Shanxi; Verfahren Dritter Instanz: das Volksgericht Oberer Stufe der Provinz Shanxi. Ausführlich über diesen Fall s. http//: www.lawyee.com/data/getall.asp? id=17781 (Zugriff: 16. 12. 2004); aber auch http//: www.court.gov.cn/popular/200303260098. htm (Zugriff: 16. 12. 2004).

der entsprechenden lokalen Behörde vorlegen müsse und danach die Bank den Betrag auf einem Konto, das unter dem Namen des Überweisenden eröffnet wurde, hätte gutschreiben müssen; eine Barauszahlung wäre nur hinsichtlich eines geringen Betrages für die erforderlichen Kosten des auf der Dienstreise befindlichen Vertreters der überweisenden Einheit (huikuan danwei de caigouyuan) erlaubt. Die Bank 2 wurde zum Ersatz des Überweisungsbetrags verurteilt, und A hatte den Zinsverlust aufgrund ihres in der Preisgabe der Zahlungsumstände liegenden Mitverschuldens selbst zu tragen.

Die Bank 2 wandte sich an das Appellgericht mit der Begründung, dass noch in der Handelspraxis der „Abhebungsüberweisung" der Abhebende nicht immer ein Beauftragter der überweisenden Einheit sein müsse, sondern auch ein lokaler vom Empfänger eingesetzter Beauftragter sein könne. Die Bank 2 hatte Erfolg bei dem Appellgericht. Die Firma A ging dann in das Verfahren dritter Instanz (zaishen cengxu) und erreichte wieder das Ergebnis der Entscheidung des Gerichtes erster Instanz. Das Gericht dritter Instanz betonte, dass die Bank 2 sich selbst für die falsche Zahlung aufgrund eines Verstoßes gegen das „Verbot des Einheitsgelds auf dem Privatkonto" (jinzhi gongkuan sicun)[453] *verantwortlich gemacht habe.*

Der zweite Fall ist der **„Xiangtan-Kampfschule-Vertretungsfall"**, der sich 1999 in der Provinz Hunan ereignete, und die Zahlung an einen falschen Vertreter des Überweisungsbegünstigten behandelt:

Der sich in der Stadt A befindende Herr L beauftragte die lokale Poststelle (Post A), einen bestimmten Betrag an seinen Sohn S, der derzeit in einer Internatsschule, der Xiangtan-Kampfschule in der Stadt B, wohnte, zu überweisen. Der Überweisungsbetrag kam korrekt bei der lokalen Post von S (Post B) an, wurde aber von einem Vertreter der Kampfschule abgeholt. L verklagte die Post A zur Rückzahlung des Überweisungsbetrags mit der Begründung, dass der Überweisungsauftrag nicht erfüllt worden sei.

Das Volksgericht erster Instanz hat der Klage stattgegeben. Die Post A ging mit Erfolg ins Berufungsverfahren, und zwar mit folgendem ergänzenden Vertrag: Es bestand zwischen der Post B und der Kampfschule eine Vereinbarung, nach der die Kampfschule vertretungsweise die an ihre Schüler gerichteten Überweisungen einheitlich abholen und dann an die Schüler weitergeben sollte. Der Hintergrund liege darin, dass manche Schüler noch Minderjährige waren und über keinen der zur Geldabholung geeigneten Personalausweise verfügten. Dass die Kampfschule den abgeholten Überweisungsbetrag nicht wie üblich an S ausgezahlt habe, habe seinen Grund darin, dass sie den Betrag mit den von S noch geschuldeten Schulgebühren und Unterkunftskosten aufgerechnet habe.

Das Appellgericht hielt die vertretungsweise Geldabholung der Kampschule für rechtgemäß und wies außerdem darauf hin, dass L als Vater des S aufgrund der Aufrechnung durch die Kampfschule keinen tatsächlichen Schaden erlitten habe und daher keinen Schadensersatz bezüglich des Überweisungsbetrages verlangen könne.

---

453 Die Volksbank hatte 1982 bezüglich dieses Problems eine „Mittelung" erlassen und bestimmt, dass die öffentlichen Gelder (*gongkuan*) sowohl der staatlichen als auch der kollektiven Unternehmenseinheiten auf keinen Fall auf einem (privatem) Sparkonto eingezahlt werden dürfen". Dazu s. vor allem WU Zhipan, Abriss, S. 66 ff.

D. Zusammenfassung des Kapitels

Im Prinzip darf der Schuldner grundsätzlich per Überweisung seine Geldschuld erfüllen kann, sofern der mit ihm in einem Rechtsverhältnis stehende Gläubiger einverstanden ist. Eine ordentliche Ausführung der Überweisung durch die Bank kann er dann verlangen, wenn er bezüglich des Überweisungsbetrags und der anfallenden Leistungsgebühren genug Guthaben auf seinem Konto hat, bzw. dieses per Bargeldzahlung deckt.

Gem. den §§ 177ff. **ZVM** ist der Überweisende berechtigt, die schon in Gang gesetzte Überweisung durch seinen Widerruf rückgängig zu machen (Widerrufsrecht), sofern er eine Widerrufserklärung bei der Überweisungsbank rechtzeitig abgibt. Rechtzeitig ist dieser, wenn die Überweisungsbank den Auftrag noch nicht ausgeführt hat. Wenn der Überweisende bei der Empfängerbank ein Konto unterhält, ist ein Widerruf nach der Ausführung der Überweisungsbank nicht mehr zulässig. Dagegen muss die Überweisungsbank sich doch bemühen, den Transferbetrag zurückweisen zu lassen, sofern der Überweisende kein Konto bei der Empfängerbank unterhält und der Transferbetrag noch nicht von dieser an den Begünstigten in Bar ausgezahlt worden ist. Für die Verfasserin ist das Widerrufskonzept in diesem Punkt unlogisch und es besteht gesetzgeberische Handlungsbedarf.

Im Hinblick auf die Leistungsstörungen aus Sicht des Überweisenden lässt sich zwischen der Überweisung ohne einen wirksamen Auftrag und der Überweisung, die trotz eines wirksamen Auftrags fehlerhaft ausgeführt wird, unterscheiden. Beim Ersten hat die Bank eine Überweisung ausgeführt, ohne dass ein entsprechender Auftrag vorliegt, oder die Überweisung ist aufgrund eines Auftrags durchgeführt, der von einem nichtberechtigten Dritten erteilt, schon von dem Überweisenden wirksam widerruft oder von einer geschäftsunfähigen bzw. -beschränkten Person erteilt worden ist. Beim zweiten Fall handelt es sich vor allem darum, dass der Überweisungsbetrag nicht wie gewünscht bei dem Begünstigten ankommt und somit die Geldschuld des begünstigten Gläubiger nicht erfüllt.

Bei den möglichen Schäden des Überweisenden geht es zuerst um den Verlust des Überweisungsbetrags und dann um den Schadenersatz für weitere Verluste. Zum Schadenersatz des Überweisenden der Bank gegenüber dienen der gesetzliche Anspruch i.S.d. §§ 241 ff. **ZVM** und § 73 **KBG**, die Ansprüche aus dem Vertragrecht und dem Deliktsrecht. Gegen den unberechtigten Begünstigten steht ihm dann der deliktische und der bereicherungsrechtliche Anspruch zu.

Die Rechtspraxis hat belegt, dass für den Überweisenden die Rechtsgeltendmachung gegen die Bank entscheidend ist. Probleme bereiten die undurchschaubaren Maßstäben zur Beurteilung des Grades der Fahrlässigkeit in der Rechtspraxis, die nur einzelfallbezogenen zu ergründen sind. Ist das Bankverschulden begründet, wird der Schaden kompensiert.

In Bezug auf Überweisungen ohne wirksamen Auftrag gibt es Vielzahl von Umständen, die das Auftreten von Fälschungen durch Dritte erleichtern, so dass insofern Handlungsbedarf besteht. Bezüglich der im Kapitel 5 erwähnten Problematik, dass die Bank bei einer falschen Zahlung nur für ihre grobe Fahrlässigkeit haftet, und im betrügerischen Fall durch eine „Formale Legitimationsprüfung“ von der Ersatz des Transferbetrags befreit wird, ist hier geklärt worden, dass bereits das Nichterkennen der Verfälschung der Kontounterlagen zur groben Fahrlässigkeit führt und die Bank dafür haften muss.

Hinsichtlich der fehlerhaften Ausführung einer Überweisung mit einem wirksamen Auftrag bereiten zunächst Fälle Probleme, in denen die Bank eine Überweisung wegen eines vermeintlichen Deckungsmangels nicht ausführt. Die diesbezügliche Rechtssprechung bietet adaquate Lösungen, die insbesondere das Interesse des Bankkunden angemessenen berücksichtigen. Für die Beurteilung von Haftungsfragen wegen eines Verzugs ist die Bestimmung einer klaren Leistungsfrist erforderlich, worauf in Kapitel 7 einzugehen sein wird. In Bezug auf Überweisungen an den falschen Empfänger ist festzustellen, dass bei der in China noch genutzten „Abhebungsüberweisung“ häufig Betrugsfälle auftreten, sodass die Beurteilung des Verschuldens hier ebenfalls entscheidend auf die Anforderungen ankommt, die an die von der Bank vorzunehmende Prüfung der zur Legitimation vorgelegten Unterlagen gestellt werde.

Kapitel 7 Die Rechtsstellung der beteiligten Banken bei Leistungsstörungen

In diesem Kapitel wird die Rechtsstellung aller an der Überweisungskette beteiligten Banken untersucht. Da im vorstehenden Kapitel 6 die rechtlichen Konsequenzen einer Überweisung aufgrund eines unwirksamen Überweisungsauftrags ausführlich untersucht wurden, wird hier, basierend auf dem gewonnenen Ergebnis, von einem wirksamen Überweisungsauftrag des Überweisenden ausgegangen und zuerst die Pflichten und Rechte der Banken bei Ausführung dieses Auftrags behandelt (Punkt A). Anschließend wird die Leistungsstörung aus Sicht der Bank dargestellt und darüber hinaus untersucht, wie die Bank die bei einer fehlgeschlagenen Überweisung erlittenen Schäden auf die anderen Parteien zum Teil oder ganz abwälzen kann. Im Punkt C wird das Aufrechnungsrecht der Bank intensiv untersucht. Konkret wird der in der chinesischen Bankpraxis immer wieder auftauchenden Frage nachgegangen, ob die Bank an dem Überweisungsbetrag ein eigenes Aufrechnungsrecht ausüben kann.

A. Die Rechtstellung bei einer störungsfreien Überweisung

I. Die Annahmepflicht

In Kaptitel 6 wurde bereits ausgeführt, dass die Bank grundsätzlich den Überweisungsauftrag einer Einheit sowie auch einer Privatperson nicht ablehnen darf, sofern die Deckung vorhanden ist. Ähnlich unterliegt die Empfängerbank bzw. Zwischenbank einem „Annahmezwang“, nach dem sie den von der Überweisungsbank weitergeleiteten Auftrag nicht willkürlich ablehnen darf.[454]

Die **ZVM** sieht in § 208 Satz 8 vor: „[...] *sie (die Bank) darf die Annahme normaler Bankverrechnungstätigkeit und die vertretungsweise Ausführung solcher Tätigkeit für andere Banken nicht ablehnen* [...]“. Diese für alle Bankzahlungsformen einschlägige Bestimmung gilt als unmittelbare Rechtsgrundlage des „Annahmezwangs“ der Banken.

---

454 Es gibt einen analogen Fall: Die Zweigniederlassung einer ausländischer Bank in Shanghai wollte die „Kleinkunden“ verjagen, indem sie den Kunden, deren Kontostand unter 5000 US $ lag, eine gewisse Grundgebühr auferlegte, und eine andere Bank bei (Selbst-)Geldabhebung jedes Mal Provision verlangte. Es gab eine heftige Diskussion in den Medien. Allgemein wurde die ablehnende Haltung der Bank, besonders bei Sparkonten, für „gesetzwidrig“ gehalten, eine offizielle Entscheidung steht noch aus. Dazu s. LI Qiang, S. 88 f.

Statt als „gesetzliche Pflicht" lässt sich der Annahmezwang der Banken aber auch im Rahmen des Schuldrechts qualifizieren. Bezüglich der Überweisungs- und Empfängerbank kann man ihn aus dem Verrechnungskontovertrag ableiten.[455] Der Annahmezwang der Banken untereinander beruht hingegen auf der „Satzung" des entsprechenden Zahlungssystems, die zumeist von der Volksbank in Form der „Vorschriften" erlassen worden ist.[456]

II. Die Pflicht zur Legitimationsprüfung

Aus Kapitel 6 ist ersichtlich, dass die Prüfungspflicht der Überweisungsbank sowohl in den entsprechenden Vorschriften als auch in der Rechtsprechung betont wird. Aus Sicht der Bank ist diese Pflicht in drei Aspekte zu unterteilen.

1. Die Pflicht zur Legitimationsprüfung

Als erstes hat die Überweisungsbank vor Annahme bzw. Ausführung einer Überweisung zu prüfen, ob ein betreffender Auftrag vorhanden ist, bzw., ob der Auftrag tatsächlich von einem Berechtigten erteilt wurde. Unterlässt sie diese Legitimationsprüfung, darf sie bei einer Überweisung ohne Überweisungsauftrag oder mit gefälschtem Auftrag das Kundenkonto nicht belasten bzw. muss sie die schon erfolgte vorschussmäßige Sollbuchung rückgängig machen. Die Sorgfaltsmaßstäbe und die entsprechende Rechtsfolge der Prüfungspflicht wurden in Kaptitel 6 ausführlich behandelt.[457] Dagegen soll an dieser Stelle unterstrichen werden, welche Bedeutung die Sorgfalt der Bank für die Vorbeugung gegen Verfälschungstaten hat.

a. Zwingende Maßnahmen als Basispflicht

Seitens der Banken wird häufig die Bestrebung sehr deutlich, die eigenen Sorgfaltspflichten auf oder durch Vorschriften zu begrenzen, die vor allem von der Volksbank und bisweilen sogar von der handelnden Bank selbst erlassen wurden, oder sich ggf. auch aus Bankgewohnheiten ergeben sollen. Beispielsweise ist die Vorbeugung gegen Fälschungen durch einfache Prüfung der Personalausweise bzw. Stempel nicht ausreichend. Hier wäre an eine Vereinbarung über die Verwendung ausschließlich einer bestimmten Art von zulässigen Legitimationspapieren zu denken und an die Aufbewahrung einer Kopie davon. Dies würde eine grobe Fälschung verhindern. Solche Maßnahmen sind teilweise nicht vorgesehen, weil die Banken in der Praxis lediglich die von der Volksbank erlassenen, üblicherweise sehr bankenfreundlichen Vorschriften beachten, nicht aber die Bestimmungen anderer vorrangiger Gesetze wie die **AGZ**, das **VG** oder das **KBG**.

---

455 Vgl. Kapitel 4 A I 2, B. II.
456 Dazu zählt vor allem die **BBR** (s. o. Fn. 56); vgl. auch Kapitel 3 B II.
457 Vgl. Kapitel 6 C 2.

Die Judikatur hat diesbezüglich ein Bankverschulden angenommen, wenn die Bank ihren gesetzlichen sowie auch den in der Bankpraxis gewöhnlichen Prüfungsmaßnahmen nicht nachkommt. Umgekehrt bedeutet das nicht, dass die Bank keine negativen Konsequenzen trägt, wenn sie nur diese Maßnahmen vollkommen beachtet, aber die Verfälschung trotzdem nicht verhindert worden ist. Die einzige Möglichkeit für die Bank, das Verfälschungsrisiko teilweise oder vollständig auf den Kunden abzuwälzen, ist zu beweisen, dass bei der falschen Überweisung eine schuldhafte Handlung des Kontoinhabers mitgewirkt oder sie allein verursacht hat.[458]

Daher ist es für die Bank von besonderer Bedeutung, die alte Denk- und Verfahrensweise zu ändern und sämtliche vorgesehenen Maßnahmen auch in ihrem eigenen Interesse auszuschöpfen.

b. *Maßnahmen gegen Fälschungstaten*

Zunächst muss unterstrichen werden, dass die betreffenden Bestimmungen aus den von der Volksbank erlassenen Vorgaben oft nur der Leitung des Arbeitsverfahrens im Rahmen der Abwicklung der Bankzahlung dienen, rechtstechnisch aber nicht zwingend sind.[459] Gem. des zivilrechtlichen Prinzips der Privatautonomie und Vertragsfreiheit kann die Bank mit den Kunden wie folgt in vielen Punkten Vereinbarungen treffen, die von den Regelungen der Volksbank abweichen. Umstritten ist, in welchem Umfang die Bank angesichts der Sicherheitsmängel des geregelten Vorbeugungssystems eigene Maßnahmen gegen die drohende Fälschung ergreifen kann, um ihrer ungünstigen haftungsrechtlichen Stellung bei einer Überweisung aufgrund eines verfälschten Auftrags Rechnung zu tragen.

Erwogen wird die oben schon erwähnte Begrenzung der zulässigen Ausweisart. Gem. § 15 **ZVM** ist die Verwendung einer Vielzahl von verschiedenen Ausweisformen für die Kontoverfügung zulässig und die verschiedenen Arten können bei Verfügung über die Konten wechselnd verwendet werden. Dies erhöht sicherlich die Gefahr der erfolgreichen Nutzung gefälschter Ausweise. Hinzu kommt, dass die Bank üblicherweise keine Kopie vom Personalausweis des Kontoinhabers aufbewahrt. Eine einfache Maßnahme zur Verbeugung gegen den Gebrauch gefälschter Ausweisdokumente ist die Vereinbarung, dass nur eine oder zwei Arten der gesetzlich zugelassenen Ausweise, am geeignetsten erscheint der Einwohner-Personalausweis oder der Reisepass, für die Kontoverfügung verwendet werden darf. Ein Kopie von dem Ausweis aufzubewahren ist jedenfalls empfehlenswert, obwohl es nicht gesetzlich vorgeschrieben ist.

Im Hinblick auf Fälschungen kann die Bank sich auch dadurch schützen, dass sie die Maßstäbe der Sorgfaltspflichten des Kunden erhöht. Z. B., könnte die Pflicht zur

---

458 Vgl. Kapitel 6 C I 2.

459 In der Rechtspraxis ist es oft schwierig, Vorgaben der Volksbank, die nur Verwaltungsvorschriften sind, von Vorgaben, die auch im Außenverhältnis Rechtswirkung entfalten, auf die sich der Kunde also berufen könnte, zu unterscheiden. Dieses Problem weist eigentlich die ganze legislative Arbeit im Rahmen des Verwaltungsrechts auf.

Verwendung von Formularen vereinbart werden, die dem Bankkunden als „Formularheftchen" paginiert ausgehändigt werden mit der Vereinbarung einer Pflicht zur sorgfältigen Aufbewahrung. Diese Vereinbarung könnte auch auf die Verwahrung von Kontounterlagen, Stempel sowie Geheimzahl ausgedehnt werden.

Obwohl die Bank dem Kunden zur sorgfältigen Aufbewahrung auffordert, hat dies keine allgemeine rechtliche Auswirkung. Für die Bank wäre es daher empfehlenswert, diese Sorgfaltspflicht ausdrücklich zu vereinbaren und schriftlich festzulegen. Solche „Aufbewahrungsvereinbarungen", besonders in Form von AGB, dürften allerdings keine übermäßigen Anforderungen stellen, denn sie könnten vom Gericht für unwirksam erklärt werden.[460]

c. *Die Erhöhung des Risikobewusstseins des Bankangestellten*

Ebenfalls zur Verminderung von Fälschungsfällen beitragen würde eine Erhöhung des Risikobewusstseins der Bankangestellten. Dies erfordert einerseits ein sorgfältiges Training der Angestellten und andererseits das Vermitteln des Bewusstseins, dass diese als Vertreter der Bank auftreten, welche sich ihr Verschulden zurechnen lassen muss.

2. Die Prüfung der Vollständigkeit und Richtigkeit der Angaben im Auftragsformular

Bei der traditionellen beleggebundenen Überweisung unterliegt die Überweisungsbank auch einer strengen Prüfungspflicht bezüglich des Auftragsformulars. Erstens hat die Bank zu prüfen, ob der Überweisende für den Auftrag ein von der Volksbank einheitlich bestimmtes Formular verwandt hat. Wenn nicht, hat sie den Auftrag gem. § 9 Abs. 2 Halbsatz 2 **ZVM** nicht anzunehmen.

Zweitens hat die Bank zu prüfen, ob das Auftragsformular vollständig sowie korrekt ausgefüllt worden ist. Gem. § 10 **ZVM** müssen die Eintragungen dem Anhang 1 der **ZVM**, „Grundbestimmungen zur korrekten Ausfüllung von Wechseln und Schecks sowie Verrechnungsbelegen" (*zhengque tianxie piaoju he jiesuan pingzheng de*

---

460 In den Geschäftsstellen der Bank-of-China in Shanghai stehen vorgefertigte „Vereinbarung über die Bankdienstleistung per Telephon" (*Zhongguo yinhang dianhua yinhang fuwu xieyishu*) zur Verfügung. Darauf steht: die unter Verwendung der Geheimzahl erfolgten telephonischen Geschäfte gelten ausschließlich als dem wirklichen Willen und Handeln entsprechend (*zhenshi yiyuan he xingwei*), und die Bank trägt für Schäden wegen Mitteilung oder Diebstahl der Geheimzahl bzw. vor Verlustmeldung der Geheimzahl keine Verantwortung (Punkt 4); die Bank trägt keine rechtliche Verantwortung für Verluste des Kunden, die durch unvorsehbare bzw. unkontrollierbare Elemente wie technischen Störungen der Einrichtung oder Kommunikation, Stromunterbrechung oder anderen ähnlichen zufälligen Vorfällen, oder unwidersetzbaren Naturkatastrophen verursacht sind (Punkt 11). Der Ansicht der Verfasserin nach ist der Punkt 11 übermäßig und unwirksam, da die Umschreibung der „höheren Gewalt" offensichtlich den gewöhnlichen Inhalt der „höheren Gewalt" überschreitet. Obwohl ein „AGB-Kontroll-System" im chinesischen Bankrecht noch nicht vorhanden ist, muss man sich an Stelle der Bank doch vor Auge halten, dass eine übermäßige Sicherung die Totalnichtigkeit der übermäßigen Klausel zur Folge haben könnte, statt nur eine geltungserhaltende Reduktion auf das zulässige Maß.

jiben guiding) entsprechend erfolgen. Gem. § 12 ZVM ist der Auftrag bei Änderung des Betrages, des Erteilungsdatums oder des Namens des Begünstigten unwirksam, und die Überweisungsbank darf ihn daher nicht annehmen. Die anderen Inhalte dürfen zwar geändert werden, müssen neben der Änderung aber mit Unterschrift bzw. Stempel bestätigt werden. Nicht annehmen darf die Bank den Auftrag ferner, wenn die Angaben zum Betrag in chinesischer Schrift und in arabischer Schrift nicht identisch sind (§ 13 ZVM), oder wenn die in § 171 ZVM vorgeschriebenen neuen Angaben nicht vollständig sind.[461]

Die Frage ist, welche Rechtsfolge sich für die Bank ergibt, wenn sie die Mängel der Formularausfüllung nicht aufdeckt, bzw. wie die Haftung zwischen der Überweisungsbank und dem Überweisenden aufgeteilt wird, da den Letzteren auch ein Verantwortungsbeitrag an dem Überweisungsfehler trifft.

Speziell auf das Problem der sich unterscheidenden Angaben des Betrags in chinesischer und arabischer Schrift ist oben schon eingegangen worden.[462] Im Übrigen bestehen aber häufig noch Unklarheiten, wie der folgende **„Hengshui-Überweisungsfall"**[463] aus dem Jahr 1999 verdeutlicht:

Der Überweisende gab eine falsche Nummer für das Vorläufige Konto bei der Empfängerbank an, was der Sacharbeiter der Überweisungsbank nicht erkannte. Die Überweisung erreichte die angegebene Empfängerbank; diese konnte das angegebene Konto jedoch nicht finden und schrieb aus eigenem Entschluss den Betrag auf einem anderen Konto eines anderen Begünstigten gut. Der Überweisende nahm beide beteiligten Banken in Anspruch auf Schadenersatz. Das Gericht nahm an, dass die insofern ohne Weisung handelnde Empfängerbank den größeren Haftungsbeitrag für den Fehlschlag zu tragen habe. Die Überweisungsbank müsse aber für ihre Verletzung der Sorgfaltspflichten ebenfalls haften, da die falsche Angabe u. U. einem erfahrenen bzw. sorgfältig Bankangestellten hätte auffallen müssen.

Obwohl die von der Überweisungsbank zu tragende Summe des Schadenersatzes eher als symbolisch anzusehen ist, ist sie der Ansicht der Verfasserin nach nicht sachgerecht sowie auch unverständlich, weil nach dem chinesischen Haftungssystem zumindest der Überweisende für seinen Fehler mithaften muss.[464]

3. Die Prüfung der Deckung

Die Überweisungsbank soll ihre Pflicht wie auch ihr Recht, vor Annahme des Überweisungsauftrags die Deckung bezüglich des Überweisungsbetrags zu prüfen, wahrnehmen. Nimmt sie den Auftrag an, indem sie dem Überweisenden einen *„huidan"* (Quittungbeleg) erteilt, so hat sie die Überweisung grundsätzlich auszuführen.

---

461 Vgl. Kapitel 3 I 1–2, 4.
462 Vgl. Kapitel 6 C II 3.
463 Verfahren erster Instanz: das Volksgericht Mittlerer Stufe der Region Hengshui in der Provinz Hebei; Verfahren zweiter Instanz: das Volksgericht Oberer Stufe der Provinz Heibei; Auszug und Kommentierung s. SUN Junshan/GAO Shixiu, S. 1205 ff.
464 S. Kapitel 6 B III 2.

Eine Unterlassung der Überweisung, wenn sie beispielsweise nachträglich einen Deckungsmangel bemerkt, wird zwar seitens der Bank mit dem Prinzip „Kein Auslegen des Zahlungsbetrags durch die Bank" begründet. Diese Haltung ist jedoch heute nicht mehr aufrecht zu erhalten. Entsprechendes gilt bei einer nachträglichen Ausübung des Aufrechnungsrechts oder Verringerung der vereinbarten Kreditlinie.[465]

III. Die Pflicht zur Ausführung des Überweisungsauftrags

1. Der Grundsatz: Die korrekte, unverzügliche und sichere Ausführung

Die Banken werden durch die Annahme eines an sie gerichteten Überweisungsauftrags zur Abwicklung der Überweisung verpflichtet. Entsprechend hat die Überweisungsbank den Überweisungsbetrag direkt auf dem Konto des Überweisungsbegünstigten gutzuschreiben, falls dieser auch ein Konto bei ihr unterhält. Ansonsten hat sie den Auftrag samt Zahlungsdaten mittels vorhandener Zahlungssysteme an die Empfänger- bzw. Zwischenbank weiterzuleiten.[466] Entsprechendes gilt bei der Weiterleitung des Auftrags von der Zwischenbank an die Empfängerbank. Die Empfängerbank hat den Betrag dann durch Gutschrift oder Barzahlung an den Begünstigten zu vermitteln. Dies ist die Hauptpflicht der beteiligten Banken im Überweisungsverkehr.

Weniger selbstverständlich ist die Frage, was die jeweilige Bank tun muss, um dieser Pflicht Genüge zu tun und wie weit dementsprechend ihre haftungsrechtliche Verantwortung reicht. Dazu regelt **§ 4 ZVM**: *Die Aufgaben der Zahlungsverrechnung (der Bank) bestehen darin, die Zahlungsverrechnung auf der Grundlage des Wirtschaftsverkehrs zu organisieren und sie korrekt, unverzüglich und sicher im Rahmen der einschlägigen Gesetze, verwaltungsrechtlichen Normen (xingzheng fagui) und dieser Methode durchzuführen sowie die gesellschaftlichen öffentlichen Interessen nicht zu verletzen.* (Hervorhebungen durch die Verfasserin) Diese Bestimmung bezieht sich nicht nur auf die Überweisung sondern auf alle Bankzahlungsformen.

Die in **§ 4 ZVM** genannten Grundsätze der Ausführungspflicht der Banken, bezeichnet mit den Stichwörtern „korrekt" (*zhunque*), „unverzüglich" (*jishi*) und „sicher" (*anquan*), sollen im folgenden untersucht werden.

2. Die „korrekte" Ausführung

a. *Das Prinzip der strengen Bindung an den Auftrag*

In der **ZVM** gibt es keine Definition der „korrekten Durchführung". Sie ergibt sich vielmehr aus dem Prinzip der strengen Bindung an den Auftrag, nach welchem im Bankzahlungsverkehr die Ausführung beurteilt wird.

---

465 Ausführliche Untersuchung der Deckungspflicht der Bank s. C. II 1.
466 Vgl. Kapitel 3 B II.

Dieses Prinzip lässt sich aus der 1977 von der Volksbank erlassenen „Mitteilung über die weitere Verstärkung der Verrechnungsverwaltung durch die Banken" (*guanyu jinyibu jiaqiang yinhang jiesuan guanli de tongzhi*) (im Folgenden: Verstärkungsmittelung) ableiten: Punkt 4.2 dieser Mitteilung sieht ausdrücklich vor, dass die Bank „den Zahlungsauftrag streng im Rahmen des Auftrags durchzuführen" hat.

b. Der Inhalt der streng auftragsgebundenen Ausführung der Banken

Unter „korrekter" bzw. „auftragsgebundener" Ausführung einer Überweisung wird in erster Linie nichts anderes verstanden, als dass der Überweisungsbetrag den vom Überweisenden im Auftrag bestimmten Begünstigten erreicht. Dazu hat die Überweisungs- bzw. Zwischenbank die Überweisungsdaten an die jeweils nächste Bank korrekt weiterzuleiten und die Empfängerbank muss den Betrag entweder durch Gutschrifterteilung oder durch Barauszahlung an den richtigen Begünstigten vermitteln.

Haben eine oder mehrere der beteiligten Banken aus Irrtum, Versehen oder sonstigen Gründen zur Abweichung vom Überweisungsauftrag beigetragen, z. B. durch Übermittlung der Zahlungsnachricht an die falsche Bank, an den falschen Empfänger oder durch Übermittlung des falschen Betrags, müssen die betreffenden Banken aufgrund der Verletzung der Ausführungspflicht zur Überweisung die entsprechenden Rechtsfolgen tragen.[467]

Keine einheitliche Auffassung besteht zu der Frage, ob die Gutschrift auf einem anderen Konto des Empfängers als dem im Auftrag angegebenen Konto gegen das Prinzip der strengen Bindung an den Auftrag verstößt. Bei der auftragsstrengen Ausführung einer Überweisung darf jedoch der Auftrag nicht auf die bloße Übertragung des Betrages an den vom Überweisenden bestimmten Begünstigten reduziert werden. Vielmehr hat die Bank den Betrag auch gerade auf das vom Gläubiger angegebene Konto gutzuschreiben, nicht aber auf irgendeinem Konto, besonders, wenn der Überweisende oder der Empfänger einen Eingang auf diesem Konto gerade vermeiden wollte.[468]

Für die Überweisungsbank bedeutet korrekte Ausführung auch, dass sie bei einer mehrgliedrigen Überweisung ein geeignetes, wenn nicht das geeignetste Zahlungssystem einschalten soll. In der Bankpraxis kann sich der Überweisende zwischen *„xin hui"* (Briefüberweisung) und *„dian hui"* (telegraphischer bzw. elektronischer Überweisung) entscheiden. Er kann aber nicht bestimmen, welches von den mehreren Zahlungssystemen zu benutzen ist. Die Auswahl der Zwischenbank oder der Empfängerbank – wenn kein Konto des Empfängers genannt, sondern nur dessen Name und Wohnsitz angegeben wurden – und die Art der Abwicklung der Ausführung stehen mithin in der Regel im Ermessen der Bank. In der Rechtspraxis ist es dementsprechend für den Überweisenden schwierig, darzulegen und zu beweisen, dass die Überweisungsbank bei der Auswahl des Zahlungssystems eine Pflicht-

---

467 Vgl. Kapitel 6, B III.
468 Vgl. den „Fengyang-Überweisungsfall" in Kapitel 6 B II 1 d, u. Kapitel 8 A II 2.

verletzung beging. (Hat hingegen die Überweisungsbank die erfolgreiche Überweisung garantiert, ist selbstverständlich der Überweisende von der Darlegung und dem Nachweis das Verschuldens entbunden).

c. *Die Pflicht zur Rücksprache und Rücküberweisung sowie das Verbot eigener Ermittlungen im Zweifelsfall*

Es kommt vor, dass eine streng auftragsgebundene Ausführung unmöglich ist, da falsche bzw. widersprüchliche Informationen bezügliche des Namens, der Kontonummer, oder der Adresse des Empfängers vorhanden sind. In diesem Fall hat die betroffene Bank, vor allem die Empfängerbank gem. den einschlägigen Bestimmungen, insbesondere gem. § 16 **ZVM** mit der Bank, die ihr den Auftrag weiterleitete, Rücksprache zu nehmen oder die Überweisung zurückzuweisen.[469] Dies ist als eine Entfaltung des Prinzips der strengen Bindung an den Auftrag anzusehen.

Die Rechtspraxis hat aus dieser Bankpflicht ein Verbot der eigenen Ermittlung der Bank entwickelt. Hier wird der **„Firma-Fengpai-Widerruf-Fall"**[470] zitiert, der sich 2000 in der Stadt Dalian, Provinz Liaoning ereignete:

Der Überweisende wollte die an den Empfänger E gerichtete Überweisung widerrufen, und zwar mit dem Grund, dass bei dem Namen des Empfängers das Wort „Stadt" (shi) und bei der Kontonummer eine Null, indem 0874009634 statt 087409634 angegeben wurde, fehlte. Die Überweisungsbank hat statt Annahme bzw. Ablehnung des Widerrufes erklärt, dass der Widerruf nicht notwendig sei, denn die Empfängerbank werde aufgrund der fehlerhaften Empfängerangabe den Auftrag zurückweisen. Dies geschah nicht, stattdessen hat die Empfängerbank den Betrag auf dem richtigen Konto des E gutgeschrieben. Der Überweisende verklagte beide Banken und die Empfängerbank wurde aufgrund „grobfahrlässiger Überschreitung des Überweisungsauftrags" zum Schadensersatz verurteilt.

Diese Urteil ist außerordentlich problematisch, denn die Überweisung hatte trotz der Abweichung den richtigen Empfänger erreicht.[471] Die Ursache der Schäden des Überweisenden lag in der falschen Reaktion der Überweisungsbank, die den Widerruf des Überweisenden nicht weitergeleitet hat.[472] Der Fall zeigt das Problem der Judikatur, dass das Gericht die legislative Besonderheit sowohl der **ZVM** als auch der anderen Vorschriften der Volksbank, bei denen es sich oft nur um Verfahrens-

469 Vgl. z. B. § 16 **ZVM**, und Punkt A 1.2 des „Nationalen elektronischen Zahlungssystems" (*dianzi lianhang wanglai zhidu*) der Volksbank.

470 Auszug des Falls im Internet http//:www.rmfyb.chinacourt.org/public/detail.php?id= 29479 (Zugriff: 12.11.2004).

471 Diese Urteile zeigen deutlich die fachlichen Mängel der Judikatur bezüglich der Gesetzesauslegung: Die Abweichung vom Gesetzeswortlaut des Überweisungsauftrages führt direkt zur ungünstigen Rechtsfolge, ohne dass in einem Kontrollschritt gefragt wird, ob sie der unmittelbare Grund des Schadens ist.

472 Eigentlich war der Widerruf des Überweisenden gem. § 177 **ZVM** verspätet und hätte daher von der Überweisungsbank abgelehnt werden können. Die vorliegenden Urteile haben in der Tat aus der falschen Angabe des Überweisenden, die für die falsche Ausführung der Überweisung verantwortlich sein sollte, ein „Widerrufsrecht nach Ausführung der Überweisungsbank" gemacht. Zum Widerrufsrecht im Überweisungsverkehr s. Kapitel 6 A III.

regeln handelt, nicht erkennt und daher bei der Rechtsanwendung die Verfahrensregeln ohne weiteres Rechtspflichten der Bank gegenüber Dritten gleichsetzt. Entsprechend wird die Haftung demjenigen zugeordnet, der die Regeln nicht eingehalten hat, ohne zu prüfen, ob dies mit den Grundsätzen der zivilrechtlichen Haftung, besonders im Hinblick auf die Vorraussetzung der Kausalität, übereinstimmt.[473]

Trotz alledem lässt sich aus diesem Fall ableiten, dass nach der gegenwärtigen Judikatur für die Bank bei fehlerhafter Empfängerangabe im Überweisungsauftrag statt einer Auslegungs- und Prüfungspflicht eher eine strenges Ermittlungsverbot besteht. Erwartet wird also eine Rücksprache mit dem Überweisenden bzw. der Vorgängerbank, oder die Zurückweisung des Überweisungsauftrages. Allerdings muss sich die Empfängerbank vor Auge halten, dass sie bei Zurückweisung der Überweisung eventuell gegen Sorgfaltspflichten aus dem Verrechnungskontovertrag mit dem begünstigen Kunden verstößt.

3. Die „unverzügliche" Ausführung

„Unverzügliche Ausführung" besagt zunächst, dass man den erlangten Überweisungsauftrag überhaupt ausführen muss. Die Unterlassung der Ausführung des angenommen Überweisungsauftrags ist rechtlich nur bedingt gestattet.[474]

Die Volksbank hat in den intensiven Bestimmungen der Überweisung in der **ZVM** nur erwähnt, dass die erstbeauftragte Bank die Überweisung unverzüglich/rechtzeitig an die Empfängerbank weiterzuleiten hat (§ 174 **ZVM**). Dagegen wird in § 167 **ZVM** über die Ausführungsfrist der an einer Zahlung beteiligten Bank vorgeschrieben: *„Wenn eine Bank bei einer Zahlungsverrechnung Verrechnungsbelege nach außen gibt, sind sie am gleichen, spätestens am folgenden Tag zu versenden; geht ein Verrechnungsbeleg ein, so ist unverzüglich der Betrag an den auf dem Beleg vermerkten Empfänger zu zahlen"*. Der maßgebliche Tag sei der Tag, an dem die Bank sowohl ausreichende Mittel, als auch alle notwendigen Informationen zur Verfügung hat.

Diese Bestimmungen binden allerdings nur die ausführenden Kommerzbanken, haben jedoch keine rechtliche Wirkung für die anderen, an der Überweisungskette beteiligten Institutionen wie z. B. Post, Telekommunikationsanbieter sowie auch die Volksbank. Es fehlt somit eine allgemeinverbindliche Vorschrift, die die Ausführungsfristen innerhalb des gesamten Überweisungsvorgangs regelt. Eine einfache Überweisung kann in der Praxis von zwei Stunden bis zwei Wochen dauern.[475]

Sofern der Kunde jedoch eine verbindliche Leistungsfrist vereinbart hat, ist diese für die ausführende Bank maßgeblich, die dann auch für das Verhalten der weiteren beteiligten Bankinstitutionen einzustehen hat.[476]

---

473 Zur Kausalität der Zivilhaftung s. Kapitel 5 C I 2 u. II 2.

474 Vgl. Kapitel 6 C II 1.

475 Die Überweisung, bei der sich sowohl die Überweisungsbank als auch die Empfängerbank innerhalb eines Bankzahlungssystem befinden, wäre wohl innerhalb von zwei Stunden möglich.

476 Vgl. Kapitel 6 C II 2.

4. Die „sichere" Ausführung

Die „sichere" Ausführung der Überweisung steht in Einklang mit dem zweiten Punkt der drei in § 16 ZVM vorgesehenen Zahlungsprinzipien[477], nämlich dem Prinzip „wem das Geld zusteht, auf dessen Konto kommt es, bzw. an den wird es ausgezahlt". Betroffen sind hier vor allem zwei Punkte, nämlich auf der einen Seite der Schutz vor einem „Eingriff" des unberechtigten Überweisenden oder des unberechtigten Empfängers, und auf der anderen Seite das technische Sicherheitsproblem des elektronischen Zahlungssystems.

Während der erste Aspekt bereits in Kapitel 6 behandelt wurde,[478] betrifft der zweite wichtige Aspekt die Pflicht der beteiligten Banken, dem Kunden ein sicheres Zahlungssystem zu gewährleisten. Dies ist in den heutigen Zeiten elektronischen Zahlungsverkehrs besonders wichtig.

Die oben erwähnte „Verstärkungsmittlung" der Volksbank schreibt in Punkt 4.2 vor: *„Die Sicherheit der elektronische Zahlungssysteme der Volksbank und der einzelnen Kommerzbanken ist zu verstärken, die Bankzweigstellen mit großem Zahlungsvolumen sollen eine Reservevorrichtung (bei fen) besitzen, um die Ausführung und eine ordentliche Arbeit zu gewährleisten und Zwischenfälle zu vermeiden"*.

Rechtlich ist zu fragen, ob die Volksbank durch diese Mitteilung nur eine „Aufforderung" zur technischen Verbesserung an die Bank gestellt oder der betroffenen Bank eine mit der Rechtsfolge des Schadenersatzes verbundene „gesetzliche" Pflicht auferlegt hat. Konkreter lautet die Frage: Wenn ein Überweisungsauftrag aufgrund technischer Probleme (die manipulative Eingriffe zulassen) wie z. B. „Eingriff von Hackern", „Unterbrechung des Computersystems", usw., von einem betrügerischen Dritten verfälscht oder in der Ausführung verzögert wird und somit nur zum Teil erfolgt, oder der Überweisungsbetrag in falsche Hände gerät, hat die betroffenen Bank den dadurch entstandenen Schaden zu ersetzen?

Eine klare Aussage ist in der vorhandenen Judikatur nicht aufzufinden. Dagegen wird das Problem in der Literatur heftig diskutiert. Nach der bankfreundlichen Ansicht[479] gehört der Ausfall, Verzug oder die Veränderung der Überweisung wegen technischer Probleme bzw. Versagen der Soft-, oder Hardware des Computers zur höheren Gewalt, und die Banken müssen daher für die hierdurch entstandenen Schäden des Kunden nicht haften. Die Bank habe eben nicht zu haften, sofern sie für ihr Computersystem die Schutzvorrichtungen eingeführt hat, gleichwohl aber von

---

477 § 16 ZVM lautet: die Einheiten, Privatpersonen und Banken haben die folgenden Prinzipien zu beachten: 1) Kredit wahren, Zahlungen durchführen (*keshou xinyong, lüyue fukuan*); 2) wem das Geld zusteht, auf dessen Konto kommt es, bzw. dem wird es gezahlt (*shei de qian jin shei de zhang, you shei zhipei*); 3) die Bank füllt den Betrag nicht auf/keine Auslegung der Bank (*yinhang bu dianqian*).

478 Kapitel 6 C II.

479 CHEN Fengqi, Untersuchung der rechtlichen Risikoverteilung und praktischen Gegenmaßnahmen beim Fund Transfer der Bank durch das Internet, in Study of the Banking Law, S. 283–292; vgl. PAN Pan, Fiduciary duty of the Bank, *Jingrong fayuan*, 1998/7 34–40.

Hackern in die Daten eingegriffen wird. Diese Bankfreundlichkeit wird von der vorliegenden Arbeit für zu weitgehend gehalten, denn das Zahlungssystem liege völlig in der Hand der Bank, während die Kunden gar keinen Einfluss ausüben könnten.

IV. Die Sorgfaltspflicht der Banken als allgemeine Nebenpflicht

In der Literatur finden sich Stellungnahmen zur Analyse der Sorgfaltspflicht der Bank bei der Ausführung des Zahlungsauftrags. Einer Auffassung nach sei diese Pflicht von der vertragsrechtlichen Treuepflicht (*chengxin yiwu*) der Bank, die mit dem Grundsatz von Treu und Glauben i.S.v. **§ 6 VG** und **§ 4 AGZ** eng verbunden ist, ableiten, nach der die Wahrnehmung der Interessen des Vertragspartners vorrangige Bedeutung habe.[480]

Der Inhalt der Sorgfaltspflicht der Bank lässt sich wie folgt konkretisieren.

1. Die Aufklärungs- und Informationspflicht

Die Zahlungsformen werden immer vielfältiger. Der Kunde verliert die Orientierung angesichts der immer mit neuen Namen und neuer Kommunikationstechnik verbundenen Zahlungsangebote. Aus Wettbewerbsgründen bieten die Banken heutzutage deshalb Beratungen an. Die Volksbank bestimmt im Punkt 4.3 der „Verstärkungsmitteilung“, dass die Bank durch verschiedene Methoden, den Kunden über das Zahlungsverrechnungssystem und die Anwendungsgegenstände, Besonderheiten und Methoden der Zahlungsinstrumente aufzuklären und anzuleiten hat.

In der Literatur wird gefordert, dass sich die Mitteilungspflicht der Bank nicht nur auf die einzelne Überweisung beschränkt, sondern auch auf die weiteren Inhalte wie Geschäftsumfänge und -zeiten (*yinye shijian*), das potenzielle Risiko und die Methode der Bestätigung bzw. Berichtigung einer Überweisung erstrecken müsse. Kommt die Bank dieser Pflicht nicht nach, hat sie ggf. die zivilrechtliche Haftung für in Folge unzureichender Aufklärung entstandene Vermögensschäden zu tragen.[481]

Für die Bank ist es demnach von Bedeutung, dass die Qualität der Beratung- und Aufklärung nicht nur mit der Servicequalität, sondern u. U. auch mit Rechtsfolgen verbunden sein kann. Eine fehlerhafte Beratung kann im Einzelfall zur Bankhaftung führen. Hier ist der **„Jingzhou-Agrarbank-Fehlberatungs-Fall“**[482] zu nennen:

---

480 Vgl. WU Zhipan, S. 143 ff.

481 ZHENG Shunyan, Mitteilungspflicht der Bank bei elektronischen Geschäften, *Jinrong fayuan* 2001/5 63–67; YU Baofu, S. 100, 102 f.

482 Auszug des Falls im Internet: http//: www.rmfyb.chinacourt.org/public/detail.php?id=31063 (Zugriff: 26. 12. 2004).

Am 8. Juni 2001 hatte der Kunde A 120 Tausend CNY bei einer Filiale der Argrarbank in der Stadt Jingzhou (Bank 1) deponiert und teilte der Bank 1 mit, dass er gerade in Kaufverhandlungen mit einem Lieferanten in der Stadt Fujian stehe und dieser seine finanzielle Kräfte prüfen wolle. Zugleich bestellte A eine Kontokarte und ließ sich beraten, ob es gefährlich wäre, wenn er dem Lieferanten die Karten- und Pinnummer mitteile. Der Mitarbeiter der Bank antwortete, dass es keine Gefahr gäbe, sofern A die Karte Dritten nicht übergäbe, dann könne man mit Karten- und Pinnummer höchstens den Kontostand erfahren, könne aber über das Kontoguthaben ohne Vorlage der Karte unmöglich verfügen. Das war eine falsche Information, der Lieferant hat zwei Tage später bei einer Filiale der Agrarbank (Bank 2) in der Stadt Fujian durch korrekte Angabe der Pinnummer das Konto von A geleert. A klagte gegen Bank 1 und Bank 2 auf Schadenersatz. Das Gericht verurteilte Bank 1 zum Schadenersatz auf 120 Tausend CNY samt Zinsen, weil Bank 2 keinen Fehler gemacht und der Verlust allein in der falschen Beratung der Bank 1 seine Ursache habe.

Die Sorgfaltspflicht bei der Informationserteilung gilt auch bei der Auskunft über den Kontostand. Der in der Literatur entwickelte, schematisierte **„Kontostand-Fall“**[483] dient zur Erläuterung: *die Buchhalterin des Unternehmens A fragte ihre Hausbank (Bank 1), ob eine gewisse Zahlung angekommen sei. Letztere sah, dass die Buchhalterin eine Kopie des von der Überweisungsbank mit „Annahme zur Ausführung“ (zhuangqi zhang) gestempelten „Annahmebelegs“ in der Hand hatte, und bejahte die Frage ohne ins Computersystem einzusehen. A ging daher ein Geschäft ein, konnte aber der Zahlungspflicht nicht nachkommen, denn die erwartete Zahlung war gar nicht eingetroffen.*

Rechtsdogmatisch korrekt ist der Kommentator der Ansicht, dass die Bank 1 wegen ihrer falschen Auskunft den damit verbundenen Schaden der Firma A ersetzen müsse. Reale Fälle zu dieser Thematik sind allerdings weder in der Literatur noch Judikatur aufzufinden.

2. Die Geheimhaltungspflicht

Parallel zur Informationspflicht dem Kunden gegenüber, besteht für die Bank Dritten gegenüber die Geheimhaltungspflicht, die grundsätzlich aus zwei Elementen besteht, nämlich der Schweigepflicht (keine Offenbarung aus eigenem Antrieb, Diskretion auch bei Gesprächen im Alltag- oder Privatleben) und die Weigerung zur Auskunft an Dritte. Diese Pflicht findet in verschiedenen Normen ihren Niederschlag. Zunächst ist der letzte Punkt des „16-Wörter-Prinzips“[484] des Einlagegeschäfts in § 29 Abs. 1 **KBG** zu nennen, nämlich der Grundsatz vom „Bewahren des Geheimnisses des Einlegers“.

Darüber hinaus lässt sich diese Pflicht aus dem so genannten „Verbot der willkürlichen Nachprüfung, Sperrung und Entziehung des Kontoguthabens“ aus § 30 **KBG** und § 19 S. 2 **ZVM** herleiten. Dabei wird ausdrücklich bestimmt: die Bank darf,

---

483 Auszug des Falls in SUN Man, S. 31.
484 Vgl. WU Zhipan, S. 131 f.

soweit staatliche Gesetze nichts anderes bestimmen, nicht im Interesse einer dritten Einheit oder Einzelperson das Einlagekapital des Kunden überprüfen, einfrieren oder entziehen.

Die Konto- bzw. Zahlungsdaten des Kunden geheim zu halten, wird sicherlich dazu beitragen, eine Basis vertrauensvoller Zusammenarbeit zwischen dem Kunden und der Bank aufzubauen. Für die Bank ist aber daneben von Bedeutung, dass sie im Falle einer Verletzung der Geheimhaltungspflicht eine Haftung i.S.v. § 73 Nr. 4 **KBG** und § 121 **AGZ** zu tragen hat.[485]

B. Die Rechtsstellung bei einer fehlgeschlagenen Überweisung

Aus Sicht der an der Überweisungskette beteiligten Banken sind Leistungsstörungen unter folgenden Aspekten zu betrachten: Zum einen ist die Überweisung ausgeführt, aber es besteht keine Möglichkeit, Deckung vom Überweisenden zu bekommen. Zum anderen stellt sich die Frage, ob und wie die Bank, die aufgrund einer pflichtwidrigen Handlung dem Überweisenden gegenüber Schadenersatz leisten musste, Regressansprüche gegenüber Dritten geltend machen kann.

I. Bei der Ausführung ohne wirksamen Auftrag

1. Kein vertraglicher Erstattungsanspruch gegen den Überweisenden

Führt eine Bank beim Fehlen oder aufgrund eines unwirksamen Auftrags eine Überweisung aus, kann sie die Erstattung des Überweisungsbetrags von dem „Überweisenden" nicht verlangen und muss ggf. die entsprechend vorgenommene Buchung rückgängig machen. Dasselbe gilt für die Zwischen- oder Empfängerbank, wenn sie keinen wirksamen Auftrag von der jeweils vorstehenden Bank erhalten hat. Hier ist der häufige Fall zu nennen, dass ein (wirksamer) Überweisungsauftrag aus Versehen zweifach ausgeführt wird, und man für die zweite Zahlung keinerlei Erstattung von dem vorstehenden Teilnehmer verlangen kann.

2. Der Rückzahlungsanspruch gegen den Empfänger

Es besteht der Anspruch der Überweisungsbank gegen den von der Fehlzahlung profitierenden Empfänger auf Rückzahlung des Erlangten. Nach herrschender Meinung in der Literatur bietet das Bereicherungsrecht i.S.v. § 92 **AGZ** dafür die Rechtsgrundlage, die betroffene Bank kann also einen bereicherungsrechtlichen Anspruch gegen den Empfänger auf Rückzahlung des Erlangten erheben.[486] Nach anderer

---

485 RUAN Pinjia, in: *Jinrong fayuan*, Nr. 5/1998 34 ff.
486 Zum Bereicherungsrecht s. Kapitel 5 C III.

Literaturmeinung lässt sich der Rückzahlungsanspruch der Bank gegen den Empfänger schon aus den vertraglichen Beziehungen zum Empfänger ableiten. Es sei zu vermuten, dass sich die Empfängerbank bei Übertragung des Betrags vorbehalten habe, die Übertragung erst dann endgültig vorzunehmen und rechtlich zuzuordnen, wenn sie selbst vollständige Deckung dafür erhalten hat.[487]

Aus Sicht der Bank wird regelmäßig das Bereicherungsrecht vorzuziehen sein, denn hierfür ist eine direkte vertragliche Beziehung zwischen dem Schuldner und dem Gläubiger – im Gegensatz zur vertraglichen Haftung, der die andere Auffassung folgt – nicht notwendig. Wenn es sich um eine betrügerische Handlung des Begünstigten handelt, wird das Deliktsrecht bevorzugt.[488]

3. Der Bereicherungsrechtliche Anspruch gegen den Überweisenden

Bei der Durchsetzung des bereicherungsrechtlichen Anspruchs wird es in der Regel weder dogmatische noch praktische Probleme geben, sofern dem Empfänger tatsächlich kein Zahlungsanspruch bezüglich des Erlangten gegen den Überweisenden zusteht. Besteht hingegen eine entsprechende Forderung des Empfängers gegen den Überweisenden, so lässt sich hier auch im Hinblick auf die Rechtsinstitution der Entreicherung prüfen, ob der Empfänger den Betrag selbst bei „grundloser" Überweisung nicht doch behalten darf.[489]

Der nachteiligste Fall für die betroffene Bank ist, dass der Empfänger insolvent bzw. nicht aufzufinden ist, oder aus anderen Gründen wie z.B. dem gutgläubigen Erwerb[490] des Empfängers den Betrag behalten darf. Der Weg zum Verlustausgleich ist dann wieder nur ein Ausgleichsanspruch gegen den Überweisenden, ggf. gestützt auf den Umstand, dass er Befreiung von seiner Schuld gegenüber dem Empfänger erlangt hat. Dogmatisch ist es möglich, dass man bezüglich der Erstattung im Rahmen des Bereicherungsrechts an dem Überweisenden festhalten kann, sofern die Bankzahlung an den „unerwünschten" Empfänger tatsächlich die fällige Geldschuld des Überweisenden getilgt hat. Diese Gedanken sind allerdings weder in der chinesischen Literatur noch in der Judikatur bisher bearbeitet worden.

II. Bei der fehlgeschlagenen Ausführung mit wirksamem Auftrag

1. Die Ausführung bei einem Deckungsmangel

Trotz der zu unterstreichenden Pflicht der Überweisungsbank zur Deckungsprüfung kommt der Fall vor, in dem die Überweisungsbank erst nach der Ausführung des Überweisungsauftrags feststellt, dass sie keine Deckung von dem Überweisen-

---

487 Vgl. XU Mengzhou (Hrsg.), S. 37 ff.
488 Vgl. WANG Liming (Hrsg.), Zivilrecht, S. 89 ff.
489 Näher zu den beiden Fragen s. Kapitel 8 C.
490 S. u. Kapitel 8 C.

den erhalten kann. Im Einzelfall muss die Überweisungsbank trotz rechtzeitiger, nämlich noch vor ihrer Ausführung erlangter Kenntnis des Deckungsmangels die Überweisung fortsetzen, um die „Treupflicht" nicht zu verletzen.[491] Es könnte auch sein, dass die Zwischen- bzw. Empfängerbank trotz auftragsgerechter Leistungen ihrerseits keine Deckung von der Überweisungsbank erhält. Das betrifft das interne Rechtsverhältnis, das durch Sondervereinbarungen zwischen den beteiligten Banken geregelt wird und daher nicht Schwerpunkt der vorliegenden Arbeit ist.

Sofern der Überweisungsauftrag wirksam und der Überweisende solvent ist, besteht für die Bank kein Verlustrisiko hinsichtlich des Überweisungsbetrags.[492] Der Anspruch auf Erstattung des Zahlungsbetrages besteht sowohl nach als auch vor der Ausführung der Überweisung.

Relevant ist die Frage, ob die unter Deckungsmangel leidende Zwischen- bzw. Empfängerbank den Ausgleich direkt von dem Überweisenden verlangen kann, wenn die Überweisungsbank in Insolvenz gegangen ist. Ein unmittelbarer Anspruch besteht nicht, weil zwischen ihnen keine direkte Vertragsbeziehung besteht. Hier wäre an einen Anspruch der Zwischenbank auf Abtretung des (gegen den Überweisenden gerichteten) Ausgleichsanspruches gegen die Überweisungsbank zu denken. Das Risiko einer Insolvenz des Überweisenden ist nur in den Ausnahmefällen abwälzbar, in denen die Bank das Geleistete vom Empfänger zurückverlangen kann.

2. Die Haftung für eigenes Verschulden und das Ausgleichsrecht

Hier wird zunächst auf die vorangegangene Feststellung verwiesen: Sofern Leistungsstörungen zu einem Ausgleichsanspruch des Überweisenden gegen die Bank führen, ist der Verantwortungsbereich der Bank für die Leistungsstörung betroffen. Demnach hat bei pflichtwidriger Ausführung des Überweisungsauftrags die betroffene Bank dem Überweisenden gegenüber für ihr Verschulden zu haften; die Haftung der Überweisungsbank auf Rückerstattung der Transfersumme ist darüber hinaus vom Verschulden unabhängig, sofern kein wirksamer Überweisungsauftrag vorhanden war. Die Haftung wird zumeist in Form des Schadensersatzes realisiert, dessen Umfang rechtsdogmatisch nach dem Prinzip der Vollkompensation zu bemessen ist.[493]

Zu bemerken ist, dass die haftende Bank nicht alle Haftungsrisiken endgültig tragen muss. Bei einer Überweisung, die steckengeblieben ist, bei der es also nicht zum Abschluss des Zahlungsvorgangs gekommen ist, hat die schuldhaft handelnde Bank das Transfergeld entweder an den Überweisenden zurückzuzahlen oder auf dessen Anforderung zur Weitererfüllung erneut an den (richtigen) Empfänger zu zahlen. Danach kann sie (wie oben beschrieben) bei der Ausführung ohne wirksamen Auf-

---

491 Vgl. Kapitel 6 C II 1.

492 Dies schließt aber die eventuellen Kosten zur Durchsetzung des Zahlungsanspruches wie z. B. den mit einem Prozess und der Zwangsvollstreckung verbundenen Aufwand aus.

493 Näher s. Kapitel 5 B II, C I 2–3 u. C II 2–3; Kapitel 6 B III 2.

trag den Anspruch im Rahmen des Bereicherungsrechts bzw. auch des Vertragsrechts gegen den Empfänger als Anspruch auf Herausgabe des Erlangten geltend machen. Wenn der Empfänger den Fehlschlag schuldhaft verursacht hat, indem er z. B. auf betrügerische Weise im Namen des echten Empfänger auftrat, greift hier auch das Deliktsrecht ein. Die Bank kann den durch die Fehltat des Empfängers erlittenen Schaden also rechtlich auf diesen abwälzen.

III. Die „werkvertragliche" Haftung

1. Die „werkvertragliche" Haftung der Überweisungsbank

Es herrscht sowohl in der Rechts- als auch der Bankpraxis die Ansicht vor, dass der Überweisende bei fehlgeschlagener Ausführung die jeweils schuldhaft handelnde Bank in Anspruch auf Schadenersatz nehmen soll. Deshalb macht in den meisten Streitfällen der Überweisende auch die durch die Rechtsverfolgung z. B. anlässlich der Sachverhaltsermittlung entstandenen „Schäden" wie Verkehrs-, Unterkunftskosten, Verlust wegen Arbeitsausfall usw. zum Gegenstand der Klage. Es wäre weniger aufwendig, wenn er den Ausgleich bei der von ihm beauftragten Überweisungsbank, die meist seine Hausbank ist, geltend machen kann.

In der Judiktaur sind Fälle zu finden, in denen der Überweisungsvertrag zwischen der Überweisungsbank und dem Überweisenden als Werkvertrag qualifiziert wird. Als Beispiel in Bezug auf dieselbe Problematik bei der Post stellt der **„Herr-Jiang-Überweisungs-Fall"** [494] dar:

Am 12. Oktober 1996 beauftragte der in Stadt A befindliche Herr Jiang die lokale Post (Post A), zwei Beträge in einer Höhe von insgesamt 12.600 Yuan, an L in Stadt B zu überweisen. Zwei Tage später ist der Betrag bei der lokalen Post von L (Post B) angekommen, wurde aber von Herrn X abgeholt. Bei Abholung hat X einen Leihzettel (jietiao), nach dem L dem X das Geld in Höhe von 12.600 Yuan schulden solle, und eine entsprechende „Bescheinigung" der lokalen Verwaltungsbehörde vorgelegt. Herr Jiang verklagte die Post A zur Rückzahlung des „vermissten" Geldes, also von 12.600 Yuan.

Das Gericht urteilte, dass zwar der Fehler bei der Post B liege, weil sie ungeachtet der Rechtsvorgabe der Vertretungsinstitute im Zivilrecht den Überweisungsbetrag an einen Dritten zahlte. Aber die Post B sei ein „Erfüllungsgehilfe" (fuzhu disanren) von der Post A, zwischen ihr und Jiang bestünden keine vertraglichen Beziehungen. Dagegen bestehe zwischen dem klagenden Jiang und der beklagten Post A ein „Postüberweisungsvertrag" (youzheng huidui hetong), in deren Rahmen sie sich das schuldhafte Handeln der Post B zurechnen lassen müsse, sodass es als Vertragsverletzung zu werten sei, dass der Überweisungsbetrag nicht dem Auftrag von Herrn Jiang gemäß an L, sondern an X, einen Dritten überwiesen wurde. Entsprechend habe die Post A Herrn Jiang den Überweisungsbetrag von 12.600 Yuan samt sonstigen Schäden von 1059.81 Yuan zu ersetzen. Dabei wurde vom Gericht unterstrichen, dass die Post A nach der Leistung des

---

494 Auszug des Fall s. ZHANG Yi, S. 66 f.

Schadenersatzes von der schuldhaft handelnden Post B Regress verlangen kann und die Post B die bereicherungserechtliche Rückzahlung von X verlangen muss.

Die Urteile zu diesem Fall sind aufgrund ihrer schlüssigen Dogmatik zu begrüßen. Allerdings hat sich das auf den geschuldeten Erfolg gerichtete „Werkvertragsmodell" des Überweisungsvertrags im chinesischen Zahlungsrecht nicht allgemein durchgesetzt. Vielmehr herrscht noch das „Weiterleitungs- Modell" vor, nach dem die Überweisungsbank sich bei Kettenüberweisungen nur verpflichtet, ein geeignetes Zahlungssystem bzw. eine geeignete Zwischenbank einzuschalten und entsprechend die betreffenden Zahlungsinformationen korrekt weiterzuleiten. Sofern keine besondere Vereinbarung zwischen ihr und dem Überweisenden getroffen ist, haftet sie nicht für die Pflichtwidrigkeit anderer Banken.

C. Sonderproblem: Das Aufrechnungs- bzw. „Entziehungsrecht"

Es besteht im chinesischen Banksystem ein so genanntes „Bankentziehungssystem" (*yinhang dikou zhidu*). Demnach ist die Bank berechtigt, einen betreffenden Betrag von dem Guthaben des Bankkontos abzuziehen, wenn der Kontoinhaber die entsprechende fällige Geldschuld nicht begleicht. Es handelt sich meistens um die Schuldtilgung aus einem Darlehnsvertrag zwischen der entziehenden Bank und dem Kontoinhaber. Deshalb wird in der Bankpraxis der Entziehungsakt der Bank oft mit einer Kreditrückzahlung verbunden. Das wird in er Bankpraxis dann mit *„koukuan huandai"* (Geldentziehung für Kreditrückzahlung), abgekürzt *„di kou"* bezeichnet.

Aus dem **„Fengyang-Überweisungsfall"** in Kapitel 5[495] ist zu sehen, dass dieses Bankentziehungsrecht mit dem reibungslosen Überweisungs- bzw. Zahlungssystem in Konflikt steht, wenn die an einer Zahlungskette teilnehmende Bank zur Durchsetzung eigener Forderungen den Zahlungsvorgang unterbrechen darf. Dies soll nachfolgend untersucht werden.

I. Die Rechtsgrundlage des „Entziehungssystems"

1. Die „Allgemeinen Grundsätze über Darlehen" (AGD)

Die unmittelbare Rechtsgrundlage für das Bankentziehungssystem findet sich in § 22 Nr. 4 der 1996 von der Volksbank erlassenen **„Allgemeinen Grundsätzen über Darlehen"** **(AGD)** (*daikuan tongze*): *„Der Kreditgeber ist berechtigt, vertragsgemäß den Darlehnsbetrag samt Zinsen dem Konto des Kreditnehmers zu entziehen"*. Unter dem „Konto" sind grundsätzlich alle Konten, die der Schuldner bei der Gläubigerbank

495 Kapitel 6 B II 1 d.

unterhält, zu verstehen. Darüber hinaus stellt § 22 Nr. 6 **AGD** zwar nicht ausdrücklich, aber hinreichend eindeutig eine Grundlage für das Bankentziehungsrecht zur Verfügung: *„Gemäß den Vertragsbestimmungen ist der Kreditgeber unter Umständen berechtigt, wenn er Schäden bezüglich des Darlehenbetrags zu erleiden droht oder bereits erlitten hat, Maßnahmen zu ergreifen, um den Verlust zu vermeiden."*

Dagegen bestehen diesbezüglich keine unmittelbaren Bestimmungen in der höherrangiger Gesetzgebung wie den **AGZ**, dem **KBG**, oder dem **VG**.[496]

2. Judikative Interpretationen zum „Bankentziehungssystem"

In der Rechtspraxis sind die vorstehend genannten Regelungen nicht als ausreichend erachtet worden.[497] Es sind deshalb mehrere Judikative Interpretationen zu einzelnen Fragen des „Bankentziehungssystems" vorhanden. Die Wichtigsten sind die vom Obersten Volksgericht im Jahr 1990 erlassene „Antwort über Rechtsverletzung der Bank bei der Kontoentziehung" (*guanyu yinhang koukuan qinquan wenti de fuhan*), und die im Jahr 1994 erlassene „Antwort über die Entziehung bzw. Rückzahlung durch die Bank oder Kreditgenossenschaft bezüglich des als Kaufpreisvorauszahlung dienenden Zahlungsbetrags" (*guanyu yinhang, xinyongshe yufu huokuan zingfou tuihuan wenti de pifu*).

3. Regelungen zum Aufrechnungsrecht: §§ 99 und 100 VG

Rechtlich wird das „Bankentziehungssystem" im Rahmen des Aufrechnungsrechts betrachtet. Daher gelten für die entziehende Bank auch die Regelungen und die Theorie des allgemeinen Aufrechnungsrechts.

a. *Der Wortlaut der §§ 99 und 100 VG*

Die §§ 99 und 100 des **VG** sind spezifische Bestimmungen über das zivilrechtliche Aufrechnungssystem. Vor Erlass des **VG** wurde das Aufrechnungsrecht in Gesetzen und Judikativen Interpretationen fragmentarisch geregelt, deren Anwendung sich nun den Bestimmungen des **VG** anpassen muss.[498]

§ 99 **VG** lautet: *„Wenn die Parteien wechselseitig fällige Verbindlichkeiten haben, die Gegenstände gleicher Art und Güte betreffen, kann jede die eigene gegen die Verbindlichkeit der anderen Seite aufrechnen, außer, wenn nach gesetzlichen Bestimmungen oder nach der Natur des Vertrags nicht aufgerechnet werden darf* (Abs. 1).

---

496 Im Kapitel 12 des **VG** (§§ 196–211), dessen Titel „Darlehnsvertrag" lautet, sind keine spezifischen Bestimmungen über die Aufrechnung enthalten.

497 TANG Yingmao, in: *Jinrong fayuan* Nr. 5/1998 28 ff.

498 Beispielsweise bestimmen die §§ 89 Nr. 3 und 14 Abs. 1 **AGZ**, dass der Betrag als „Sicherheitszahlung" (*ding jin*) mit der „Vertragsschuld" zur Erfüllung entweder aufgerechnet oder (neben der Erfüllung) zurückgegeben wird. In der „Antwort des Obersten Volksgerichts zur Frage der Möglichkeit der Insolvenz (*pochan zhaiquan*) mit dem noch nicht geleisteten Stammkapital" (Fahan 1995/ Nr. 32) wurde das Aufrechnungsrecht erwähnt.

Eine Partei, die aufrechnet, muss dies der anderen Seite mitteilen. Die Mittelung wird wirksam, sobald sie der anderen Seite zugegangen ist. Die Aufrechnung darf nicht bedingt oder befristet sein (Abs. 2)".

§ 100 VG: *„Wenn die Parteien wechselseitig fällige Verbindlichkeiten haben, die nicht Gegenstände gleicher Art und Güte betreffen, können sie ebenfalls aufrechnen, wenn sie darüber in Verhandlungen übereinkommen"*.

b. *Anmerkungen zur Aufrechnungslehre*

Obwohl das Aufrechnungsrecht gesetzlich erst durch die Einführung des VG 1999 geregelt wurde, ist es dem chinesischen Zivilrecht und seiner Dogmatik nicht fremd. Tatsächlich war eine relativ ausgereifte Rechtstheorie schon zuvor vorhanden, deren Ergebnisse vielmehr von den §§ 99 und 100 des VG widergespiegelt werden.

(1) § 99 Abs. 1 VG und die „gesetzliche Aufrechnung"

Es wird in der Literatur einheitlich angenommen, dass zur Aufrechnung vier Voraussetzungen erfüllt werden müssen. Dies lässt sich auch an § 99 Abs. 1 VG ablesen. Sie behandeln das Bestehen der wechselseitigen Verbindlichkeiten, die Gleichheit der Art bzw. Qualität des Gegenstandes der Verbindlichkeiten, die Wirksamkeit der Verbindlichkeiten und ihre Fälligkeit. Sind diese vier Vorraussetzungen erfüllt, kann man grundsätzlich das Aufrechnungsrecht ohne weiteres jederzeit ausüben, außer wenn Aufrechnungsverbote aus anderen spezielleren Regelungen einschlägig sind. Dies wird mit *„fading dixiao"* (gesetzliche Aufrechnung) bezeichnet.[499]

(2) § 100 VG und die „vereinbarte Aufrechnung"

Das Bestehen eines Aufrechnungsrechts ist bei Nichterfüllung einer oder mehrerer der genannten Voraussetzungen möglich, und zwar aufgrund einer besonderen Vereinbarung zwischen den Betroffenen. Man spricht dann von der so genannten „vereinbarten Aufrechnung", die im Chinesischen mit *„yiding dixiao"*, *„heyi dixiao"*, *„yeding dixiao"* oder *„dixiao qiyue"* bezeichnet wird.[500]

Ob die „vereinbarte Aufrechnung" gar keiner Beschränkung unterliegt, ist umstritten. Die vorwiegende Meinung[501] hat diese Frage bejaht, man könne nach dem Prinzip der Privatautonomie (*yisi zizhi yuanze*) das Aufrechnungsrecht völlig frei gestalten, ohne zu berücksichtigen, dass die Gegenstände von unterschiedlicher Art oder Eigenschaft sind, oder dass die Verbindlichkeiten einer oder beider Seiten noch nicht fällig sind. Außerdem kann man auch über die Realisierungsweise frei übereinkommen.

---

499 Vgl. LI Guoguang (Hrsg.), Kommentierung, S. 383 ff.; WU Zhipan, Abriss, S. 150 ff.; PENG Bing, Aufrechnungsrecht, in: *Jinrong fayuan* Nr. 3/1999 32 ff.; ZHANG Derong (Hrsg.), S. 78 ff.
500 WU Zhipan, Abriss, S. 150 ff.; LI Guoguang (Hrsg.), S. 388; ZHANG Derong, S. 78 f.
501 LI Guoguang (Hrsg.), ebd.; WU Zhipan, ebd.

Der Gesetzgeber des **VG** ist diesbezüglich scheinbar anderer Meinung. Demnach ist nur eine der gesetzlichen Voraussetzungen der gesetzlichen Aufrechnung, nämlich die Gleichheit der Art und Qualität der Verbindlichkeiten, entbehrlich (vgl. § 100 VG). Ansonsten wäre unverständlich, wieso der Gesetzgeber nur diese Abweichung von der Gleichheit der Art und Qualität der Verbindlichkeit erwähnt, statt generell die Zulässigkeit zu regeln, wie z. B. „Man kann die Aufrechnung (auch) vereinbaren".[502]

(3) § 99 Abs. 2 VG und die Qualifizierung des Aufrechnungsrechts als einseitiges Gestaltungsrecht

Rechtlich wird das Aufrechnungsrecht fast einheitlich als einseitiges Gestaltungsrecht qualifiziert. Entsprechend bedarf es bei der Ausübung des Aufrechnungsrechts keiner Mitwirkung des Schuldners, die Aufrechnung wird vielmehr mit dem Zugang der Mitteilung bei dem Schuldner sofort wirksam (vgl. § 99 Abs. 2. S. 2 VG).[503]

Einige Literaturstimmen[504] sind der Meinung, dass bei der Realisierung eines vereinbarten Aufrechnungsrechts der Rechtsausübende vorher erneut mit der Gegenseite über den Vollzug „übereinstimmen" müsse. Dabei wird der vereinbarten Aufrechnung der Charakter des Gestaltungsrechts aberkannt. Die vorliegende Arbeit stimmt dieser Ansicht allerdings nicht zu, und ist der Meinung, dass keine hinreichende Aufrechnungsvereinbarung vorliegen würde , wenn man darüber hinaus zur Rechtsausübung die Zustimmung der Gegenseite oder eine gerichtliche Entscheidung fordert.

II. Einzelprobleme des Bankaufrechnungsrechts in der Bankpraxis

Im Folgenden soll Einzelproblemen im Rahmen des Aufrechnungsrechts, die in der Bankpraxis oft auftreten, nachgegangen werden.

1. Aufrechnungsverbot mit Ansprüchen eines Dritten

In der oben schon erwähnten „Antwort des Obersten Volksgerichts über Rechtsverletzung der Bank bei Kontoentziehung" hat das Oberste Volkgericht betont, dass die Bank nicht ein Kundenkonto im Interesse anderer Personen oder Unternehmen entziehen kann. Im Rahmen des Aufrechnungsrechts gesehen, handelt es sich um das Aufrechnungsmerkmal der Wechselseitigkeit. Wenn man also die dogmatische Zuordnung der „Bankentziehung" zur Aufrechnungslehre bejaht, wäre diese judikative Auslegung überflüssig.

502 A. A., LI Guoguang (Hrsg.), Kommentierung, 388 ff.
503 Vgl. LI Guoguang (Hrsg.), Kommentierung, S. 383 ff.; CHEN Fengqi, in: Study of the Banking law, S. 130 ff.
504 WU Zhipan, Abriss, S. 155 ff.; PENG Bing, Aufrechnung, in: *Jinrong fayuan*, Nr. 3/1999 32 ff.

Problematisch ist die Frage, ob der Anspruch anderer Filialen desselben Bankbetriebs auch aufrechnungsfähig ist.[505] Hier lässt sich eine schematisierte Situation schildern: *Unternehmen K erhielt von der Shanghaier Filiale der Industrie- und Kommerzbank (Bank A 1) und der Aufbaubank (Bank B 1) je ein Darlehen von CNY 2 Millionen, deren Rückzahlung fällig wird, jedoch nicht erfolgt. Bank A 1 und Bank B 1 erfahren, dass K bei der Beijinger Filiale der Industrie- und Aufbaubank (Bank A 2) ein Konto unterhält und darauf CNY 3 Millionen Guthaben hat.*

Dass Bank B 1 außer durch Gerichtsverfahren auf das Guthaben nicht zugreifen kann, ist im chinesischen Recht eindeutig. Unklar bleibt hingegen, ob und wie die Bank A 1 das Geld zur Aufrechnung mit ihrer Geldforderung in Anspruch nehmen kann.

In der Bankpraxis wird das Aufrechnungsrecht fast immer bejaht. Die Filialen derselben Bank unterstützen sich gegenseitig bei nicht fristgerecht zurückgezahlten Darlehen. Das heißt, für den Kreditnehmer besteht immer die Gefahr, dass er über die auf seinem Konto eingegangenen Zahlungen nicht verfügen kann, sofern er die fällige Geldschuld dem Bankunternehmen gegenüber nicht erfüllt hat. Diese Praxis wird von der herrschenden Literaturansicht bestätigt.[506]

2. Problematik der Aufrechnung mit Vorauszahlungen auf den Kaufpreis

Lange Zeit war heftig umstritten, ob die Bank den durch Teilnahme an der Überweisungskette erlangten Betrag, der zur Vorauszahlung (*yufu kuan*) auf den Kaufpreis oder zur vertraglichen Sicherheitsleistung (*ding jin*) des Überweisenden dient, zur Aufrechnung entziehen darf.[507] Die Entstehungsumstände sind wie folgt: Der Überweisende als Käufer überweist gem. der mit dem Verkäufer getroffenen Vereinbarung „Warenübergabe nach Vorauszahlung" den Kaufpreis in voller Höhe oder zum Teil an den Verkäufer; das Geld wird aber von der Bank des Empfängers zur Aufrechnung in Anspruch genommen, denn der Empfänger hat eine fällige Geldschuld nicht ausgeglichen. Als Ergebnis erhält der überweisende Käufer weder die Waren noch das Geld zurück. Wenn auch die Rückzahlungsforderung gegen den Empfänger, der sich oft schon in einer Finanzkrise befindet, scheitert, verklagt der Überweisende oft gezwungenermaßen die aufrechnende Bank für ihren „unberechtigten" Aufrechnungsakt. Nun ist fraglich, ob die im Voraus geleistete Kaufpreiszahlung aufrechnungsfähig ist.

In der Judikatur bestand hierzu lange Zeit ein Meinungsstreit. Das Problem liegt wesentlich in der unterschiedlichen Beurteilung des Rechtscharakters des Buchgelds. Zugunsten des Käufers vertrat die alte herrschende Meinung, dass der überweisende Käufer bis zur Gegenleistung des Verkäufers Eigentümer des Transfergelds bleibe und daher die Aufrechnung der Empfängerbank nach der Aufrech-

505 YANG Yuxi, S. 157 ff.
506 Vor allem s. YANG Yuxi, ebd.
507 ZHANG Derong (Hrsg.), S. 78 f.

nungslehre ausgeschlossen sei, sofern der Überweisende selbst der Bank kein Geld schulde.[508]

Die Gegenmeinung setzt sich allmählich durch und wird auch bestätigt durch die 1994 von dem Obersten Gericht erlassene „Antwort über die Entziehung bzw. Rückzahlung der Bank oder Kreditgenossenschaft bezüglich des als Vorauszahlung auf den Kaufpreis dienenden Zahlungsbetrags" (*Guanyu yinhang he xinyongshe kouhua yufu huokuan shoudai yingfou tuihuan wenti de dafu*), die als Antwort zur Frage des Volksgerichts der Oberstufe in der Provinz Sichuan gegeben wurde. Demnach erlange der Verkäufer das Eigentum an dem als Vorauszahlung auf den Kaufpreis dienenden Transfergelds, wenn das Geld auf seinem Konto gutgeschrieben wurde. Daher sei der Überweisende nicht berechtigt, die Rückzahlung des Kaufpreises von der aufrechnenden Bank zu verlangen, es sei denn, dass die Bank von der Finanzkrise des Verkäufers erfährt und diesen dann veranlasst bzw. dabei mitwirkt, dass der Verkäufer in dem Kaufvertrag die Zahlung des Käufers als Vorauszahlung vereinbart, um das der Bank geschuldete Darlehen, zurückzahlen zu können.[509]

Darüber hinaus hat die aufrechnende Bank das entzogene Geld zurückzuzahlen, wenn zwischen ihr und dem Überweisenden eine so genannte Vereinbarung über „Spezifisches Guthaben für spezifischen Zweck" (*zhuankuan zhaunyong*) getroffen wurde, die Bank jedoch trotzdem das „spezifische Guthaben" entgegen der Verabredung im eigenen Interesse entzogen hat.[510]

Obwohl der „Eigentumsgedanke", auf den diese Ansicht sich stützt, dogmatisch nicht überzeugt,[511] ist das Ergebnis für die hier zu untersuchende Frage zu begrüßen, nämlich dass der nach dem Kaufvertrag geleistete Überweisungsbetrag keine Ausnahme von dem Aufrechnungsrecht der Bank bildet und daher aufrechnungsfähig ist.[512]

3. Das Problem der Aufrechnung der Zwischenbank

Der in Kaptitel 6 geschilderte **„Fengyang-Überweisungsfall"**[513] wirft die Frage auf, ob eine Zwischenbank den Zahlungsvorgang unterbrechen darf, um ein Aufrechnungsrecht auszuüben. Diese Fragestellung ist zwar im Aufrechnungs- wie auch im Zahlungsrecht von großer Bedeutung, wurde aber bisher noch nicht auf-

---

508 Vgl. XU Mengzhou (Hrsg.), S. 37 f.; s auch Kapitel A II.
509 DENG Xiaoke, in: *Jinrong yu fa* Nr. 3/1994, S. 33 f.
510 Ebd.
511 S. Kapitel 4 II b.
512 Eine Literaturstimme meint, dass neben der „Entziehung für Kreditrückzahlung" für die Empfängerbank noch eine Aufrechnungsmöglichkeit in den Fällen besteht, in denen die Verrechnung des Überweisungsbetrags, also die Verrechnung mit dem Guthaben auf dem Konto der Empfängerbank lediglich dem Ziel dient, schließlich ein vermindertes Saldo des Kontos zu erzielen. Dazu s. PENG Bing, Aufrechnung, in: *jinrong fayuan* Nr 3/1999 32, 37 ff.
513 S. Kapitel 6 B II 1 d.

gearbeitet. Es wird in der Rechtsprechung mal das Aufrechnungsrecht der Bank betont und in anderen Fällen der Zügigkeit der Bankzahlung Vorrang gegeben.[514]

Hier handelt es sich weniger um eine dogmatische, als eher um eine rechtspolitische Frage. Wenn man nach einem reibungslosen Bankzahlungsverkehr strebt, sollte die Aufrechnungsmöglichkeit der Zwischenbank untersagt werden, die ansonsten einen großen Unsicherheitsfaktor im Zahlungsverkehr darstellt.

4. Die Problematik der direkten Entziehung vom Konto des Bürgen

a. *Der „Jiajia-Immobilien-Fall" als Ausgangspunkt*

In der Literatur diskutiert man bezüglich des Aufrechnungsrechts der Bank vorrangig, ob die Bank als Gläubiger dem Konto eines Bürgen direkt Guthaben entziehen darf, wenn der Schuldner das fällige Darlehen nicht zurückgezahlt hat. Zur Verdeutlichung des Sachverhaltes dient der **„Jiajia-Immobilien-Fall"**:[515]

Die Jiajia Immobilien GmbH (J) hat ein Grundstück mit Wohnhäusern erschlossen. Sie vereinbarte mit der Bank (B), dass B den Käufern der Wohnungen der J Kredit gewähren wird und J für die Kreditverbindlichkeiten bürgt. Vereinbart wird auch, dass „die Bank den entsprechenden Betrag direkt dem Konto der J entziehen darf, wenn J der Pflicht als Bürge nicht nachkommt". Als Anfang 2001 ein Käufer den Termin zur Darlehensrückzahlung in Höhe von CNY 3 Millionen nicht eingehalten hat, hat B den Betrag vom Konto der J abgebucht, ohne diese darüber zu informieren. Zu dieser Zeit stand J in der Zahlungsverpflichtung aus einem Geschäft großen Volumens. Aufgrund der „plötzlichen" Entziehung geriet J in eine Liquiditätsschwäche und ihr Geschäft kam aufgrund dessen nicht zustande. J verklagt B auf Rückzahlung von CNY 3 Millionen und Ersatz des Schadens, den sie aus dem Scheitern des „Großgeschäfts" erlitten hat. Das Gericht hat die Klage auf Rückzahlung von CNY 3 Million zurückgewiesen, während es der Klage auf den Schadenersatz hinsichtlich des entgangenen anderen Geschäfts stattgab, da B die Mitteilungspflicht bei der Ausübung ihres Aufrechnungsrechts nicht erfüllte.

b. *Literaturansichten*

Der Kommentator des **„Jiajia-Immobilien-Falls"**[516] ist der Meinung, dass J als Bürge nicht hafte, bevor B ihm die Aufrechnung mitgeteilt habe. Außerdem sei die Vereinbarung der „direkten Kontoentziehung" unwirksam, weil es sich um einen Anspruch der B handele und daher bei Verweigerung der Mitwirkung des Bürgen eine gerichtliche Entscheidung erforderlich sei. Dies widerspricht der Rechtslehre des Aufrechnungsrechts im chinesischen Zivilrecht, denn das Aufrechnungsrecht wird in China vorwiegend als Gestaltungsrecht qualifiziert. Entsprechend erfolgt die Aufrechnung allein durch die einseitige Aufrechnungserklärung des Aufrech-

---

514 DENG Xiaoke, in: *Jinrong yu fa* Nr. 3/1994, S. 33 f.

515 Auszug des Falls im Internet http//: www.rmfyb.chinacourt.org/public/detail.php?id=36615 (Zugriff: 27.11.2004).

516 Auszug des Falls im Internet http//: www.rmfyb.chinacourt.org/public/detail.php?id=36615 (Zugriff: 27.11.2004).

nenden. Erforderlich ist nur der Zugang der Erklärung bei der anderen Partei, aber nicht deren Mitwirkung.

Abgesehen von der dogmatischen Kritik an dieser Kommentierung, scheint das Ergebnis von der herrschenden Literaturansicht begrüßt zu werden. Hierbei stützt man sich aber zumeist auf eine wenig juristische Argumentation. So nennt ein Autor[517] drei Argumente für die Ablehnung der direkten Entziehung vom Konto des Bürgen, die bei näherer Betrachtung der juristischen Denkweise fremd sind bzw. widersprechen:

Zunächst wird argumentiert, dass die Bank nicht wegen Forderungen anderer Banken dem Kundenkonto Guthaben entziehen dürfe. Der Autor hat vermutlich einen Fall vor Auge, in dem der Bürge und der Schuldner ihr Konto bei verschiedenen Banken unterhalten. Hier wäre das Argument möglicherweise zutreffend, im **„Jiajia-Immobilien-Fall"** passt es nicht.

Zweitens führt der Autor an, dass die direkte Entziehung dazu führen werde, die Abgrenzung zwischen dem Schuldner und dem Bürgen zu verwischen, insbesondere, wenn der Darlehens- oder Bürgschaftsvertrag nichtig ist. Diese Argumentation ist schwer nachvollziehbar. Vermutlich steht dem Autor die „gefährliche" bzw. „ungünstige" Situation des Bürgen vor Augen: bei Unwirksamkeit des Darlehensvertrages oder des Bürgschaftsvertrages muss der Bürge nicht haften; die direkte Entziehung der Bank ist rechtswidrig und zwingt zugleich den Bürgen in eine ungünstige prozessuale Rolle, indem er klagen und seine fehlende Bürgenpflicht beweisen muss.

Die dritte Argumentation ist ähnlich wie diejenige des Kommentators des **„Jiajia-Immobilien-Falls"**: Bei direkter Kontoentziehung seien Fehler unvermeidlich, denn es handele sich um einen Akt der Selbsthilfe, der ohne die Kontrollwirkung eines Gerichtsverfahrens erfolge. Der Autor wollte mit diesem Argument der Kontoentziehung den Charakter des (einseitig auszuübenden) Gestaltungsrechts absprechen.

Aus der Diskussion in der Literatur ist erkennbar, dass die herrschenden Literaturansichten ein Recht der Bank ablehnen, als Darlehnsgeber dem bei ihr unterhaltenen Konto des Bürgen direkt Guthaben zu entziehen, wenn der Schuldner nicht rechtzeitig zahlt.

c. Zwischenergebnis

Die vorliegende Arbeit hält das hier zu behandelnde Problem vorrangig für eine rechtspolitische Frage, die mit dem verneinenden Schluss der herrschenden Literaturansicht pragmatisch beantwortet wird, während die argumentative Herleitung, wie oben gezeigt, nicht zu überzeugen vermag.

Die Entziehung von Guthaben vom Konto des Bürgen muss wie bei der Entziehung vom Konto des pflichtverletzenden Darlehensnehmers im Rahmen des Aufrech-

---

517 DENG Xiaoke, in: *Jinji yu fa* Nr. 3/94 32 ff.

nungsrechts betrachtet werden. Juristisch gesehen ist das Wesen des Problems kein anderes, als die Frage, ob die Bank berechtigt ist, ihre Forderungen aus dem zwischen ihr und dem Bürgen bestehenden Bürgschaftsvertrag mit der Forderung des Bürgen aus dem Einlagevertrag aufzurechnen. Wenn dies bejaht wird, steht dem direkten Einzug des betreffenden Betrags von dem Konto des Bürgen durch die Gläubigerbank, nichts entgegen. Es ist dementsprechend entscheidend, ob die vier gesetzlichen Voraussetzungen des Aufrechnungsrechts erfüllt sind, so dass die Aufrechnungslage gegeben war, die Erklärung allerdings fehlte.

Allerdings ist es denkbar, dass die Bank auch bei fehlender Aufrechnungslage aufrechnet und die Interessen des Bürgen erheblich verletzt. Deshalb wird in der bankrechtlichen Literatur fast einheitlich gefordert, die direkte Entziehung von Guthaben vom Konto des Bürgen zu untersagen.[518] Dies lässt sich aber nur durch eine Sonderregelung durchsetzen, die bis jetzt weder in der Gesetzgebung noch in der Judikatur vorhanden ist. Daher widerspricht es dem gegenwärtigen chinesischen Zivilrecht, ein Aufrechnungsrecht der Bank gegenüber dem Bürgen allgemein abzulehnen. Ohne eine entsprechende Sonderregelung kann der Bürge mithin nur durch Klage gegen die aufrechnende Bank auf Rückerstattung bzw. Schadenersatz vorgehen, wenn er das Fehlen der Voraussetzungen der Aufrechnung beweisen kann.

Aus der Sicht der Bank ist es durchaus richtig, das Risiko bei der Kreditvergabe durch eine Bürgschaft zu minimieren, und die Rechtsposition durch eine Vereinbarung der direkten Kontoentziehung mit dem Bürgen zu verstärken. Für die Verfasserin ist unverständlich, dass die herrschende Literaturansicht diese Vereinbarungen für unwirksam erachtet.

D. Zusammenfassung des Kapitels

Im Rahmen ihrer Dienstleistungstätigkeiten unterliegt die Bank der gesetzlichen Pflicht, den Überweisungsauftrag dem Überweisenden gegenüber oder der weiterleitenden Bank gegenüber anzunehmen. Der Überweisungsbank werden Prüfungspflichten auferlegt, die in drei Aspekte zu unterteilen sind: die Legitimationsprüfung, die Prüfung der Vollständigkeit und Richtigkeit der Angaben im Auftragsformular und die Prüfung der Deckung des Transfergelds.

Die Banken haben den angenommenen Auftrag auszuführen, und zwar nach den Grundsätzen mit den Stichwörtern „korrekt" (*zhunque*), „unverzüglich" (*jishi*) und „sicher" (*anquan*). Eine korrekte Überweisung ist mit dem Prinzip der strengen Bindung an den Auftrag verbunden. Für die Überweisungsbank bedeutet dies auch die Einschaltung der konkreten Zwischen- bzw. Empfängerbank. Im Zweifelsfall ist hinsichtlich des Verbots eigener Ermittlungen eine Rücksprache mit dem Überweisenden bzw. der vorstehenden Bank zu empfehlen. Bei einer unverzüglichen Über-

518 DENG Xiaoke, in: *Jinji yu fa* Nr. 3/94 32 ff.

weisung hat die Bank gem. § 167 **ZVM** den Auftrag am gleichen oder spätestens am folgenden Tag an die nächste Bank weiterzuleiten bzw. den betreffenden Betrag auf dem Konto des Begünstigten gutzuschreiben oder an diesen in bar auszuzahlen. Ist mit dem Überweisenden eine zeitliche Vereinbarung über die ganze Überweisungskette getroffen worden, hat die Überweisungsbank auch für den Verzug der weiteren beteiligten Bankinstitutionen einzustehen. Von dem Gesichtspunkt der „sicheren" Überweisung sind vor allem zwei Punkte betroffen, nämlich das schon im Kapitel 6 behandelte Schutzproblem vor einem „Eingriff" betrügerisch handelnder Dritter, und das in diesem Kapitel untersuchte, jedoch nicht einheitlich zu beurteilende technische Sicherheitsproblem des elektronischen Zahlungssystems. Zusätzlich hat die Bank auch Sorgfaltspflichten zu beachten wie z. B. die Aufklärungs- und Informationspflicht und die Geheimhaltungspflicht.

In Bezug auf die Rechtsstellung der beteiligten Banken bei Leistungsstörungen ist festzuhalten, dass die Bank die Erstattung des Transferbetrags von dem Überweisenden bzw. der vorstehenden Bank nicht verlangen kann, sofern kein wirksamen Auftrag vorliegt. Ihr steht aber der Anspruch gegen den von der Fehlzahlung profitierenden Empfänger auf Rückzahlung des Erlangten aus dem Bereicherungsrecht und ggf. aus dem Deliktsrecht zu. Problematisch ist in dem Fall, in dem der Begünstigte einen Rechtsgrund für den Erhalt des Betrags hat. Der Ansicht der Arbeit nach steht der haftenden Bank dann ein Bereicherungsrechtlichen Anspruch gegen den Überweisenden zu, weil dieser durch die Tilgung seiner Schuld durch die Fehlzahlung der Bank etwas erlangt hat. Diese Gedanken sind allerdings weder in der chinesischen Literatur noch in der Judikatur bisher bearbeitet worden.

Einen wirksamen Auftrag führt die Bank in der Regel erst aus, nachdem sie das betreffende Transfergeld erhalten hat. Unter dem Aspekt der Treupflicht hat die Bank den bereits angenommenen Auftrag trotz eines Deckungsmangels auszuführen, ihr bleibt aber nach wie vor der Erstattungsanspruch gegen den Überweisenden bzw. die vorstehende Bank. Bei einer fehlgeschlagenen Überweisung haftet die Bank prinzipiell nur für ihr eigenes Verschulden, aber nicht für das Verschulden der von ihr eingeschalteten Bank, sofern sie bei der Einschaltung der Bank ihre Sorgfaltspflicht erfüllt hat, obwohl sowohl in der Rechts- als auch der Bankpraxis der Gedanke einer Garantiehaftung der Überweisungsbank noch vertreten wird.

Als eine der schwierigsten Problem im Bankzahlungsverkehr gilt das so genannte „Bankentziehungssystem" (*yinhang dikou zhidu*), nach dem die Bank generell berechtigt ist, einen betreffenden Betrag von dem Guthaben des Bankkontos abzuziehen, wenn der Kontoinhaber die entsprechende fällige Geldschuld nicht begleicht. Rechtlich wird das „Bankentziehungssystem" im Rahmen des Aufrechnungsrechts, das in den §§ 99–100 **VG** geregelt wird, betrachtet. Bis auf einige nichtnormative Regelungen von der Volksbank, die für einzelne Probleme eine pragmatische Lösung bieten, fehlt zum „Bankentziehungsrecht" eine systematische Untersuchung.

In Bezug auf diese Problematik lassen sich hinsichtlich der vier am häufigsten diskutierten Fälle die folgenden Schlüsse ziehen. 1) Die Bank darf das Guthaben des

Kunden nicht mit Ansprüchen eines Dritten, sowohl eines anderen Kunden als auch einer anderen Bank, aufrechnen. Dagegen dürfen die Filialen derselben Bank sich durch die Aufrechnung gegenseitig bei nicht fristgerecht zurückgezahlten Darlehen unterstützen. 2) Der als Vorschuss einer Kaufpreiszahlung geleistete Überweisungsbetrag ist vor dem Aufrechnungsrecht der beteiligten Bank nur dadurch zu schützen, dass der Überweisende ein betreffendes „Spezifisches Konto" eröffnet. Die Volksbank hat zu dieser Lösung eine nichtnormative Regelung erlassen, allerdings mit einem falschen dogmatischen Ansatz. 3) Die Frage, ob eine Zwischenbank den Zahlungsvorgang zur Ausübung ihres Aufrechnungsrechts unterbrechen darf, ist zwar im Aufrechnungs- wie auch im Zahlungsrecht von großer Bedeutung, wurde aber bisher noch nicht aufgearbeitet. Es wird in der Rechtsprechung mal das Aufrechnungsrecht der Bank betont und in anderen Fällen der Zügigkeit der Bankzahlung Vorrang gegeben. Der Ansicht der Arbeit nach ist der reibungslose Ablauf des Zahlungsverkehrs von größerer Bedeutung, sodass sich die Verfasserin der letztgenannten Meinung anschließt. 4) Zu der in der Literatur viel diskutierten Problematik, ob die Bank den Überweisungsbetrag eines Kunden entziehen darf, wenn dieser zwar der Bank nichts schuldet, aber für die Schuld eines anderen Kunden der Bank bürgt und dieser Kunde die fällige Schuld nicht tilgt, lässt sich keine einheitliche Lösung finden. Es kommt vielmehr entscheidend auf den Bürgschaftsvertrag im Einzelfall an. Eine einheitliche dogmatische Beurteilung fehlt bis jetzt.

Kapitel 8 Die Rechtsstellung des Überweisungsempfängers bei Leistungsstörungen

Oberste Priorität des Überweisungsempfängers ist es, den Überweisungsbetrag in der gewünschten Weise zu erhalten. Als letztes Glied der Überweisungskette kann er jedoch auf den reibungslosen Ablauf der Überweisung kaum unmittelbaren Einfluss nehmen. Im schlimmsten Fall sieht er sich mit Rückzahlungsansprüchen des Überweisenden oder der betroffenen Bank konfrontiert.

Im folgenden Kapitel wird die Rechtsstellung des Überweisungsempfängers sowohl bei einer ordentlichen wie auch einer fehlgeschlagenen Überweisung untersucht. Es wird sich zeigen, dass seine Ansprüche gegen den Überweisenden vor und nach einer Leistungsstörung auf das Grundverhältnis zu diesem (Valutaverhältnis) zu stützen sind (Punkt A). Gegen die Banken stehen ihm bei Leistungsstörungen möglicherweise zwei Arten von Ansprüchen zu, nämlich der Anspruch auf Auszahlung des Überweisungsbetrags und Schadensersatzansprüche wegen der ihm durch Leistungsstörungen im Überweisungsverkehr entstandenen Schäden (Punkt B). Im Punkt C dieses Kapitels wird sowohl die Frage, unter welchen Umständen der Empfänger den erlangten Überweisungsbetrag herauszugeben hat, als auch die Frage, unter welchen Umständen er das Erlangte behalten darf, behandelt.

A. Die Rechtsstellung dem Überweisenden gegenüber

I. Der Erfüllungsanspruch aus dem Valutaverhältnis

Die Mehrzahl der Überweisungsvorgänge wird von einer Geldforderung des Überweisungsempfängers gegen den Überweisenden ausgelöst. Der Begünstigte hat nämlich aus dem Valutaverhältnis, wie z. B. einem Kauf-, oder Mietvertrag, als Verkäufer oder Vermieter einen Anspruch auf Zahlung, und der Überweisende ist entsprechend als Käufer bzw. Mieter der Schuldner.

Gem. § 91 Nr. 1 **VG** und ggf. § 84 Abs. 2 **AGZ** wird ein Schuldverhältnis in der Regel durch Erfüllung (*lu xing*) der sich aus dem Schuldverhältnis ergebenen Verpflichtungen beendet.[519] Entsprechend erlischt der Zahlungsanspruch des Überweisungsempfängers gegen den Überweisenden mit der Erfüllungsleistung des Letzteren,

519 § 91 VG nennt sieben Möglichkeiten zur Beendigung der Rechte und Pflichten eines Vertrags und die Erste lautet „wenn die Verbindlichkeiten vereinbarungsgemäß erfüllt (*lü xing*) sind". Die dritte Möglichkeit lautet „bei gegenseitiger Aufrechnung der Verbindlichkeiten", was mit der Überweisung untermittelbar zu tun hat; vgl. Kapitel 4 C II und Kapitel 7 C.

die entweder durch die Zahlung mit Bargeld oder durch die bargeldlose Zahlung, nämlich Banküberweisung zu erfolgen hat.

Hier lässt sich zum wiederholten Mal feststellen, dass der Gläubiger als Privatperson eine Wahl zwischen den beiden Zahlungsformen hat. Dagegen ist der Gläubiger, der eine unternehmerische bzw. organisatorische „Einheit" ist, grundsätzlich verpflichtet sowie auch berechtigt, statt einer Bargeldübergabe der Überweisung durch den Schuldner zuzustimmen bzw. diese zu verlangen.[520] Dabei hat er dem Schuldner seine Kontoinformation mitzuteilen. Im Einzelfall kann er die Form des *„liuhang daiqu"* (Bis zur Abhebung bei der Bank belassen) i.S.v. § 172 ZVM verwenden.[521]

II. Die Erfüllung per Banküberweisung

1. § 62 Nr. 3 S. 1 VG über die Erfüllung per Geldzahlung

Es finden sich keine Bestimmungen darüber, wie eine Geldforderung per Banküberweisung erfüllt wird. Bezüglich der Merkmale und Rechtswirkung lässt sich daher auf die Erfüllungsrechtslehre zurückgreifen. Als einzige vorhandene Bestimmung über die Erfüllung der Geldzahlung findet § 62 Nr. 3 S. 1 VG Anwendung: *„Ist der Erfüllungsort unklar, und wird Geld (huo bi) geleistet, so wird am Ort des Zahlungsempfängers erfüllt"*.

Anzumerken ist, dass das mit „Geld" ins Deutsche übersetzte Wort *„huo bi"* im ursprünglichen Sinn eher „Bargeld" bedeutet. Abgesehen davon, dass diese Norm dadurch möglicherweise auf die Zahlung per Überweisung nur analoge Anwendung findet, lässt sich unschwer folgern, dass der Erfüllungsort der Zahlungspflicht bei dem überweisungsempfangenden Gläubiger liegen soll. Das bedeutet, dass es zur Erfüllung nicht ausreicht, wenn der Geldschuldner einen Überweisungsauftrag bei seiner Hausbank abgibt und der Empfänger, der sich in der Regel an einem anderen Ort befindet, nicht sicher sein kann, ob der Überweisungsbetrag bei ihm bzw. bei seiner Hausbank ankommen wird. Dies ist in der Literatur unumstritten.[522]

Dabei ist auf den folgenden Punkt hinzuweisen: Der Erfüllungsort einer Überweisung ist grundsätzlich der Ort, an dem sich der Sitz der Empfängerbank befindet, falls der Wohnsitz des Überweisungsempfängers mit diesem Ort nicht übereinstimmt.[523]

---

520 Vgl. Kapitel 6 A I u. Kapitel 7 A I.
521 Vgl. Kapitel 3 B I 2, Kapitel 6 C II 4.
522 S. vor allem s. LI Guoguang (Hrsg.), Kommentierung, S. 275 ff.
523 Vgl. LIU Ying, S. 178 ff.

2. Die Problematik des Erfüllungszeitpunkts

Obwohl § 62 Nr. 3 S. 1 VG die Leistung der Geldzahlung extra regelt, bleibt die Erfüllungsfrage einer Überweisung teilweise offen. In der Literatur besteht Uneinigkeit über den Erfüllungszeitpunkt, insbesondere wenn der Empfänger die Zahlung auf ein bestimmtes Konto verlangt.

a. Bei der Gutschrift auf das vom Empfänger bestimmte Konto

Die offene Frage ist, ob die Erfüllung mit der Gutschrift des Überweisungsbetrags auf dem Konto der Empfängerbank oder dem des Empfängers erfolgt.

Nach dem allgemeinen Sinn wird die Geldschuld erst beglichen, nachdem der Gläubiger den Überweisungsbetrag wirklich erlangt hat und frei über ihn verfügen kann. Entsprechend trägt die herrschende Meinung vor, dass die Erfüllungswirkung bei der Begleichung einer Geldforderung im Wege der Überweisung zu dem Zeitpunkt, zu dem der Überweisungsbetrag auf dem Konto des Überweisungsempfängers eintrifft, eintritt.[524] Im Gegensatz zu der herrschenden Meinung wird von einem Teil der Literatur vertreten, dass das Risiko der eventuellen Insolvenz sowie auch der Fehlhandlung der Empfängerbank vom Überweisungsempfänger getragen werden solle, und die Erfüllungswirkung der Zahlung schon zu dem Zeitpunkt eintrete, zu dem der Betrag auf dem Konto der Empfängerbank gutgeschrieben wird.[525] Es wird darüber hinaus argumentiert, dass die Empfängerbank im Rahmen des Kontoverhältnisses im Namen des Überweisungsempfängers auftrete und deshalb die Annahmestelle des Letzten sei.[526]

Die vorliegende Arbeit stimmt der herrschenden Meinung bzw. ihrer Begründung zu. Zu der Begründung ist hinzuzufügen, dass die Lösung einem Vergleich mit der Barzahlung standhalten muss, was allerdings eher eine rechtspolitische denn juristisch-dogmatische Entscheidung ist.

b. Bei der „Abhebungsüberweisung“

Unterhält der Empfänger kein Bankkonto, oder will er den Überweisungsbetrag nicht auf sein vorhandenes Konto überweisen lassen, steht ihm noch die Überweisung nach der Methode *„liuhang daiqu“* (bis zur Abhebung bei der Bank belassen) zur Verfügung. Bestimmt er die Empfängerbank, müsste die Rechtslage hinsichtlich des Erfüllungszeitpunkts nicht anders als bei der Überweisung von Konto zu Konto sein.

Die Rechtslage muss anders bewertet werden, wenn der Gläubiger weder Konto noch Empfängerbank bestimmt hat. Stattdessen wird die Empfängerbank vom Überweisenden oder der Überweisungs- bzw. Zwischenbank gewählt. In diesem Fall

---

524 S. vor allem WANG Xin (Hrsg.), S. 99; XIE Huaishi, S. 99 f.
525 Ausführlich s. QI Aimin/XU Liang, S. 77 ff.; Volksbank, Gegenwärtig, Punkt 2.1; Zahlungssysteme, Punkt 2.1.2.
526 LIU Ying, S. 235 f.; LIANG Huixing (hrsg.), Abhandlung, S. 24.

tritt die Erfüllungswirkung nach herrschender Meinung erst ein, wenn der Empfänger das Geld abholt, indem er es sich entweder gem. §§ 173 und 176 Abs. 2 ZVM in bar auszahlen lässt oder es sich gem. § 176 Abs. 1 S. 2 ZVM auf sein für den Überweisungsbetrag eröffnetes „vorläufigen Konto" einzahlen lässt oder gem. § 176 Abs. 4 ZVM „weiter überweist" (*zhuang hui*).[527]

Im Einzelfall muss der empfangende Gläubiger jedoch das Risiko seitens der Empfängerbank tragen, auch wenn er unter Umständen keine Empfängerbank genannt hat. Dies kann der Fall sein, wenn der Empfänger den „bei der Bank belassenen" Überweisungsbetrag nicht innerhalb einer angemessenen Frist nach der Benachrichtigung durch die Bank abgeholt hat und gegen die Empfängerbank während des Verzugs ein Insolvenzprozess eröffnet wurde. Nach Ansicht der Verfasserin wäre es ungerecht, dass der Überweisende wegen Nichterfüllung die Geldschuld noch einmal leisten muss, besonders wenn man sich den Rechtszwang der Bankzahlung vor Augen hält.

3. Probleme der Gutschrift auf einem anderen Konto des Empfängers

Ein Geldgläubiger möchte nicht, dass der Überweisungsbetrag an seine Hausbank, bei der er z. B. einen fälligen Kredit noch nicht zurückgezahlt hat, überwiesen wird. Ein ähnlich gelagerter Fall liegt vor, wenn das eingehende (Buch)Geld auf seinem gesperrten Konto gutgeschrieben würde, und er über ihn nicht frei verfügen könnte. Um diese ungünstige Situation zu vermeiden, wird der Geldgläubiger seinen überweisenden Schuldner bitten, das Geld auf ein bestimmtes, „sicheres" Konto zu überweisen. Im Notfall wird der Empfänger versuchen, trotz der komplizierten Formalität bei der Kontoeröffnung ein Normalkonto (*yiban zhanghu*) bei einer anderen Bank zu eröffnen.[528]

Der im Kapitel 6 dargestellte **„Fengyang-Überweisungsfall"**[529] zeigt, dass manchmal der Zahlungsvorgang doch entgegen den Vorstellungen des Überweisungsempfängers abgewickelt wird. Der Überweisungsempfänger im vorstehenden Fall hielt die Überweisung auf einem seiner Konten, das jedoch hat nicht für die Erfüllung bestimmt war, nicht für eine rechtmäßige Erfüllung und verweigerte seine Pflichten aus dem Kaufvertrag. Nun ist fraglich, ob das Verhalten des Empfänger rechtlich standhält.

Die herrschende Literaturmeinung[530] hat diese Frage bejaht. Dies wird mit dem Prinzip der zivilrechtlichen Autonomie und der Gleichstellung der Bargeld- und Buchgeldzahlung begründet.

Dies lässt sich in der Judikatur schwer durchsetzen, weil das Phänomen, dass der Kreditschuldner zur Vermeidung von Kreditrückzahlungen extra bei anderen Ban-

---

527 Vgl. Kapitel 3 B III; zum „vorläufigen Konto" s. Kapitel 3 A II d.
528 Über das chinesische Kontosystem s. Kapitel 3 A.
529 S. Kapitel 6 B II 1 d.
530 TANG Yingmao, in: *Jinrong fayuan*, Nr. 5/1998 28 ff.; CAO Shouye (Hrsg.), S. 88 ff.

ken ein neues Konto eröffnet, „unsittlich" bzw. „nicht lobenswert" sei.[531] Aus den Gerichtsurteilen der drei Instanzen zum vorstehenden Fall ist aber deutlich zu sehen, dass in der Judikatur Meinungsverschiedenheiten bestehen.

Zur vorstehenden Fragestellung wird hier keine allgemeine Bewertung abgegeben. In Bezug auf den **„Fengyang-Überweisungsfall"** schließt sich die vorliegende Arbeit der herrschenden Literaturmeinung an, nämlich, dass die Erfüllungswirkung hinsichtlich der Geldschuld aus dem Grundverhältnis zwischen dem Überweisenden und dem Überweisungsbegünstigten nicht eintritt, weil die Überweisung an die Bank erfolgte, die der Empfänger extra vermeiden wollte, und die falsche Zahlung von der Überweisungsbank verursacht wurde.

III. Ansprüche bei der fehlerhaften Erfüllung der Überweisung

1. Der Anspruch auf Nacherfüllung

a. *Die Rechtsgrundlage*

Hat der Überweisende die Überweisung in Gang gesetzt, und kommt der Überweisungsbetrag bei dem Überweisungsempfänger nicht oder nur teilweise an, steht dem Überweisungsempfänger als Geldgläubiger gegen den Überweisenden ein Nacherfüllungsanspruch, nämlich der Anspruch auf eine erneute Zahlung bzw. auf Nachzahlung des fehlenden Betrags, zu.[532]

Dieser Nacherfüllungsanspruch des Empfängers ergibt sich unmittelbar aus der Bestimmung des § 107 **VG** und ggf. § 111 **AGZ**. Über diesen Anspruch hinaus kann der Empfänger weiter Schadensersatz verlangen (§§ 107 und 112 ff. **VG** ggf. §§ 111 ff. **AGZ**).[533]

b. *Die Besonderheit bei Verschulden der beteiligten Banken*

Wenn die vorstehenden Leistungsstörungen von dem Überweisenden selbst verursacht wurden, indem er z. B. die erforderliche Information unkorrekt angegeben, die Deckung nicht ausreichend vorbereitet oder den erteilten Auftrag widerrufen hat, oder der Betrag von der beteiligten Bank mit seinen Verbindlichkeiten aufgerechnet wurde, wird der Überweisende vermutlich keine Einrede erheben. Wenn die Leistungsstörung wegen einer Rechtsverletzung der Bank verursacht worden ist, wird der Überweisende unterstreichen, dass er alle Pflichten seinerseits erfüllt hat, und der Empfänger sich daher bezüglich seines Anspruchs nur an die schuldhaft handelnde Bank halten soll.

---

531 S. die Entscheidung der letzten Instanz vom „Fengyang-Überweisungsfall" in Kapitel 6 B II 1 d.
532 ZHENG Shunyan, Fehlschlag, in: *Jinrong fayuan* Nr. 2/2001 68, 71 f.
533 S. Kapite 5 I 3 a.

In der Rechtspraxis ist es dem Empfänger in der Regel auch lieber, statt den Überweisenden die Bank in Anspruch zu nehmen. Oft bezieht er alle beteiligten Parteien mit in den Prozess ein. Das Gericht verurteilt dann die rechtsverletzende Bank, meist ohne zu erwähnen, ob der Empfänger einen Erfüllungsanspruch gegen den Überweisenden hat. Dadurch wird der Eindruck erweckt, dass der Überweisende sich der Verantwortung entziehen kann, solange der Fehler bei der beteiligten Bank liegt.

Diesbezüglich hat man in der Literatur mit Recht drauf hingewiesen, dass sich der Überweisungsempfänger hinsichtlich seiner Geldforderung gegen den Überweisenden nach wie vor an das kausale Grundverhältnis zu diesem halten kann. Die sich aus § 107 **VG** ggf. § 111 **AGZ** ergebene Rechtsposition des Empfängers dem Überweisenden gegenüber solle durch die Zahlung in Form der Banküberweisung nicht geändert werden.[534]

Dieser Ansicht schließt sich die vorliegende Arbeit an. Sie lässt sich auf § 65 **VG**[535] stützen: *„Wenn die Parteien vereinbaren, dass die Schuld von einem Dritten gegenüber dem Gläubiger erfüllt wird, und der Dritte die Schuld nicht oder nicht entsprechend der Vereinbarung erfüllt, haftet der Schuldner dem Gläubiger für die Vertragsverletzung"*.

2. Die Ansprüche bei einer verspäteten Überweisung

Es besteht in der Literatur Unklarheit über die Rechtzeitigkeit der Zahlungsleistung des Überweisenden. Unumstritten ist allerdings, dass es in der Regel nicht ausreicht, dass der Überweisende nur den Übweisungsauftrag bei der Überweisungsbank vor Fristablauf abgibt.

Den obigen Ausführungen zum Erfüllungszeitpunkt entsprechend tritt der Zahlungsverzug ein, wenn der Überweisungsbetrag dem Empfänger nach dem im Grundvertrag festgelegten Zeitpunkt nicht zur freien Verfügung steht. Das bedeutet, die Rechtzeitigkeit bezieht sich mindestens auf den Zeitpunkt der Gutschrift auf dem Konto des Überweisungsempfängers sowie der Bereitstellung zur „Abholung" i.S.d. §§ 176 und 172 **ZVM**.

Bei Verzug finden die allgemeinen Regelungen zur Haftung aus Vertragsverletzung Anwendung. Entsprechend ist der Empfänger auch wie bei der nicht erfolgten oder unvollständigen Zahlung berechtigt, Schadenersatz zu verlangen (§§ 107 und 112 ff. **VG**, ggf. §§ 111ff. **AGZ**). Darüber hinaus steht ihm gem. § 94 Nr. 4 **VG** ein Kündigungsrecht zu, wenn die verspätete Zahlung für ihn keinen Nutzen mehr hat. Als Konsequenz der Kündigung hat der Empfänger die verspätete, aber eingetroffene

---

534 Vor allem LI Guoguang (Hrsg.), S. 199 ff.
535 § 65 **VG** hat den „Vertrag zugungsten Dritter", der im Chinesischen mit *„disanren qingchang"*, *„disanren lüxing"*, *„disanren jifu"* sowie auch *„disanren fudan"* bezeichnet ist, zum Inhalt; über den legislativen Hintergrund und die Rechtslehre s. LI Guoguang, Kommentierung, S. 285 ff., WANG Zejian, S.106 ff.; SHI Shangkuan, Allgemein, S. 611 ff.

Zahlung zurückzuzahlen, denn diese gilt dann als „Bereicherung ohne Grundverhältnis".

Im Überweisungsverkehr wird diese bereicherungsrechtliche Verpflichtung zugleich auch als ein Recht, nämlich das Rückweisungsrecht, das sich aus der Formulierung des § 180 S. 1 ZVM mittelbar herauslesen lässt,[536] angesehen.

B. Die Rechtsstellung den beteiligten Banken gegenüber

I. Der Übertragungsanspruch gegen die Empfängerbank

1. Der Anspruch aus den §§ 175 und 176 ZVM

Die ZVM regelt in ihren §§ 175 und 176 die wichtigste Pflicht der Empfängerbank dem Empfänger gegenüber, nämlich den eingetroffenen Überweisungsbetrag auf diesen durch Gutschrift oder Auszahlung zu übertragen. Sie bestimmen:

§ 175 Abs. 1 ZVM: *„Die empfangende Bank muss dem Überweisungsempfänger, der bei ihr ein Bankkonto eröffnet hat, den eingegangenen Überweisungsbetrag direkt auf sein Konto übertragen und ihm eine Mittelung über den Erhalt auf dem Konto ausstellen"*.

§ 176 Abs. 1 ZVM: *„Ein Überweisungsempfänger, der bei der Bank kein Bankkonto eröffnet hat und mit einer brieflichen oder telegraphischen Überweisung bei der empfangenden Bank den Betrag abheben oder „bis zur Abhebung bei der Bank belassen" (liuhang daiqu) will, hat ... zu unterschreiben und zu stempeln. ... Stellt die Bank bei der Prüfung keine Fehler fest, so eröffnet sie unter dem Namen des Überweisungsempfängers ein vorübergehendes Bankkonto für eine abzuwickelnde Überweisung; das Konto, von dem aus nur Auszahlungen, aber nicht weitere Einzahlung geleistet und für das bis zur Vollauszahlung keine Zinsen berechnet werden, wird nach voller Auszahlung gelöscht"*.

§ 176 Abs. 1 ZVM: *„Soll Bargeld abgehoben werden, so muss sich auf der brieflichen oder telegraphischen Überweisung vorschriftsgemäß der Vermerk „Bargeld" befinden, erst dann kann Bargeld ausgezahlt werden. Soll ohne diesen Vermerk Bargeld abgegeben werden, so muss die Empfängerbank nach den staatlichen Vorschriften zur Bargeldverwaltung prüfen und zahlen"*.

Diese gesetzliche Bestimmungen über die Pflichten der Empfängerbank bilden zugleich auch die Rechtsgrundlage für den Anspruch des Überweisungsempfängers gegen die Empfängerbank auf die Übertragung des Überweisungsbetrags.[537] Wenn der Betrag den Überweisungsempfänger nicht erreicht hat und deutlich ist, dass das Problem bei der Empfängerbank lag, z. B. aufgrund ihrer falschen Gutschrifterteilung oder Barauszahlung, oder durch eine unbegründete Zurückbehaltung des Betrags entstanden ist, kann er gegen die Empfängerbank aufgrund „ihres Eingriffs

---

536 § 180 S. 1 ZVM lautet: *„Die Empfängerbank muss Überweisungen, deren Annahme der Zahlungsempfänger ablehnt, sofort rückgängig machen"*.
537 Vgl. LIU Ying, S. 170 ff., 177 f.

in sein gesetzliches Recht" i.S.d. §§ 175 und 176 i.V.m. den §§ 241ff. ZVM Klage erheben. Ein vermutetes Verschulden der Empfängerbank liegt bei ihrer verzögerten Übertragung des Betrag bereits vor,[538] so kann diese sich nur durch den Beweis ihrer Unschuld entlasten.

2. Der Anspruch aus einem vertraglichen Rechtsverhältnis

Die Rechtswissenschaftler bemühen sich, der Rechtsbeziehung zwischen der Empfängerbank und dem Überweisungsempfänger eine dogmatische Einordnung im Rahmen des Schuldrechts zu geben.

a. Der Anspruch aus dem Verrechnungskontovertrag

Nach der Mehrheit der Literaturstimmen[539] ist die Rechtsbeziehung zwischen dem Empfänger und seiner Bank, analog zu der Rechtsbeziehung zwischen dem Überweisenden und seiner überweisenden Hausbank, von dem Verrechnungskontovertrag geprägt. Im Rahmen dieses Vertrags ergibt sich ebenfalls ein Anspruch des Empfängers gegen die Empfängerbank, die eingehende Zahlung anzunehmen und den entsprechenden Betrag auf seinem Konto gutzuschreiben.

Anders als bei dem Rechtsverhältnis zwischen dem Überweisenden und der Überweisungsbank, bei dem durch Erteilung und Annahme des Überweisungsauftrags ein selbstständiger Überweisungsvertrag neben dem Verrechnungskontovertrag zustande kommt, entsteht hier im Hinblick auf die Pflichten der Empfängerbank dem Empfänger gegenüber kein weiterer Vertrag. Das bedeutet, einzig der Verrechnungskontovertrag bildet die Rechtsgrundlage der betreffenden Rechte und Pflichten sowohl der Empfängerbank als auch des Empfängers.[540]

b. Der Anspruch aus einem Vertrag zugunsten Dritter

(1) Der Vertrag zugunsten Dritter als Anspruchgrundlage

Gem. § 176 Abs. 1 ZVM hat der in der Überweisung bestimmte Begünstigte einen Anspruch gegen die Empfängerbank, den Überweisungsbetrag durch Auszahlung oder Gutschrift auf sein vorläufiges Konto an ihn zu übertragen, selbst wenn er weder ein Verrechnungskonto noch andere mit dem Inkassoauftrag verbundene Konten bei der Empfängerbank unterhält. Durch § 176 ZVM wird der Empfänger ohne festes Konto bei der Bank dem kontounterhaltenden Empfänger rechtlich gleichgestellt. Zweifelsohne entspricht dieses gesetzlich unmittelbar bestimmte Ergebnis der Interesselage der betroffenen Parteien im Überweisungsverkehr, denn es wird daran weder aus Kreisen von Bankiers noch von Rechtswissenschaftlern Kritik geäußert.

---

538 Vgl. Kapitel 6 III 2.
539 Vgl. ZHANG Weiyi, in: *Jinrong fayuan*, S. 7 ff.
540 Vgl. WU Zhipan, Abriss, S. 143 ff.; QI Aimin/XU Liang (Hrsg.), S. 153 f.; YUE Caishen, 191 f.

Allerdings kann sich dieses Ergebnis nicht auf ein vertragliches Rechtsverhältnis im Rahmen eines Kontoverhältnisses stützen. Eine Literaturstimme[541] trägt deshalb aus dogmatischen Bestrebungen vor, dass der Übertragungsanspruch des Begünstigten sich auf einen Vertrag zugunsten Dritter (*wei disanren liyi hetong*) (im Folgenden: V.z.D.) stützen könne.[542] Das bedeutet, der Überweisungsvertrag zwischen dem Überweisenden und der Empfängerbank sei zugleich ein Vertrag zugunsten Dritter, nämlich des Überweisungsempfängers.

(2) Die Rechtslehre des V.z.D. und § 64 VG als allgemeine Regelung

Der Vertrag zugunsten Dritter wird in der Literatur einheitlich als ein Vertrag definiert, bei dem die Vertragsparteien vereinbaren, dass der Dritte die Leistung aus dem Vertrags direkt erhält, indem der begünstigte Dritte den Anspruch gegen den Vertragsschuldner erwirbt.[543] Nicht unumstritten ist, ob sich dieser Anspruch nur auf die Erfüllung des Vertrags bezieht oder auch auf die Haftung aus Vertragsverletzung ausgedehnt werden kann. Die herrschende Lehre ist der Meinung, dass dem begünstigten Dritten nur der Erfüllungsanspruch zugewiesen werden, der Anspruch wegen einer Vertragsverletzung allerdings bei dem Gläubiger bleiben solle, denn der Empfänger sei in der Tat keine Vertragspartei.

Der Gesetzgeber des **VG** hat sich der herrschenden Lehre angeschlossen, indem § 64 **VG** als allgemeine Regelung des V.z.D. bestimmt: „*Wenn die Parteien vereinbaren, dass der Schuldner die Schuld gegenüber einem Dritten erfüllt, und der Schuldner diese Schuld gegenüber dem Dritten nicht oder nicht entsprechend der Vereinbarung erfüllt hat, haftet er dem Gläubiger wegen Vertragsverletzung*“. Im Zusmmenhang mit dieser Bestimmung weist ein autoritativer Kommentar[544] zum **VG** zu Recht darauf hin, dass, obwohl der Erfüllungsanspruch des Dritten nicht in § 64 **VG** ausdrücklich erwähnt wird, er aber implizit erfasst werden solle, da er die Grundlage des V.z.D. sei.

Ein Teil der Literatur hält den umgekehrten Weg für sachgerecht.[545] Die Mindermeinung trägt vor, dass die Spaltung des Erfüllungs- und Haftungsanspruchs praktisch zur Verwirrung führen werde, da der Dritte seinen Anspruch zum Teil bei dem Schuldner und zum Teil bei dem Gläubiger des V.z.D. geltend machen muss. Außerdem weist die Mindermeinung[546] nicht zu Unrecht darauf hin, dass durch § 64 **VG**

---

541 YUE Caishen, S. 191f., 211ff.; der Meinung des Autors nach solle sich sogar der Gutschriftanspruch des begünstigten Kunden statt aus dem Verrechnungskontovertrag eher aus dem V.z.D. ergeben.

542 Der V.z.D wird neben „*wei disanren liyu hetong*“, einem Begriff, der vorwiegend im Festland benutzt wird, auch mit „*wei disanren zhi qiyue*“, „*wei disanren quanli zhi qiyue*“, „*xiang disanren geifu wei biaodi zhi qiyue*“ bezeichnet. S. dazu LI Guoguang (Hrsg.), Kommentierung, S. 282 ff.; SHI Shangkuan, Allgmein, S. 615 ff.

543 Über die Definition und literarische Auseinandersetzung s. vor allem HU Wentao, in: *Jingji yu fa* Nr. 6/2000 13 f.; XU Jianjun, in: Study of the Banking law, S. 163 ff.; sowie der Artikel „Wer schützt die Interessen des Dritten“ (*Shei lai baohu disanren de liyi*) im Internet http//:www.hanjilawyer.com.cn/yuyang/yang2-02.htm (Zugriff: 15.12.2003).

544 LI Guoguang (Hrsg.), S. 283 ff.

545 S. vor allem SHI Shangkuan, SchuldR I, S. 618 ff.

546 HU Wentao, in: *Jingji yu fa* Nr. 6/2000 13 f.

ein legislativer Widerspruch entstanden sei, denn die in der chinesischen Gesetzgebung vor dem VG schon vorhandenen Einzelvorschriften, welche wie z. B. das **„Versicherungsgesetz der VR China"** (*Zhonghua renmin gongheguo baoxianfa*), oder das **„Eisenbahnbeförderungsgesetz der VR China"** (*Zhonghua renmin gongheguo tielu fa*) typischerweise einen V.z.D. als Anwendungsgegenstand haben, bestimmen ausschließlich, dass der begünstigte Dritte, einen Haftungsanspruch gegen den Schuldner hat.[547]

Die vorliegende Arbeit wird auf diese Auseinandersetzung in der Literatur bzw. Gesetzgebung nicht eingehen, weil die §§ 241 und 242 ZVM sowie auch die betreffende Rechtsprechung schon eine definitive Antwort geben, nach der dem Begünstigten ein gesetzlicher Schadenersatzanspruch gegen die schuldhaft handelnde Bank zusteht.[548]

(3) Die Ansicht der vorliegenden Arbeit

Der Vorschlag, dass die Rechtsstellung des Überweisungsempfängers der Empfängerbank gegenüber, insbesondere wenn zwischen den beiden kein Verrechnungskontovertrag besteht, auf einem Vertrag zugunsten Dritter beruhen könnte, hat bis jetzt noch keine Reaktion in Literatur und Judikatur hervorgerufen. Diese „Nachlässigkeit" lässt sich vor allem dadurch erklären, dass §§ 175 und 176 ZVM eine funktionsfähige „gesetzliche" Lösung darstellen und die dogmatischen Bemühungen daher von kaum praktischer Bedeutung sind.

Der Ansicht der vorliegenden Arbeit nach ist diese dogmatische Anpassung abzulehnen. In dem Überweisungsvertrag zwischen dem Überweisenden und der Überweisungsbank einen Vertrag zugunsten des Überweisungsempfängers zu sehen, geht schon deshalb nicht an, weil diese Konstruktion bei einer mehrgliedrigen Überweisung, die im chinesischen Überweisungsverkehr die Regel ist, auf unüberwindbare Schwierigkeiten stößt. Wenn man z. B. bei einer zweigliedrigen Überweisung einen Anspruch des Empfängers gegen die Empfängerbank aus dem Überweisungsvertrag zwischen dem Überweisenden und seiner Bank ableitet, wird gegen das Prinzip des Verbots von Verträgen zulasten Dritter verstoßen. Darüber hinaus stellt sich die Frage, ob der Überweisende die Rechtsstellung des Empfängers tatsächlich derart verstärken wollte. Es entspricht nicht seiner Interessenlage, weil diese Stärkung sein Widerrufsrecht beschränken würde.[549]

---

547 § 23 des ***„Chinesischen Versicherungsgesetzes"*** bestimmt: Der Versicherungsgeber hat die Versicherungspflicht dem Versicherungsnehmer und dem Begünstigten gegenüber zu erfüllen; sollte die Erfüllung nicht rechtzeitig (bzw. entsprechend) erfolgen, hat er dem Versicherungsnehmer bzw. dem Begünstigten den dadurch entstanden Schaden zu ersetzen. § 16 Abs. 2 des ***„Chinesischen Eisenbahnbeförderungsgesetz"*** bestimmt: „... *Ist das Transportgut dem Empfänger innerhalb 30 Tagen noch nicht übergeben worden, können der auftraggebende Versender (tuoyun ren), der Empfänger des Transportsguts bzw. der Fahrgast vom Eisenbahnspediteur Schadenersatz verlangen*".

548 Vgl. Kapitel 5 A II 3.

549 Vgl. 6 A III.

Insgesamt lässt sich folgern, dass die Einordnung des Überweisungsvertrag als ein Vertrag zugunsten des Überweisungsempfängers ein Fehlversuch ist. Die Verfasserin hält es für unwahrscheinlich, dass sich diese Theorie später im chinesischen Recht verankern lassen könnte, auch wenn die gegenwärtig geltende gesetzliche Regelung der §§ 175 und 176 **ZVM** abgeschafft würde.

II. Der Anspruch auf Schadenersatz gegen die beteiligten Banken

Dem Empfänger stehen dann alle primären oder sekundäre Rechte aus dem der Überweisung zugrunde liegende Rechtsverhältnis zum Überweisenden zu, wenn eine Leistungsstörung in der Art vorliegt, dass der Überweisungsbetrag bei ihm nicht, verspätet oder unvollständig angekommen ist. Aus der Judikatur kann man erkennen, dass der Empfänger seinen Anspruch eher gegen eine Bank geltend machen möchte, sofern aus seiner Sicht diese für das Fehlschlagen einzustehen hat, unabhängig davon, um welche der beteiligten Banken es sich handelt.[550]

Es gibt zwei Begründungen zu dieser Ansicht: Estens ist, im Vergleich mit dem Überweisenden die Insolvenz oder sogar das „Untertauchen“ einer Bank weniger wahrscheinlich. Zweitens kann man, falls die Überweisung bspw. aufgrund einer Schenkung veranlasst wurde, kaum erwarten, dass der Empfänger den „Schadenersatz“ bei dem Überweisenden zuerst geltend macht, auch wenn der Überweisende für die Leistungsstörung verantwortlich ist.

Der Umfang des Schadenersatzes aus den §§ 241 ff. **ZVM** ist wiederum in den Anspruch auf Auszahlung des Überweisungsbetrags und den (sonstigen) Schadenersatz zu unterteilen.[551] In Bezug auf den Überweisungsbetrag ist manchmal unklar, ob es um einen vertraglichen primären Anspruch oder um einen Anspruch auf Schadenersatz aus vertrag oder Delikt geht. Dies betrifft insbesondere den Übertragungsanspruch des Empfängers gegen seine Hausbank. Dagegen kommt beim Anspruch bezüglich des Überweisungsbetrags gegen die Überweisungs- oder Zwischenbank mangels vertraglichen Beziehungen nur ein deliktischer Schadenersatzanspruch in Betracht.[552]

C. Sonderproblem: die Rückzahlungspflicht

Als letztes Glied der Überweisungskette wird der Überweisungsbegünstigte bei einer fehlgeschlagenen Überweisung in der Regel nicht in Anspruch genommen, bis auf die Tatsache dass er Rückzahlungsansprüchen ausgesetzt sei kann.

---

550 LI Dawei (Hrsg.), S. 199 ff.
551 Vgl. Kapitel 5 A II 3.
552 Vgl. Kapitel 5 A III 1, C I u. II.

I. Dem Überweisenden gegenüber

Wenn zwischen dem Überweisenden und dem Überweisungsempfänger kein der Überweisung zu Grunde liegendes Rechtverhältnis vorliegt, oder es aus irgendeinem Grunde nichtig geworden ist, so steht dem Überweisenden im Rahmen des Bereicherungsrechts i.S.v. § 92 AGZ grundsätzlich ein Anspruch auf Rückzahlung durch den Überweisungsempfänger zu, denn dieser hat ohne rechtliche Grundlage einen unangemessenen Gewinn erlangt.

Bei einer Überweisung ohne Auftrag oder aufgrund eines verfälschten Auftrags kann bzw. möchte der Überweisende in erster Linie die Überweisungsbank in Anspruch nehmen.[553] Dies schließt allerdings den Rückzahlungsanspruch des Überweisenden nicht aus, sofern er gegen die Bank nicht vorgehen kann.

II. Den Banken gegenüber

In der Praxis relevanter, sind allerdings Fälle, in denen die Bank gegen den Empfänger vorgeht.

1. Konfrontierungsumstände und Rechtsgrundlage

Die Gründe für eine Konfrontierung des Empfängers mit einem Rückzahlungsanspruch der Banken sind vielfältig. Die Hauptfallgruppe stellt die Überweisung durch die Bank ohne einen wirksamen Auftrag dar. Dazu gehört der Über- oder Doppelzahlungsfall bei einem wirksamen Auftrag des Überweisenden.[554] Nicht zu verkennen ist, dass die Ursache der Fehler in erster Linie in Fehlern der Bankangestellten und technischer Störungen der Computersysteme zu suchen sind.[555]

Während die Bank, die fehlerhaft gehandelt hat, für ihre Leistung weder Deckung vom Überweisenden bzw. der vorstehenden Bank noch Rückzahlung durch die von ihr eingeschaltete Bank verlangen kann, bzw. diesem gegenüber haftet, steht ihr nach der vorwiegenden Meinung in der Literatur[556] und der Judikatur grundsätzlich ein Rückzahlungsanspruch gegen den Überweisungsempfänger aus dem Bereicherungsrecht zu. Es ist darauf hinzuweisen, dass in China die Anwendung des Bereichungsrechts auf das Drei- bzw. sogar Vier-Ecken-Verhältnis wie die Banküberweisung noch nicht systematisch ausgearbeitet ist. In der Rechtsprechung

---

553 Vgl. Kapitel 6 B III.
554 S. Kapitel 6. B I 3.
555 ZHENG Shunyan, ATM, in: *Jinrong fayuan*, Nr. 5/1998 41 ff.; s. auch folgende Webseiten (Zugriff: 17.11.2004) http//: www.rmfyb.chinacourt.org/public/detail.php?id=41895; http//: www.rmfyb.chinacourt.org/public/detail.php?id=3873; http//: www.rmfyb. chinacourt.org/public/detail.php?id=47681; http//: www.rmfyb.chinacourt.org/public/detail.php?id=60566; http//: www.rmfyb.chinacourt.org/public/detail.php?id=40224.
556 WU Zhipan, Abriss, S. 155ff.

wird es oft sehr allgemein beurteilt, ohne das Leistungsverhältnis genauer zu untersuchten.

Des weiteren wird der Empfänger der deliktsrechtlichen Haftung ausgesetzt, wenn er mittels einer deliktischen Handlung die falsche Zahlung verursacht hat.

2. Einwendungen

Für den Empfänger ist sehr wichtig zu wissen, unter welcher Umständen er den erlangten Überweisungsbetrag trotz aller möglichen Mängel behalten kann. Dies gilt vor allem dann, wenn der Überweisende ihm die Zahlung schuldet oder er den Überweisungsbetrag aus Unwissenheit bereits ausgegeben hat.

a. Beim Bestehen eines Valutaverhältnisses

Nach allgemeinem Rechts- und Moralbewusstsein müsste man mit der Rückzahlung rechnen, wenn man ohne Grund eine Zahlung erhalten hat. Der einfachste Weg für den Empfänger wäre das Erlangte aus eigenem Antrieb zurückzuüberweisen, um sich vor möglichen Problemen, wie z.B. einem Prozess, zu bewahren. Für das Rückweisungsrecht findet die spezifische Bestimmung des § 180 S. 1 **ZVM** entsprechende Anwendung.

Dagegen fühlt der Empfänger sich ungerecht behandelt, wenn er den Überweisungsbetrag eigentlich aus dem Grundverhältnis zum Überweisenden erhalten soll, und diesen nun aufgrund von Mängeln im Deckungsverhältnis an die betroffene Bank zurückzahlen muss.

Das Urteil des **„Zehntausend-CNY-Überweisungsfalls“**[557] zeigt, dass die Judikatur eine Haltung zuungunsten des Empfängers einnimmt: *Am 16. Mai 1997 hat die pharmazeutische Firma (Firma A) ihre Bank (Bank 1) beauftragt, 10.000 CNY in Form der Eilüberweisung an Herrn Wang zu transferieren, der sein Konto bei einer Filiale der Aufbaubank in der Stadt Baise (Bank 2) unterhielt. Am gleichen Tag erteilte die Bank 1 der Bank 2 per Telegraph den Buchungsauftrag und die Bank 2 schrieb den Betrag sofort auf dem Konto des Herrn Wang gut. Als die formellen Auftragsbelege am 20. desselben Monats per Post bei der Bank 2 ankamen, hatte der Bearbeiter bei der Bank 2 ohne Nachprüfung den Auftrag noch ein mal ausgeführt, indem dem Konto von Herrn Wang wieder 10.000 CNY gutgeschrieben wurden. Erst Ende des Jahres entdeckte die Bank 2 den Fehler und ging am 14. Januar 1998 vor Gericht, weil Herr Wang sich weigerte, den Wert der zweiten Gutschrift zurückzuzahlen. Im Prozess trug der beklagte Herr Wang vor, dass er der Firma A Heilkräuter im Preis von 40 Tausend CNY geliefert und dafür insgesamt auch nur 40 Tausend CNY erhalten habe. Er solle auch deswegen nicht der Rückzahlungspflicht unterliegen und die Bank 2 die Verluste selbst tragen müssen, weil er wegen der Fehlgutschrift der Bank die Chance der rechtzeitigen Abrechnung mit dem Überweisenden, der inzwischen in finanzielle Schwierigkeiten geraten war, versäumt habe. Darüber hinaus meinte*

557 Verfahren erster Instanz: Das Volksgericht des Leye Kreises im Autonomen Gebiet der Zhuang-Minderheit, Guangxi, *Min-Chu-Zi* 1998/Nr. 5.

Herr Wang, dass die Bank 2 ihm gegenüber auf Schadenersatz in Höhe von CNY 2200, die er für die Nachprüfung des Sachverhalts habe aufwenden müssen, haften solle, denn dies sei alleine durch den Fehler der Bank 2 verursacht worden.

Das Gericht urteilte, dass der beklagte Herr Wang der klagenden Bank 2 die zweite Gutschrift von CNY 10.000 zurückzahlen müsse, da die Bank 2 aufgrund eines Zahlungsauftrags zwei Gutschriften an den beklagten Herrn Wang erteilt habe. Die Bank 2 habe für ihr Verschulden die entsprechende Haftung zu tragen, indem sie Herrn Wang die durch Beweise belegten Nachprüfungskosten in Höhe von CNY 1.000 zu erstatten habe. Die Prozesskosten hätten die beiden Parteien zu teilen. Über das Grundverhältnis zwischen Herrn Wang und der überweisenden Firma A finden sich in dem Urteil keine Ausführung.

Leider sind keine weiteren Gerichtsurteile zu diesem Thema zu finden. Man kann allerdings davon ausgehen, dass die obige Gerichtsansicht die herrschende Meinung in der Judikatur vertritt.

Diese Ansicht findet keine Zustimmung in der Literatur. Nach einer Literaturstimme[558] solle die an den Überweisungsempfänger erteilte Gutschrift von etwaigen Mängeln im Deckungsverhältnis unberührt bleiben, sofern die Zahlung sich auf eine Forderung des Empfängers aus dem Grundverhältnis zum Überweisenden bezieht. Die betroffene Bank – wie die Bank 2 im obigen Fall – könne allerdings dann aus Bereicherungsrecht vom Überweisenden die Erstattung des Zahlungsbetrags verlangen, denn dieser habe von der Leistung der Bank profitiert.

Die vorliegende Arbeit heißt diese Literaturansicht willkommen, möchte allerdings darauf hinweisen, dass es sich hier in erster Linie nicht um einen dogmatischen Schluss handelt, sondern eher um eine rechtspolitische Entscheidung. Sie beruht auf der Interessenabwägung, wer – im obigen Fall die Bank 2 oder der Empfänger Herr Wang – in dem dreieckigen Zahlungsverhältnis das Insolvenzrisiko trägt.[559] Die hier bevorzugte Entscheidung, die zugunsten des Überweisungsempfängers ausfällt, wertet das Interesse des Zahlungsempfängers stärker als das der Bank.

b. Bei Entreicherung

Es fragt sich, ob der Überweisungsempfänger einen rechtsgrundlos erlangten Betrag zurückzahlen muss, wenn er den Betrag aus Unwissenheit bereits ausgegeben hat. Hierzu lässt sich das Schema des **„200-Dollar-Überweisungsfalls“**[560] in der nennen:

Eines Tages im Jahr 1995 wurde A von der Bank 1 benachrichtigt, dass eine an ihn gerichtete Überweisung in Höhe von 200 US$ angekommen sei, und er sie mit seinem Personalausweis abholen solle. A dachte, dass das Geld von seinen besten Freunden aus den USA zu seinem Geburtstag geschickt worden sei. Für die 200 US$ hat er CNY 1687.6 von der Bank erhalten. Bei der Geldabholung waren ein paar Freunde dabei und sie verlangten lautstark, dass A sie mit dem

558 ZHENG Shunyan, ATM, in: *Jinrong fayuan*, Nr. 2/2001 71 f.
559 Vgl. WANG Zejian, S. 78.
560 GUANG Jianjun, in: *Jinji yu fa*, Nr. 7/1996, S. 23.

„vom Himmel gefallenen Geld" zum Essen einladen sollte. Das Essen kostete CNY 750. Der Rest wurde von A für seine Haushaltsführung verbraucht. Zwei Monate später entdeckte die Bank 1, dass der korrekte Empfänger der Überweisung B war und verlangte von A die Rückzahlung.

Der Kommentator des Falls ist der Meinung, dass Herr Zhang zwar zur bereicherungsrechtlichen Rückzahlung verpflichtet sei, als gutgläubiger Empfänger jedoch den für das Essen ausgegebenen Betrag von CNY 750 nicht zurückzahlen müsse, denn diesen Betrag hätte er nicht ausgegeben, wenn die Bank ihn über die Überweisung nicht informiert bzw. den Betrag nicht fälschlicherweise an ihn ausgezahlt hätte. Der für den Haushalt verwendete Restbetrag solle aber an die Bank 1 zurückgezahlt werden, denn die Kosten wären auch dann entstanden, wenn die falsche Zahlung nicht erfolgt wäre, und daher sei das gesparte Geld rückzahlungsfähig.

Eine unmittelbare Bestätigung ist in der Judikatur nicht zu finden. Eine ähnliche Ansicht kann man aber jedenfalls aus dem **„US$-für-HK$-Fall"**[561] ablesen: *Die Beklagte ließ ihre Bank 2000 Hongkonger Dollar in Bar auszahlen. Der bearbeitende Bankangestellte zahlte aus Versehen 2000 US$ aus. Die Beklagte gab an, dass sie von der falschen Zahlung nicht gewusst habe und außerdem das Geld bei einem Überfall, der sich kurz nach ihrer Geldabhegung ereignete, verloren habe. Das Gericht folgte den Ausführungen der Beklagten, dass sie aus Unwissenheit die Verwechslung der US Dollar mit Hongkong Dollar nicht bemerkt habe, nicht, da die Beklagte über Jahre in der Außenhandelsbranche gearbeitet hatte und die beiden Währungen gut unterscheiden können müsste. Die Beklagte wurde daher verurteilt, die Differenz zwischen 2000 US$ und 2000 HK$ an die klagende Bank zurückzuzahlen. Zu dem „Überfall" stellte das Gericht klar, dass die Beklagte sich „bösgläubig" verhalten habe und daher der Rückzahlungspflicht unterliege, auch wenn der Überfall tatsächlich passiert sei.*

3. Der Schutz vor einem Stornoakt der Empfängerbank

Während die Forderung nach einem verstärkten Schutz des Begünstigten bei Mängeln des Deckungsverhältnis wenig Fürspruch erhält, gewinnt eine Literaturansicht[562], nach der die Befugnisse der Empfängerbank in Bezug auf Stornoaktionen der Gutschrift zu beschränken seien, immer mehr Zustimmung. Es wird vorgeschlagen, dass der Bank durch eine normative Regelung eine Frist für die Ausübung des Stornorechts gesetzt werden solle. Innerhalb dieser Frist dürfe die Bank die erteilte Gutschrift stornieren und der Kunde könne nur durch ein gerichtliches Verfahren den umstrittenen Betrag wiedererhalten. Nach der Frist dürfe die Bank zwar das Stornorecht noch ausüben, habe aber die stornierte Gutschrift wieder gutzuschreiben, wenn der Kunde Widerspruch gegen den Stornoakt einlege.

Diese Ansicht wird von der vorliegenden Arbeit begrüßt. Es wird allerdings eine gesetzgeberische Vereinheitlichungsakt benötigt.

---

561 Http//: www.rmfyb.chinacourt.org/public/detail.php?id=60566 (Zugriff am 17.11.2003).
562 PENG Bing, Bankkonto II, in: *Jinrong fayan* Nr. 11/1998 32, 38 f.

D. Zusammenfassung des Kapitels

Der Überweisungsvorgang wird in der Regel von einer Geldforderung des Überweisungsempfängers gegen den Überweisenden ausgelöst, und hat eine schuldrechtliche Erfüllungsfunktion i.S.v. § 91 Nr. 1 **VG** und ggf. § 84 Abs. 2 **AGZ**.

Es finden sich keine gesetzlichen Bestimmungen darüber, wie eine Geldforderung per Banküberweisung erfüllt wird. Die herrschende Meinung trägt vor, dass die Erfüllungswirkung bei der Begleichung einer Geldforderung im Wege der Überweisung zu dem Zeitpunkt, zu dem der Überweisungsbetrag auf dem Konto des Überweisungsempfängers eintrifft, eintritt. Unklarheiten bestehen, einerseits wenn der Empfänger weder ein Konto noch eine Empfängerbank genannt hat, und andererseits bei der Gutschrift auf einem anderen Konto des Empfängers als angegeben.

Kommt das Geld nicht an, steht dem Überweisungsempfänger als Geldgläubiger gegen den Überweisenden ein Nacherfüllungsanspruch zu (vgl. § 107 **VG** und ggf. § 111 **AGZ**). Das gleiche gilt bei Verzug. Über diesen Anspruch hinaus kann der Empfänger weiter Schadenersatz verlangen (§§ 107 und 112 ff. **VG** ggf. §§ 111 ff. **AGZ**). Dies wird nicht beeinträchtigt vom Verschulden der Banken. Darüber hinaus steht ihm gem. § 94 Nr. 4 **VG** ein Kündigungsrecht zu, wenn die verspätete Zahlung für ihn keinen Nutzen mehr hat.

Dem Empfänger steht ein gesetzlicher Übertragungsanspruch gegen die Empfängerbank aus den §§ 175 und 176 **ZVM** zu. Dieser lässt sich auch auf ein vertragliches Rechtsverhältnis, nämlich den Verrechnungskontovertrag, zwischen den beiden Parteien stützen.

Aufgrund der gesetzlichen Regelungen der §§ 175 und 176 **ZVM** in Bezug auf den Übertragungsanspruch und der §§ 241 ff. **ZVM** in Bezug auf Schadenersatzansprüche gegen die Bank braucht das dogmatische Problem, ob es sich bei dem Überweisungsvertrag um einen Vertrag zugunsten Dritter, der dem Empfänger einen Erfüllungs- oder sogar Schadenersatzanspruch verleihen könnte, nicht gelöst zu werden. Die Arbeit steht dem kritisch gegenüber, da dies bei mehrgliedrigen Überweisungen zu Schwierigkeiten führen würde.

Im Hinblick auf mögliche Schadenersatzansprüche gegen die beteiligten Banken bestehen keine Besonderheiten im Vergleich zu den entsprechenden Ausführungen in Kapitel 6.

Für den Empfänger besteht in bestimmten Konstellationen zusätzlich das Risiko, Rückzahlungsforderungen von Seiten des Überweisenden oder der Bank ausgesetzt zu sein. Dies lässt sich normalerweise unproblematisch im Rahmen des Bereicherungsrecht lösen, wobei der gutgläubige Empfänger durch das Rechtsinstitut der Entreicherung geschützt wird. Wenig untersucht worden ist in China aber das Dreieckverhältnis zwischen dem Überweisenden, der Bank bzw. den Banken und dem Empfänger.

Problematisch ist insbesondere der Fall, in dem dem Empfänger eine Forderung aus einem wirksamen Valutaverhältnis zusteht, die Empfängerbank das Geld aber wegen Mängeln des Deckungsverhältnisses zurück fordert. Der Ansicht der Arbeit nach sollte der gutgläubige Empfänger in diesem Fall geschützt werden und die Bank sich an den Überweisenden halten.

Fazit

Zum Abschluss der Arbeit möchte ich nun die wichtigsten Ergebnisse noch kurz zusammen fassen.

Die Entstehung und Entwicklung des modernen Banküberweisungsverkehrs und -rechtssystems, die wichtigsten Grundbegriffe des Verrechnungskontosystem, der technischen Abwicklung der Überweisung und die rechtsdogmatischen Grundlagen bilden den ersten Teil und leiten thematisch über zum eigentlichen Kern der Arbeit im zweiten Teil.

Dieser schließlich beschäftigt sich mit den Leistungsstörungen und der damit verbundenen zivilrechtliche Haftung der einzelnen am Überweisungsvorgang beteiligten Parteien. Es werden zunächst in Kapitel 5 die wichtigsten Haftungsregeln des Überweisungsverkehrs entwickelt. In Kapitel 6 bis 8 wird die Rechtsstellung des Überweisenden, der beteiligten Banken und schließlich des Überweisungsbegünstigten behandelt.

Zum ersten Teil zunächst festgestellt, dass die in der Arbeit untersuchte Banküberweisung eine der traditionellen Bankzahlungsformen in China ist. Ihre gesetzliche Definition stimmt mit dem deutschen Begriff „Überweisung" aus § 676 a I S. 1 BGB überein. Die gegenwärtige wichtigste Rechtsgrundlage ist die von der Volksbank erlassene **„Zahlungsverrechnungsmethode"** von 1997 und das vom Ständigen Ausschuss des Nationalen Volkskongresses erlassenen **„Kommerzbankgesetz"** von 1995. Für eine vollständige Darstellung muss jedenfalls weitgehend auf das allgemeine Zivilrecht, zurückgegriffen werde. Das ursprünglich sehr komplizierte Kontosystem Chinas wurde erst 2003 durch eine neue Kontoverordnung durch ein klares Kontosystem aus Verrechnungskonto und Sparkonto ersetzt. Der Geldtransfer vom Konto zum Konto ist geprägt vom sogenannten Bankzahlungssystem. Es existieren zurzeit verschiedene Systeme, die technisch und ökonomisch nicht unproblematisch sind, aber scheinbar gut funktionieren.

In rechtsdogmatischer Hinsicht sind zwei wichtig Ergebnisse zu nennen: Erstens, meiner Ansicht nach führt der Auftrag des Überweisenden zu einem selbständigen Vertrag zwischen diesem und der Überweisungsbank, so dass dies auch den Fall der Überweisung per Bareinzahlung erfasst. Die Annahmepflicht der Hausbank aus dem Verrechnungskontovertrag bzw. Girovertrag bleibt unberührt. Das zweite Ergebnis lautet: Im Vergleich mit der Barzahlung bestehen Risiken für die an der Überweisung teilnehmenden Bankkunden. Diese Risiken beruhen vor allem auf dem Forderungscharakter des Guthabens und einer möglichen Aufrechnung durch die an der Überweisungskette beteiligten Banken. Für den Begünstigten ist die Sicherheit der Gutschrift besonders problematisch. Das Rechtsinstitut der Gutschrift als abstraktes Versprechen kennt das chinesische Recht im Vergleich zum deutschen Recht nicht.

Bezüglich des Haftungssystems im Überweisungsverkehr bildet die **„Zahlungsverrechnungsmethode“** die grundlegenden gesetzlichen Bestimmungen. Diese Regelung ist sehr bankfreundlich. Dies äußert sich erstens in der Voraussetzung eines Verschuldens für die Bankenhaftung, was an sich nicht zu bemängeln ist. Nicht hinnehmbar ist jedoch, dass beim Ersatz des fehlerhaft transferierten Betrags der Maßstab der groben Fahrlässigkeit angelegt wird. Demnach haftet Bank nicht, wenn sie z.B. beim Fälschungsfall die gefälschten Unterlagen geprüft und nichts entdeckt hat. Der Ansicht der vorliegenden Arbeit nach ist diese Beschränkung der Bankhaftung unwirksam, weil sie dem Schutzgedanken des im Normenhierarchie höhergestellten **„Kommerzbankgesetzes“** widerspricht. Außerdem ist der judikative Ansatz, dass das Nichterkennen der Fälschung einer grobfahrlässigen Handlung gleicht, nicht richtig. Hier geht es eher um eine Risikoverteilung zu Ungunsten der betroffenen Bank.

Der zweite Grund für die Bankenfreundlichkeit liegt in der Beschränkung des Haftungsumfangs der Bank auf den Zinsersatz. Diese Regelung ist ebenfalls unwirksam, denn sie steht im Widerspruch zu dem Vollkompensationsprinzip, das sich aus den vom Nationalen Volkskongress erlassenen **„Allgemeinen Grundsätzen des Zivilrechts“** und dem **„Vertragsgesetz“** ergibt.

Im Hinblick auf die Leistungsstörungen gibt es aus Sicht des Überweisenden zwei Hauptfallgruppen: die Überweisung ohne einen wirksamen Auftrag, und die Überweisung, die trotz eines wirksamen Auftrags fehlerhaft ausgeführt wird.

In die erste Fallgruppe fallen neben den obengewähnten Fälschungsfällen auch die wirksame widerrufene Überweisung, die Überweisung ohne Vertretungsmacht oder die Überweisung beim Fehlen eines Auftrags. Die Überweisungsbank haftet hier für den Ersatz des Transferbetrag verschuldensunabhängig, und für den darüber hinaus gehenden Schaden verschuldensabhängig. Dieser Haftung kann die Bank nur mit dem Beweis des alleinigen Verschuldens des Kontoinhabers entgehen. Beim Betrugsfall mittels richtiger Pin-Nummer wird allerdings ein Verschulden des Kunden vermutet.

Die Leistungsstörungen der fehlerhaft Ausführung eines wirksamen Auftrags gliedert sich in die Fallgruppen der Ausführungsunterlassung, -Verspätung, -Verkürzung, oder Über- bzw. Doppelüberweisung. Die Gründe können sehr vielfältig sein. In diesen Fällen haftet die Bank nur für Verschulden. Allerdings wird das Bankverschulden vermutet und auch das Mitverschuldensprinzip gilt hier. Der Maßstab des Verschuldens bzw. Mitverschuldens lässt sich nur fallgezogen klären.

Basierend auf den oben gewonnenen Ergebnissen ist festzustellen, dass die Bank vom Überweisenden bzw. der vorstehenden Bank keine Betragserstattung verlangen kann, bzw. den erlangten Betrag zurückerstatten muss, sofern kein wirksamer Auftrag vorliegt. Ihr steht aber ein Regressanspruch gegen den von der Fehlzahlung profitierenden Empfänger zu. Bei einer fehlerhaft ausgeführten Überweisung haftet die Bank prinzipiell nur für ihr eigenes Verschulden. Eine werkvertragliche Ausführungspflicht liegt nicht vor, sofern nicht anderes mit dem Betroffenen vereinbart worden ist.

Zur Sonderproblematik des Aufrechnungsrecht der Bank lässt sich folgendes sagen: in China besitzt die Bank ein übermächtiges Aufrechnungsrecht, was mit einem reibungslosen Überweisungsverkehr unvereinbart ist. Es fehlt noch eine einheitliche dogmatische Bearbeitung im chinesischen Recht.

Der Erfüllungszeitpunkt der Geldschuld aus dem Grundverhältnis ist an den Zeitpunkt der Gutschrift auf dem Konto des Empfänger gekoppelt. Unklarheiten in Bezug auf den Erfüllungszeitpunkt entstehen einerseits wenn der Empfänger weder ein Konto noch eine Empfängerbank genannt hat, und andererseits bei der Gutschrift auf einem vom angegebenen verschiedenen Konto des Empfängers. Bei Leistungsstörungen steht dem Überweisungsempfänger als Geldgläubiger gegen den Überweisenden ein Anspruch auf Nacherfüllung als auch auf Schadensersatz zu. In der Rechtpraxis ist es dabei zulässig, dass der Empfänger jede Bank auf Leistung bzw. Schadensersatz im Anspruch nimmt, ohne dass ein Vertrag mit dieser besteht, sofern er das Verschulden dieser nur beweisen kann.

Ein Problemfall liegt vor, wenn dem Empfänger eine Forderung aus einem Valutaverhältnis zusteht, die Empfängerbank das Geld aber wegen Mängeln des Deckungsverhältnisses zurück fordert. Der Ansicht der Arbeit nach sollte der gutgläubige Empfänger in diesem Fall geschützt werden und die Bank sich an den Überweisenden halten. In der Praxis wird es jedoch umgekehrt gehandhabt. Darüber hinaus wird der Empfänger einem fast unbegrenzten Stornorecht der Bank ausgesetzt.

In der Zusammenschau der hier erarbeiteten Ergebnisse lässt sich festhalten, dass das Recht des Überweisungsverkehrs in der VR China noch nicht allen Anforderungen genügt, die ein freies Wirtschafts- und Handelssystem stellt. Gesetzgeber, Rechtssprechung und Behörden sind daher aufgerufen, durch weitere legislative und judikative Arbeit und korrekte Auslegung der Gesetze und Vorschriften Banküberweisungsrecht weiter zu verbessern um den reibungslosen Überweisungsverkehr in der VR China zu ermöglichen.

Literaturverzeichnis

Bank-of-China (Hrsg.), Ausführungsrichtlinien der Bank-of-China zur Buchhaltung und Abrechnung der Dienstleistungsgeschäfte (*Zhongguo yinhang gexiang yewu kuaiji hesuan shouxu*) Beijing 1990. Zitiert: Ausführungsrichtlinien.

Dies. (Hrsg.), Grundregelung und Ausführungsrichtlinie der inländischen Zahlung und Abrechnung der Bank of China (*Zhongguo yinhang guonei zhifu jiesuanjiben guiding ji caozuo guicheng*), hrsg. von der Verrechnungsabteilung der Zentralbank der Bank-of-China (*Zonghang jiesuan yewubu*) Beijing 1999. Zitiert: Grundregelung.

BI Shouguo/ZHANG Lei, Versuchsweise Analyse des Schadens der „erwarteten Interessen" im Vertragsgesetz (*Shixi hetongfa zhong de „kede liyi" sunshi*), in: *Sifa yanjiu* Nr. 3/2002 40–43.

BING Zhi, Sie sind kein Bankkunde (*Ni bushi yinhang kehu*), in: *Jinrong fayuan* Nr. 1/2001 104–111.

CAI Zhenshun, Kurze Analyse der Mängel und Vollkommenheiten des chinesischen Vertretungssystems im Außenhandel (*Jianxi woguo waimao daili zhi de quexian yu wanshan*), in: *Faxue pinglun* Nr. 4/1999 91–95.

CANARIS, Claus-Wihhelm, Bankvertragsrecht, Erster Teil, München 1988.

CAO Shouye (Hrsg.), Theorie und Praxis des Finanzvertrags (*Jinrong hetong lilun yu shiwu*), Beijing 2003.

CHEN Fengqi, Untersuchung der rechtlichen Risikoverteilung und praktischen Gegenmaßnahmen bei dem Fund Transfer der Bank durch das Internet. (*Yinhang wangluo zijin zhuanyi de falü fengxian fengx yu shiwu duice*), in: Rechtsabteilung der Bank-of-China (Hrsg.): Study of the Banking Law (*Yinhang falü luncong*), S. 284–292, Beijing 2002.

CHEN Pingxin, Hat die Bank das Schaden zu ersetzen oder nicht? (*Yinhang ying bu yingdang peichang*), in: *Lueshi shijie* Nr. 12/2000 46–47.

CHEN Weiheng, Verwaltung der Devisengeschäfte der Handelsbanken (*Shangye yinhang waihui yewu de guanli*), in: *Jinrong fayuan*, Nr. 6/1998 28–35.

CHEN Yinwen, Ein Wort für 160 Tausend? (*Yi nuou 16 wan jin?*), in: *Jinrong fayuan* Nr. 3/1998 7–11.

CHEN Ziqiang, Die Lehre des abstrakten Schuldverhältnisses (*Wuyin zhaiquan qiyue lun*), Beijing 2002.

CUI Jianyuan, Das Vertragsrecht (*Hetong fa*), Beijing 1998.

DAI Xianglong, Beginn einer neuen Dimension der Bankkartengeschäfte in China (*Kaichuang woguo yinhangka yewu de xin jumian*), in: *Zhongguo Jinrong* Nr. 4/2001 4–10.

DENG Shimin (Hrsg.), Dienstleistungsgeschäfte von Kommerzbanken (*Shangye yinhang zhongjian yewu*), Beijing 2000.

DENG Xiaoke, Unterschiedliche Ansichten zur direkten Abziehung des Einlagekapitals des Darlehnbürgens von der Bank (*Dui yinhang zhijie koushou jiekuan baozhengren cunk,uan de butong renshi*), in: *Jingji yu fa* Nr. 3/1994 33–34.

DIEM, Andreas, Das Recht der Investitionen in China (auf Deutsch), Baden-Baden 2000.

DONG Ansheng, Der Verrechnungvertrag (*Jiesuan hetong*), in: WANG Liming (Hrsg.), Entwurf und Kommentar des Chinesischen Vertragsgesetz (*Zhonghua renmin gongheguo hetongfa shinigao*) (Teil der Volksuniversität), Beijing 1997, S. 75–87.

DONG Jianjun, Untersuchung der Rechtsprobleme des Verhaltens der Bank bei der Verlustmeldung der Einlagebelege (*Yinhang banli cundan guashi ruogan falü wenti tantao*), in: *Jingrong yu luntan* Nr. 6/2002 35–39. Zitiert: Untersuchung.

Ders, Erläuterung zu Rechtsproblemen bei Kreditgeschäften anhand eines Kreditkartenfalls (*Cong yiqi xinyongka jiufenan tan xinyongka jiaoyhi zhong de falü wenti*), in: *Jinrong yu luntan* Nr. 9/2002 34–37. Zitiert: Erläuterung.

DU Ying: Bescheidende Analyse über die Sicherheitsprüfung des elektronischen Systems (*Dianzi renzheng zhidu chuyi*), in: *Dangdai faxue* Nr. 5/2002 112–116.

DUAN Helin/ZHANG Xinjian/YAN Quanshui, Kommentierung zu Fall 45 in: Überblick über Rechtsurteile ausgesuchter Fälle in China (Band 1999, Wirtschaftsrechtlicher Teil) (*Zhongguo shenpan anli yaolan*), hrsg. von der juristischen Fakultät der Chinesischen Volksuniversität und des Chinesischen Ausbildungszentrum für hochrangige Richter, Beijing 1999.

FAN Liangpei/YANG Bing, Probleme der Zinsenverrechnung bzw. -zahlung innerhalb eines Prozesses (*Yinhang zai susong zhong de lixi jifu wenti*), in: *Jingji yu fa* Nr. 4/2000 38–39.

GAO Xiaoqiong/JIAN Xingbao/WU Haosheng, Bescheidende Meinung zu Problemen der Bankverrechnung (*Chuyi yinhang jiesuan wenti*), in: *Jingrong yu jingji* Nr. 11/1994 27–29.

GUAN Jianjun, Wie soll man diese unerlaubte Bereichung behandeln (*Dui ci budangdeli ying zenyang chuli*), in: *Jingji yu fa* Nr. 7/19967 59.

HAN Junmei/LÜ Deyong, Die Buchhaltung der Kommerziellen Banken (*Shangye yinhan Kuaiji*), Guangzhou 2000.

HAN Lian (Hrsg.), Untersuchung der Bankrechtfälle mit vordesten Probeleme (*Yinhang fa qianyan wenti anli yanjiu*), Beijing 2001.

HAN Shiyuan, Überlegung über chinesisches Zivilrecht (*Zhongguo minfa suixianglu*), in: *Qinghua fazhi lunheng*, Vol. 6/2005 Teil 2, S. 52–66

HE Qi, Überlegungen über die Überwachung des Internet-Banking in China (*Woguo wangshang-yinhang yewu jianguan de jidian sikao*), in: *Jinrong lilun yu shijian* Nr. 12/2002 28–29.

HOU Hanji, Rechtliche Überlegung über die Unabhänigkeit der Chinesischen Zentralbank (*Dui woguo zhongyang yinhang dulixing de falü sikao*), in: *Heibei faxue* Nr. 6/1999 81–83.

HU Dunling, Haftet die Bank? (*Gai yinhang shifou ying chengdan zeren?*), in: *Jingji yu fa* Nr. 4/2002 14–15.

HU Linlong, Rechtshaftung des Postverzugs (*Youzheng yanchi de falü zeren*), in: *Jingji yu fa* Nr. 4/2002 42–43.

HU Xusheng, Meine bescheidene Meinung über die Strukturform des alten chinesischen Rechts (*Zhongguo gudai fa jiegou xingshi de tedian chuyi*), in: *Bijiaofa yanjiu* Nr. 3/1988, S. 29.

HU Wentao, Haftungstragung bei der Pflichtsverletzung des Vertrags zum Gunsten Dritter (*Wei disanren liyi hetong weiyue zeren de chengdan*), in: *Jingji yu fa* Nr. 6/2000 13–15.

HUI Cong, Beobachtung der Systemgestaltung der „Zeit" (*Guancha „shijian" de zhidu sheji*), in: *Jinrong fayuan* Nr. 11/2001 29–38.

JIA Konghui, Probeweise Analyse des Wirtschaftsrechts des Ende der Qing-Dynastie (*Shilun qingmo de jingji lif*), in: *Fujian luntan (Sozialwissenschaftsteil)*, Nr. 6/1999 44–49 f.

JIN Shou /PENG Bing, Risikowandlung bei der Geldeinlage (*Cunkkuan feng-xian de zhuanyi*) (Teil 1), in: *Jinrong fayuan* Nr. 5/2001 101–106.

LBBW, Die wichtigsten Finanzregularien und ausgewählte Investitionsvorschriften in der Volksrepublik China, http//:www.germancentre.org.cn/Finazregularien%20und%20Invetitionsvorschriften.pdf (Zugriff: 25.12.2003).

LI Dawei (Hrsg.), Kommentierung zum Kommerzbankgesetz der VR China (*Zhonghua renmin gongheguo shangye yinhangfa shiyi*), Beijing 2004.

LI Fusong/JIANG Xialing, Rechtliche Analyse eines Streitsfalls der Spareinlagen (*Yili chuxu cunkuan jiufen de falü fenxi*), in: *Jingji yu fa* Nr. 3/1996 10 f.

LI Guoguang (Hrsg.), Civil and Commercial Trial Review (*Jingji shenpan zhidao yu cankao*), Nr. 1/1999, Beijing 1999. Zitiert: Review.

Ders. (Hrsg), Kommentierung und Anwendung des Chinesischen Vertrags-gesetzes (*Hetongfa shijie yu shiyong*), Beijing 1999. Zitiert: Kommentierung.

LI Hegui/HUANG Shoucheng, Probleme und die Reform des Chinesischen Gegenwärtigen Zahlungssystems (*Woguo xianxing zhifu xitong de wenti yu gaige*), in: *Jinrong lilun yu yanjiu* Nr. 12/2002 15–16.

LI Jinze, Erhofftes Vervollkommen des Rechtssystems über Internet-Banking (*Wangshang yinhang yewu youguan fazhi jidai wanshan*), in: *Zhongguo jinrong* Nr. 1/2001, 44–45, 54 f. Zitiert: Internet-Banking.

Ders. Populäre und schwierige Rechtsprobleme im Bankwesen (*Yinhang ye falü redian nandian*), Beijing 2004. Zitiert: Rechtsprobleme.

LI Qiang, Das Recht des Kreditwesens (*Jinrong fa*), Beijing 1997.

LI Qiang/LIU Yusheng (Hrsg.), Handbuch zur Praxis und Rechtspolitik bzw. Rechtsvorgaben bei der Informationserteilung, Pfändung und Abziehung des Einlagekapitals (*Chaxun, dongjie, kouhua yinhang cunkuan caozuo shiwu yu zhengc fagui shouce*) 2 Aufl., Beijing 1997.

LI Qingchi, Der Rechtscharakter des Einlagebelegs (*Cundan de falü xing-zhi*), in: *Jinrong fayuan* Nr. 11/1999 33–35.

LI Xiandong, Erläuterungen zu Wesen und Fallgruppen des Vertragsgesetzes (*Zhongguo hetongfa yaoyi yu shili shijie*), Beijing 1999.

LIANG Huixing (Hrsg.), Der Empfehlungsentwurf des Chinesischen Sachenrechtsgesetzes (*Zhongguo wuquanfa caoan jianyi gao*), Beijing 2001. Zitiert: Entwurf.

Ders., Über die Zusammenstellung des Chinesischen Zivilgesetzbuchs (*Guanyu zhongguo minfadian bianzhuan*), in: LIANG Huixing (Hrsg.), Civil and Commercial Law Review (*Minshangfa luncong*) Vol. 24, Nr. 3/2002, S. 207–253. Zitiert: Zivilgesetzbuch.

LIANG Qi, Die internationale Abrechnung und Leasing (*Guoji jiesuan yu rongzi*), Nanjing 2000.

LIN Houchun, Die Erneuerung des Finanzwesens und die Vollkommenheit des Kommerzbankgesetzes (*Jinrong chuangxin yu „shangye yinhang fa" de wanshan*), in: *Sifa yanjiu* Nr. 5/2002 28–32.

LIU Hao/LI Wenxue: Die Rechtsnatur der Gebühreneinziehung der ausländischen Banken bei dem Einlagegeschäft (*Waizi yinhang dui jumin cunkuan shoufei de falü shuxing*), in: *Jingji yu fa* Nr. 9/2002 38–39.

LIU Ying, Untersuchung der rechtlichen Fragen beim elektronischen Fundtransfer (*Dianzi zijin huabo falü wenti yanjiu*), Beijing 2001.

LU Bin, Analyse des Gewalt-Paragraphen bei den elektronischen Bank-geschäften (*Qianxi dianzi yinhang yewu zhong de buke kangli tiaokuan*), in Study of Banking Law (*Yinhang falü luncong*), hrsg. Von der Rechtsabteilung der Bank-of-China, Beijing 2002.

LÜ Guomin, Untersuchung der wegen Verwendung elektronischer Daten entstandenen Rechtsprobleme (*Shuju dianwen de yingyong suo dailai de ruogan falü wenti tanxi*), in: *Jinan xuebao* (Sozialwissenschaftsteil) Nr. 3/2002 97–103.

MA Qiang, Untersuchung der neuen Probleme und Rechtssprechung im Schuldrecht (*Zhaiquan fa xinwenti yu panjie yanjiu*), Beijing 2002.

MA Yinan/YANG Chao, Forschung über die Vollmacht in alltäglichen Haushaltstätigkeiten (*Richang jiashi dailiquan yanjiu*), in: Die zivilrechtliche Haftung und das System des zivilrechtlichen Gesetzbuchs (*Minshi zeren yu minshi fadian tixi*), hrsg. von Juristischer Falkutät der Beijinger Universität, S. 208–220. Beijing 2000

MANTHE, Ulrich, Bürgerliches Recht und Bürgerliches Gesetzbuch in der VR China, in: Jahresbuch für Ostrecht Nr. 28/1987, S. 11 ff.

MENG Xianggang, Ob die Bank das Einlagekapital des Bürgens direkt abziehen kann (*Yinhang nengfou zhijie kouhua baozhengren de cunkuan*), *Faxue zazhi* Nr. 6/1996 42–43.

MENG Xiangli, Kommentierung zum Fall 54, in: Überblick über Rechtsurteile ausgesuchter Fälle in China (Band 1995, Wirtschaftrechtlicher Teil) (*Zhongguo shenpan anli yaolan*), hrsg. von der juristischen Fakultät der Chinesischen Volksuniversität und des Chinesischen Ausbildungszentrums für hochrangige Richter, S. 1195–1198, Beijing 1995.

PAN Pan, Wem steht das Eigentum an der Einlage zu ? (*Cunkuan suoyouquan shuyu shei*), in: *Jingrong fayuan* Nr. 3/1998 39–44. Zitiert: Eigentum.

Ders., Treupflicht der Bank (*Yinhang de chengxin yuwu*), in: *Jingrong fayuan*, Nr.7/1998 34–40.

PAN Song, Die Reform und Entwicklung des chinesischen Zahlungssystems (*Zhongguo zhifu xitong de gaige yu fazhan*), Unterrichtsstoff der Abteilung des Zahlungssystems der Zentralvolksbank für die Auszubildenden, hrsg. von der Verwaltungsabteilung der Volksbank für Zahlungsverrechnung (*Zhongguo renmin yinhang zhifu jiesuan guanli bangongshi zhifu xitongchu*), Bejingjing 2002.

PAN Wenbo, Probleme der Vollkommenheit des Echt-Name-Sytems des Einlagekontos (*Cunkuan shimingzhi xu wanshan de jige wenti*), in: *Jinrong lilun yu shijian* Nr. 5/2002 63–64.

PENG Bing: Die Rechtsnatur und -problematik des Bankkontos (Teil 1) (*Yinhang zhanghu de falü xingzhi he wenti (1)*), in: *Jinrong fauan* Nr. 9/1998 44–46. Zitiert: Bankkonto I.

Ders., Die Rechtsnatur und -problematik des Bankkontos (Teil 2) (*Yinhang zhanghu de falü xingzhi he wenti (2)*), in: *Jinrong fauan* Nr. 11/1998 32–38. Zitiert: Bankkonto II.

Ders., Das Aufrechnungsrecht der Bank (*Yinhang dixiaoquan*), in: *Jinrong fayuan* Nr. 3/1999 32–38. Zitiert: Aufrech.

Ders., Das Verwaltungssystem des Bargelds (*Xinjin guanli zhidu*), in: *Jinrong fauan* Nr. 5/1999, 32–39. Zitiert: Bargeld.

Ders., Wer kann die Bank vertreten ? (*Shei neng daibiao yinhang?*), in *Jinrong fayuan* Nr. 11/2000 109–113. Zitiert: Vertreten.

Ders., Kennen Sie ihre Kunden (*Renshi ni de kehu*), in: *Jinrong fayuan* Nr. 3/2001 103–107.

PENG Bing/LIU Hao, Die Differenzierung zwischen dem Spareinlagegeschäft und dem Einlagegeschäft der Einheit (Teil 1) (*Chuxu yu danwei cunkuan yewu de qufen (1)*), in: *Jinrong fayuan* Nr. 7/1999 31–37.

PENG Bing/WANG Weiping, Die Differenzierung zwischen dem Spareinlagegeschäft und dem Einlagegeschäft der Einheit (Teil 2) (*Chuxu yu danwei cunkuan yewu de(1)*), in: *Jinrong fayuan* Nr. 9/1999 34–41.

PENG Bing/YE Xiaohua, Die Problematik beim Erben des Einlagekapitals (*Yinhang cunkuan de jicheng wenti*) (1)), in: *Jinrong fayuan* Nr. 1/2001 106–110.

QI Aimin/XU Liang, Die Rechtstheorie und Rechtspraxis des elektronischen Geschäfts (*Dianzi shangwufa yuanli yu shiwu*), Wunhan 2001.

QIANG Li, Das Finanzrecht (*Jinrong Fa*), Beijing 1997.

QIAO Xianzhi (Hrsg.), Ausgewählte typische Fälle in Shanghaier Gerichten (Band über Zivil-, Wirtschafts-, Immaterialgüter- und Vollstreckungsrecht) (*Shanghai fayuan dianxing anli congbian (minshi, jingji, zhishichanquan, zhixinganli)*, Hrsg. von dem Shanghaier Volksgericht höherer Ebene), Shanghai 1999.

RUAN Piniia, Die Geheimhaltung der Bank (*Yinhang dui kehu de baomi yiwu*) in: *Jinrong fayuan* Nr. 5/1998 34–40.

SCHWINTOWSKI, Hans-Peter/SCHÄFER, Frank A.: Bankrecht, 2003.

SCHWOLOW, Ulf: Internationale Entwicklungslinien im Recht der Auslandsüberweisung, München 1999. Zitiert: Auslandsüberweisung.

SHAO Jiandong/DREWES, Eva (Hrsg.), Chinesisches Zivil- und Wirtschaftsrecht, Hamburg 2001.

von SENGER, Harro, Einführung in das chinesische Recht (auf deutsch), Müchen 1994.

SHEN Daming, Das englische und französische Bankgeschäftsrecht (*Ying fa yinhang yewu fa*), Beijing 1992. Zitiert: Englisch.

Ders., Das amerikanische Bankgeschäftsrecht (*Meiguo yinhang yewufa*), Beijing 1995. Zitiert: Amerikanisch.

Ders. (Hrsg.), Das Aufrechnungsbefugnis im internationalen Finanzrecht (*Guoji jirongfa shang de dixiiaoquan*), Beijing 1998. Zitiert: Aufrechnung.

SHI Shangkuan, Das Allgemeine Zivilrecht (*Minfa zonglun*), Beijing 2000. Zitiert: Allgemein.

Ders., Das Lehre des allgemeinen Schuldrechts (*Zhaifa zonglun*), Beijing 2000. Zitiert: SchuldR I.

Ders., Die Lehre der Einzelverträge des Schuldrechts (*Zhaifa gelun*), Beijing 2000. Zitiert: SchuldR II.

Ders., Das Sachenrecht (*Wuquan falun*), Beijing 2000. Zitiert: SachenR.

SHI Yuchuan/XU Jinliang/LI Yuan, Verwaltung und Fälle der internationalen Zahlungsverrechnung (*Guoji jiesuan guanli ji anli*), Beijing 1998.

SU Hecheng, Hat die Bank formell keine Fehler, muss der unschuldige Kunde die Verlust tragen – Ist so eine Regelung gerecht? (*Zhiyao yinhang biaomian wu guocuo, sunshi guiyu wugu kehu – falü yinggai shi zheyang de ma?*), in *Jinrong fayuan* Nr. 7/2001 1–7.

SU Zongxiang, Internationale Zahlungsverrechnung (*Guoji jiesuan*), Beijing 1981.

SUN Junshan/GAO Shixiu: Kommentierung zum Fall 57 , in: Überblick über Rechtsurteile aus gesuchter Fälle in China (Band 1995, Wirtschaftrechtlicher Teil) (*Zhongguo shenpan anli yaolan*), hrsg. von der juristischen Fakultät der Chinesischen Volksuniversität und des Chinesischen Ausbildungszentrums für hohe Richter, S. 1205–1210, Beijing 1995.

TANG Liangkun, Dieser zurückgewiesene Betrag soll zurückgezahlt werden (*Cibi tuihui kuabn yingdang huan*), in: *Lushi shijie* Nr. 8/1998 42–43.

TANG Xin, Der Einlagevertrag (*cunkuan hetong*), in: WANG Liming (Hrsg.), Entwurf und Kommentar des Chinesischen Vertragsgesetzes (*Zhonghua renmin gongheguo hetongfa shinigao*) (Teil der Volksuniversität), Beijing 1997, S. 75–87, S. 57–65.

TANG Yanchun (Hrsg.), Buchhaltung der Kreditinstituten (*Jinrong qiye kuaiji*), 2. Aufl., Beijing 1999.

TANG Yingmao, Banken haben kein Recht auf Entziehung des Einlagekapitals (*Yinhang meiyou quanli kouhua qiankuan*), in: Jinrong fayuan, Nr. 5/2001.

TOKLEY, I. A./RAVN, Tina, Banking Law in China, Hongkong/London 1997.

Volksbank (der VR China) (Hrsg.): Der gegenwärtige Zustand des Aufbaus und der Entwicklung des chinesischen Zahlungssystems (*Zhongguo xiandaihua zhifu xitong jianshe xianzhuang jiqi Fazhan*), in: http//: www.pbc.gov.cn/zhifujiesuan (Version: 2000-3-31) (Zugriff: 12.12.2004). Zitiert: Gegenwärtig.

Dies. Die Zahlungssysteme zwischen Banken (*Hangjian zhifu xitong*), in: http//: www.pbc.gov.cn/zhifujiesuan (Version: 2000-3-31) (Zugriff: 12.12.2004). Zitiert: Zahlungssysteme.

Dies. Einige Probleme im Bau des Zahlungssystems Chinas (*Woguo zhifu xitong jiansShede ruogan wenti*), in: http//: www.pbc.gov.cn/zhifujiesuan (Version: 2000-3-31) (Zugriff: 12.12.2003). Zitiert: Probleme.

Dies. Eingehende Entfaltung der Funktionen der kleinen und mittelgroßen Kommerzbanken (*Jinyibu fahui xianyou zhongxiao shangye yinhang de zuoyong*), von Forschungsgruppe des Banküberwachung der Volksbank, in: http//: www.pbc.gov.cn/xinwen (Version: 2002-9-4) (Zugriff: 12.12.2004). Zitiert: Entfaltung.

Dies. Handbuch zum Studien der Verwaltungsmethode der CNY-Bankzahlungskonten (*Renminbi yinhang jiesuan zhanghu guanli banfa) xuexi shiyong shouce*), Beijing: Xinhua chubanshe 2003, hrsg. von der Verwaltungsabteilung der Zahlungsverrechnung (*zhifu jiesuan guanli bangongshi*) der Volksbsank. Zitiert: Handbuch.

Dies. Buchhaltung der Volksbank (*Renmin yinhang kuaiji hesuan*), Beijing 1964. Zitiert: Buchhaltung.

WANG Aimin/SUN Huai/JIAO Zhengkang, Überlegung über die Vervollkommung des Nationalen Verrechnungssystem der Volksbank (*Wanshan renmin yinhang lianhang qingsuan tixi de sikao*), in: *Jinrrong lilun yu shiwu* Nr. 9/2002 S. 36–37.

WANG Guiguo, Das Internationale Währung- und Finanzrecht (*Guoji huobi jinrongfa*), 2 Aufl., Beijing 1997.

WANG Lili (Hrsg.), Bank International Business and Legal Risik Control, Beijing 2004.

WANG Liming (Hrsg.), Das Zivilrecht (*Minfa*), Beijing 2003. Zitiert: Zivilrecht.

Ders. Theorie der Haftung aus Vertragsverletzung (*Weiyue zeren lun*), Beijing 2002.

Ders. Forschungen zu den Zurechnungsprinzipien des Deliktsrechts (*Qinquan xinweifa guize yanjiu*), Beijing 1996. Zitiert: Forschungen.

WANG Jingyu, Daten der Industrieentwicklungsgeschichte der Neuzeit Chinas, Band 2, Teil 1 und 2 (*Zhongguo jindai gongye shi ziliao*), Beijing 1957.

WANG Shaohua, Kommentierung zum Fall 55 (*Qian-zhong-fa-jing-zhong-zi* 1994/Nr. 41), in: Überblick über Rechtsurteile ausgesuchter Fälle in China (Band 1995, Wirtschaftrechtlicher Teil) (*Zhongguo shenpan anli yaolan*) 1995, Teil des Wirtschaftsrechts), hrsg. von der juristischen Fakultät der Chinesischen Volksuniversität und des Chinesischen Ausbildungszentrums für hohe Richter, S. 1198–1202., Beijing 1995.

WANG Weiguo, Principle of Liabiltiy for Fault: The Third Thriving (*Guocuo yeren yuanze: disanci boxing*), Beijing 2000.

WANG Xiaoneng (Hrsg.): Forschung zum chinesischen Wechsel- und Scheckrechtssystem (*Zhongguo piaoju falu zhidu yanjiu*), Beijing 2001.

WANG Xin (Hrsg.),Die Lehre des Finanzrechts (*Jinrong faxue*), Beijing 2002.

WANG Yuexin, Überlegung über den Einlagebeleg. (*Dui cundan jiufen de sikao*), in: http//: www. chinacourt.org/public/search_res_1.php (Version: 2002-09-20) (Zugriff: 23.10.2004).

WANG Zejian, Die Schuldrechtslehre (*Zhaifa yuanli*) (Band 2): Bereicherungsrecht (*Budang deli*), Beijing 2002.

WEI Zhenying (Hrsg.), Das Zivilrecht (*Min fa*), Beijing 2001.

WEN Yinling/MA Hairong, Die Untersuchung der Gesetzgebung beim elektronischen Credit-Transfer (*Dianzi zijin huabo de lifa yanjiu*), in: *Dangdai faxue* Nr. 5/2002, S. 80–83.

WU Shuchen (Hrsg.), Forschung zum Case-law-System (*Panli zhidu yanjiu*), Bejing 2004.

WU Xinbiao, Soll die Bank für die Verlust entschädigen, wenn sich die Ehefrau das Einlagekapital des Ehemanns betrügerisch nimmt? (*Qizi maoling zhangfu cunkuan, yinhang yingfou peichang sunshi*), in: *Jingji yu fa* Nr. 8/1997 18 f.

WU Zhipan (Hrsg.), Abriss des Finanzrechts (*Jinrong fa gailun*) 4. Aufl., Beijing 2002. Zitiert: Abriss.

Ders. Preis der Fehler bei Systemgestaltung (*Zhidu sheji quexian de daiji*) in: *Jinrong fayuan* Nr. 4/2001 7–14. Zitiert: Preis.

WU Zhipan/TANG Haofan (Hrsg): Kommentierung und Analyse typischer Fälle im Finanzrecht (Volum 1) (*Jinrongfa dianxing anli pingxi*), Beijing 2003.

WULFF, Oliver, Das UNCITRAL Modellgesetz über den grenzüberschreitenden Überweisungsverkehr, in: F. W. Bosch, O. Sandrock (Hrsg.), Schriten zum deutschen und europäischen Zivil-, Handels- und Prozessrecht, Bielefeld, 1998.

XIAO Yongqing, Kurzer Abriss über die Geschichte des chinesischen Rechtssystems (*Zhongguo fazhi shi jianshi*), Sanxi 1982.

XIE Huaishi, Das Allegmeine Wechsel- und Scheckrecht (*Piaojufa gailun*), Beijing 1990. Zitiert: Allgemein.

Ders. Prinzipien des Vertragsgesetzes (*Hetongfa yuanli*), Beijing 2000. Zitiert: Prinzipien.

XIE Zhenmin, Die Geschichte der Gesetzgebung der Republik China (Teil I und II) (*Zhonghua minguo lifashi*), Beijing 2000.

XIN Chunying: Chinese Legal System & Current Legal Reform (*Zhongguo de falü zhidu jiqi gaige*), Band 4, in: KAS-Schriftenreihen Nr. 1/1999, Beijing 1999.

XU Jianjun, Über das Vertrag zugunsten Dritter (*Lun disanren liyi hetong*), in: *Zhongguo yihang falü shiwubu* (Hrsg.), Study of the Banking Law, S. 163-175, Beijing 2002.

XÜ Lu/BAI Liwei/HAN Wenxia, Die Internationale Zahlungsverrechnung (*Guoji jiesuan*), Tianjin 1999.

XU Mengzhou(Hrsg.), Lehrgang der Rechtsfälle des Finanzrechts (*Jinrong faxue anli jiaocheng*), Beijing 2003.

YANG Minggang (Hrsg.), Untersuchung der offenen Fragen in der zivilrechtlichen Rechtssprechung und der betreffenden Kommentierung (*Minshi yi'an panjie yanji*), Beijing 2002.

YANG Xitian (Hrsg.), Die Zeit der VR China (*Zhonghua renmin gongheguo shiqi*) (1949–1996), in: LI Fei/ZHAO Haikuang/XU Shuxin/HONG Jiaguang (Hrsg.): Allgemeine Geschichte des chinesischen Finanzwesens (*Zhongguo jinrong tongshi*) Band 6, Beijing 2002.

YANG Yiping/CHEN Zonghai/WU He, Verrechungsrisiken und Vorbeugung der Basiseinheitsbank (*Jiceng yinhang jiesuan fengxian ji fangfan*), in: *Jinrong lilun yu shijian* Nr. 3/2002 55.

YANG Yuxi, Das Aufrechnungsrecht aus dem Rechtsverhältnis zwischen Banken und Kunden (*Yinhang yu kehu guanxi zhong de dixiaoquan*), in: Bank-of-China (Hrsg): Study of the Banking Law, S. 136–163, Beijing 2002.

YE Shichang, Die Zeit von der Vorperiode der Qin-Dynastie bis zum Opiumkrieg in der Qing-Dynastie (*Xianqin zhi qing yapian zhanzheng shiqi*), in: LI Fei/ZHAO Haikuang/XU Shuxin/HONG Jiaguang (Hrsg.), Allgemeine Geschichte des chinesischen Finanzwesens (*Zhongguo jinrong tongshi*) Band 1, Beijing 2002.

YIN Ximing, Die Problematik des Stempels im Vertrag (*Hetong zhong de yinzhang wenti*), in: *Heibei faxue* Nr. 1/1999 35–41.

YU Baofu, Über die Rechtsrisiken und ihre Verteilung bei den elektronischen Geschäften der Bank (*Lun yinhang dianzi hua yewu falu fengxian de fangfan he huajie*) (Teil 1), in: *Jinrong fayuan* Nr. 5/2001 100–104. Zitiert: Teil 1.

Ders., Über die Rechtsrisiken und ihre Verteilung bei den elektronischen Geschäften der Bank (Teil 2), in: *Jinrong fayuan* Nr. 6/2001 89–102. Zitiert: Teil 2.

YU Haiyong, Die Konkurrenz des Schadenersatzanspruchs des Deliktsrechts mit dem Anspruch des Bereicherungsrechts (*Qinquan peichang yu budang deli qingqiuquan jinghe*), in: *Fa xue* Nr. 11/2002 78–81.

YUE Caishen, Untersuchung des Rechtssystems der Multiinternationalen Bank (*Kuaguo yinhang falü zhidu yanjiu*), Beijing 2002.

ZENG Xi, Die internationalen Abrechnungsformen in kapitalistischen Ländern (*Ziben Zhuyi guojia de guoji jiesuan fangshi*), Beijing 1980.

ZHANG Chunwei/SHI Qiaorong, Analyse und Empfehlung des Chinesischen Bankverrechnungssystems (*Woguo yinhang jiesuan zhidu fenxi yu jianyi*), in: *Zhengzhou daxue xuebao*, Nr. 5/1994 39–42.

ZHANG Derong (Hrsg.), Praxis des Finanzrechts (*Jinrong falu shiwu*), Beijing 1999.

ZHANG Dongxiang, Internationale Zahlungsverrechnung (*Guoji jiesuan*), Wuhan 1996.

ZHANG Weiyi, Der Rechtsfall des 200-Millionen-Verrechnungsschecks (*200 wanyua zhuanzhang zhipiao an*), in: *Jinrong fayuan* Nr. 11/1998, S. 7 ff.

ZHANG Xue'an, Forschung der Aufrechnungsproblematik bei internationalen Bankgeschäften (*Yinhang kuaguo yewu zhong de dixiao wenti yanjiu*), Beijing 2001.

ZHENG Shunyan, Analyse des Schadenersatzfalls von eines gewissen XU gegen eine Filialstelle einer staatlichen Kommerzbank aus einem fehlschlagenden Einlagegeschäft (*Xumou su mou guoyou yinhang mou fenhang banli cunkuan chacuo peichangan pingxi*), in: *Jinrong fayuan* Nr. 1/1998 10–15. Zitiert: Analyse.

Ders., Analyse der Rechtshaftung bei ausserordentliche Geschäften der Bank-ATM (*Yinhang zidong guiyuan ji fei zhengchang jiaoyi de falu zeren*), in: *Jinrong fayuan* Nr. 5/1998 41–47. Zitiert: ATM.

Ders., Betrachtung der Verwirklichung des Pfändungsrechts der Bank mit „drittem Auge" (*„Disanzhi yanjing" kan shangye yinhang diyaquan de shixian*) in: *Jinrong fayuan* Nr. 2/2000 30–36. Zitiert: Pfändungsrecht.

Ders., Die Rechtshaftung der Bank für das Fehlschlag des elektronischen fundtransfers (*Yinhang cuowu huabo dianzi zijin de falu zeren*), in: *Jinrong fayuan* Nr. 2/2001 68–72. Zitiert: Fehlschlag.

Ders. Sicherheitsverfahren des elektronischen credit transfers (*Dianzi zijin huabo de anquan chengxu*), in: *Jinrong fayuan* Nr. 4/2001 64–70. Zitiert: Sicherheitsverfahren.

Ders., Analyse der Rechtshaftung bei fehlgeschlagenen Bankgeschäften von AMT (*Yinhang zidong guiyuanji fei zhengchang jiaoyi de falü zeren fenxi*), in: *Jinrong fayuan* Nr. 5/2001 41–47. Zitiert: AMT.

Ders., Mitteilungspflicht der Bank bei elektronischen Geschäften (*Yinhang zai dianzi jiaoyi zhong de tongzhi yiwu*), in: *Jinrong fayuan* Nr. 5/2001 63–67. Zitiert: Mitteilungspflicht.

Zheng Xiang, Der Charakter des Rechtsübergangs beim Bareinlagevertrag (*Lun xianjin cunkuan hetong zhuanyi quanli de xingzhi*), in: *Hebbei faxue* Nr. 6/2001 31–35.

ZHENG Yan/PAN Pan/PENG Bing, Der Vertrag zwischen Banken und Kunden bei Geldeinlagen (*Cunkuan yewu zhong yinhang yu kehu de hetong guanxi*), in: *Jinrong fayuan* Nr. 1/1998 34–40.

ZHU Dezhong/SUN Baoqin, Über die Erweiterung der internationalen Verrechnungsgeschäfte der staatlichen Banken (*Tan guoyou shangye yinhang guoji jiesuan yewu de tuozhan*), *Zhongguo chengshi jinrong* Nr. 12/1998 12–14.

ZHU Kepeng (Hrsg.), Analyse der Wahrnehmung rechtlicher Pflichten durch die Kommerzbanken in der Rechtspraxis und Rechtssprechung (*Shangye yinhang falu shiwu caozuo shiwu yu anli pingxi*), Beijing 2004.

ZHU Mianmao, Umriss der Elektronizierung des Finanzwesens und ders betreffenden Rechts (*Jinrong dianzihua yu falü gaishu*), in: *Jongrong fayuan* Nr. 1/1998 S. 41–47. Zitiert: Umriss.

Ders., Die Entwicklung und die Hauptrechtsprobleme des Internet-Banking (*Wangshang yinhang de fazhan jiqi zhuyao falü wenti*), in: *Jongrong fayuan* Nr. 3/1998 45–51.

ZHU Mingshan (Hrsg.), Der Rechtsstreit über die Auftragsvertretung (*Weituo daili jiufen*), in: Typische Fälle und die rechtliche Anwendung (*Dianxing anli yu falu shiyong*), Band 30, Beijing 2003. Zitiert: Auftragsvertretung.

Ders. (Hrsg.), Der Rechtsstreit über Einlagebelege (*Cundan jiufen*), in: Typische Fälle und die rechtliche Anwendung (*Dianxing anli yu falu shiyong*), Band 16, Beijing 2003.

ZHU Shoupeng(Hrsg.), Das Donghuang-Protokoll der Zeit von *Kaiser Guangxu*, Band 5 (*Guangxue cao donghua lu*), Band 5, Shanghai 1958.

Sachverzeichnis

Die fett gesetzten Fundstellen enthalten die grundlegenden Ausführungen zu dem jeweiligen Stichwort

Bei Fragen zur Produktsicherheit wenden Sie sich bitte an:
If you have any questions regarding product safety,
please contact:

Walter de Gruyter GmbH
Genthiner Straße 13
10785 Berlin
productsafety@degruyterbrill.com